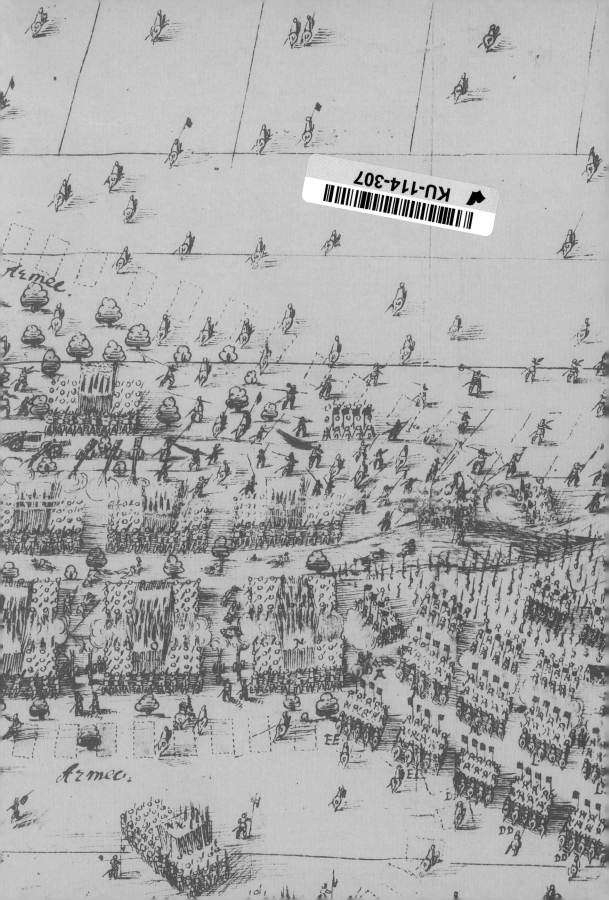

Krig och fred i källorna

Krig och fred

i källorna

Årsbok för Riksarkivet och Landsarkiven 1998

Pärmbilder:

Framsida: Vid Herman Wrangels gravmonument i Skoklosters kyrka, Uppland, står hans rustning på vakt. Den vackra krigsdräkten ger där ett intryck av frid som föga rimmar med det grymma värv den skall minna om. Foto: Kerstin Abukhanfusa, 1996.

Baksida: Detalj av bild på eftersättsblad. Se nedan.

Försättsblad: Krigets framsida: Wittstock 1636; svenska trupper (i bildens nedre kant) pressar tillbaka de kejserliga som börjar fly från slagfältet. Kopparstick, samlingen Sveriges krig, nr 3:200 (detalj), Krigsarkivet.

Eftersättsblad: Krigets baksida: Leipzig 1642; den svenska trossen, med sårade, civila och hästar, söker skydd vid sidan av slagfältet. Utsnitt av färglagd teckning, samlingen Sveriges krig, nr 4:80, Krigsarkivet.

© Författarna och Riksarkivet

Text- och bildredaktion: Kerstin Abukhanfusa
Formgivning och omslagsfoto: Kerstin Abukhanfusa
Teknisk produktion: Ord&Form, Uppsala
Tryck: Gummerus Printing, Jyväskylä, Finland 1998

ISSN 1103-8233   ISBN 91-88366-37-5

Förord

Det har gått 350 år sedan Westfaliska freden undertecknades. Sju års fredsförhandlingar i Osnabrück och Münster avslutade trettio års förhärjande krig. De tyska furstarnas självständighet ökade på bekostnad av den habsburgske kejsarens makt, en balans etablerades mellan katolska och protestantiska intressen, Nederländerna vann sin självständighet och i fredstraktaten reglerades för första gången frågor rörande kulturarvet. Sverige framstod med sina betydande territoriella vinster som en stormakt i norra Europa, och i egenskap av hertig av Pommern hade den svenska regenten säte bland de tyska ständerna. Landet hade fått en beröring med det kontinentala Europa som skulle ge djupgående impulser i samhällsliv och kultur.

Westfaliska fredens 300-årsfirande tilldrog sig i ett krigstrött Europa. Utan ett formellt fredsslut höll det andra världskriget på att övergå i det kalla kriget. Utställningar arrangerades i Frankrike, Holland och Sverige. "I Osnabrück rustar man sig trots allt till en värdig minneshögtid", uttryckte sig Bertil Boëthius på ett för tidsläget typiskt sätt i den svenska utställningskatalogen.

1998 är läget ett annat. Kanske är det anledningen till att man denna gång också har betonat Westfaliska freden som den första allmänna fredskongressen i Europa och jämfört den med Wienkongressens försök att skapa en bestående maktbalans, Versaillesfredens nationalstatsidé och 1900-talets ansträngningar att bilda en övernationell rättsordning med Nationernas förbund, Förenta nationerna och den Europeiska unionen.

Westfaliska freden uppmärksammas nu i ett gemensamt europeiskt perspektiv, med stort upplagda Europarådsutställningar som invigs på fredsdagen den 24 oktober 1998 i Münster och Osnabrück. Ledande institution är Westfälisches Landesmuseum für Kunst und Kulturgeschichte i Münster. De omfattande utställningskatalogerna räknar ett antal svenska historiker som författare. En CD-skiva om Trettioåriga kriget publiceras under svensk medverkan som en gemensam internationell produktion. Ett antal statschefer, däribland kung Carl XVI Gustaf och den tyske förbundspresidenten Roman Herzog, har trätt in som beskyddare för det internationella programmet.

Breda intressen har samlats omkring ett särskilt program i Sverige. Inom en nationalkommitté under Konungens beskydd förenas forskning, arkiv, bibliotek och museer. En arbetsgrupp med representanter för Riksarkivet, Krigsarkivet, Skoklosters slott och

5

Vasamuseet bearbetar programmet, som är knutet till kulturåret 1998. De främsta inslagen är två utställningar på Skoklosters Slott och Vasamuseet. Evenemangen förbinds med ett vetenskapligt symposium om Trettioåriga kriget och Östersjön. Detta inleds på Skoklosters slott med en kulturhistorisk dag samt öppna föredrag och fortsätter på Vasamuseet med en historiskt–politisk del.

Det svenska firandet uppmärksammas i tre publikationer: Acta från symposiet, katalog över utställningarna på Skoklosters slott och Vasamuseet samt föreliggande volym, *Krig och fred i källorna*, som har fått formen av en särskild utgåva av Riksarkivets och landsarkivens årsbok.

Erik Norberg

Innehåll

Det arkiverade kriget   7

Erik Norberg   Krig och fred i källorna   11

Marie-Louise Rodén   Westfaliska freden   29

Hur Jöran Tomasson kom till Prag   33

Lars Ericson   De svenska arméerna i Tyskland under Trettioåriga kriget
Sammansättning och styrka   35

Sven Lundkvist   Sveriges krigs- och fredsmål under Trettioåriga kriget   57

Att förvalta kriget   71

Helmut Backhaus   Den svenska militära förvaltningen i Tyskland under Trettio-
åriga kriget: Räkenskaperna i Riksarkivet och Krigsarkivet   73

Björn Gäfvert   Kartor och krig
Svensk militär kartering under Trettioåriga kriget   88

Berndt Fredriksson   Hur har man haft råd att föra krig?
Om källor till krigsfinansiell forskning   101

Också freden har sina segrare   115

Lars-Olof Skoglund   Två bönder och en springare
De svenska sändebuden till westfaliska fredskongressen   117

Christer Danielson   200 hästar och lika många människor
Vad de diplomatiska räkenskaperna berättar om den svenska
representationen vid westfaliska fredskongressen   132

Marie-Louise Rodén   Fabio Chigi vid westfaliska fredskongressen
Ett möte mellan påvedömet och stormaktstidens Sverige   149

Anderz Unger   Från krig till gavott   176

Anders Burius   "At man nu om frijdh må siunga"
Böcker om fred och böcker i fredstid   181

Ännu ylar krigets hundar   207
Folke Ludwigs   De tyska krigsgravarna i Sverige   209

Bengt Rur   Värjans egg
Några svenska militärer hemma och ute   218

Lars-Erik Hansen   Önskas: frisk 3-års arisk flicka
Flyktinghjälp 1938–1948 speglat i ett personarkiv   231

Författarna   238

Arkivåret 1997   241

Pro Memoria – Riksarkivets vänförening   302

Det arkiverade kriget

Emedan krig börjar i människors sinnen,
är det i människors sinnen vi måste bygga fredens försvar.

UNESCO:s konstitution

Bild 1. Där den gamla Eriksgatan genom Sörmland passerar Aspa tingsplats står ett flertal runstenar. På den visade stenen finns ett av våra äldsta skrivna vittnesbörd om krigets hantverk. Där står: "Denna sten står efter Öpir på tingstaden efter Toras man. Han västerut väpnade karlar. Såg där sonen det [?]. Kämpen är nu till olycka död, om så frejdad [?].
Foto: Kerstin Abukhanfusa, 1994.

Krig och fred i källorna

Erik Norberg

"Varken krig eller fred", var Leon Trotskis bekanta recept för den unga sovjetrepubliken vintern 1918. Man skulle dra sig ur kriget men undvika att skriva på fredsavtal. Det gällde att tillgodose behovet av omedelbar fred utan att göra avkall på världsrevolution. I ett slutet möte med den nya sovjetrepublikens rådsförsamling förklarade Lenin i augusti samma år, att krig brutit ut mellan Ryssland samt England och Frankrike. Västmakterna hade landsatt stridande förband på ryskt territorium, men världskriget pågick fortfarande, och för de allierade var Tyskland huvudfienden. I ett försök att lugna ned situationen förnekade utrikeskommissarien Tjitjerin att det skulle råda krig. Det var snarare, förklarade han, fråga om "försvarstillstånd".[1]

Begreppet "krig" är med andra ord relativt. Detsamma gäller "fred". Sverige var som bekant varken neutralt eller krigförande under Finska vinterkriget utan "icke krigförande". Att gränsen mellan krig och fred inte är så klar, har man alltid vetat. Långa perioder av ofred frestade på begreppen. Påverkad av det Trettioåriga kriget och inte helt övertygad om den kommande fredens innebörd skaldade poeten Friedrich von Logau (1604–1655) om "Gewaffneter Friede":

Krieg hat den Harnisch weggelegt, der Friede zeucht ihn an. Wir wissen was der Krieg verübt; wer weiss, was Friede kann?[2]

Formerna för krig har växlat liksom sättet för krigets inledande. Under långa tider kunde en högtidlighet med trumpetstötar och uppläsande av krigsförklaring vara det korrekta sättet att ange att det stod fritt att hugga in på varandra. Under 1600- och 1700-talen kände kommendanten i den belägrade staden lika väl som angriparen vad spelreglerna tillät. Kommendanten kunde rädda invånarna genom att kapitulera om han hade blivit uppmanad att lägga ned vapnen, och han hade då själv rätt att lämna staden med flygande fanor och klingande spel. Men om han vägrade och fästningen blev intagen med stormande hand var samtliga utlämnade på nåd och onåd.[3] Ibland respekterades uppgörelsen som på Sveaborg i april 1808. Det hände också att den inte följdes. Lorentz Christoffer Stobé överlämnade Viborg till ryssarna i juni 1710 efter att ha förhandlat till sig ett värdigt uttåg i frihet med proviant för hemfärden. Men han marscherade tillsammans med garnison och borgerskap rätt in i fångenskapen.

En religiöst uttryckt folkrätt på krigets område finner vi i Bibeln och Gamla testamentet. Femte Moseboken har av härförarna kunnat tolkas så att Herren står på den rättfärdiges sida och skall leda honom till seger. Där finner vi också de krigslagar som talar om hur man skall förfara med en belägrad stad, vilka förklaringar som skall avges i förväg, hur man skall skona den som underkastar sig, men också hur man skall fara fram mot den som inte ger sig: "allt rov du får där, skall du hava som ditt byte".[4]

Historien är full av exempel på krig som inletts utan en egentlig krigsförklaring. Andra åtgärder som var tillräckligt tydliga sågs också som korrekta. Dit hörde återkallande av sändebud, avbrytande av handel och kommunikationer, krigsmanifest till de egna medborgarna och ultimativa krav på motståndaren. Krigslister har använts sedan äldsta tid. Själva har vi erfarenhet från juni 1788, när Gustaf III klädde ut svenska soldater till kosacker och lät dem anfalla en egen postering vid Puumala i Savolax. Det rysk-japanska kriget bröt ut i februari 1904 när japanska torpedbåtar plötsligt angrep ryska flottan i Port Arthurs hamn. Som en direkt följd av den händelsen reste tredje Haagkonventionen 1907 krav på formell krigsförklaring.

Formerna har kommit att växla, och man kan snarast betrakta en gradvis övergång från fredstillstånd till krigstillstånd som det normala förfarandet. Medan åtskilliga lexiko-grafer har betraktat begreppet "fred" som liktydigt med frånvaron av krig, vill andra göra saken mer komplicerad. Ibland kan det helt enkelt vara svårt att avgöra om krig föreligger eller inte. Richelieu gjorde åtskillnad mellan "guerre couverte" och "guerre ouverte", det dolda och det öppna kriget. Vi talar idag om "kallt krig", "ekonomiskt krig", "handelskrig" och "lågintensiva konflikter". I diskussionerna om beredskapsåtgärder har begreppet "kris och krig" blivit utgångspunkt.

Med sociologin kom "krig" att ersättas av begreppet "konflikt", och med detta vidgades debatten. Sociologer och antropologer kunde inbegripa ett brett fält av underliggande faktorer som passioner, intressen och naturlig våldsbenägenhet. Konrad Lorenz fick Nobelpriset när han studerade grågäss och fann sambandet mellan konflikter och en biologisk inre drift. Vi har vant oss vid att foga militära uttryck till vardagsspråket. Sportens utövare talar om taktik och samlas till krismöten när förluster blir vanligare än segrar. Inom näringsliv och förvaltning organiserar man staber, lägger fast strategier och ägnar sig liksom fredsforskare och familjeplanerare åt systematisk konfliktlösning.

Kriget som dygd och folkrätt

Om det är svårt att i den politiska verkligheten dra en skarp gräns mellan krig och fred, är det inte mycket enklare i filosofin. Krigets symboler har ofta använts i reflektioner över livets innehåll och människans dygd. Diskussionen om krigets väsen är gammal, men det skulle dröja ända till 1600-talet innan kriget kom att innefattas i ett genomtänkt folkrättsligt sammanhang. Fredstanken uppenbarar sig mer konkret under 1700-talet och en fredsrörelse i dagens mening ännu senare.

Gamla testamentet har särskilt av israeliska historiker använts som utgångspunkt för krigshistoriska studier, men även Nya testamentet innehåller åtskilliga referenser. Till efesierna talar Paulus om den förestående kamp som skall föras med "Guds vapenrustning", "rättfärdighetens pansar", "trons sköld", "frälsningens hjälm" och "Andens svärd".[5] Religionskrigen stimulerade till att förbinda kyrkan med militära begrepp. Traditionen fördes vidare med riddardiktningen. Inför Fredrik II:s korståg år 1228 tog Walther von der Vogelweide avsked från liv och diktning. Han manade de församlade riddarna att dra ut i kamp för Gud med hjälm, sköld och "det invigda svärdet".[6] En kuriositet är att de vapen som det hänvisas till i denna diktning och långt mer sentida religiösa eller lyriska texter är försvarsvapen snarare än angreppsmedel; blanka vapen men sällan eller aldrig eldvapen.

Enligt Cicero var kriget berättigat endast som nödvärn och så länge det hade freden som mål. Thomas av Aquino anslöt sig till Cicero men utvidgade krigets rättfärdiga syften till att gälla även "det allmänna bästa", vilket gör saken mer komplicerad. I medeltida litteratur förs en diskussion mellan spanska och italienska teologer. Här gäller det inte så mycket krigets berättigande överhuvudtaget som snarare vilka metoder som var tillåtna: krigslister, repressalier, krigsbyten.[7]

För Erasmus av Rotterdam var visserligen den sanne kristne en väpnad riddare, men han kompletterade en av upplagorna av sitt mest bekanta verk *Adagia* med den mot kriget riktade skriften *Angenämt är kriget för den oerfarne*. Hans verk *Querela Pacis*, ("Fredsgudinnans klagan"), har kallats den första pacifistiska skriften i Europa.[8] Erasmus hade en djupgående uppgörelse med Martin Luther i frågan rörande viljans frihet. De hade också olika syn på kriget, som enligt Luther var en normal företeelse. Det kunde till och med ha moraliskt positiva effekter. I "Vår Gud är oss en väldig borg" har vi alla mött en hänvisning till det rättfärdiga kriget mot onda makter.

Det militära inslaget var i regel starkt i de unga furstarnas utbildning och ofta gick det hand i hand med de civila ämnena. Till följd av en ny syn på adelns roll även i ämbetsmannavärlden uppstod under 1500-talet ett antal adelsskolor på kontinenten. Det gällde inte bara att skapa dugliga krigsmän av de unga ädlingarna utan även goda ledare i de nya nationalstaternas ledning och ämbetsverk. Adelsskolorna följdes under 1600-talet av ytterligare skolor med mer militär inriktning. Ridderliga övningar som fäktning och ridning intog i samtliga en viktig plats, och de personliga egenskaper som prisades var ofta sådana som kunde komma till nytta framför truppen, såsom mod och vältalighet. De unga svenska prinsarna lärde sig aritmetik, geometri och teckning genom att studera befästningskonst. Balettmästaren undervisade med samma elegans i fäktning som i dans och belevat uppträdande.[9]

Liksom tidigare i riddardiktningen formades under 1500-talet ett adelsideal, där sedligt allvar och höviskt uppträdande var de höga målen. Det var idén om *l'honnete homme* som spred sig över Europa. Men under

Bild 2. Med denna fantasibild av en kavalleristrid uppvaktade C. G. Rålamb sin fader julen 1804. Målningen är ett gott exempel på den heroiserande bild av kriget som adelsgossarna delgavs. Kanske fyllde skapandet av sådana "konstverk" psykologiskt sett samma funktion som dagens våldsamma datorspel. Rålambska stiftelsens arkiv, deposition i Riksarkivet. Foto: Kurt Eriksson, Riksarkivet.

1600-talet kom nya impulser från Frankrike. De yttre formerna ställdes i förgrunden, och nu skulle *le galant homme* uppträda med bildning och förfining, stil och elegans. I fråga om krigiska attribut kunde man sträcka sig så långt som till den pilbåge med vilken Eros vanligen utkämpade sin strid, för det var även i den preciösa kärleksdikten fråga om en strid i syfte att vinna den slutgiltiga segern. Den gryende svenska stormakten var dock alltför påverkad av göticismen för att dra till sig sådant inflytande. Med de götiska idealen kom inslag av krigsromantik och stoicism. Gustav II Adolf var starkt påverkad och använde sig medvetet av det i sin strävan att påverka folket. Johan Skytte hade utsetts att undervisa

den unge Gustaf Adolf. Han satte visserligen bokliga studier framför praktiska övningar, men till de bokliga studierna hörde de klassiska verken inom krigskonsten. I skriften *Om krigsmans plikter* visade kungen senare vilka krav han ställde på en officer. Här återfinns de klassiska militära dygderna som mod, ärlighet och flit, men han betonade också de teoretiska studierna och framhöll att kunskaper i krigsvetenskapen inte bara var nyttiga utan helt enkelt nödvändiga.[10]

Redan Machiavelli sökte efter de allmänna lagar som låg bakom mänskligt beteende och som enligt hans syn också styrde kriget.[11] Med Hugo Grotius placerades slutgiltigt kriget i ett rättssystem. Människan hade från

Bild 3. Av Karl XII:s läxövningar finns ovanligt mycket bevarat. Här ett blad med en skrivövning i krigskonst. Kungl. arkiv, handskriftssamlingen. 8, K2. Foto: Kurt Eriksson, Riksarkivet.

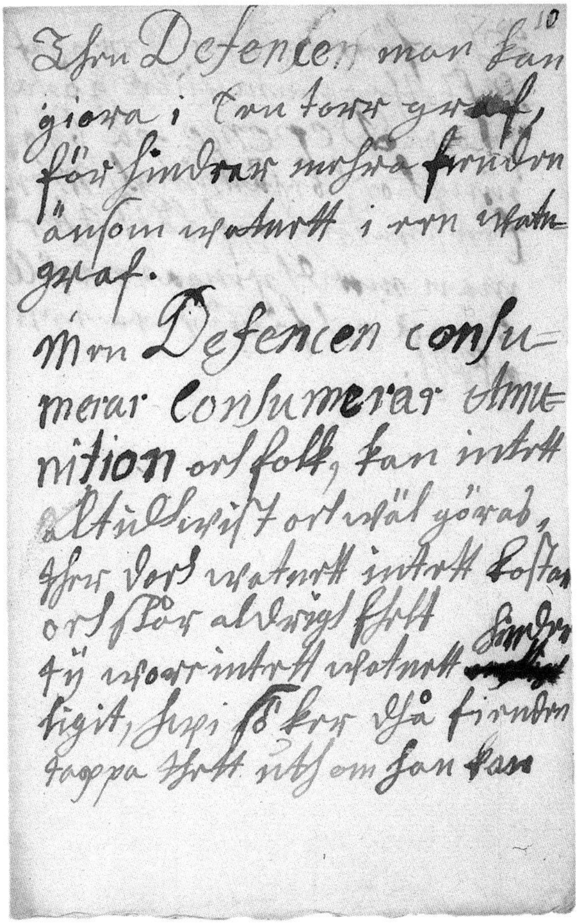

början levat i ett tillstånd av inbördes välvilja, men med synden hade den ersatts av ett allas krig mot alla. Till skillnad mot Thomas Hobbes, som menade att självbevarelsedriften – *homo homine lupus* – var den naturliga driften och att kriget var naturtillståndet, ansåg Grotius att människan hade strävat efter ett statsfördrag. I sin klassiska *De jure belli ac pacis* ville han påvisa att de krigförande folken inte var rättslösa. Med sin strävan att göra kriget humanare hade han för första gången fört in begreppet i ett folkrättsligt sammanhang.

Med krig avsåg Grotius helt enkelt det tillstånd som rådde hos makter som ville reglera sina inbördes förhållanden med hjälp av våld. Men den i naturrätten grundade ordningen måste ibland försvaras med vapen, och tesen om det rättfärdiga kriget, *bellum iustum*, fick stor betydelse för samtiden, för Gustav II Adolf och Axel Oxenstierna. Han stod Oxenstierna nära och det var dennes förtjänst att Grotius, århundradets mest framstående jurist, trädde i svensk tjänst som ambassadör i Paris.[12]

Den naturrättsligt och socialt inriktade filosofin hos Grotius utvecklades av Samuel Pufendorf, som arbetade vidare med distinktionen mellan rättfärdiga och orättfärdiga krig. Under sin tid i svensk tjänst tillämpade han teorierna på aktuella politiska stridsfrågor. Mot bakgrund av ett folkrättsligt resonemang förklarade han spelet mellan de kontinentala allianserna i början av 1670-talet och rättfärdiggjorde det svenska angreppet mot Brandenburg 1674.[13]

Montesqieu hade med sin *Esprit des lois* stort inflytande på folkrätten, men hans inställning till kriget är inte utan motsägelser. För honom vilade folkrätten på principen, att nationerna under fred skulle göra varandra så mycket gott som möjligt och under krig så litet ont som möjligt, "utan att skada sina verkliga intressen". Fri handel och fria kommunikationer mellan nationerna var ett medel att binda dem samman. Kriget behövde inte till varje pris begränsas till att gälla nödvärn, men det måste begränsas. Målet borde vara seger, segerns mål kunde vara erövring samt erövringens mål slutligen att nå en ökad trygghet.[14] I sin skrift *Zum ewigen Frieden* ("Om den eviga freden") målar Immanuel Kant en pessimistisk bild av mänskligheten. Mänskligheten var härsklysten och förhärjande krig oundvikliga. Det var inte freden utan kriget som var det naturliga tillståndet. Men erfarenheten av grymheterna skulle leda till att man slöt sig samman i en fredsfederation, ett förbund mellan självständiga stater för att rättsligt reglera mellanhavanden. Kant räknade med att de stående härarna skulle försvinna, eftersom de hotade andra stater med krig genom att alltid stå rustade. Det kunde leda till att staterna ökade sina rustningar, ända tills utgifterna för freden blev mer betungande än kostnaderna för ett kort krig. Men Kant tog inte helt avstånd från vapenbruk. Medborgarna kunde gärna frivilligt öva sig i vapenbruk för att skydda sig själva eller fäderneslandet mot angrepp.[15]

Med 1700-talet började också lexikografernas försök att definiera begreppen krig och fred. I den stora franska encyklopedin manövrerar Diderot mellan motsatser. Under uppslagsordet "fred" döms kriget ut som "en frukt av mänsklighetens sedliga fördärv, en krampaktig och våldsam sjukdom i politikens kroppshydda".[16] Men föreställningen om kriget som en främmande företeelse i det mänskliga livet mildras under rubriken "krig", där vi möter en uppfattning som är mer i Grotius anda:

Kriget är en meningskiljaktighet mellan furstar eller stater, vilken avgörs med våld eller vapen. Eftersom furstarna inte har någon världslig domstol som kan döma i deras meningskiljaktigheter eller krav är det endast kriget eller våldet som kan avgöra och som också avgör vanligtvis.[17]

I stormakten på andra sidan Engelska kanalen såg man på kriget på liknande sätt. I den första utgåvan av *Encyclopedia Britannica* publicerades delen med uppslagsordet "krig" bara några år senare än motsvarande del av den franska encyklopedin. Formuleringen är något mer lakonisk men skiljer sig knappast:

En tävlan eller meningsskiljaktighet mellan furstar, stater eller större samlingar av människor, vilken inte avgörs genom ordinarie rättsliga åtgärder utan lämnas att avgöras genom svärd.[18]

Hur såg det då ut i Sverige? Drygt hundra år senare förklarade Nordisk Familjebok:

[kriget] är till sin yttre företeelse ett fientligt, det yttersta våld medgivande förhållande mellan

folk eller mellan partier inom samma stat ...
men det är tillika för civiliserade folk ett rätts-
medel, ett folkrättsligt tvångsmedel för att skaf-
fa folkrättsligt erkännanden från motpartens
sida ...[19]

I vår egen tid finner Nationalencyklopedin
slutligen att

[kriget är ett] användande av organiserat mili-
tärt våld för att nå politiska mål ... Man skiljer
mellan rättfärdiga och orättfärdiga krig. Folk-
rättsligt kan krig anses rättfärdiga om de förs i
självförsvar enligt artikel 51 i FN-stadgan ...[20]

På några punkter kan vi se hur erfarenheterna
av två världskrig påverkat formuleringarna. I
en värld med kärnvapen och ständigt terro-
risthot går det inte att föra samman alla krig
under det som i Nordisk Familjebok kallades
ett "det yttersta våld medgivande förhållan-
de". Vi har måst differentiera, dela upp kri-
gen i konflikter av olika omfattning. Därav
följer formuleringen "organiserat militärt
våld". Att syftet skall vara "politiska mål" kan
också om vi vill betraktas som en honnör för
Carl von Clausewitz, senare tiders störste mili-
tärteoretiska tänkare och framför allt känd
för sitt ofta ur sammanhanget ryckta uttryck:
"Kriget är blott en fortsättning av politiken
med andra medel."[21]

Hänvisningen till FN-stadgan visar att
folkrätten utvecklats och nu tillhandahåller
ett etablerat regelverk. Oavsett våra moralis-
ka föreställningar kan kriget enligt folkrätten
vara såväl rättfärdigt som orättfärdigt. Ett
rättfärdigt krig skulle kunna vara ett som förs
i försvarssyfte enligt FN-stadgan. Anfallskrig

är enligt FN-stadgan alltid förbjudna. De
humanitära lagar som byggts upp på basen av
Haagkonventionerna 1907 och Genèvekon-
ventionen 1949 godkänner inte kriget som
företeelse, utan är försök att lindra det lidan-
de som uppstår till följd av krig.[22]

Diderot menade på sin tid, att kriget var
nödvändigt endast så länge som det inte
fanns en domstol som kunde döma mellan
furstarna. Det var en upplyst uppfattning.
Den blev också grundligt motsagd av erfa-
renheter från senare tiders fredskongresser
och mellanstatliga fördrag, vilka visat att det
därtill måste finnas sanktionsmedel. Men i
allt väsentligt står vi fortfarande i den folk-
rättsliga tradition som etablerades av Hugo
Grotius.

Krigets källor

Krig lämnar efter sig väldiga arkiv. Hundra-
tusentals hyllmeter handlingar återspeglar
fältherrars beslut och enskilda soldaters
öden. Oavsett om intressena gäller politisk,
social eller ekonomisk historia tillhör krig
och fred de centrala begreppen i historien och
dess källor.

Under 1800-talet började den krigshisto-
riska forskningen utnyttjas systematiskt för
att man skulle kunna dra nytta av erfarenhe-
ter från gångna tiders fälttåg. Med detta lades
grunden till det pragmatiska sätt att se på
militärhistorien som fortfarande utmärker
många länder. Efter mönster från andra euro-
peiska stater fick den generalstab som inrät-
tades i Sverige 1873 också en krigshistorisk
avdelning. Studier i krigshistoria blev en vik-
tig del i officersutbildningen, och vid krigs-

historiska avdelningen tjänstgjorde framstående officerare. Under senare delen av 1900-talet har ämnet breddats och döpts om till militärhistoria. Genom omfattande universitetsprojekt har studierna satts in i ett vidare historiskt, politiskt, ekonomiskt och socialt perspektiv. De flesta länder har idag institutioner för militärhistorisk forskning. NATO-högkvarteren har knutit till sig egna historiker, som har till uppgift att dokumentera händelserna och fördjupa studiet av oroliga delar av världen.

Under senare decennier har freds- och konfliktforskningen tillkommit. Den studerar hur man med fredliga medel löser konflikter och granskar säkerhetspolitiken med fokus på de maktpolitiska perspektiven. Steget från militärhistoria till fredsforskning är inte så långt. Infallsvinkeln är tvärvetenskaplig och i ämnet ingår såväl historia som antropologi och psykologi. Ett tidigt mål för freds- och konfliktforskningen var att skapa en generell teori för hantering av omfattande konflikter. Forskningens utgångspunkt var i många fall en kritisk inställning till efterkrigstidens syn på politiken och en moraliserande hållning till fenomenet krig.

Grundinställningen till krig som något grymt och förödande, möter vi i de flesta kulturer. Men nyanserna har skiftat. I litteraturen blir ofta händelsernas dramatik ett viktigt inslag, och distansen till verkligheten kan växla. "Puff här, puff där, och Guds vasaller stupa. Och sköld och svärd, i blodig färd, Odödligt rykte vinna", säger soldaten Pistol litet lättsinnigt i Henrik den femte, när hans löjtnant kallar till stormning av murarna kring staden Harfleur. Shakespeare tillhör sannerligen inte dem som glorifierade kriget, och han ironiserade gärna över det militära systemet. Men i hans dramer ser vi också hur kriget ofta bidrar till att förtäta handlingen och ge människorna skarpa drag.[23]

I sin klassiska *Manual of Archival Administration* gav sig den brittiske arkivmannen Hilary Jenkinson på en liknande karakteristik. Hans utgångspunkt var de arkivmassor som det första världskriget skapade. Man måste betänka, framhöll han, att kriget med sin omfattning och dramatik visserligen förde med sig förödelse men också påverkade den tekniska och ekonomiska utvecklingen. Nationen hade koncentrerat alla sina krafter på uppgiften. Insatsen av resurser var total. Eftervärldens dom skulle bli hård, om man inte ansträngde sig att utnyttja erfarenheterna.[24] Det gällde med andra ord att bevara krigstidens arkiv särskilt bra.

Men den överväldigande delen av de arkiv som krigen lämnat efter sig innehåller inte källor av det slag som en Shakespeare skulle vilja utnyttja. Krigsmakten har alltid haft en omfattande förvaltning. Resurserna under såväl krig som fred var kolossala. Det var lika viktigt för operationer som räkenskapsrevision att man höll reda på krigsfolkets styrka och soldaternas lön, hästar, fordon, proviant och materiel. Därför är också i regel de väldiga serierna av rullor och räkenskaper väl bevarade i de flesta länders krigsarkiv.

Rullmaterialet ger en bild av fullständighet och det strama innehållet utstrålar äkthet. Men med dessa som med andra källtyper måste man umgås försiktigt. De inblandade kan ha haft olika skäl att påverka innehållet. Det påstås att männen i det ryska Kaukasien

I den gamla goda tiden, då Gottlands Nationalbeväring ännu
svettades för fosterlandet under ett par, tre veckor årligen, bru-
kades det att befälet, för att under själva mötet få odelat ägna
sig åt de i fruktansvärda mängder medförda spritvarorna, redan
i förväg uppgjorde alla rullor etc. Vid ett möte tilldager sig
följande:
    Kompanichefen: — Fanjunkaren, ä alla rullorna klara?
    Fanjunkaren: — Ja kapten, här är manskapsrulla, sjukrulla,
skjutprotokoll.
    Kompanichefen: — Men vad är detta? Skjutprotokollet är ju
färdigt med alla resultat inskrivna?
    Fanjunkaren: — Ja, kapten, allt är klart.
    Kompanichefen: — Men man vet ju inte hur di skjuter.
    Fanjunkaren: — Dä måtte en väl veta hur en beväring skjuter.

*Bild 4. Militär ordningsamhet, sedd ur Albert Engströms humoristiska men skoningslösa per-
spektiv. Publicerad med tillstånd av Albert Bonniers förlag AB. Faksimil.*

uppnådde så hög ålder, eftersom de vid rull-
föringen tagit till några år för mycket för att
slippa bli utskrivna till krigstjänst. I de rote-
rings- och utskrivningslängder som präster-
na upprättade i Sverige i början av 1600-talet
saknas ofta prästens egna barn. Kanske ville

han se till att de undantogs från krigstjänst.
Albert Engström har i en teckning satt in
scenen i ett tidlöst perspektiv. Fanjunkaren
vid Gotlands Nationalbeväring håller väl reda
på manskapsrulla och sjukrulla men besparar
sig själv och sin kompanichef extra besvär

genom att fylla i beväringarnas skjutprotokoll i förväg.

Det omfattande kamerala materialet är inte det enda som kännetecknar krigens arkiv. Ett särdrag är också den operativa miljön, det växlande händelseförloppet. Den som följt handlingarnas tillkomst under de täta skiftningarna i fältmässiga övningar känner väl till förloppet. I de moderna krigen ställs problemen på sin spets. Den israeliske krigsarkivarien dr Sarid förklarade för några år sedan, att den största svårigheten för honom var att organisera bevarandet av viktiga handlingar i samband med snabba pansarframstötar i ökenterräng.[25]

De klassiska fältarkiven följde härarna under fälttågen. De var ofta omfattande. Karl XII:s försvunna fältarkiv innehöll förutom rullor och räkenskaper även riksregistraturet, koncept till de kungliga breven, krigsdagboken, rapporter från de olika förbanden samt koncept till order och instruktioner. Arkivet transporterades i tunga trossvagnar, som ställdes i säkerhet inför fältslagen. Efter slaget vid Poltava fördes det under stora mödor med den retirerande armén till Perevolotjna vid floden Dnjepr, där större delen förstördes.[26]

Det karolinska fältarkivet är också ett exempel på hur svårt det kan vara att skilja mellan krig och fred i arkiven. Eftersom kungen själv förde befälet fick det en särskild ställning. Under det långa fälttåget sköttes större delen av rikets angelägenheter i fältkansliet. Riket styrdes på ett sätt som gjort att man talar om den svenska militärstaten, och krigets syfte var att genomdriva nationens politiska mål. I arkivet samlades det som rörde hemlandet sida vid sida med militära rapporter och rullor. Fältarkivet var i själva verket ett litet och rörligt riksarkiv.

Den militära arkivbildningen

Begreppen krig och fred är långt ifrån synonyma med begreppen militärt och civilt. Men i förvaltningen råder en fast struktur. Av tradition bevaras de källor som har skapats inom krigsmakten separat från det civila samhällets arkiv. Här går alltså inte skiljelinjen mellan krig och fred, utan mellan militärt och civilt. Utvecklingen mot en svensk centralförvaltning inleddes i början av 1500-talet. En separat förvaltning för krigsmakten växte fram ett hundra år senare, vid samma tid som regeringsmakten i de flesta europeiska länder började anta moderna former. Det habsburgska riket gick i täten. Kejsar Maximilian inrättade en tillfällig krigskammare i Wien år 1509 och kort därpå ett krigsråd, som skulle utöva krigsmaktens förvaltning. Från 1566 hette institutionen Hofkriegsrat och dess myndighet hade vidgats till att omfatta härens direkta ledning i fält.[27]

Det var under Gustav Vasa som den centrala finansförvaltningen skapades i Sverige. Kammaren blev också den första förvaltningsmyndigheten för krigsmakten. Enligt 1541 års kammarordning fick kammarråden uppgift att upprätta lönelängder och att svara för soldaternas förplägnad och utrustning. Samtidigt hade kammaren ansvaret för statsfinanserna och skulle därför revidera uppbörd och utgifter. Under en kort tid gjordes ett försök med särskild krigsförvaltning. Kungens rådgivare Konrad von Pyhy och Sten Leijonhufvud förordnades som krigsråd

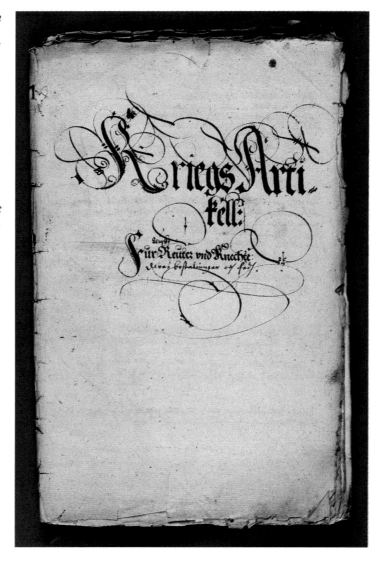

Bild 5. Krig upphäver den civila ordningen men är för den skull inte laglöst. I vad mån lagarna efterlevs är en annan fråga. På bilden syns titelbladet till Erik XIV:s krigsartiklar, konceptversionen för svenska ryttare och knektar. De sista sidorna innehåller förbud mot att håna andra nationer och att spela falskt, därtill mot slagsmål, hor och dryckenskap. Militaria, administrativa handlingar rörande armén, M 903. Foto: Kurt Eriksson, Riksarkivet.

att närmast under kungen handha mönstring och dela ut bestraffningar. Men redan under Dackefejden visade det sig att Gustav Vasa i viktiga frågor förbehöll sig rätten att själv leda krigsmakten. Av stor betydelse var också att staten direkt kom att avlöna knektarna. Eftersom kronan därmed övertog skyldigheter som tidigare ålegat enskilda tillfördes den betydande förvaltningsuppgifter. Riksdagen i Västerås 1544 sanktionerade den stående

här som kungen byggt upp och gav honom rätt att i fredstid bibehålla eller ytterligare bygga ut krigsmakten. Med 1544 års beslut blev försvarsfrågan en riksangelägenhet och registreringen av krigsfolket en central förvaltningsuppgift.

Under Gustav Vasas söner bibehölls med tillfälliga förändringar den ordning som fadern genomdrivit. Ett bestående försök att genomföra en separat försvarsförvaltning gällde naturligt nog tidens högteknologi, artilleriet. Redan under Gustav Vasa möter vi en arkliskrivare med ansvar för artilleriet. Genom Erik XIV:s hovordning blev han överste arklimästare, senare överste tygmästare och 1602 rikstygmästare. Vid sidan av artilleristerna hörde fortifikatörerna till tidens genitrupper, och även fortifikationen lydde vid denna tid under rikstygmästaren. Ett annat försök rörde flottan. Erik XIV nämnde i sin hovordning två nya befattningar i spetsen för flottans förvaltning, överste amiral och underamiral. Dessa skulle svara för flottans beredskap, nybyggnader och utrustning. Visserligen kom inte befattningarna att besättas förrän under Johan III, men ändå blev flottans förvaltning fastare än arméns. Till det bidrog Stockholms skeppsgårds dominerande ställning bland landets skeppsgårdar liksom behovet av en central kraftsamling för att klara av fartygsbyggnaderna.

Med Gustav II Adolf och Axel Oxenstierna upprättades slutgiltigt de centrala förvaltningsorganen för armén och flottan. Under Karl IX hade tanken förts fram att de fem riksämbetsmännen drots, marsk, amiral, kansler och skattmästare skulle ha ansvaret för var sin sektor inom rikets förvaltning. Genom 1614 års rättegångsordning skapades Svea hovrätt, som under ledning av riksdrotsen skulle utöva den kungliga domsrätten. Med 1618 års kammarordning reglerades riksskattmästarens och kammarens ställning. 1626 års kansliordning gav kansliet dess organisation under rikskanslern Axel Oxenstierna själv. Därmed var frågan löst för de civila riksämbetsmännen.

År 1619 lade Gustav II Adolf fram ett förslag om ett centralt förvaltningsorgan för armén. 1630 inrättades krigsrätten, som med 1634 års regeringsform omvandlades till Krigskollegium under ledning av marsken Jakob De la Gardie. Samtidigt skapades för flottans angelägenheter och på basen av det redan fungerande amiralitetet ett Amiralitetskollegium under riksamiralen Karl Karlsson Gyllenhielm. Det förtjänar nämnas, att i rangordning var Krigskollegium det andra och Amiralitetskollegium det tredje kollegiet.[28]

Ganska tidigt började förvaltningens arkivvård få ordnade former. I enlighet med föreskrifter i 1634 års regeringsform granskades kollegiernas förvaltning redan efter ett par år. Amiralitetskollegium utmärkte sig genom stora brister i den inre ordningen. Det ifrågasattes om inte kollegiet borde ställas under åtal. Räkenskaperna var i hög grad ofullständiga. Kvittenser saknades helt. I kansli- och rättegångsakterna fanns så "store irringar och fauter" att regeringen fattade beslut att förordna en särskild *vir doctus*, en lärd man, som skulle vara sekreterare och kommissarie. Men som riksamiralen Klas Fleming framhöll hade nu Amiralitetskollegium fått sig en riktig läxa. En ny instruktion trädde i kraft och en sekreterare hämtades från Svea hovrätt. Till hans uppgifter hörde att hantera korrespondensen samt att kontrollera protokoll, registratur och diarier.[29]

I oktober 1658 utfärdades i Krigskollegium instruktionen för aktuarien Samuel Danielsson Moltzdorffer. Med detta introducerades i den militära förvaltningen en riktig arkivarie. Moltzdorffer som också har kallats vår förste krigsarkivarie hade som främsta uppgift att vårda arkivet i krigskollegiets kansli, men han skulle också föra diarium, svara för registrering och inbindning av de inkomna handlingar samt extrahera och hålla ordning på supplikerna. Krigskollegium utvecklades till arkivdepå för andra militära organ, och det inventarium som upprättades när Moltzdorffer efter 27 år tog avsked återspeglar ett arkiv som kan ses som ett embryo till ett krigsarkiv.[30]

Några år senare kom fortifikationens värdefulla ritningssamling att ställas under sakkunnig ledning. 1662, eller möjligen året dessförinnan, hade ingenjören Johan Petter Kirstenius börjat att bearbeta den förteckning man förfogat över efter den tidigare generalkvartermästaren Olof Hansson Örnehufvud. Samtidigt ordnade han bättre förvaring för ritningarna. I takt med den svenska stormaktens konsolidering befann sig fortifikationen i stark utveckling. I Kirstenius roll som föreståndare för kartarkivet ingick att kopiera kartor och att komplettera samlingarna för fortifikationsofficerarnas framtida behov. Kirstenius var känd som en skicklig ingenjör men också fruktad för sitt hätska språk. Han lade fram en plan som skulle stärka hans ställning och höja hans lön. Därtill ville han tillsammans med riksarkivarien Erik Palmskiöld efterforska ytterligare material som kunde föras över från Riksarkivet till fortifikationens arkiv. Kollegiet avslog hans löneframställning men vidtog åtgärder för att föra över ritningar från Riksarkivet. Dessutom ålades avlidna fortifikationsofficerares sterbhus att lämna in alla bevarade kartor och fästningsritningar. Grunden var lagd för en kartsamling på högsta internationella nivå.[31]

På detta sätt reglerades huvudprinciperna för den centrala militära arkivbildningen. Från Gustav Vasa hörde den hemma i kungens kansli och kammare. Med Gustav II Adolf tillkom de båda centrala militära ämbetsverken som i skiftande former och med många arvtagare verkat till våra dagar.[32] Från början av 1600-talet har således de civila och militära arkiven vuxit fram separat från varandra. Förvaltningsgränserna är klara.

Den som söker källorna till våra krig eller till det militära samhället kan dock lika litet nöja sig med de militära arkiven som allmänhistorikern kan förbigå dem. Kungamaktens och den centrala statsledningens arkiv bevaras i Riksarkivet, och den regionala ledningen, landshövdingarna och deras länsstyrelser, levererar sina arkiv till landsarkiven. Landshövdingarna var i äldre tider mycket upptagna med de militära angelägenheterna. I 1635 års landshövdingeinstruktion hette det, att denne skulle ha sex arkivskåp i en brandsäker kammare. Två av skåpen avsågs uteslutande för de militära handlingarna.[33] På motsvarande sätt återspeglar de militära arkiven breda samhällsområden även i fred. Med den militära rullföringen från roterings- och utskrivningslängderna i tidigt 1600-tal och fram till dagens totalförsvarsregistrering har vi den vid sidan av kyrkbokföring och skatteskrivning viktigaste kontinuerliga källan till den svenska befolkningens historia.

Krigsarkiven

För det långsiktiga bevarandet av den militära förvaltningens arkiv har de flesta stater med en egen nationell historia skapat centrala militära arkiv. Organisationen varierar. På vissa håll är det en militär institution under militärt befäl. I vissa länder har man etablerat en mer eller mindre fast knytning till nationalarkiven, ibland med krigsarkivet organiserat inom nationalarkiven. Något förenklat kan pekas på tre grundläggande system som varierar med samhällssystem och geografi:

– det nordeuropeiskt-anglosaxiska utmärks av en nära knytning till nationalarkiven;
– det östeuropeiska har i regel haft militära arkivinstitutioner vid sidan av nationalarkiven men gemensamma för hela försvaret;
– det sydeuropeiskt-latinamerikanska slutligen karakteriseras av särskilda militära arkivinstitutioner för var och en av de olika försvarsgrenarna.

Krigsarkiven började växa fram under 1600-talet. I Frankrike skapade Colbert 1680 Dépot d'Archives centrales de la Marine för att bevara den franska marinens omfattande arkiv. Institutionen efterträddes senare av dagens Service historiques de la Marine, som är både ett arkiv och en forskningsinstitution. Några år senare skapades Dépot de la Guerre av Ludvig XIV och marskalk Louvois i avsikt att bevara arkiven efter krigsministeriet. Dépot de la Guerre är direkt föregångare till dagens Service historiques de l'Armée de Terre, liksom den marina motsvarigheten med dubbla uppgifter.

År 1711 inrättade Prins Eugen ett Archivum Bellicum i Österrike. Det skulle fungera som ett centralarkiv för den kejserliga armén och har sedan utvecklats till nutidens österrikiska Kriegsarchiv. Föregångaren till dagens ryska marinhistoriska arkiv, Centrala arkivet för örlogsflottan i S:t Petersburg, grundades av Peter den store år 1724 som ett arkiv för det efter svensk förebild inrättade Amiralitetskollegiet.

En viktig uppgift för åtskilliga av de militära arkiven var att fungera som kartdepå för de centrala staberna. Det är en tradition som är bevarad i dagens moderna militära system. Det svenska Krigsarkivet skapades när den kungliga kartsamlingen 1805 slogs samman med Fortifikationskårens stora samling kartor och ritningar. Ursprungligen var en av institutionens främsta uppgifter att hålla kartsamlingen aktuell. För en längre tid var den också knuten till Fältmätningskåren, sedermera Topografiska kåren.

Utöver arméns och marinens arkiv i Frankrike skapades under Ludvig XIV även Service Hydrographique et Océanographique de la Marine år 1720. Detta var ett arkiv för kartor, sjökort och planer som senare överfördes till Dépot d'Archives Centrales de la Marine. Vid sidan av sin uppgift som Hofkriegrätliches Kanzleiarchiv inledde österrikiska Archivum Bellicum 1764 en systematisk insamling av topografiska kartor. Från 1801 ersattes denna institution av ett centralt krigsarkiv knutet direkt till Generalstaben. Centrala krigshistoriska arkivet i Moskva har en likartad bakgrund. 1797 grundades en kejserlig kartdepå i S:t Petersburg. Något senare fördes den över till Krigsministeriet, ombildades till Militärhistoriska arkivet, och knöts 1867 till Generalstaben som Militärvetenskapliga arkivet.[34]

Bild 6. Kristian IV:s fejdebrev av den 4 april 1611 inledde Kalmarkriget. Militaria, M 1288 B.
Foto: Kurt Eriksson, Riksarkivet.

I många länder har den nationella karto-
grafiska verksamheten haft två utvecklings-
linjer: det civila lantmäteriet samt den mili-
tära fortifikationen eller topografiska kåren.
Kart- och ritningssamlingarna har från ett
tidigt stadium varit ett viktigt element i de
militära arkiven. Kartsamlingarna var avsed-
da för utbildning av personal och att utgöra
stöd för den operativa planeringen. Office-
rarna vid de topografiska enheterna eller
fortifikationskårerna hade åtskilliga uppgif-
ter både i krig och fred. De planlade fälttåg
samt befäste städer och gränser. Men de var
också arkitekter, stadsplanerare, vägbyggare
och konstnärer.

I historieböckerna indelar vi tiden i krig och
fred, men gränsen har alltid varit diffus. Som
en sentida bekräftelse på detta övergår vi nu
till begrepp som kris, konflikt och säkerhet.
Förvaltningen delar vi upp i militärt och ci-
vilt, men det sker med större möda allteftersom totalförsvarets mål får gränserna att vitt-
ra bort. Arkivens väl ordnade rum skiljer sig
från verklighetens oreda. I de förstnämnda
ställer vi upp historien enligt ett fast schema.
Men när vi går in i de prydligt uppställda
volymerna, ser vi hur svårt det är att behandla
fenomenen krig och fred som separata före-
teelser. Också i källorna är de två sidor av
samma sak.

Noter

1. Citat: Mikail Heller and Aleksandr M. Nekrich, *Utopia in Power* (1982) s. 52; Meddelande från Förenta staternas generalkonsul i Moskva Poole till svenske generalkonsuln Karl Widerström 2/8 1918; Widerström till UD 5/8 1918; Generalkonsulatets i Moskva arkiv grp 1, vol 6; Riksarkivet.

2. "Kriget har lagt av sin harnesk, men freden tar den på. Vi vet vad kriget förövar, vem vet vad freden kan?" (övers av förf). Återgiven i *Das deutsche Gedicht vom Mittelalter bis zum 20. Jahrhundert* (1962).

3. Hanns Heinz Ollus, "Sveaborgs undsättning 1808", *Armémusei årsbok* 1984–86, s. 113 f.

4. Femte Mosebok 20:10 ff.

5. T.ex. Abraham Malamat, *The Conduct of Israelite Warfare in the Biblical Period*, Commission internationale d'histoire militaire (CIHM), Acta no 3 (1976), s. 115; Paulus' brev till efesierna 6:12 ff.

6. Ur hans sista dikt "Elegie", återgiven i W. Willmans, *Walther von der Vogelweide* (1869), s. 334 ff.

7. Rikard Kleen, *Mellanfolklig rätt* I (1911), s. 390 ff.

8. André Corvisier, *La Guerre : Essais historiques* (1995), s. 11, med utgångspunkt i Erasmus av Rotterdam, *Enchiridion ou Manuel du chevalier chréstien* (1503); Harry Järv, "Erasmus av Rotterdam" i *Nationalencyklopedin*.

9. Lars Ericson, "Krigsakademiens tillkomst och första tid", *Karlberg Slott och skola*, red. Erik Norberg (1992), s. 15 f; Wilhelm Sjöstrand, *Grunddragen av den militära undervisningens uppkomst och utvecklingshistoria i Sverige till år 1792* (1941), passim; André Corvisier, *Le métier militaire en France aux époques de grands transformations sociales*, CIHM, Acta No 5 (1981).

10. Göran Göransson, *Virtus militaris: Officersideal i Sverige 1560–1718* (1990), s. 29 f.

11. Mordechai Gichon, *The Influence of classical Warfare on Military Thought and Matters from the Rennaissance to the 19th Century*, Acta XVII Congres internacional de ciencias históricas I, Madrid, s. 237.

12. Sven Lundkvist, "Verklighetsuppfattning och verklighet", *Studier i äldre historia tillägnade Herman Schück* (1985) s. 240; densamme, "Säkerhet och fred", *Utrikespolitik och historia, studier tillägnade Wilhelm M Carlgren* (1987), s. 168; Günter Barudio, *Gustav Adolf der Grosse* (1982,) s. 120, 333 ff; densamme, *Der Teutsche Krieg 1618–1648* (1985), s. 17 f, 260 ff.

13. Detlef Döring, *Samuel von Pufendorf : Kleine Vorträge und Schriften* (1995), s. 236 ff, 338 ff; Se även Margus Laidre, *Segern vid Narva* (1996), s. 14.

14. Kleen a.a. s. 409 ff.

15. Immanuel Kant, *Om den eviga freden* (1795), utgiven och kommenterad av Alf W. Johansson (1996).

16. Diderot och d'Alembert, *L'Encyclopédie*, uppslagsordet "paix", citerat efter Corvisier (1995) a.a. s. 13. Formuleringen skiljer sig uppenbarligen mellan olika upplagor.

17. *L'Encyclopédie*, uppslagsordet "guerre" (1767), citerat efter Corvisier (1995) a.a. s. 14.

18. *Encyclopedia Britannica* (Edinburgh 1771) faksimile s. 933.

19. *Nordisk familjebok*, andra uppl. art. "krig" av professorn i statsrätt Carl-Axel Reuterskiöld (denna del 1911).

20. *Nationalencykopedin*, art. "krig" av överste 1. gr Einar Lyth och överste Lennart Uller (denna del 1993).

21. Carl von Clausewitz, *Om kriget*, övers. och granskning av Hjalmar Mårtensson, Klaus-Richard Böhme och Alf W. Johansson (1991), s. 42.

22. Torgil Wulff och Ove Bring, *Handbok i militär folkrätt* (1987),

23. Soldat Pistol i "Henrik den femte", akt III, scen II, i Carl August Hagbergs översättning; Mordechai Gichon, *War and Warfare in the Writings of William Shakespeare* (bidrag vid CIHM militärhistoriska kollokvium i Wien 1996), särskilt s. 16.

24. Hilary Jenkinson, *Manual of Archival Administration* (1922) s. 163 f. I den senare upplagan från 1938 har han tonat ned formuleringarna något.

25. Samtal med förf. 1982.

26. Om fältarkivet och dess öden se Hans Villius, *Karl XII:s ryska fälttåg : Källstudier* (1951), Gunnar T. Westin, "Dagböcker som källor för Karl XII:s ryska fälttåg", *Karolinska Förbundets Årsbok* (KFÅ) 1953 samt Alf Åberg, "Det försvunna fältarkivet", *KFÅ* 1970.

27. von Alten, *Handbuch für Heer und Flotte* V (1913), s. 660; Birger Steckzén, *Krigskollegiets historia* I (1930), s. 5.

28. Nils Edén, *Den svenska centralregeringens utveckling till kollegial organisation i början av sjuttonde århundradet 1602–1634* (1902), passim; Birger Steckzén I s. 5 ff.; Einar Wendt, *Amiralitetskollegiets historia* I (1950), passim; Axel Flodén i *Försvarets civilförvaltning,* red. Inge Krappe (1994), s. 15 ff.; *Riksarkivets beståndsöversikt* del 4, Kammararkivet, utg. av Christer Danielson m.fl. (1995), s. 30 ff.

29. Einar Wendt a.a. s. 44 ff.

30. Bertil Broomé, "Bidrag till krigskollegiets arkivs historia", *Meddelanden från Krigsarkivet* VIII (1981), s. 11 f.

31. Birger Steckzén a.a. s. 325 f; Alf Åberg, "Svenska fortifikationsväsendets utveckling", *Fortifikationen 350 år*, red. Bertil Runnberg (1986), s. 47 ff; Ulla Ehrensvärd, "Fortifikationsofficeren som kartograf" (*Fortifikationen* a.a.) s. 109 ff.

32. Om den fortsatta utvecklingen se Steckzén a.a.; Stefan Östergren, Carl W. Lindblad och Erik Norberg, *Arméförvaltningens historia* (1987); *Fortifikationen 350 år*, red. Bertil Runnberg (1986); *Försvarets civilförvaltning* a.a, Wendt a.a samt Folke Wedin del II–V av samma verk; *Krigsarkivets beståndsöversikt* del I och II (1987).

33. Lars Otto Berg, "Militärt material i ett landsarkiv", *Meddelanden från Krigsarkivet* VII (1980), s. 112 ff.

34. Erik Norberg, "Guide to Military Archives", *Meddelanden från Krigsarkivet* XIII (1989).

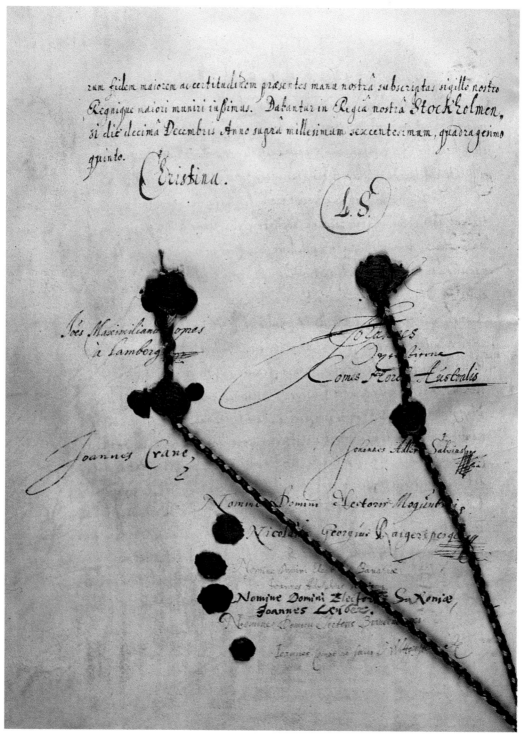

Bild 7. Westfaliska freden, Osnabrück-traktaten, Sveriges överenskommelser med främmande makter –1814, Tyskland 8 A. Foto: Kurt Eriksson, Riksarkivet.

Westfaliska freden

Marie-Louise Rodén

Westfaliska Freden består av två fördrag, det ena mellan Sverige med allierade och kejsaren med dennes allierade, det andra mellan Frankrike och kejsaren och deras respektive allierade. Det svensk-kejserliga fördraget, som bevaras i Svenska Riksarkivet, undertecknades i Osnabrück, det fransk-kejserliga bevaras i Hov- och Statsarkivet i Wien och undertecknades i Münster. Båda fördragen är daterade den 14/24* oktober 1648 (juliansk/gregoriansk kalender).

Fredsfördragen innehåller 128 paragrafer och omfattar villkor stadfästa genom två preliminära fördrag som slutits under fredskongressens gång. En preliminär fred mellan kejsaren och Frankrike överlämnade området Elsass till Frankrike mot en kontant betalning på 1,2 miljoner thaler. Då Elsass var en av huset Habsburgs äldsta patrimoniella provinser, hade detta varit en av förhandlingarnas större tvistepunkter. För Sveriges del var frågan om krigsskadestånd avgörande. I juni 1648 accepterade svenskarna ett skadestånd på 5 miljoner thaler. Detta ledde till en preliminär fred med kejsaren, som undertecknades den 6 augusti 1648 i Osnabrück.

Fredens första och andra paragrafer återfinns i båda fördragen (utan numrering i det kortare fransk-kejserliga fördraget). Den första slår fast att freden skall vara kristen, universell, varaktig och grundläggande för en sann vänskap mellan parterna. Fredens andra paragraf fastslår en amnesti som är mer förpliktigande än den som uttryckts i tidigare fördrag. Det handlar här om en "fredsverkande glömska" (Dickmann) – de stridigheter och skador, det våld som kriget medfört, skall för all tid begravas i glömska (*perpetua sit oblivione sepultum.*)

Kejsaren behöll den böhmiska kronan såsom ärftlig i den egna linjen. Övre Österrike, som varit pantsatt till Bayern, återbördades utan någon betalning av skadestånd. Inom sina arvländer var kejsaren inte skyldig att erkänna tolerans i religionsfrågor. Sammantaget intensifierades kejsardömets österrikiska karaktär.

Frankrike och Sverige erhöll kompensation genom förläningar inom kejsardömet. För Frankrikes del gällde detta de tre biskopsdömena Metz, Toul och Verdun i området Lorraine, vilka hamnat under fransk kontroll redan 1552, ett förhållande som erkändes och legaliserades genom Westfaliska Freden. Frankrike erhöll som nämnts området Elsass med full suveränitet (*supremum dominium*) men med vissa reservationer. *Ita tamen*-klausulen, som specificerade dessa, lade enligt David Ogg grunden för framtida krig som var "långt mer dödliga än alla 1600-talets sammantagna vapen".

Sverige erhöll Västpommern, de sekulariserade biskopsdömena Bremen och Verden, städerna Wismar och Stettin, ön Wollin och det ovan nämnda skadeståndet, på villkor att svenska trupper lämnade tysk mark. På så vis förankrades Sveriges ställning som en europeisk stormakt genom representation i den tyska ständerförsamlingen (Dieten) och genom en fast förankring längs Östersjöns sydliga kustlinje.

Kurfursten i Brandenburg, som lidit svåra territoriella förluster under kriget, erhöll biskopsdömena Minden, Halberstadt och Cammin samt rätt till successionen i Magdeburg, främst tack vare franska insatser under kongressen.

Hertigen av Bayern erhöll den övre Palatinen och behöll sin ställning som kurfurste. Ett åttonde elektorat skapades för sonen till den förre kurfursten. Övriga punkter rörde deklarationen av Schweiz fullständiga självständighet samt beslutet att den burgundiska cirkeln (med Spanska Nederländerna) skulle förbli inom kejsardömet till den tid då Frankrike och Spanien åsidolagt sina konflikter. Detta skedde först genom Pyrenéerfreden 1659.

Westfaliska Freden är, enligt Fritz Dickmann, "ett konstlat, ordrikt, ofta förvirrat fördragsdokument, ställvis medvetet oklart och motsägelsefullt. Säkerligen ett högst ofullkomligt verk, men till sist dock grundvalen för en ny tingens ordning". Trots dessa reservationer, måste freden betraktas som betydelsefull för folkrätten och det europeiska statssystemets utveckling. Freden fullbordade den långa process genom vilken de suveräna nationalstaterna ersatte kejsardöme och pävedöme som de organiserande enheterna i det europeiska samhället. Det var nödvändigt att medlemmarna i en sådan gemenskap erkände varandra som likaberättigade och därmed måste de också "erkänna folkrättsliga fördrag som bindande" (Dickmann).

Westfaliska Freden var av betydelse för riksförfattningen inom det tysk-romerska kejsardömet. Kejsarens makt kringskars slutgiltigt och furstarnas suveränitet stadgades. Riksständerna erhöll rätten till förbund med främmande makter och deras förhållande till kejsaren reglerades.

Slutligen var freden avgörande för de religiösa konturerna inom kejsardömet. De frågor som varit mest svårhanterliga under fredsförhandlingarna var de som rörde religionen: om kalvinismen, tillsammans med lutheranismen och katolicismen, skulle erhålla officiell tolerans inom kejsardömet, och i så fall på vilka villkor samt från vilket gällande datum sekulariserade områden som en gång tillhört kyrkan skulle återlämnas. Fredstraktaternas texter kan inte sägas ha drivit fram själva toleransbegreppet, men fredens praktiska effekter främjade ändå den religiösa toleransen, och detta har senare framhävts som en av fredens långsiktiga resultat. Året

1624 stadfästes som normgivande för uppdelningen av katolsk respektive protestantisk kyrkoegendom, områden och städer. Detta innebar slutligen att Nordtyskland fick en protestantisk dominans, Sydtyskland en katolsk. Kalvinismen erkändes som en officiell lära på samma villkor som luteranismen, det vill säga enligt principen *cuius regio, eius religio*, som fastställts genom religionsfreden i Augsburg 1555.

Trots dess begränsningar var Westfaliska freden grundläggande för utvecklingen av det moderna europeiska samhällssystemet och den internationella diplomatin. Fram till 1700-talets slut ansågs freden vara universell och normgivande.

---

* Osnabrückfördraget undertecknades den 6 augusti 1648 men bekräftades genom ed vid undertecknandet av Münsterfördraget.

Bibliografi

Fritz Dickmann, "Westfaliska freden inför eftervärlden", Göran Rystad, red., *Historia kring Trettioåriga Kriget* (Falun, 1994).

David Ogg, *Europe in the Seventeenth Century* (New York, 1972).

Karl Ordelheide, *Der Westfälische Frieden und Osnabrück* (Osnabrück, 1986).

Geoffrey Parker, red., *The Thirty Years' War* (New York, 1997).

Bild 8 a–b. Under Trettioåriga kriget fick Sverige betydande finansiellt understöd av Frankrike. Genom undertecknandet av Heilbronnförbundet den 19 april 1633 förband sig Frankrike att utbetala inte mindre än 1 miljon franska livres. Sveriges överenskommelser med främmande makter –1814, Frankrike 2.

Hur Jöran Tomasson kom till Prag

Tennsoldaten bestiger trähästen
och rider bort under kyrkohällen.
Den uppstoppade örnen svävar
med väldiga vingslag över fältet.
Det rätta är evigt. Medborgare,
jag repeterar, medborgare.
Må städer och byar brinna.
Må städer och byar brinna.

Werner Aspenström

Bild 9. På denna beskrivning av slagfältet vid Leipzig 1642 har konstnären också tagit med trossen, en mindre glamorös men högst nödvändig del av alla armér. (Se också bokens eftersättsblad på insidan av bakre pärmen samt pärmens baksida). Utsnitt av färglagd teckning, samlingen Sveriges krig, nr 4:80, Krigsarkivet.

De svenska arméerna i Tyskland under Trettioåriga kriget

Sammansättning och styrka

Lars Ericson

Medan de utdragna fredsförhandlingarna i Münster och Osnabrück gick in på sitt slutvarv inträffade den kanske mest spektakulära händelsen under hela det stora krigets trettioåriga historia, nämligen den svenska stormningen och erövringen av den så kallade Lillsidan i Prag. Den 24 oktober 1648 skrevs fredsdokumentet under i Osnabrück. Dagen efter (den 15 oktober enligt den gamla tideräkningen, som följs här) stormade svenska, finska och tyska soldater Prags fästningsmurar, ovetande om att fred nu rådde efter 30 års krig.

I stormkolonnerna återfanns bland annat finska soldater från Nyland och Tavastehus, de flesta bondpojkar som hade skrivits ut till krigstjänst och nu hade färdats till Böhmen. En av dem som befann sig mitt uppe i Trettioåriga krigets dramatiska slutakt var knekten Jöran Tomasson. Hans personliga öde ger en bra inblick i hur den svenska armén var uppbyggd åren kring Westfaliska freden och ödena för de soldater som fyllde dess led. Vi skall glimtvis följa hans tid i den svenska tysklandsarmén, mot bakgrund av de förändringar i sammansättning och styrka som de svenska trupperna på kontinenten genomgick under 18 års krig. I båda fallen är det rullmaterialet och andra bevarade arkivhandlingar som tillåter oss att göra en sådan undersökning.

Stormningen av Prags Lillsida

Ridån för denna det långa krigets slutakt hade gått upp flera månader tidigare. Under år 1648 hade trycket väsentligt ökat på de kejserliga trupperna. Svenska och franska arméer under Wrangel och Turenne hade genomkorsat hjärtlandet hos kejsarens främste allierade, Bayern. Från svensk sida närde man också planer på en stöt direkt mot kejsarens i Wien egna arvländer, i första hand Böhmen. Till ansvarig för den insatsen utsåg fältmarskalken Carl Gustaf Wrangel sin general Hans Kristofer von Königsmarck.[1]

I mitten av maj 1648 lämnade Königsmarck huvudarmén med bara 1 500 man, huvudsakligen värvat kavalleri från Weimar samt sitt eget dragonregemente och livkompani. Vid Weiden i övre Pfalz inväntade han förstärkningar innan marschen mot Prag

Bild 10. Den svenska armén misslyckades i oktober 1648 att storma Prags Altstadt. På detta stick syns svenskarna bryta in i försvarsanläggningarnas mellanverk innan de slås tillbaka. Kopparstick i verket Theatrum Europaeum band VI, Krigsarkivets bibliotek. Samtliga fotografier till denna artikel är utförda av Krigsarkivets fotograf Bertil Olofsson.

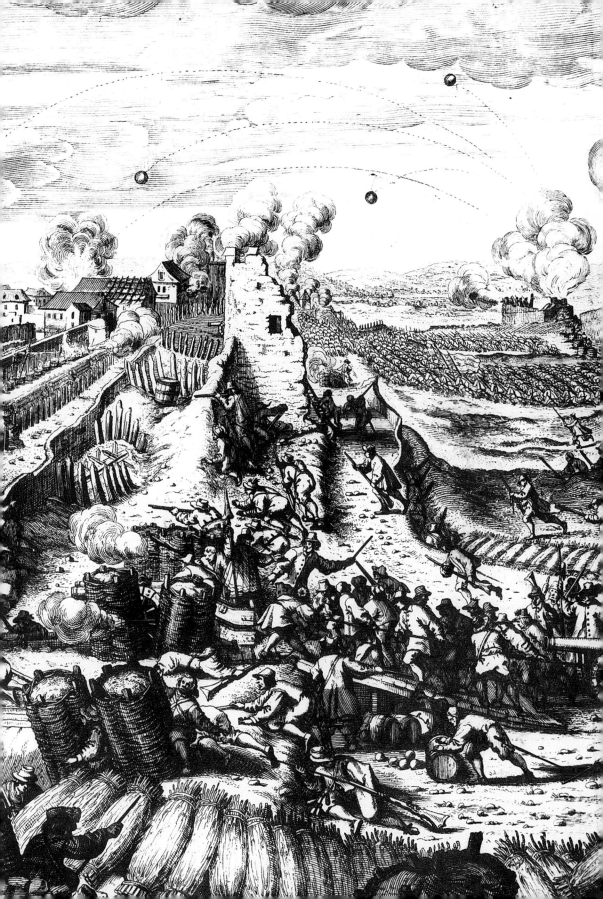

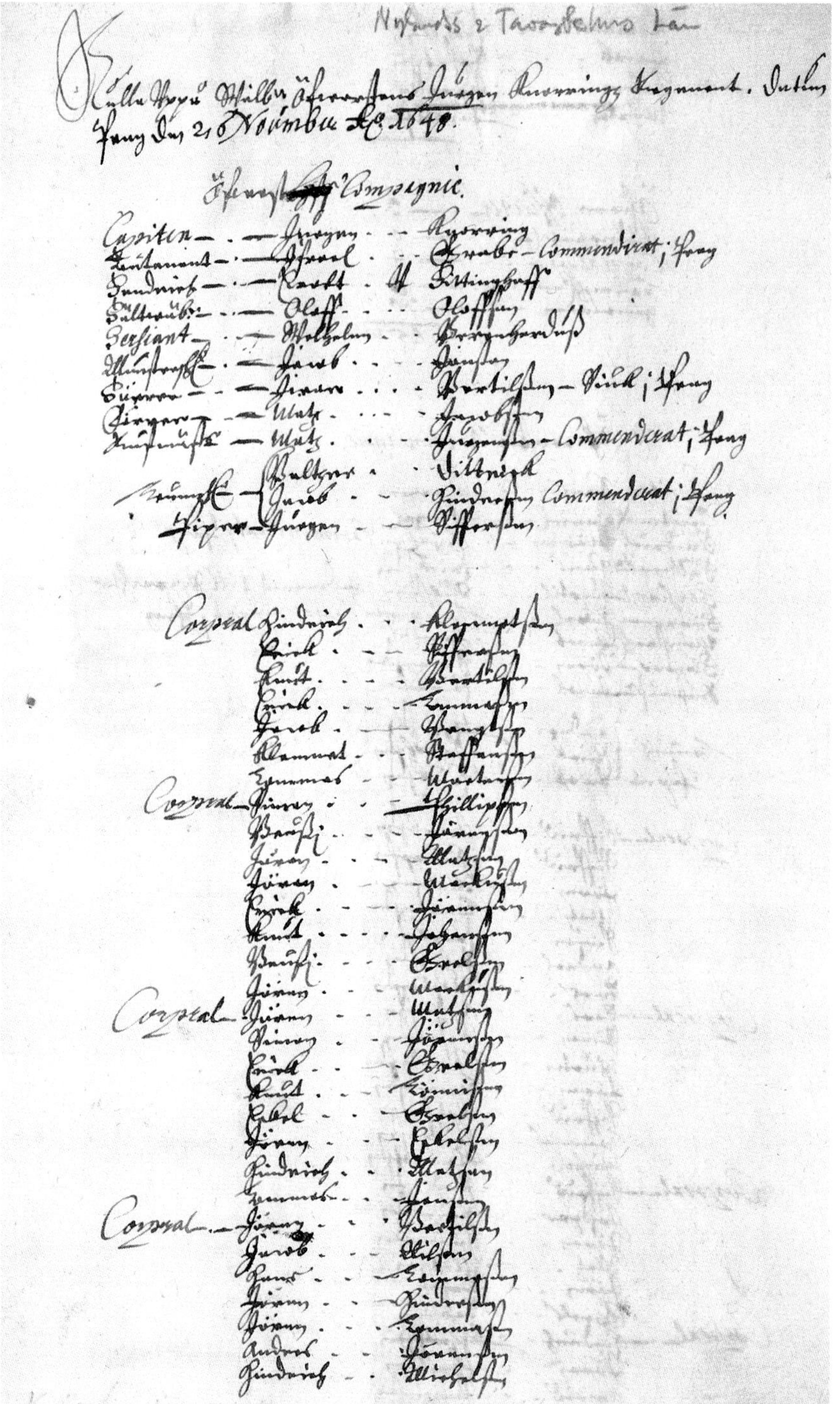

Bild 11. Denna rulla, som upptar soldaterna i överste Jörgen Knorrings regemente infanterister från Nyland och Tavastland, upprättades i Prag den 26 november 1648. Samlingen Rullor 1620-1723, vol. 1648:27, Krigsarkivet.

anträddes. Nu fick Königsmarck en viktig allierad, den tidigare kejserlige översten Ernst Odowalsky, som erbjöd den svenska kronan sina tjänster, främst en väg att erövra Prags Lillsida på den västra Moldaustranden. Här låg slottet Hradschin och en lång rad adelspalats, där såväl kejsaren som den österrikisk-böhmiska adeln hade samlat stora skatter av värdeföremål, konst och möbler. Odowalsky fick befälet över en svensk infanteriskvadron, ett månatligt underhåll och löfte om en gratifikation på 10 000 riksdaler om planen lyckades. I Prag, en av Europas största städer men med svaga befästningar och kanske ett tusental reguljära soldater i garnisonen (stöttade av 10–12 000 beväpnade borgare) trodde man länge att svenskarna hade ett annat mål. Därför blev chocken desto större när sanningen stod klar.

Den 15 juli anlände en kejserlig ryttmästare och meddelade för kommendanten, fältmarskalken Rudolf von Colloredo, att Königsmarck stod en knapp mil från staden. Han blev inte trodd. Samtidigt förberedde sig 1 000 infanterister och 2 000 ryttare för stormningen. Med Odowalskys hjälp gjorde man i Königsmarcks högkvarter förteckningar på de viktigaste ståndspersonerna i staden, samtliga bodde i palats på Lillsidan, inte i stadens huvuddel på den östra stranden. De enskilda personerna och det möjliga bytet i deras hem fördelades på de anfallande trupperna, som försågs med preciserade mål och uppgifter. Alla som påträffades med vapen i hand skulle huggas ned, och den som visade sig i ett fönster skulle obönhörligen skjutas. Inga hänsynstaganden fick riskera operationens framgång.

I skymningen den 15 juli började trupperna röra sig mot staden. Man kom upp på Vita berget, där krigets dramatiska inledningskamp mellan upproriska böhmare och kejserliga trupper avgjorts 28 år tidigare. Det lilla befästa lustslottet "der Stern" visade sig vara obemannat och framryckningen fortsatte. Vid midnatt hördes först signalerna som annonserade stadsvaktens midnattsrond, följda av klostrens kyrkklockor som kallade munkarna till midnattsmässan. Ryttarna satt av och hästarna lämnades i parken kring "der Stern" innan man fortsatte till fots. Nu var staden bara en kilometer avlägsen. Soldaterna dolde sig i adelsfamiljernas trädgårdar strax utanför västra porten till Lillsidan, invid klostret Strahov (än idag en av Prags största sevärdheter).

Vid pass klockan halv tre på morgonen den 16 juli 1648, en timme innan gryningsljuset skulle kasta sina första strålar över Moldau, ledde Odowalsky en stormtrupp mot den svagt befästa kurtinen, murpartiet, mellan bastionerna "der Stern" och "S. Franciscus" ungefär 400 meter norr om Strahovklostret. De enstaka posterna överrumplades, angriparna strömmade över vallen och tog vakten vid Strahovporten i ryggen. Odowalsky öppnade portarna och ropade själv in trupperna som låg och väntade i de omgivande trädgårdarna.

Nu strömmade Königsmarcks 3 000 soldater in i Prags Lillsida, och helt enligt planen ryckte en styrka fram till Karlsbrons (ett namn den fick först senare) västra fäste, för att säkra försvaret mot eventuella återerövringsförsök från den västra stadsdelen, Altstadt. Sedan Hradschinborgen erövrats överlämnades staden, enligt tidens sed, till soldateskens plundring. I två dygn pågick övergreppen utan att de kejserliga på den andra stranden kunde göra något för att stoppa dem. Inte heller gjorde Königsmarck några allvarliga försök att erövra resten av staden, i stället lät han erövrade kanoner beskjuta Prags försvarare från Hradschinborgen. Under tiden togs ett makalöst rikt byte i form av värdeföremål, konstskatter och böcker, det rikaste byte en svensk armé någonsin tagit.

Sådant var läget till den 24 september då Karl Gustav (den blivande Karl X Gustav) som överbefälhavare över de samlade svenska arméerna i Tyskland anlände från Leipzig med ytterligare 6 000 man och en stor mängd kanoner som vid midsommartid hade kvitterats ut från slottets artilleriförråd i Stockholm. Nu vågade man sig på ett anfall mot resten av Prag. Svenskarna slog en bro över Moldau och spred sig på tre kolonner som angrep staden från öster, inte från Lillsidan i väster. Efter nästan en veckas artilleribeskjutning gick man till anfall den 3 oktober. Tre infanteribrigader under ledning av Magnus Gabriel De la Gardie angrep stadsporten Galgentor, medan två andra stormkolonner angrep två andra stadsportar.

Galgentor höll på att rasa samman under artilleribeskjutningen och vid fyratiden på eftermiddagen trängde Livgardet in i fästningskomplexet kring porten. Efter flera timmars närstrid tvangs dock svenskarna dra sig tillbaka, sedan den bräsch man slagit i försvaret inte omgående utnyttjats för att föra in större styrkor. Istället lyckades det de väl motiverade försvararna – bland vilka befanns sig såväl borgare som studenter och

munkar – att pressa tillbaka angriparna. Ett nytt anfall iscensattes den 15 oktober (enligt gamla stilen, den 25 oktober enligt vår tideräkning), dagen efter det man i Osnabrück undertecknat fredsavtalet, och ånyo tog sig angriparna in i försvarsanläggningarna runt staden, men tillslut drevs man tillbaka av ett "halsstarrigt" motstånd.

Nu började Karl Gustav, fortfarande omedveten om fredsavtalet, att förbereda en avveckling av operationerna vid Prag, eftersom det råa och fuktiga höstvädret hotade att decimera trupperna. Den 25 oktober, dagen efter att Karl Gustav brutit upp från Prag och bara lämnat en garnison under Königsmarck och Wittenberg i Lillsidan, nåddes han av budet av vad som ägt rum i Osnabrück. Då återvände han till Prag med sina trupper.

Kriget var slut. Den spektakulära sista striden om Prag hade, satt i relation till de stora dödstal som 30 års krig skördat, krävt förhållandevis få offer. Svenskarnas förluster från juli till oktober 1648 uppgick till mellan 500 och 700 man (varav en officer och sju soldater under den första nattens stormning), medan försvararna förlorade 130 döda den första stormningsnatten i juli, därefter hade deras förluster begränsats till 219 döda och 475 sårade. Striden om Prag satte inte bara det krigiska sluttecknet på en kamp som inletts 1618 och engagerat soldater från nästan hela Europa på slagfälten i Tyskland, den slöt också cirkeln på ett mera individuellt plan.

Konflikten inleddes år 1618 då några kejserliga sändebud slängdes ut från borgen Hradschin av upproriska böhmare, "Prager Fensterstürz". En av de utkastade var den senare ståthållaren i Böhmen Jaroslav Borgita von Martinitz (*tjeck.* Martinic). Denne överlevde med knapp nöd fallet från slottsfönstret, men kom den 16 juli 1648 att tillhöra de olyckliga – tillsammans med bland annat ärkebiskopen i Prag och andra böhmiska adelsmän – som vaknade upp i natten som svenska fångar. När soldaterna bröt sig in i hans palats angreps den yrvakne och halvklädde ståthållaren av värjförsedda svenskar. Några dagar senare avled han av stickskador i höften. Den man som personligen hade varit centrum i Trettioåriga krigets första dramatiska händelse, blev ett av offren för krigets sista, inte mindre dramatiska, krigshandling.[2]

Kvar i Prag och i en rad tyska och böhmiska garnisoner stod den svenska armén, svenska och utländska värvade soldater. De skulle nu, förhoppningsvis i god ordning, få sina innestående löner och avgångsvederlag, för att sedan var och en återvända hem till sitt. Det skulle dock visa sig att detta ingalunda var en enkel process för någon av de före detta krigförande. Förklaringen stod att finna i det system som stegvis hade byggts upp för att finansiera krigföringen och de allt större arméerna. Det gjorde att varken svenska eller värvade utländska legoknektar kunde "avdankas" och sändas hem så snart som säkert många av dem hoppades på. Tvärtom väntade nu en lång och utdragen process för att avveckla krigets "instrument". Bland dessa fanns vid fredsslutet i den svenska garnisonen i Lillsidan i Prag såväl värvade tyska soldater som svenska trupper. Häri ingick även finska styrkor. Tack vare det väl bevarade rullmaterialet kan vi på ett för europeiska förhållanden i det närmaste unikt sätt följa alla dessa individuella öden under det dramatiska skeende då det stora kriget stegvis omvandlades till en fredsprocess.[3]

Den svenska armén under uppbyggnadsskedet

Ett av de svenska förbanden i Prag vid tiden för Westfaliska freden var överstens Jörgen Knorrings finska infanteriregemente med soldater från Nylands och Tavastehus län. Förbandet hade kommit till Prag från Leipzigtrakten med Karl Gustavs styrkor i mitten av oktober. Bland de runt 350 befäl och soldater som vid fredsslutet befann sig i den böhmiska huvudstaden ingick knektarna i kaptenen Christian Dunders kompani. En av dessa var Jöran Tomasson, som tillsammans med fyra kamrater leddes av korpralen Erik Andersson. Det är inget unikt med denne Jöran Tomasson, utom just det faktum att de bevarade rullorna skildrar, om inte varje steg, så i vart fall de stora dragen i såväl hans som de andra enskilda soldaternas öden sedan de lämnat sina gårdar i hemlandet och skeppats iväg till andra sidan Östersjön.[4]

Innan vi ser hur Jöran Tomasson kom från södra Finland till Prag, liksom hur han tog sig hem, finns det anledning att ägna uppmärksamhet åt hur den svenska armén i Tyskland byggdes upp. Redan efter Gustav II Adolfs trontillträde 1611 påbörjades arbetet med att modernisera den svenska armén (inklusive de finska förbanden). Detta arbete ledde på 1620-talet till skapandet av landskapsregementen, rekryterade inom ett speciellt landskap eller län. 1634 bestämdes att armén skulle bestå av 8 kavalleri- och 23 infanteri-

Bild 12. År 1639 skedde utskrivningar i Luleå socken. I varje rote om tio man togs en ut till militärtjänst och noteringen "Knecht" gjordes i högermarginalen. Samlingen Roterings- och utskrivningslängder, vol. 180 a, Krigsarkivet.

regementen med, som regel, 1 000 respektive 1 200 soldater i varje. Medan artilleriet och kavalleriet till stor del kunde rekryteras på frivillig väg, använde man sig av utskrivning för att få fotsoldater till infanteriet. Denna utskrivning omfattade under en stor del av Gustav Adolfs regering alla män som fyllt 15 år. Härmed hade ett nytt synsätt introducerats, som innebar att statsmakten försökte enrollera hela befolkningen i krigsansträngningen. Ett talande uttryck för detta nya synsätt får vi i Gustav Adolfs krigsfolksordning från 1619. I den beordras prästerna att hålla reda "på theres ålder som tilwexa. På thet at när the til sijna femton åhr komma" skall kunna föras in i längderna över krigstjänstpliktiga. Roterings- och utskrivningslängderna ger idag forskarna goda möjligheter att följa krigens konsekvenser för den svenska

befolkningen. Några samvetsbetänkligheter mot att sända tonårspojkar i fält tycks man inte ha haft. Snarast förhöll det sig tvärtom, att döma av följande citat ur samma krigsfolksordning:

ju yngre the komma thil krigsmans embete ju bettre låta the sig lära och wennia wed the styckier som en krigsman tillhöra.[5]

Vid utskrivningen indelades de krigstjänstpliktiga männen i rotar om tio man i vardera. Från varje rote togs sedan en man ut till knekt, medan de övriga fick anstånd, kanske till nästa utskrivning två, tre år senare eller ännu längre om de hade tur. Utskrivningarna och de därpå följande stora förlusterna drabbade det svenska bondesamhället hårt. Beräkningar har gjorts som visar att ungefär var tredje svensk man – i runda tal en halv miljon – under stormaktstiden 1621–1721 dog i militärtjänst, de flesta av sjukdomar och umbäranden, inte av egentliga stridsskador. Dessutom rymde inte så få utskrivna, innan de hann skeppas iväg till någon av fronterna på andra sidan Östersjön, medan man i vissa delar av landet kunde leja ersättare för de utskrivna. Men det krävde ett näringsfång som gav ett kontant överskott.[6]

Det vanligaste sättet att komplettera de utskrivna svenska och finska förbanden var att köpa utländska legosoldater. Redan under tidigare krig hade utländska soldater värvats till den svenska armén, men aldrig var deras antal så stort som under Trettioåriga kriget. 1621 bestod den svenska armén till 85 % av soldater från Sverige, medan dessa vid inträdet i kriget i Tyskland på sommaren 1630 bara utgjorde något över hälften av trupperna. Utvecklingen fortsatte, så att det svenska inslaget bland trupperna i slaget vid Breitenfeldt på hösten 1631 var nere i 28 %. Vid många av krigets slag utgjorde de inhemska soldaterna endast 10–15 % av de stridande förbanden.

Tyskland var som alltid den stora värvningsmarknaden, inte minst nu när kriget till stor del fördes på tysk mark. Oberoende av politisk och religiös övertygelse lät sig tiotusentals tyskar köpas av den härförare som kunde erbjuda de bästa villkoren. För att kunna locka till sig legosoldater gällde det inte bara att betala bra, utan också att förespegla möjligheter till extrainkomster genom plundringar. När Sverige ville skaffa sig sådana legosoldater, gick man ut på den internationella soldatmarknaden. Där fanns det allt

från småhandlare som bara erbjöd sina egna tjänster, till stora leverantörer som kunde ställa upp hela regementen och till och med arméer. Betalningen skedde med de inkomster man fick från tullar, exporten av koppar och de ekonomiska bidrag som kom in från allierade länder, främst Frankrike. Efter att ha fått en beställning började värvaren sitt arbete med att med fagra ord locka till sig så många frivilliga som möjligt. På så sätt samlades brokiga skaror, som skulle formeras till stridsdugliga förband. Många av soldaterna rymde när de hade fått sina värvningspengar, medan andra vandrade iväg när lönerna uteblev. Inte så få soldater använde sina vapen till att terrorisera civilbefolkningen. Den svenska armén fylldes på så sätt av soldater från många olika länder, även om tyskarna dominerade. En annan stor grupp kom från Skottland. Huvudsakligen från de östra högländerna kring Inverness, Aberdeen och Edinburgh kom mellan 13 000 och 14 000 skotska soldater för att träda i svensk tjänst under Gustav II Adolf.[7]

Redan 1620-talets krig mot polackerna i Preussen hade krävt betydande insatser av utländska legotrupper, främst tyska ryttare. Samtidigt fördes från Sverige och Finland omkring 50 000 man till krigsskådeplatserna under åren 1625–1629, av vilka minst 30 000 dog. Om man lägger till förlusterna under fälttåget kring Riga 1621–1622 och örlogsflottans åderlåtningar hamnar den totala förlustsiffran för 1620-talets krig på mellan 35 000 och 40 000 inhemska soldater. Mot den bakgrunden ska man se det svenska ingripandet i Tyskland, som skedde i ett första steg år 1628 då styrkor sändes från

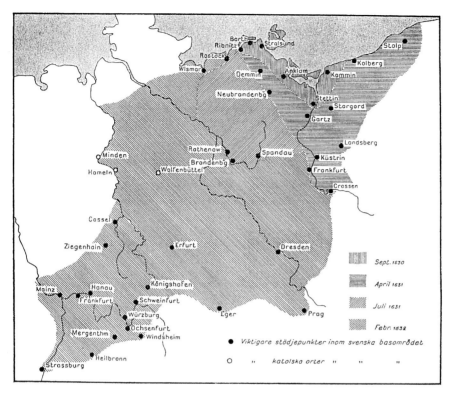

Bild 13. Tillväxten av den svenska arméns basområde i Tyskland från sommaren 1630 till våren 1632. Efter generalstabsverket "Sveriges krig 1611–1632".

Preussen till den av de kejserliga inringade staden Stralsund. Det andra steget togs sommaren 1630.[8]

På hösten 1629 uppskattade den svenska ledningen att den planerade insatsen i Tyskland krävde 30 000 man, medan resten av krigsmakten skulle räkna 45 000. För att kunna mobilisera dessa 75 000 fick Sverige spänna sina krafter till det yttersta, inte minst i form av nya utskrivningar, men också en hög beredskap för omfattande värvningar. På våren 1630 höjde kungen kraven på den blivande tyska fältarmén till 46 000 man. På försommaren det året var armén färdig, till hälften bestående av legosoldater. Många av de senare var veteraner från de livländska och preussiska krigen vilka hade stora innestående löner att kräva, och därför fann det klokast

att stanna kvar och bevaka sina fordringar, medan andra utgjordes av nyvärvat folk som köpts på kredit.[9]

Den 26 juni 1630 landsteg Gustav II Adolf vid Peenemünde med drygt 13 000 man. Därefter anlände ytterligare förstärkningar från Sverige och Preussen, så att den svenska armén kring den 1 augusti uppgick till nära 26 000 man, varav många veteraner från den preussiska krigsskådeplatsen.[10]

Försörjningen av de svenska trupperna, och i synnerhet de värvade förbanden, överläts i möjligaste mån på krigsskådeplatsen. Såväl fiende som vän fick bidraga med kontanter eller naturapersedlar till armén. Historien om det svenska krigsdeltagandet är till stora delar en historia om ändlösa förhandlingar, inte sällan under ett mer eller mindre uttalat vapenhot, om kontributioner från allierade städer och provinser. Samtidigt pressade man ut vad som gick av erövrat territorium. På det sättet kunde armén inte bara försörjas, den kunde också, i takt med de militära framgångarna, växa i styrka på Tysklands bekostnad.

Svenska skatter, tullinkomster och förskott från kopparhandeln i Amsterdam gav viktiga kontanta medel, liksom bidragen från det allierade Frankrike när sådana började flyta in. Men de tyska kontributionerna var de viktigaste. En inre dynamik utvecklades där kriget närde sig självt på en ständigt högre nivå. Medaljens baksida var självfallet att även protestantiska tyska stater inte odelat gladde sig åt den svenska befrielsen, när den åtföljdes av pockande kontributionskrav.[11] En av de första orter som drabbades av dessa kontributionskrav var Stettin, som erövrades av svenskarna redan på sommaren 1630. Trots stadens försök att vid flera tillfällen minska bördan, lyckades det svenskarna att redan från hösten 1630 få Stettins stad att försörja en garnison på 4 000 man, vilket motsvarade en viktig del av den svenska armén längs Oder.

Den svenska finansplaneringen för kriget visade sig inte hålla måttet när den konfronterades med verkligheten i Tyskland, men under 1630 och 1631 lyckades det Sverige att etablera ett system som gjorde att drygt hälften av krigskostnaderna kunde finansieras med tyska medel från krigsområdet, främst kontributioner från Pommern. Resten betalades från hemlandet. Därmed hade en, om än något skakig, grund lagts för att expandera armén på motståndarens och de allierades bekostnad. Detta gällde förvisso inte bara de värvade förbanden. Det tyska området stod för uppskattningsvis 80–83% av lönekostnaderna för de finska infanteriförbanden medan siffran för kavalleriet var 60%.[12]

Hela 1600-talet kännetecknades i Europa av en våldsam ansvällning av arméernas storlek, inte minst som ett resultat av en alltmer personalkrävande krigskonst som stegvis utvecklats sedan 1400-talets slut. Allra tydligast var detta i Frankrike, vars armé i mitten av 1500-talet räknade 36 000 man, en styrka som 1630 vuxit till 150 000 soldater och under Ludvig XIV i slutet av seklet nådde hela 400 000 man. På motsvarande sätt växte de kejserliga styrkorna. I början av Trettioåriga kriget, år 1625, hade de nått 62 000 man, men bara fem år senare uppgick de till 150 000 man. Hjärnan bakom denna snabba kejserliga expansion var tidens störste kondottiär, rekryterare av legotrupper, den böhmiske adelsmannen Albrecht von Wallenstein, vid sidan av Tilly svenskarnas främste vedersakare.[13]

Ytterst få länder kunde klara denna krafttillväxt med inhemska resurser, även om exempelvis den engelska armén under 1620-talet, då England genomförde flera misslyckade expeditioner till Frankrike, tillfördes hela 50 000 inhemska rekryter, ungefär två procent av örikets hela manliga befolkning. Mera representativ var Spaniens insats i de upproriska Nederländerna decennierna efter år 1572. Den flandriska armén bestod av en heterogen samling av soldater från de habsburgska länderna i Tyskland, Italien, Nederländerna och Spanien. Totalt mönstrade Spanien, som även deltog i Tyskland under Trettioåriga kriget, kanske 170 000 soldater, varav 70 000 i Nederländerna och 30 000 i Tyskland, medan resten var spridda över det spanska moderlandet och imperiet på andra sidan haven. Även i det katolska Bayern möter samma sammansatta bild av soldaternas ursprung. Ett av arméns regementen bestod av 534 tyskar och 217 italienare, men också av polacker, slovener, kroater, ungrare, greker, dalmatier, burgunder, fransmän, tjecker, spanjorer, skottar, irländare och soldater från Lothringen samt 14 turkar. I själva Nederländerna fördubblades armén mellan åren 1609 och 1628 till 128 000 man.[14]

Av detta bör man inte förledas av att tro, att det var motsvarigheter till 1900-talets massarméer som rörde sig på de europeiska slagfälten under Trettioåriga kriget, tvärtom. Eftersom bara begränsade styrkor kunde försörjas utanför Europas rikaste områden, Podalen och Flandern, så var alla länder och befälhavare tvingade att sprida ut sina trupper för att tillförsäkra dem olika försörjningsområden. Mer än kanske 20 000 eller 30 000 man kunde inte någon stat samla till ett och samma slag, oavsett hur stora totala styrkor man förfogade över. Logistiken satte obönhörliga gränser för verksamheten.

Denna expansion gällde även Sverige, vars styrkor snabbt började expandera efter inträdet i Tyskland. Behovet av att kontrollera hamnarna i norr – den livsviktiga förbindelselänken med hemlandet – liksom en rad viktiga städer och fästningar, och inte minst värdefulla kontributions- och försörjningsområden, gjorde att Gustav Adolfs styrkor ökade med såväl utskrivna som värvade soldater. I början av november 1630 räknade den svenska fältarmén 29 000 man (varav över 9 000 sjuka), medan 13 000 låg i nio viktigare garnisoner i Pommern. Strax efter årsskiftet kommenderade kungen, som låg i Neumark, drygt 20 000 man (varav bara 14 000 var friska) medan ytterligare 18 000 låg i garnison. Armén hade börjat smälta samman, samtidigt som en tredjedel av soldaterna låg i sjukläger. Men utvecklingen skulle snart vända.[15]

Armén delas upp

I oktober 1630 kan vi för första gången skönja den strategiska uppdelning av den svenska armén som skulle komma att bli alltmer utvecklad under resten av kriget. Redan nu var trupperna så stora att en samlad försörjning var omöjlig. Rikskanslern Axel Oxenstierna föreslog från sitt högkvarter i det preussiska Elbing för Gustav Adolf, att man först skulle se till att "Garnisonerna äro beställde och providerade", för att därefter samla huvuddelen av trupperna i en kungaledd armé som skulle söka upp den kejserliga huvudstyrkan. Men dessutom skulle en andra armé formeras längs floden Oder, för att täcka flanken.[16]

Ett år senare hade organisationen utvecklats ytterligare. Vid årsskiftet 1631–1632 ledde Gustav II Adolf den Rhenska armén på 19 000 man, medan en Frankisk armé räknade drygt 8 000 man, en Magdeburgsk armé drygt 16 000, den Niedersachsiska armén 13 000 och den Mecklenburgska armén knappt 4 000. Totalt var fältarmén således fördelad på fem olika arméer som opererade självständigt. Dessutom tillkom en del allierade trupper och minst 10 000 man i garnisoner. Totalt förfogade svenskarna nu över mer än 83 000 soldater i Tyskland, en styrka som i februari-mars 1632 hade ökat till 108 000 man.[17] Av dessa förband var bara uppskattningsvis 13 000 svenska och finska, resten värvade. Det svaga svenska och finska inslaget understryks ytterligare om man räknar in de allierade mecklenburgska, bremiska, sachsiska och brandeburgska trupperna, som gjorde att den totala styrkan som Gustav II Adolf mer eller mindre kommenderade steg till 140 000.[18] Med dessa styrkor byggde svenskarna stegvis ut ett basområde som sträckte sig från Pommern och söderut genom hela det centrala Tyskland mellan Weser och Oder ända ned till Böhmens gräns. Dessutom sträckte man ut sitt inflytande i sydvästlig riktning mot Würzburg, Frankfurt am Main, Strassbourg och Mainz. På flera platser anlades viktiga provianteringsmagasin för att trygga truppernas försörjning.

Men redan efter slaget vid Lützen beordrade Axel Oxenstierna en försiktigare svensk politik. I början av 1633 inleddes tillbakadragandet av svenska och finska förband från de olika fältarméerna, upp mot hamnarna i Pommern. I detta livsviktiga basområde samlades pålitliga garnisonsförband, medan de värvade trupperna fyllde fältarméerna i än högre grad. Hotet från Danmark och Polen i flankerna bedömdes av rikskanslern som omöjligt att negligera. Det var inte bara svenska förband som drogs tillbaka till Stralsund, Stettin och andra viktiga garnisoner, även pålitliga värvade enheter, främst brittiska sådana. När de kejserligas framgångar åren 1627–1628 hade skurit av Sverige från viktiga delar av den tyska värvningsmarknaden,

hade anskaffningen av skotska, men även engelska och irländska soldater ökat betydligt. Här hade ju Sverige också en gammal värvningstradition ända från 1500-talets mitt att falla tillbaka på. Också många högre officerare kom från de brittiska öarna. Inte mindre än ett dussin engelsmän och skottar avancerade till generalmajorer eller högre poster i svensk tjänst. Först när det engelska inbördeskriget började skönjas åren 1638–1640 återvände många av dessa officerare hem. Då hade ett tjugotal brittiska regementen tjänat i de svenska arméerna i Tyskland.[19]

Återtåget mot Pommern och Sjökanten blev mera accentuerat efter katastrofen vid Nördlingen 1634 och 1637 hotades även de svenska ställningarna i norra Tyskland av de kejserliga, innan krigslyckan vände ännu en gång. Ju längre kriget led, desto svårare blev det att underhålla trupper i de alltmer förödda delarna av det krigshärjade Tyskland. Därmed sjönk arméernas styrka.

Kontrasterna mot läget 1631–1632 är tydliga redan i planerna inför 1636 års fälttåg. Då planerade Axel Oxenstierna att sända ut tre fältarméer vid Elbe (kring Magdeburg), Oder och Weser med tillsammans 53 000 man. Men av dessa fanns i början av året bara runt 45 000 tillgängliga, varför ytterligare värvningar och utskrivningar behövdes. Dessutom tillkom 9 000 i de pommerska och mecklenburgska garnisonerna. I detta läge ökade värdet av svenska trupper och fortsatta utskrivningar försåg hela tiden Tyskland med nya svenska förband. År 1640 befann sig 13 700 svenska och finska soldater i Tyskland, vilket utgjorde knappt hälften av de rikssvenska förbanden på 34 000 man.

47

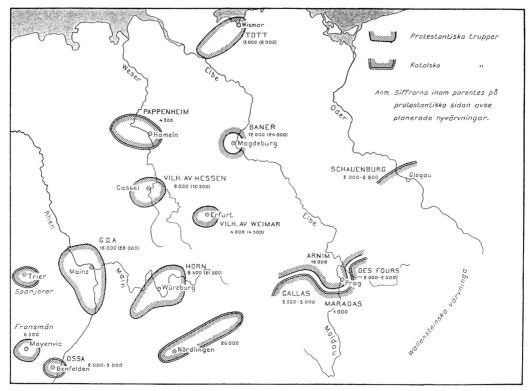

Bild 14. Fördelningen av de svenska huvudarméerna i Tyskland vid årsskiftet 1631–1632 samt de av Gustav II Adolf planerade värvningarna. Efter generalstabsverket "Sveriges krig 1611-1632".

Huvuddelen av dessa hölls kvar i Sverige och Finland. Även i andra länder blev det allt viktigare att bevara kärnan av inhemska förband, ofta veteraner från flera krigsår som utgjorde en stadigt krympande men värdefull och pålitlig skara.[20]

Det var i samband med dessa fortsatta utskrivningar som Jöran Tomasson från södra Finland hamnade i armén och kom att sändas till Tyskland. Det var faktiskt så att utskrivningsfrekvensen ökade under 1640-talet. I Finland hölls det årliga utskrivningar av nya knektar åren 1640–1648, med året 1646 som det enda undantaget. Årligen togs mellan 3 700 och 5 200 nya knektar ut. Den 15 januari 1644 inleddes utskrivningarna i

Tavastehus län, som omfattade såväl Tavastland som Nyland i södra Finland. När turen kom till Hollola härad skrevs fem nya knektar ut från Lauho socken. En av dem var Jöran Tomasson.[21]

De 332 nyutskrivna knektarna från Nyland och Tavastland mönstrades tillsammans med äldre veteraner vid midsommartid 1644 utanför Tavastehus slott. Därefter fördes man direkt till Helsingfors för transport till Riga. Som så många finska förband skulle förbandet fylla den viktigaste baltiska garnisonen. Här återfinns finnarna också den 1 januari 1645. Då har Jöran Tomasson utrustats med musköt (gevär) och placerats i kaptenen Christiern Dunders kompani. Jöran

Tomasson och de andra soldaterna ingick nu i Jörgen Knorrings regemente eller Västra Nylands regemente.[22]

I Riga kom västernylänningarna att stanna ett år innan man 1645 fördes som infanteribesättning till det genom den samma år slutna Brömsebrofreden erövrade Gotland. Här stannade regementet ett år, innan det 1646 fördes direkt till Tyskland. Hela tiden fanns musketeraren Jöran Tomasson med, även om flera av hans kamrater från utskrivningen två år tidigare nu hade börjat falla ifrån. Om det bär 1646 års rulla vittne. Även följande år finns Västra Nylands regemente med 1 120 soldater – inklusive musketeraren Jöran Tomasson – på plats i Tyskland. Nu, eller senast i början av år 1648, tycks man ha anslutits till fältarmén.[23]

Demobilisering och avdankning

När det sista krigsåret inleddes bestod den svenska fältarmén i Tyskland av 9 000 svenska och nära 28 000 värvade soldater. I ett stort antal garnisoner fanns ytterligare knappt 9 000 svenskar och 17 000 värvade soldater. Den svenska armén hade ökat något sedan början av 1640-talet, men den var långt ifrån de stora talen i början av 1630-talet. Istället hade de svenska truppernas andel av armén åter ökat. På motståndarsidan hade antalet soldater minskat på motsvarande sätt. År 1647 hade de kejserliga knappast mer än 9 000 man i sin fältarmé, och deras viktigaste allierade, Bayern kunde bara mönstra runt 10 000.[24]

På hösten 1648, sannolikt i oktober, anländer västernylänningarna och Jöran To-

masson till Prag. Ännu en månad efter fredsslutet, i slutet av november, återfinns regementet i den svenska garnisonen i Prags Lillsida. Nu var frågan om satisfaktion, ersättning för krigskostnaderna i allmänhet och de värvade trupperna i synnerhet, en central fråga för såväl Sverige som de andra krigförande länderna. Det är förklaringen till att många garnisoner behölls även efter fredsslutet. Här fanns det en fara som hotade alla parter. Om soldatesken inte fick ut löner som de var nöjda med, kunde en okontrollerbar anarki lätt bryta ut överallt i Tyskland.

Svenskarna var i det läget ovilliga att dra tillbaka trupper från områden där de dels kunde försörjas, dels kunde hålla en hög gard mot motståndaren innan villkoren för den slutliga demobiliseringen hade avtalats. Västra Nylands regemente i Prag ingick i den strategin. Den kejserlige fältmarskalken Ottavio Piccolomini noterade nogsamt detta och skrev den 23 november 1648 till det kejserliga hovrådet och vicekanslern greve Kurz, att svenskarna stegvis tänjde ut det av dem behärskade området kring Prag. Upprört hävdade Piccolomini, sannolikt inte utan orsak, att de svenska soldaterna "das Land arm zu essen", när de lät sig försörjas av den böhmiska befolkningen.[25]

Efter utdragna förhandlingar accepterade Johan Oxenstierna i juni 1648 vid förhandlingarna i Osnabrück en summa på fem miljoner riksdaler från de tyska ständerna som ersättning för avdankningen av de svenska arméerna. Ursprungligen hade Sverige krävt hela 20 miljoner, medan den svenska arméledningen bedömde sju miljoner som ett absolut minimum. Sverige kunde, trots sitt militära styrkeläge, inte driva alltför hårdföra förhandlingar. De tyska ständerna hotade att förena sig med varandra och kejsaren, oavsett religionstillhörighet, för att driva ut svenskarna, som dessutom kunde få skulden för att kriget fortsatte. En annan fara var att Sverige självt fick betala för sina ännu relativt stora arméers demobilisering, ett statsfinansiellt förskräckande perspektiv, eller som riksrådet uttryckte saken, att bli sittande med "hela armén uppå halsen" skulle gå Sverige "in på märgen".

Såväl kejserliga som fransmän tvangs slå ned revoltförsök bland missnöjda soldater vid flera tillfällen, och i Bayern besköts myterister med artilleri sedan 15 av deras ledare hade hängts. Karl Gustav lyckades förhindra många missnöjesutbrott, genom att hårt slå ned på alla myteritendenser och dessutom förlägga oroliga regementen långt ifrån varandra. Det hindrade inte att svenskstyrda trupper i bland annat Überlingen, Neumarkt, Langenach, Meinau, Eger och Schweinfurt gjorde revolt. Flera förband lämnade helt enkelt tjänsten med de pengar som sänts för demobiliseringen eller avdankningen. De allvarligaste händelserna inträffade i Anhalt, där myterister ringades in och helt sonika sköts ned innan revolten kunde kväsas.

Inte heller möjligheterna till fortsatt tjänst var ett lockbete, tvärtom. När kriget i Tyskland var slut och Sverige visade sig ovilligt att ingripa i inbördesstriderna i Polen eller i kväsandet av det franska upproret, Fronden, trots vädjanden från Paris, då valde nästan alla värvade förband avsked framför fortsatt tjänst. Under hösten 1649 ökade rymningarna lavinartat i de återstående värvade förbanden, vartefter de drogs norrut mot Pommern, eftersom soldaterna fruktade att sändas till Baltikum eller det egentliga Sverige, för de flesta tyskar föga lockande och avlägsna orter.[26]

Bortsett från alla dessa problem så utgjorde själva storleken och spridningen av de svenska styrkorna en svårighet av rang. Axel Oxenstierna konstaterade i augusti 1648 i ett brev till sonen Johan vid fredsdelegationen i Osnabrück, att "Armén är under Alperna och i Bremen, och garnisonerna kring hela Tyskland. Betänkt vad där vill för tid först att ratificera beslutet, och sedan exekutera manerligen och med säkerhet". Från svensk sida skulle Karl Gustav genomföra exekutionen av fredsöverenskommelsen, medan Piccolomini fick motsvarande ansvar hos de kejserliga.

De svenska trupperna uppgick vid krigsslutet till ungefär 70 000 man, varav 40 000 i fältarmén och resten i garnisonerna. De allierade i Hessen-Kassel mönstrade 11 000 och fransmännen 21 000. Kejsaren hade ännu 25 000 man under vapen, medan hans allierade, den bayerske kurfursten, kontrollerade uppemot 18 000 soldater. Försörjningsbördan för det efter 30 års krig svårt härjade Tyskland blev inte mindre av att en relativt stor del av dessa trupper, en tredjedel eller 50 000 man, bestod av rytteri med allt vad det innebar av hästar som skulle utfodras.[27]

De franska trupperna drogs till stor del tillbaka till Frankrike där de sattes in i kampen mot Fronde-upproret. Det katastrofala försörjningsläget i stora delar av Frankrike åren kring 1650 och bristen på en befolkningsreserv för nya fortsatta utskrivningar

Bild 15. Krigets facit. Förteckningen upptar ett förband norrländska soldater (från Sollefteå, Långsele, Ramsele m.fl. socknar) i Tyskland 1638–1639. I högermarginalen har noterats när någon är "dödh". De flesta har dött i Greifswald, någon i Schwerin och Wolgast, sannolikt av fältsjuka. Samlingen Rullor 1620-1723, vol. 1639:9, Krigsarkivet.

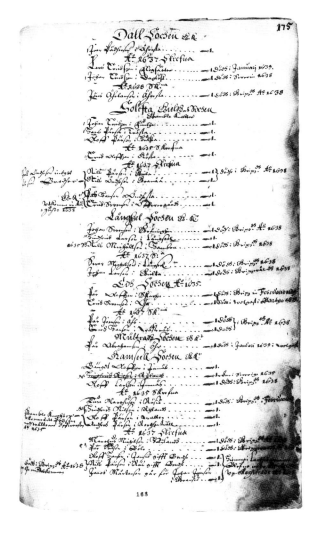

gjorde att den franska armén ett par år efter Westfaliska freden hade stora vakanser, exempelvis i kavalleriet där det fanns långt flera hästar än ryttare.[28] De kejserliga inledde sin avdankning i januari 1649, men redan i april avbröts processen för att hålla trupperna i beredskap i väntan på att exekutionsförhandlingarna i Nürnberg om fredsavtalets konkreta genomförande skulle leda till ett resultat. Fram till år 1650 genomförde de kejserliga tre reduktionsomgångar av trupperna. Vartefter förband drogs in, överfördes en del

manskap till de kvarvarande regementena som på det sättet faktiskt ökade i styrka.

Kejsaren hade lovat att hjälpa Spanien, som nu ensamt fortsatte sitt krig mot Frankrike ända fram till Pyrenéerfreden 1659. Men fredstraktaten i Westfalen stipulerade klart att inga trupper fick sändas till hjälp åt Frankrikes fiender. Trots det försökte man i hemlighet att sända mindre enheter via Norditalien till Spanien, men försöken stupade i stort sett helt på soldaternas ovilja. Få tyska och österrikiska soldater ville bege sig till det avlägsna Spanien. Här hade kejsaren och Piccolomini samma problem som svenskarna, som inte kunde förmå tyska soldater att bege sig till Sverige och Baltikum. Istället förlades en del kejserliga förband till Ungern där det turkiska hotet åter upplevdes starkt. Först år 1650 tog avdankningen ordentlig fart och de kejserliga trupperna i Tyskland demobiliserades helt, medan man i kejsarens arvländer behöll en förhållandevis stark kärna av regementen. Dessa stridsvana förband kom att utgöra en viktig förutsättning för de kejserligas mobilisering inför de turkiska angreppen 1663–1664 och i viss mån även 1683.[29]

Den svenska arméledningen gav varje avskedad värvad soldat 12 riksdaler, medan en ryttare kunde lyfta 33 riksdaler. Bäst betalt fick högste chefen för avdankningen, Karl Gustav som själv lyfte 80 000 riksdaler, medan Carl Gustaf Wrangel fick nöja sig med 60 000 och Axel Oxenstierna med 30 000 riksdaler. Många soldater passade uppenbarligen på att ta för sig av vapen och annan utrustning innan de gav sig av. De stora vapenförråd som lades upp i "Sjökantens" svenska garnisonsstäder motsvarade sannolikt inte allt vad som funnits vid krigsslutet. Enskilda högre officerare kunde också få ta ut sin betalning i form av kanoner(!), medan huvuddelen av artilleriet fördes hem till Sverige.

Demobiliseringen hade börjat planeras i Stockholm redan i april 1647 och strategin var uppenbar. Stegvis skulle man dra sig tillbaka norrut mot det Pommern som freden nu definitivt placerat i svensk hand. Karl Gustav rekommenderade att demobiliseringen skedde i etapper, i noga paritet med de kejserligas tillbakadragande. Det gällde också att ha tillräckligt med trupper kvar för att försäkra sig om en utbetalning av de lovade satisfaktionsmedlen. Demobiliseringen borde inledas med "allt främmande kavalleri … efter tyska ryttarnas gagie är tämligen hög och odrägeligen trycker staten". Fartyg måste också sammanföras i mängd för att säkra hemtransporten av de svenska och finska trupperna.

Den 28 juli 1649 träffade Karl Gustav och Piccolomini i Nürnberg en första överenskommelse om ömsesidig demobilisering och utrymning av en rad orter. Sedan nya motsättningar kommit i dagen avbröts den påbörjade demobiliseringen, men i början av oktober 1649 träffade de två generalerna en ny överenskommelse. Då hade, motsättningarna till trots, redan 130 svenska och 163 kejserliga kavallerikompanier, liksom flera bayerska förband demobiliserats. Under oktober inleddes det svenska uttåget ur Kursachsen sedan kurfursten betalat de av honom utlovade satisfaktionsmedlen. Vid slutet av 1649 hade Bayern helt demobiliserat och nästan 9 000 svenska och finska soldater hade flyttats hem över Östersjön. Av artilleriet kvarstod endast 144 man i Tyskland. Livgardet fördes med 1 900 man till Stockholm och Riga. Hemtransporten av de svenska och finska trupperna finansierades till en del med extraskatter som taxerades av de nyerövrade tyska provinserna.[30]

Demobiliseringen gick nu så fort, att Karl Gustav under de första månaderna av 1650 höll tillbaka den fortsatta reduceringen av oro för att armén skulle bli så svag att de kejserliga skulle frestas till en snabb mobilisering med påföljande angrepp. Den 16 juli 1650 slöts ett sista avtal mellan Karl Gustav och Piccolomini om demobiliseringens fortsättande. Under sommaren 1650 avslutades avdankningen av de svenska arméerna, och efter augusti månad hade de återstående svenska trupperna dragits tillbaka till Pommern. De enda undantagen var Hinterpommern och en svensk garnison i den lilla nedersachsiska fästningen Vechta, där man stod kvar ända till 1654 som säkerhet för obetalda satisfaktionsmedel. I slutet av 1650 hade också fransmännen helt lämnat Tyskland och den kejserliga demobiliseringen avslutats.

Kvar i Tyskland fanns nu två efter fredsslutet 4 100 värvade soldater i svensk tjänst i Pommern – bland annat Carl Gustaf Wrangels infanteriregemente, kallat "Gamla Blå", det sista förband som återstod av den värvade armé som Gustav II Adolf byggt upp åren 1630–1631. De svenska och finska förbanden i de nya tyska provinserna uppgick till 4 500 man, medan 7 000 man förlades i Baltikum och bara 2 000 i svenska garnisoner. Den var således en omfattande reducering av armén som genomförts. Det hindrade inte att den svenska staten under de följande åren hade uppenbara svårigheter också i fredstid att försörja de starkt reducerade värvade förbanden. Inte minst gällde detta Rigas garnison.[31]

Vid krigsslutet befann sig Jörgen Knorrings nyländska och tavastländska infanterister med fältarmén i Böhmen. I januari 1649 hade regementet – nu under ledning av översten Herman von Cappelen – dragits tillbaka till Obersachsen.[32]

Under hösten upprättades, som en förberedelse för demobiliseringen, särskilda satisfaktionsrullor även över detta regemente, och i dessa möter vi återigen Jöran Tomasson. Inför den förestående hemresan inspekterades – "Munstrade Till Skepz åth Swerige" som mönsterskrivaren uttrycker saken – Christian Dunders kompani och Jöran Tomasson i Greifswald den 22 oktober 1649 alldeles innan man gick ombord på fartygen till Finland. Väl hemkomna demobiliserades nylänningarna och tavasterna. Mönstringen i Greifswald i slutet av oktober är den sista gång som Jöran Tomasson dyker upp i rullmaterialet. Sannolikt har regementet upplösts direkt efter hemkomsten.[33]

När Västra Nylands regemente nästa gång mönstrades vid Tavastehus i juli 1651 så saknas såväl Jöran Tomasson som de flesta andra Tysklandsveteraner. Nu är det ett nyuppsatt förband som leds av Christian Dunder och de andra kompanicheferna. År 1654 möter Jöran Tomassons gamla regemente som garnison i Riga, Kokenhausen och Arensburg, det vill säga i Livland och på Ösel.[34] Uppmarschen för Karl Gustavs polska krig hade börjat, och den korta fredsperioden efter 1648 gick mot sitt slut. Den här gången kunde dock veteranen från fem år i armén, Jöran Tomasson, stanna hemma i Hollola – såsom en av de inte alltför många som fick återse hemlandet efter krigstjänst i Tyskland och Trettioåriga kriget.

Noter

1. För det komplexa militära och politiska spelet under de två sista krigsåren se t.ex. Günther Barudio, *Der Teutsche Krieg 1618–1648*, (Frankfurt am Main, 1988), s. 558–571.

2. Operationerna kring Prag har skildrats i *Från Femern och Jankow till Westfaliska freden* (Stockholm, 1948), s. 307–337 och Lars Tingsten, *De tre sista åren av det trettioåriga kriget jämte den västfaliska freden* (Stockholm, 1934), s. 59–63. En livfull skildring av förloppet finns i Peter Englund, *Ofredsår : Om den svenska stormaktstiden och en man i dess mitt* (Stockholm 1993), s. 470–479.

3. För de individuella ödena hos en knekt och en knekthustru, se Nils Erik Villstrand, "Malin, minnet och makten : En ministudie av maktens möjligheter och gränser", Christine Östling, red, *Sverige 1628 : Bilder och texter kring ett årtal* (Stockholm, 1995), s. 83–91.

4. Två rullor över Nylands och Tavastehus infanteriregemente i Prag 26/11 1648 i Krigsarkivet, samlingen Rullor –1723, vol. 1648:27.

5. Krigsfolksordningen är tryckt i C. G. Styffe, utg, *Konung Gustaf II Adolfs skrifter* (Stockholm, 1861), s. 8–61.

6. Den omfattande forskningen kring utskrivningarna och dess konsekvenser har sammanfattats i Sven A. Nilsson, *De stora krigens tid : Om Sverige som militärstat och bondesamhälle* (Uppsala, 1990). En pionjärstudie är Jan Lindegren, *Utskrivning och utsugning. Produktion och reduktion i Bygdeå 1620–1640* (Uppsala, 1980). En viktig specialstudie är Kurt Ågren, "Ryttare och knekt i stormaktstidens Sverige : Rekryteringen under trettioåriga kriget i en Närkesocken", i Lars Otto Berg/Sören Klingnéus/Hans Norman, red, *Närkingar i krig och fred : Soldater och militär organisation i Örebro län : Närkes militärhistoria I* (Örebro, 1989), s. 131–160. – Möjligheterna till lejning och andra sätt att undkomma utskrivningarna har för Finlands del undersökts i Nils Erik Villstrand, *Anpassning eller protest : Lokalsamhället inför utskrivningarna av fotfolk till den svenska krigsmakten 1620–1679* (Åbo, 1992).

7. Allmänt om den svenska armén vid denna tid se Lars Ericson/Fred Sandstedt, *Fanornas folk : Den svenska arméns soldater under 1600-talets första hälft : Armémusei småskrifter no 1* (Stockholm, 1982) och Alf Åberg, "The Swedish Army, from Lützen to Narva", Michael Roberts, ed, *Sweden's Age of Greatness 1632–1718* (London, 1973), s. 265–287. För värvningsprocessen se Herbert Langer, *Trettioåriga kriget : En kulturhistoria* (Stockholm, 1981), s. 92–96. De värvade soldaternas värld har också behandlats i Eugen von Frauenholz, *Das Söldnertum in der Zeit des Dreissigjährigen Krieges* (München, 1938). – Alf Åberg, "Gustav II Adolf och hans skotska krigare", *Livrustkammaren* 16 (Stockholm, 1982), s. 1–21.

8. Nilsson 1990 s. 161 f.

9. Marcus Junkelmann, *Gustav Adolf : Schwedens Aufstieg zur Grossmacht* (Regensburg, 1993), s. 303 f.

10. Julius Mankell, *Uppgifter rörande svenska krigsmagtens styrka, sammansättning och fördelning sedan slutet af femtonhundratalet* (Stockholm, 1865), s. 90, 109 (nr 135). Mankells siffror bygger till stor del på förteckningarna i Oxenstiernska samlingen i Riksarkivet.

11. Den senare aspekten har framhållits i Günther Barudio, *Gustav Adolf – der Grosse : Eine politische Biographie* (Frankfurt am Main, 1982), s. 467.

12. Lars Ekholm, "Kontributioner och krediter. Svensk krigsfinansiering 1630–1631", i *Det kontinentala krigets ekonomi : Studier i krigsfinansiering under svensk stormaktstid*, red. Hans Landberg m.fl. (Uppsala, 1971), s. 143–270 spec. s. 153 f, 163–165. De franska subsidiernas betydelse har undersökts i Gottfried Lorenz, "Schweden und die französischen Hilfsgelder von 1638 bis 1649", *Forschungen und Quellen zur Geschichte des Dreissigjährigen Krieges (Münster, 1981), s. 98–148.* – Ali Pylkkänen, *Talonpojan vainiolta sotilaan ruokapöytään : Tilojen ja niiden verojen osoittaminen sotilaille ja heidän perheillensä Suomessa 1636–1654* ("From the peasant´s field to the soldier's table : The allotment of estates and their tax revenues to soldiers and their families in Finland 1636–1654") (Åbo, 1996).

13. Geoffrey Parker, *The Military Revolution. Military innovation and the rise of the West, 1500–1800* (Cambridge 1996, 1. uppl 1988), särskilt s. 24; M. S. Anderson, *War and Society in Europe of the Old Regime, 1618–1789* (London, 1988), s. 37. För Wallensteins verksamhet se Golo Mann, *Wallenstein. Sein Leben erzählt* (Frankfurt am Main, 1971).

14. Anderson 1988 s. 38. – J. H. Elliot, *The Count-Duke of Olivares : The Statesman in an Age of Decline* (New Haven, 1988), s. 507–510; Geoffrey Parker, *The Army of Flanders and the Spanish Road 1567–1659* (Cambridge, 1981). – Exemplet på regementernas sammansättning är hämtat ur Englund 1993 s. 273. – Anderson 1988 s. 37.

15. Ett banbrytande arbete om logistikens betydelse är Martin van Crefeld, *Supplying War : Logistics from Wallenstein to Patton* (Cambridge, 1992). – Förslag på krigsfolket 5/11 1630 i Mankell 1865 s. 115 f (nr 145) och en sammanställning av olika förslag från årsskiftet 1630–1631 i Julius Mankell, *Arkiv till upplysning om svenska krigens och krigsinrättningarnes historia : Andra bandet* (Stockholm, 1860), s. XI.

16. Axel Oxenstierna t Gustav II Adolf dat. Elbing 31/10 1630, i Mankell 1860, s. 77–91 (nr 589).

17. Mankell 1865, s. 126–132 (nr 155, 158). Jfr diverse styrkeberäkningar utifrån det delvis problematiska källmaterialet i *Generalstaben : Sveriges krig 1611–1632. Band V. Från Breitenfeld till Lech* (Stockholm, 1938), s. 526–527 (bilaga 1).

18. *Generalstaben* ovan i not 17 anfört arbete s. 298.

19. Geoffrey Parker, *The Thirty Years´ War* (London, 1984), s. 156. Jfr Michael Roberts, Oxenstierna in Germany, 1633–1636, *Scandia* 48:1 (1982), s. 61–106. – Richard Brzezinski/Richard Hook, *The Army of Gustavus Adolphus 1, Infantry* (London, 1991), s. 14–16.

20. Mankell 1865 s. 233–235 (nr 282–283) och s. 250–253 (nr 308–309). – Se t.ex. förhållandena i den spanska armén kring år 1640 som behandlas i J. H. Elliot, *The Revolt of the Catalans : A Study in the Decline of Spain, 1598–1640*, (Cambridge 1963), s. 392–393.

21. Mankell 1865, s. 257 f. (nr 315) och Villstrand 1992, passim. – Längderna 1644 i Krigsarkivet, samlingen Roterings- och utskrivningslängder, vol. 202, Tavastland och Nyland 1643–45.

22. Relation om 1644 års generalmönstringar

i Finland dat. 12/9 1644 och rulla dat. Riga 2/1 1645, båda i Krigsarkivet, samlingen Rullor −1723, vol. 1644:12 resp. 1645:17. – J. Mankell, *Anteckningar rörande Finska arméens och Finlands krigshistoria* (Stockholm, 1870), s. 529.

23. Mankell 1865, s. 283–286 (nr 341, 344 och 348). – 1646 års rulla resp. rulla för januari 1647, i Krigsarkivet, samlingen Rullor −1723, vol. 1646:11 och 1647:11.

24. Mankell 1865, s. 293–297 (nr 355). – Anderson 1988, s. 39.

25. Piccolominis brev till Kurz är (i sammanfattning) tryckt i *Documenta Bohemica Bellum Tricennale Illustranta. Tomus VII. Der Kampf um den besten Frieden 1643–1649* (Praha, 1981), s. 386–387 (nr 1218).

26. Englund 1993, s. 479–483 och *Från Femern och Jankow till Westfaliska freden*, s. 277–285, 390.

27. *Från Femern och Jankow till Westfaliska freden*, s. 370, 383 f.

28. Bernhard Kroener, ”Die Entwicklung der Truppenstärken in den Französischen Armeen zwischen 1635 und 1661”, *Forschungen und Quellen zur Geschichte des Dreissigjährigen Krieges* (Münster, 1981), s. 163–220.

29. Philipp Hoyos, ”Die Kaiserliche Armee 1640–1650”, *Der Dreissigjährige Krieg :*

Beiträge zu seiner Geschichte, Schriften des Heeresgeschichtlichen Museum im Wien, Band *7* (Wien, 1976), s. 169–232.

30. Klaus-Richard Böhme, *Bremisch-Verdische Staatsfinanzen 1645–1676 : Die Schwedische Krone als Deutsche Landesherrin,* (Uppsala, 1967), s. 59–62.

31. Englund 1993, s. 481 och *Från Femern och Jankow till Westfaliska freden*, s. 383–396. Karl Gustavs tre överenskommelser med Piccolomini – med noggranna angivelser av vilka orter som skulle utrymmas i tre olika steg – är i sammanfattning tryckta i Mankell 1865, s. 308–312, nr 361–363. – Aleksandrs Platbarzdis, *Die Königlich Schwedische Münze in Livland : Das Münzwesen 1621–1710,* (Stockholm, 1968).

32. Mankell 1865, s. 298–307, nr 357, 359.

33. Två satisfaktionsrullor från oktober 1649 i Krigsarkivet, samlingen Rullor −1723, vol. 1649:17 och vol. 1649:18 (satisfaktionsrullor I–II). – Mönsterrulla från Greifswald 22/10 1649 i Krigsarkivet, samlingen Rullor −1723, vol. 1649:8.

34. Mönsterrullor från Tavastehus 30/7 1651 i Krigsarkivet, samlingen Rullor −1723, vol. 1651:7 och 1651:8 (2 exemplar). – Margus Laidre, *Schwedische Garnisonen in Est- und Livland 1654–1699* (Tallinn, 1990), s. 39.

Sveriges krigs- och fredsmål under Trettioåriga kriget

Sven Lundkvist

Självfallet har de svenska krigs- och fredsmålen under den långa tidsperiod som vi kallar Trettioåriga kriget skiftat under utvecklingens gång. De politiska målen var avhängiga de militära resultaten och därför kommer denna samverkan in som en viktig del vid en samlad bedömning. Frågorna kan ställas på olika sätt. Här har de formulerats så: Vad avsåg man, hur gestaltade sig målen under krigets gång och hur kunde de genomföras i fredsunderhandlingarna och i freden?

Bedömningen av vad Sverige avsåg med sitt inträde i Trettioåriga kriget har växlat. 1959 sammanfattade den tyske historikern Fritz Dickman den långa diskussion om Gustav Adolfs avsikter som förts genom århundradena på följande sätt: "Kom han för att rädda den evangeliska tron, handlade det om Sveriges säkerhet eller hade han vittsyftande erövringsplaner?" Tyngdpunkten i förklaringarna har skiftet allt efter rum och tid. I svensk historieskrivning har den under lång tid framför allt legat i en ekonomisk förklaring. Nu kan man spåra tendenser till en breddning, där flera av faktorerna som makt, ideologi och ekonomi vägs samman på ett

annat sätt än tidigare. Självfallet har också andra åsikter sett dagens ljus. När det gäller målen under kriget och i fredsförhandlingarna har man främst sett till Sveriges ingrepp i Tysklands inre förhållanden och till grunderna för Sveriges landförvärv. Genom de senaste decenniernas omfattande utgåvor av källmaterial till Westfaliska freden har vi fått tillgång till ett tidigare delvis helt okänt material, som möjliggör andra aspekter och tyngdpunkter än tidigare.

De svenska anfallen mot Livland 1621 och Preussen 1626 var bland annat riktade mot den polske kungen Sigismund. Denne hade varit svensk kung men avsatts från den svenska tronen år 1599, då han som katolik avfallit från den rätta, evangeliska läran. Efterträdaren Karl IX och därefter Gustav II Adolf hade i motsats till de polska vasarna den rätta tron, vilken legitimerade deras troninnehav. Tvisten skulle definitivt lösas först 1660 genom freden i Oliva, då de polska vasarna gav upp alla anspråk på Sveriges tron. Gustav Adolfs överförande av kriget till Tyskland innebar fortsatt kamp också mot den polske kungen, varför inträdet uppenbart också hade en konfessionell och dynastisk orsak.

Tillys seger över den danske kungen 1626, och Wallensteins segerrika tåg i norra Tyskland och framryckning till Östersjön, medförde att svenska trupper inför hotet sändes till Stralsunds hjälp 1628. Här finns en tydlig säkerhetsaspekt, riktad mot kejsaren och dennes planer på att ingripa i östersjöområdet. Det handlade om makt, handelns kontroll och ytterst *dominium maris Baltici*, herraväldet över Östersjön, där alltså de svenska och de kejserliga intressena, grundade i en habsburgsk universalmonarki, kolliderade. Redan 1627–1628 framstod ett krig mot kejsarens som oundvikligt i brevväxlingen mellan kungen och rikskanslern Axel Oxenstierna. Krigen i Tyskland och Preussen-Polen var enligt deras mening sammanflätade med varandra.

I två brev till rikskanslern från månadsskiftet mars–april 1628 vägde Gustav Adolf skälen för och emot ett ingripande i Tyskland. För ett sådant talade att en svensk krigshär i Nordtyskland skulle avhålla Wallensteins armé från att gå mot svenskarna i Preussen, kunna hjälpa Danmark och hindra de nordtyska städerna att kasta sig i kejsarens armar. Mot ingripande talade den stora ekonomiska insatsen, som krävde att man i Tyskland samlade medel till sina fienders undergång. Kriget måste, enligt Wallensteins modell, föda sig självt, annars kunde man inte ingripa.

I debatterna i det svenska riksrådet 1628–1630 var det helt klart att riksråden slöt upp på kungens och rikskanslerns bedömning av ett ingripande i Tyskland. Motiveringarna följde helt det rättfärdiga krigets linje: rätt orsak, straff åt kejsaren, framtida förutsättningar för en varaktig fred och säkerhet. Därmed hade man skapat en internationellt accepterad grund för tänkande och format en grundval för den propaganda, som föregick kriget och sedan fortsatte på kontinenten.

Den svenska överskeppningen av krigsfolk och materiel till Tyskland och landningen på Usedom blev inledningen till ett svenskt krigsdeltagande som varade i drygt arton år. Den svenska militära strategin gick ut på att utifrån ett brohuvud snabbt skapa underhållsområden för armén i enlighet med avsikten att kriget skulle föda sig självt. Principen medförde svensk tvångsmakt för de områden som blev berörda. De skulle bidra med ekonomiska och materiella resurser av olika slag. Samtidigt som furstar, städer och andra geografiska områden mer eller mindre tvingades åta sig underhåll, fick de också skydd mot de kejserliga trupper som annars skulle ha handlat på samma sätt som de svenska, i avsikt att kriget även för dem skulle bära sina egna kostnader.

Läget var till en början inte problemfritt. Först efter segern vid Breitenfeld i september 1631 kom en stor förändring. Kungen avsåg att med armén stöta fram mot kejsarens arvländer, och ytterst mot Wien, för att få till stånd ett definitivt avgörande. Under 1632 lyckades dock Wallenstein störa de svenska planerna, och slaget vid Lützen i november 1632 omintetgjorde kungens egna avsikter, även om svenskarna behöll slagfältet och avvärjde Wallensteins vidare framträngande. Men priset, kungens död, var högt. Axel Oxenstierna ställdes nu i en utomordentligt svår situation, då han inte ägde kungens överblick och fasta grepp. Av hans åtgärder att döma tycks han främst ha sett sin uppgift vara att åstadkomma en för Sverige så fördelaktig fred som möjligt.

I april 1633 tillkom Heilbronnförbundet mellan Sverige och protestanterna i de fyra sydtyska kretsarna. Förbundet skulle verka för att återställa det tyska rikets frihet och författning, återge de evangeliska ständerna deras tidigare ställning, uppnå en säker fred och ge Sverige en behörig gottgörelse, "satisfaktion", för dess ingripande i kriget. Axel Oxenstierna skulle leda förbundet med ett förbundsråd vid sin sida. I sin uppläggning knöt han an till liknande tidigare förslag av kungen. Det är intressant att konstatera, att vi här har tidigare och senare politiska mål sammanfattade. Det gällde att återställa Tysklands inre förhållanden till förkrigsmodell, att uppnå en säker fred och att ge Sverige belöning för dess insats, allt under svensk ledning, där en federal statsbildning skymtar. De nordtyska protestanterna kom dock inte att ansluta sig, och förbundet blev för svagt för att bära krigsbördan. Det svenska nederlaget vid Nördlingen hösten 1634 gav det dödsstöten, även om det upplöstes först l635. Nederlaget 1634 skapade förutsättningar för två alternativa lösningar: en separat uppgörelse med kejsaren eller en universell fred i förbund med Frankrike.

Freden i Prag 1635 mellan kejsaren och Sachsen, till vilken senare flera andra anslöt sig, stärkte kraftigt kejsarens ställning i riket. Freden innebar en annan lösning än Oxenstiernas. Den var en kompromiss mellan kejsaren och Kursachsen i fråga om riksförfattning, religion och vissa territoriella frågor.

Avsikten var att hålla Sverige och Frankrike utanför de tyska frågorna. Från svenska och franska utgångspunkter måste därför freden rivas upp och kejsaren tvingas till en ny uppgörelse. Riksrådet hemma i Sverige ville från 1634 få fred till varje pris. Efter sin återkomst till Sverige sommaren 1636 kunde dock rikskanslern vinna rådet för sin linje, en universell fred. I februari 1638 tillkom sedan alliansen med Frankrike.

En förutsättning för kejserlig fredsvilja skapades genom ett allt starkare militärt tryck mot honom. För Gustav Adolf var det, som vi redan sett, naturligt att gå mot kejsarens arvländer för att åstadkomma fred. Axel Oxenstierna kunde inte eller ville inte gå offensivt till väga. Vid 1630-talets mitt tvingades han till vittgående defensiva åtgärder och kunde följaktligen inte ge eftertryck åt sin fredsvilja. Först från 1638/1639 kom en förändring, då arvländerna på nytt blev målet för den svenska krigföringen. Under 1640-talet skulle det militära trycket öka och framtvinga den önskade kejserliga eftergivenheten. Den svenska segern vid Jankau i mars 1645 gav den definitiva stöten. Kejsaren insåg, att han på allvar måste förhandla om freden, innan han helt tappat greppet om situationen.

Fredsförhandlingar inleddes 1641, men det var först 1645, som de kom igång på allvar. Då hade kejsarens planer på att i samverkan med Danmark möta det svenska militära trycket eliminerats genom de svenska framgångarna mot Danmark, markerade i freden mellan de båda länderna 1645. De svenska fordringarna sammanfattades i instruktionerna av år 1641 för de svenska förhandlarna i Osnabrück. I nämnda stad skulle de svensk-kejserliga förhandlingarna äga rum, medan de fransk-kejserliga förlades till Münster. Redan tidigare hade man kommit överens om att avsluta kriget, utbyta fångar och ersätta de officerare, "exulanterna", som följt den svenska kungen fastän de kom från de kejserliga arvländerna. Kvar stod tre huvudproblem:

– *assecuratio pacis*, den svenska påverkan på Tysklands inre förhållanden för att bryta kejsarens makt och skapa ett nytt läge för religionsförvanterna;
– *satisfactio coronae*, ersättning i landområden åt Sverige;
– *satisfactio militum*, ersättning åt den svenska armén.

De två första fordringarna kan spåras tillbaka till 1624, då kungen fick förfrågan om att träda in i en evangelisk allians mot kejsaren för att ingripa i det tyska kriget, och de återfanns i Heilbronnförbundet. Den tredje fordran blev aktuell under 1630-talet, då det stod klart att trupperna vid ett fredsslut måste hållas skadeslösa och belönas.

Det första stora problemet vid förhandlingarna i Osnabrück, *assecuratio pacis*, hur man skulle bryta kejsarens maktställning och återställa Tysklands inre förhållanden till läget år 1618, beskrevs kort före Gustav Adolfs död på följande sätt: det kejserliga ediktet från 1629 om kyrkogodsen måste upphävas, de evangeliska furstar och ständer som blivit berövade sina områden och rättigheter måste återinsättas, den andliga och världsliga freden återupprättas i enlighet med den augs-

burgska religionsfreden av år 1555 och alla *gravamina*, dvs. rättsliga hinder och pålagor, måste upphävas. År 1637 hade terminologin visserligen ändrats – man talade nu på svensk sida om amnesti, restitution och säkerhet, och man utgick från att Prag-freden hade ändrat situationen – men huvudinnehållet var detsamma. I huvudinstruktionen för fredsunderhandlarna 1641 återfinns samma perspektiv. Sverige och Frankrike måste avsluta kriget med ära och, eftersom amnestin var orsaken till att kriget varat så länge, måste man nu få amnesti för att uppnå en sådan fred.

Från svensk utgångspunkt var alltså en återgång till tidigare förhållanden en förutsättning för fred och säkerhet. Från en annan utgångspunkt innebar de svenska målen, att kejsarens riksreformer efter 1618 skulle upphävas och att en rad ingrepp skulle ske i Tysklands inre förhållanden. Målet var att bryta kejsarens dominans, särskilt i de nordtyska områdena, och återställa jämvikten längs den så kallade Sjökanten i Nordtyskland under noggrant iakttagande av svenska intressen. Amnestin hade ett dubbelt mål. Den skulle skapa balans mellan kejsare och ständer och jämvikt mellan de skilda konfessionerna och mellan olika grupperingar i kurfurstekollegiet och riksdagen. Inte för inte underströks gång efter annan orden jämvikt, *equilibrium*, och balans och allt utmynnade i ordet *securitas*, som var identiskt med fred och säkerhet.

Den svenska satisfaktionspolitiken, *satisfactio coronae*, innehöll starka säkerhetspolitiska och handelspolitiska element. Sjökanten stod i fokus i alla svenska territoriella krav. Det handlade om att säkra freden men sam-

Bild 16. Bland de områden som tillföll Sverige 1648 fanns biskopsdömena Bremen och Verden. Denna teckning av Erik Dahlbergh visar torget i Bremen vid 1600-talets mitt. Troligen är teckningen en förlaga till Dahlberghs illustrationer i Karl XI:s historia, som utkom 1667. Erik Dahlberghs samling, vol. C1–C2, nr 20 bl. 3–4. Foto: Kurt Eriksson, Riksarkivet.

tidigt också om att få en militär och ekonomisk utgångspunkt mot kejsaren och andra. Man ville få skydd för fäderneslandet i form av områden som kunde ta den första stöten. I kritiska situationer, såsom under åren kring 1635, var man på svensk sida beredd att ge upp *assecuratio pacis* för *satisfactio coronae*.

Säkerheten skulle man då få i form av land eller pengar, som garanterade tidigare tagna lån.

Nödvändigheten av satisfaktion skulle enligt instruktionerna noggrant motiveras, och den fick inte bli för liten. Bäst vore ett ansenligt furstendöme i Tyskland under, som det hette, *jure feude a caesare et imperio cognoscendi*, dvs. under länsrätt, som erkändes av kejsaren och riket. Pommern blev därför ett lämpligt furstendöme. När de svenska underhandlarna vid årsskiftet 1645–1646 överlämnade sina fordringar på landområden hade fordringarna stigit. Nu begärdes hela Pommern, staden Wismar med kringliggande amt, Schlesien och biskopsdömena Bremen och Verden. Allt skulle mottas som län av kejsaren och höra till det tyska riket. Soldaternas "contentement", som termen för *satisfactio militum* också lydde, var för Sverige mycket viktig och hängde samman med Gustav Adolfs och Oxenstiernas mål att kriget skulle föda sig självt.

Fredsförhandlingarna ägde rum mot en militär bakgrund och den militära styrkan blev utslagsgivande för fredskongressen. År 1648 förfogade den kejserliga sidan över mellan 50 000 och 70 000 man (siffrorna är litet osäkra). Därav hade Bayern 18 000 man och Spanien 1 000. Sverige hade inte fullt 64 000, huvuddelen värvade, Hessen-Kassel 18 000 och Frankrike kanske 9 000, dvs. totalt på denna sida 84 000. Därtill kom att svenskarna i krigets slutskede innehade en rad viktiga fästningar och uppfattades vara överallt. Den svenska statsledningen hade mycket medvetet skapat denna situation, som skulle få stor betydelse för fredsfördragets genomförande.

Efter mars 1645 måste alltså kejsaren inlåta sig i allvarliga förhandlingar, där också de tyska riksständerna blev allt betydelsefullare. Undan för undan blev han alltmer trängd, och när de svenska och franska trupperna kring årsskiftet 1646–1647 överskred Donau, utlöste det inte bara oro i Wien utan medförde också att Bayern slöt vapenstillestånd, om än tillfälligt. Det svenska fälttåget 1648 mot München och Prag öppnade slutligen vägen till fred och gav lösningen på en rad stridsfrågor. Den militära strategin samverkade med förhandlingarna i lösandet av de politiska problemen. Sent omsider kunde frågan om *assecuratio* äntligen få en lösning. Efter Jankau var den kejserliga sidan helt klar över att riksständerna inte längre kunde hållas utanför förhandlingarna och att de i det långa loppet skulle bli helt bestämmande.

Kejsarens ökande makt under 1620- och 1630-talen var inte välkommen i det större politiska sammanhanget. Få hade intresse av en sådan utveckling; det gällde inte bara Sverige och Frankrike utan också stater som Nederländerna, Danmark och Polen. Sverige och Frankrike var båda intresserade av en europeisk jämvikt. De ville att de tyska furstarna och ständerna skulle ha stor självständighet och rätt till egen utrikespolitik (*jus pacis et belli*) och att kejsaren i alla viktiga frågor skulle vara bunden vid ständernas vilja. Men Sverige var inte som Frankrike intresserat av att införa ett rent valkejsardöme. Mellan ständernas rättsliga ställning och *assecuratio* fanns alltså ett nära samband.

Den kejserlige huvudförhandlaren Maximilian von Trautmannsdorff lyckades inte i sin strävan att ena ständerna för att bjuda de främmande makterna Sverige och Frankrike motstånd. I stället närmade sig de protestantiska ständerna alltmer Sverige, som koordinerade sina territoriella anspråk med att hävda att ständernas *gravamina* måste hävas. Ständerna tog alltmer över förhandlingarna, och vid deras slut var kejsaren mycket isolerad. Han hade inte längre någon fråga som inte ständerna hade medinflytande i. Genom rätten att sluta statsrättsliga avtal med andra makter, som var en mycket viktig fråga för Axel Oxenstierna, fick dessa en helt ny statsrättslig ställning. Den kompromiss som bestod i att införa 1624 som normalår, i stället för det av svenskarna önskade 1618, skapade förutsättning för en allmän amnesti, vilket var en mycket väsentlig grundval för politisk fred i landet. På svensk sida var man också, trots att inte målet 1618 hade nåtts, mycket tillfreds med slutresultatet. Redan i maj 1646 kunde Axel Oxenstierna i riksrådet säga: "Nu är securitas, att icke Tyskland bliver absolut, eljest går Sverige, Danmark och de andre under". *Securitas* var freden, och dess förutsättning var jämvikten som alla kunde bevaka. Men det betydde också, att Sverige inte kunde tillåtas få en alltför dominerande ställning i Europa. Detta skulle visa sig i förhandlingarna om de landområden som kunde tänkas tillfalla Sverige.

Den kejserlige huvudförhandlaren Trautmannsdorff lyckades få till stånd skilda förhandlingar om landfrågorna med Sverige och Frankrike. Sedan han först nått en lösning med Frankrike, tog han på allvar itu med de svenska fordringarna. Han kunde därvid utnyttja Frankrike, som inte ville ge Sverige alltför mycket land och därför lovat söka mildra de svenska kraven. I själva verket kan man säga att Frankrike i denna sak motarbetade Sverige.

I oktober 1646 var man i stort ense om att Sverige skulle få Bremen, Verden och Wismar. Problemet var Pommern. Trautmanns-

dorff var beredd att ge Sverige hela Pommern och köra över Kurbrandenburg som hävdade sin rätt till hertigdömet. Frankrike, Nederländerna, Danmark och Polen satte sig emot och ville inte tillåta att Sverige fick Hinterpommern, som var viktigt för de svenska handelsintressena och för de donationer som delats ut där. Förmodligen skulle dock de svenska delegaterna ha lyckats i sina ansträngningar, om de bara varit ense. Men Johan Adler Salvius var betydligt mer eftergiven än Johan Oxenstierna och såg situationen i mörkare färger. Dessutom tvekade man i Stockholm, då man där inte ville driva Brandenburg för långt. Drottningens hållning var här ambivalent. Dels föll hon undan för Adler Salvius, som inte ville kräva hela Pommern, dels uppmanade hon de svenska delegaterna i Osnabrück att kräva hela hertigdömet. Till slut fick Sverige Vorpommern och områdena öster om Oders mynning som län under kejsaren och en del av det tysk-romerska riket, däremot inte de andra delarna av Hinterpommern. En sådan länsrättslig ställning var fördelaktigare än den allodiala som Frankrike tog Elsass på, ett förhållande som skulle föranleda många framtida tvister och krig.

För svenskt vidkommande kunde dock ingen fråga lösas slutgiltigt, innan ersättningen till soldaterna hade fått en tillfredsställande lösning. Delvis handlade det om tidigare erfarenheter, delvis om framtiden. Sommaren 1635 fordrade armén i Tyskland sold och dessutom belöningar, och man tog Axel Oxenstierna som personlig pant för att få igenom sin fordran. Till sist kom en uppgörelse till stånd mellan rikskanslern och fältmarskalken Johan Banér å ena sidan och de ledande officerarna å den andra. De senare svor den svenska kronan trohet till dess Sverige vunnit en säker fred och ersättning. Oxenstierna och Banér lovade, i kronans namn, att ingen fred skulle slutas utan arméns vetskap och deltagande. Dessutom lovade de att de tyska officerarna inte skulle lämnas i sticket, utan att de skulle ha den svenska kronan som sista garant. Var och en skulle kompenseras med pengar eller gods efter vars och ens förtjänst och möjlighet. Under Axel Oxenstiernas politiska ledning var dessa krav en obestridd verklighet. Det svenska moderlandet övertog den yttersta garantin, om inte bördan kunde tas av andra. Denna verklighet hade statsmännen att ta hänsyn till.

Ännu ett problem hängde samman med *satisfactio militum*, nämligen krigskostnadernas övervältrande på framtiden. Så länge kriget pågick, kunde detta problem lösas. Men vad hände sedan, när det inte längre fanns någon krigsskådeplats att övervälta kostnaderna på? Det var också mycket nödvändigt att under de långa fredsförhandlingarna hålla armén på gott humör, så att den hade förtroende för ledningen. En förutsättning var att officerarna fick sin sold och garanterades redan förlänta eller framtida donationer. För Sverige innebar detta att man vid ett fredsslut antingen måste ha landområden i Tyskland och/eller stora penningsummor för att kunna få tillräckliga medel åt armén och den civila förvaltningen.

Mot den bakgrunden måste man se de svenska instruktionerna för soldaternas ersättning. Gemensamt för dem är att frågan måste vara löst innan ett fredsavtal kunde undertecknas. I mars 1647 sade Axel Oxenstierna i riksrådet, att *satisfactio militum* var nödvändig för det första för att hävda krediten och drottningens goda namn, för det andra för att skydda mot faran att soldaterna "skulle kunna förstöra hela verket", om de inte blev tillfredsställda; slutligen var det desto viktigare att tänka på ersättningen, då det i Tyskland endast fanns två viktiga arméer, den svenska och den kejserliga.

Sommaren 1647 preciserades de svenska fordringarna. Soldaterna skulle ha ett års sold, officerarna dessutom landområden, alla belöningar skulle säkras och "exulanterna", de officerare som kom från de kejserliga arvländerna men följt Gustav II Adolf, skulle restitueras. Det lägsta ersättningsbeloppet var 12 miljoner riksdaler, men i nödfall kunde det sänkas till 10 miljoner. Kraven på bestämda områden och exulanternas restitution kunde i nödfall också uppges. Kejsarens ståndpunkt var att den svenska armén inte skulle ha några donationer, och inte heller ständerna var beredda till detta. I mitten av maj 1648 hade man kommit så långt att ständerna erbjöd 1,6 miljoner riksdaler. De fortsatta förhandlingarna ägde rum under intryck av de svenska militära framgångarna. Drottningen ville dock få till stånd ett snabbt slut och var därför beredd till eftergifter.

Slutligen accepterade de svenska förhandlarna fem miljoner riksdaler, en nedre gräns som drottningen angivit i sin instruktion i oktober 1647. I maj året därpå var också armén införstådd med denna summa. På kejserlig sida insåg man att, om *satisfactio militum* uteblev eller blev för liten, kunde trup-

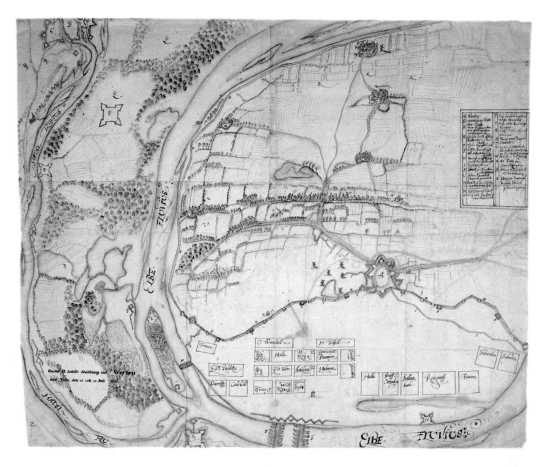

Bild 17. Det svenska fältlägret vid Werben an der Elbe 1631. I mitten ligger de styrkor som kommenderas direkt av Gustav II Adolf, utmärkta med "Le Roy". Samlingen Sveriges krig nr 2:114, Krigsarkivet. Foto: Krigsarkivet.

perna inte längre kontrolleras och man riskerade att hamna i kaos. Genom en särskild överenskommelse med kejsaren redan i februari 1647 hade denne lovat 600 000 riksdaler, om svenskarna utrymde delar av riket och

arvländerna. 400 000 därav skulle nu räknas ifrån de fem miljonerna, resterande 200 000 skulle kejsaren betala i pengar. Därmed kunde förhandlingarna föras till ett slut. Men flera praktiska frågor, som underhållet av de svenska trupperna under tiden mellan fredsslut och ratificering av fredsavtalet, hade inte lösts och skulle medföra förseningar i fredens genomförande.

De svenska förhandlingarna med kejsaren i Osnabrück uppvisar skillnader i uppfattning på den svenska sidan. Drottningen var mer profransk än den gamle rikskanslern Axel Oxenstierna. Hon var ung och oerfaren och ger ibland i det bevarade källmaterialet ett intryck av vacklan och lynnighet, där de motiv som skymtar inte alltid bottnar i realiteter utan i fåfänga. Kristina kunde utnyttja Johan Adler Salvius för sin politik. Han var en skicklig diplomat men såg gärna situationen i mörka färger, kanske understruket av hans periodvisa sjuklighet. Ibland uppträdde han egendomligt, ja oförlåtligt, om man ser det ur svensk intressesynvinkel. Det brukar framhållas att han stöddes av drottningen och därför kunde uppträda som han gjorde. Samtidigt gick han emot drottningens vilja, såsom den kom till uttryck i instruktioner och de bevarade breven, även de brev som enbart var ställda till honom. Kanske hänger det samman med hans för meddelegaten Johan Oxenstierna deklarerade uppfattning, att man uppe i Stockholm ingenting begrep av verkligheten.

Johan Oxenstierna däremot följde instruktionerna och gav, i motsats till vad vissa forskare tidigare menat, prov på begåvning, självständighet och förmåga att analysera komplicerade situationer. Det hör också till bilden, att Adler Salvius inte alltid hade hela den ekonomiska situationen klar för sig utan betraktade den utifrån de franska subsidier som han hade att förvalta. Hans betydelse har

därför ibland överskattats, liksom det svenska beroendet av de franska subsidierna. Därtill kommer att han under de sista åren av fredsförhandlingarna, särskilt 1647 och 1648, ofta var sjuk och klagade över att han blivit gammal.

Westfaliska freden underskrevs den 14/24 oktober 1648. De ratificerade fredsdokumenten kunde utväxlas först i februari 1649. Utvecklingen därefter blev mycket väsentlig för de svenska fordringarnas genomförande, och vi känner den numera väl genom Antje Oschmans stora och väsentliga undersökning *Der Nürnberger Exekutionstag 1649–1650*, som kastar nytt ljus över ständernas betalning och hur man på svensk sida använde sina miljoner.

Under första hälften av 1650 kunde den svenske tronföljaren Karl Gustav tilltvinga sitt land ytterligare 200 000 riksdaler. Därtill kom vissa andra utgifter för ständerna, så att de till sist måste betala ut 5 261 041 riksdaler i kontanta medel, till större delen före årsskiftet 1650–1651. Enligt Oschmanns beräkningar kostade under samma tid de svenska truppernas underhåll och inkvartering ytterligare mellan 15 och 20 miljoner riksdaler. Hennes resultat får konsekvenser. Summan ställer dels satisfaktionsmedlens storlek, liksom de totala franska subsidierna mellan 1638 och 1648 på 5 400 000, i en helt ny dager. Krigskostnaderna per år måste räknas upp betydligt, vissa år till mellan 20 och 30 miljoner, åtminstone för år 1632. De franska årliga subsidierna blir mot denna bakgrund mycket beskedliga, om än viktiga i vissa lägen. Samtidigt kan man konstatera, att det var möjligt att få fram medel i Tyskland, trots allt ordande om att det var en omöjlighet, en åsikt som bland annat Adler Salvius gång efter annan framhävde.

Karl Gustav kunde skickligt och målmedvetet demobilisera armén, så att allt i stort sett var klart mot slutet av 1650. Åtminstone 70 % av de erhållna medlen användes till avdankningen. Den blev också lyckad för de värvade tyska trupperna, medan de svenska förbanden fick betydligt mindre. Medlen räckte också till änkor och andra. Drottningens önskan att få använda pengarna till delvis andra ändamål efterkoms inte, utan Karl Gustav såg till att drottningens önskningar så att säga försvann på vägen. Därmed kunde de primära och direkta utgifterna mötas. Sverige hade nått sitt mål med satisfaktionsmedlen. Förutsättningen var den svenska militärmakten och ständernas önskan om truppernas snara försvinnande. Och då kunde kejsare och ständer få fram summorna trots alla invändningar och trots landets påstådda ödeläggelse, som under förhandlingarna sades omöjliggöra den svenska satisfaktionen åt soldaterna.

Westfaliska freden innebar, att Sverige hade uppnått sina mål med *assecuratio pacis*, *satisfactio coronae* och *satisfactio militum* för att använda de gängse 1600-talsbenämningarna. *Assecuratio* innebar kejsarmaktens starka inskränkning. Religiöst och politiskt hade de tyska protestanterna, tack vare den svenska insatsen i kriget och under fredsförhandlingarna, återvunnit en del av sin tidigare ställning. *Satisfactio coronae* förde till att en del av den viktiga Sjökanten tillföll Sverige, vilket säkerhetsmässigt var av stor betydelse gentemot Danmark och Polen. Trupperna

kunde avvecklas med den svenska hedern i behåll och humanitärt riktigt på ett för alla parter tillfredsställande sätt. Dessutom hade freden andra konsekvenser.

Genom Trettioåriga kriget drogs Sverige alltmer in i Europa. Redan de svenska krigen i Livland och Preussen var också en kamp mot Habsburgs hegemoni, och Sveriges deltagande i det tyska kriget var helt logiskt och i överensstämmelse med de svenska intressena såväl politiskt, dynastiskt och konfessionellt som ekonomiskt. Kampen om herraväldet över Östersjön, *dominium maris Baltici*, och kampen mot Habsburg smälte samman. Vad som sedan skedde var eller blev en del av den europeiska utvecklingen. Randområdena drogs in mot Europas mitt. Striden mot Habsburgs universalmonarki, kampen om makten med militära medel, strävan efter europeisk jämvikt och en lösning av konfessionsfrågorna var alla bidrag till den gemensamma utvecklingen. Samtidigt förde denna med sig att Sverige alltmer blev en militärstat, och att militären i det tyska riket genom sin makt, sin ekonomiska påverkan och sina härjningar fick en mycket stark ställning.

Freden bekräftade Sveriges ställning som europeisk stormakt. Det var en av de tre garantimakterna för fredsfördraget. Politiskt hade man säte och stämma i den tyska riksdagen och i tre rikskretsar och därmed också ansvar för den inomtyska politiken. Innehavet av de nya tyska områdena förde med sig betydande politiska, ekonomiska och militära fördelar. Nästan alla viktiga östersjöhamnar kunde kontrolleras av Sverige. Danmarks ställning hade avsevärt försvagats, ekonomiskt genom att dess absoluta kontroll över öresundstullen brutits, militärt genom att Sverige på ett helt annat sätt än tidigare hade en möjlighet att angripa "bakvägen", från Tyskland, och territoriellt genom förlusten av Halland, Gotland, Härjedalen och Jämtland. 1660 förlorade Danmark sedan Skåne, Blekinge och Bohuslän. Fredsluten 1660 med Polen och 1661 med Ryssland var för Sverige en konsekvens av freden 1648. Förhållandet till Danmark, Polen och Ryssland hade fått en mer långvarig lösning, även om herraväldet över Östersjön inte helt hade uppnåtts.

Westfaliska freden var ett försök att skapa en varaktig fredsordning som i sina centrala delar var rättsligt grundad. Det tyska riket och dess delar infogades i en folkrättslig ordning. Freden innebar också, att det svenska förslaget från sommaren 1646 om ett tyskt säkerhetssystem, enligt vilket Sverige, Frankrike och kejsaren tillsammans med ständerna skulle garantera freden, blev verklighet. Freden skulle i form av jämvikt, *equilibrium*, garanteras av de viktigaste staterna. Genom sin ställning som fredspakt, *pactum pacis*, blev den till en kommande, långvarig och betydelsefull plattform för Tyskland och Europas framtida politik. *Status quo* i Mellaneuropa garanterades av Sverige och Frankrike, även om situationen senare skulle ändras genom den franska politiken under Ludvig XIV.

Bild 18. Under slaget vid Lützen år 1632 fanns i Wallensteins armé en officer vid namn Octavio Piccolomini. Han menade efteråt att "ingen, vem det än vara må, kan mera tillskriva sig äran av konungens död än jag och mitt regemente". Piccolomini berättade i ett brev till en okänd person hur Gustav II Adolfs död gått till och beskrev bland annat kungens sår. Han berättade också att en soldat lagt beslag på kungens kyller, medan en annan tagit hans ring, halskedja och fickur.

Bilden visar första sidan av Piccolominis brev, som är daterat i Prag den 4 december 1632 och numera finns i Eriksbergsarkivet, vol. E 843. Foto: Kurt Eriksson, Riksarkivet.

Ill.mo Sig.r et P.ron mio oss.mo

A quest'hora haverà inteso la ostinata et sanguinosa battaglia seguita
tra l'Imperial et il Re di Suetia ma siaché devendo esser venuta terribile
come seguisse la morte del Re in questa hò voluto darglie ne garbe come
mio singolare Patrone accusandomi come VS haverà inteso che un Gentil'huomo
suo servitore sia stato causa della morte di sì gran Re la quale fù in
questa forma.

Il Re conduceva il corno diritto della sua armata et andava con la Cavalleria
dove venne a trovar il nostro corno sinistro cominciò una furiosa salva di
noi; et essendo due Regim.i d'Infanteria et moltitudine de Moschettieri, de ogn
squadrone di Cavalleria conduceva et uno di quelli venne a occupare un
passo et strada che era avanti i nostri squadroni, et cominciando à passare quel fosso
et strada si avvicinavano à Noi; et vedendo questo et havendo ci haver tenuto il
mio Regim.to un quarto d'hora alla esibizione di tutte le moschettate di due
squadroni dove mi ammalorno in fine soldati et officiali, li andai ad invu-
stire et ributtai uno di essi di là dal fosso e strada, ma non potendoli seguitare
per il cattivo passo convennemi ritirare dove in quel mentre avanti il Regim.to
ordino il più amato dal Re con quella grand.ma salve per pigliare la
carica al Regim.to di Sez quale era avanti a me nella mia man dritta
vedendo questo io subito l'andai à investire quale mi abbassò le già de mo
io pigliando molto coraggio et trovai nel felicio dove tutto lo taglai a pell.

RA
64/1832

1238

Källor och litteratur

Framställningen bygger på Sven Lundkvist, "Die schwedischen Kriegs- und Friedensziele 1632–1648", i *Krieg und Politik 1618–1648*, herausgegeben von Konrad Repgen (1988); densamme, "Die schwedischen Friedenskonzeptionen und ihre Umsetzung in Osnabrück", under publicering i *350 Jahre Westfälischer Friede – Entscheidungsprozesse, Weichenstellung und Widerhall eines europäischen Ereignisses*; densamme, "Sveriges roll i 30-åriga kriget – Die Rolle Schwedens im 30-jährigen Krieg", manuskript för Riksarkivets utställningar samt i nämnda verk anförda källor och litteratur. Vidare den i framställningen nämnda undersökningen av Antje Oschman, *Der Nürnberger Exekutionstag 1649–1650 : Das Ende des Dreis-* *sigjährigen Krieges in Deutschland*, Schriftenreihe der Vereinigung zur Erforschung der neueren Geschichte E.V. 17 (1991).

Grundläggande tryckt källmaterial finns i den långa volymraden i serien Rikskansleren Axel Oxenstiernas skrifter och brevväxling, och i de många volymerna i serien Acta Pacis Westphalicae. Den sistnämnda serien är mycket viktig för studiet av hela den tyska och indirekt europeiska utvecklingen. Särskilt Acta Pacis Westphalicae, Ser. I, Instruktionen, Bd 1 (1962) och Ser. II, Korrespondenzen, Abt. C, Die schwedischen Korrepondenzen, banden 1–4 (1965–1994), som omfattar åren 1643–1649, är centrala för Sverige.

Att förvalta kriget

Jag avskyr krig. De förstör arméerna.

Konstantin Pavlovitj

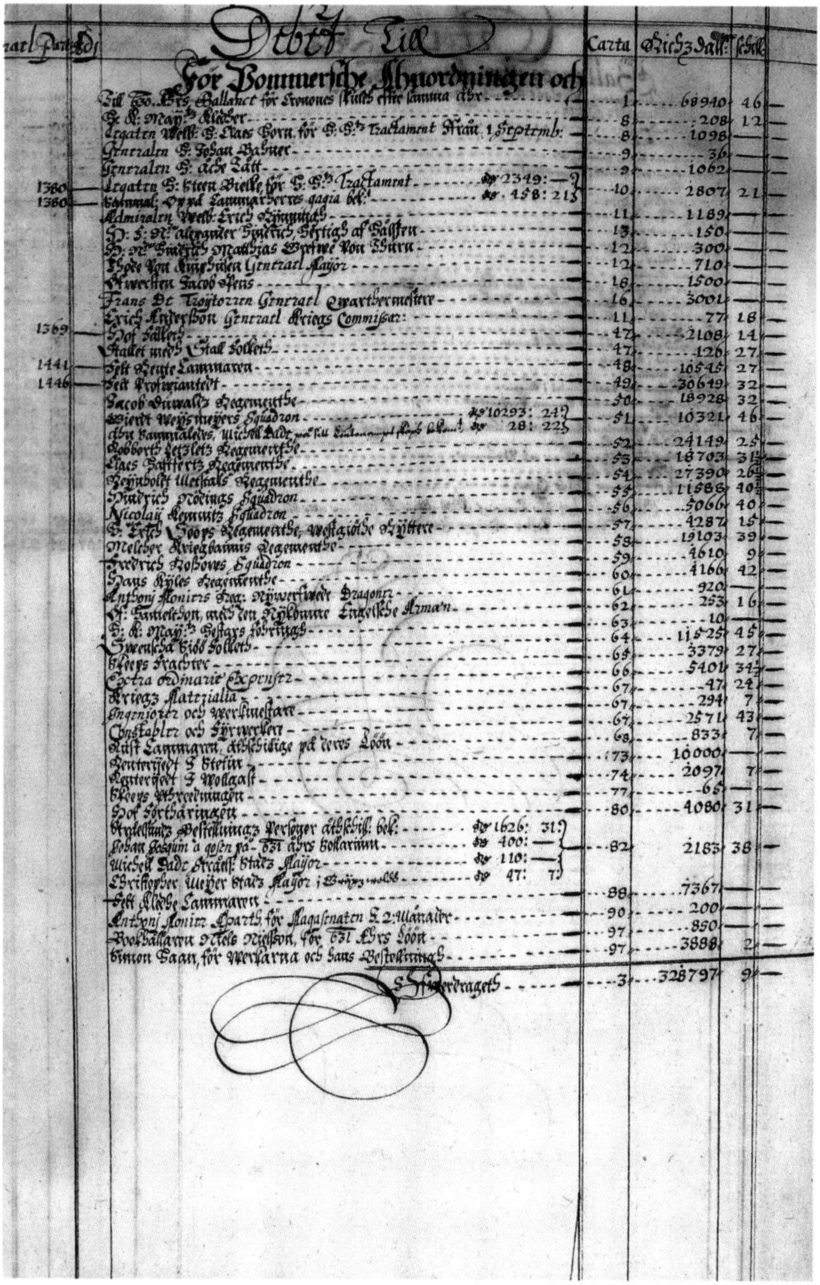

Bild 19. En sida ur huvudboken för den svenska förvaltningen av Vorpommern 1631. I början av listan nämns bland annat utgifter för kungens kläder. Sedan kommer utbetalningar till generalerna, bland vilka finns namn som Lars Horn och Johan Banér. Därefter följer utbetalningar till en rad regementen och skvadroner, till olika förvaltningstjänstemän och slutligen (näst sista raden) till bokhållaren, vars lön för 1631 blev 850 riksdaler.

Kammararkivet, Pommern-Wismar, Reviderade räkenskaper 1. Huvudserie 1631:1. Foto: Kurt Eriksson, Riksarkivet.

Den svenska militära förvaltningen i Tyskland under Trettioåriga kriget

Räkenskaperna i Riksarkivet och Krigsarkivet

Helmut Backhaus

Brist på egna resurser kännetecknar från första början den svenska krigföringen i Tyskland. Ett avgörande villkor för ett svenskt ingripande på kontinenten var att kriget – enligt ett klassiskt citat ur Livius – skulle "föda sig självt". Kriget skulle föras utanför Sveriges gränser och i huvudsak på andras bekostnad, med hjälp av utländska subsidier, tullinkomster, krediter och krigsområdets resurser. Redan 1627/1628 dryftas denna fråga i brevväxlingen mellan Gustav II Adolf och Axel Oxenstierna och likaså något senare, i december 1628, vid de avgörande överläggningarna i riksrådet. Svårigheten att underhålla trupperna var för kungen inget hinder att ge sig ut på nya krigståg (vid denna tidpunkt i Polen), "ty om vij icke kunna seya: bellum se ipsum alet, så ser jagh icke någon god utgångh på alt, thet vij begynt hafve".[1]

I forskningen har man undersökt de olika inhemska och externa finansieringskällorna och bedömt deras betydelse från olika utgångspunkter. Forskare som Per Sörensson och Sune Lundgren har särskilt framhållit subsidiernas och andra utländska medels betydelse. Från sovjetisk sida har man pekat på de ryska spannmålssubsidierna via Archangelsk som en avgörande krigsfinansiell faktor i krigets begynnelseskede. Resurstillskotten från de tyska krigsområdena har undersökts av Sven Lundkvist för åren 1630–1635 och Klaus Richard Böhme för tiden efter 1640. Den ene har framhållit naturaleveransernas roll för den svenska krigföringen, den andre penningkontributionernas. På 1970-talet slutligen har intresset fokuserats på själva finansieringssystemet, "krigsfinansieringens mekanik". Lars Ekholm har visat att det tyska krigsområdets resurser under första krigsåret spelade en begränsad roll jämfört med de stora tillskott som kom utifrån. Omsvängningen kom först med Breitenfeld hösten 1631, då krigsfinansieringen fick helt nya proportioner. Svenskarna fick nu kontroll över stora delar av Tyskland och kunde bygga upp ett inkvarterings- och kontributionssystem som gjorde det möjligt att försörja trupperna i huvudsak genom krigsområdets resurser.[2]

Ur svenskt perspektiv kan man tala om en permanent underfinansiering av krigsföreta-

Bild 20. Lista över svenska garnisoner i Tyskland under Trettioåriga kriget. Ur "Geographische Carte von gantz Teutschland", tryckt i Nürnberg 1648. Riksarkivets bibliotek. Foto: Kurt Eriksson, Riksarkivet.

gen. Den ständiga bristen på medel innebar att krigföringen i långa stycken utvecklade sig till en kamp om underhållsområden. Militärt var det, menar Lundkvist, knappast nödvändigt att svenskarna lade under sig så stora basområden, men ur underhållssynpunkt var det i allra högsta grad påkallat. "Endast om man hade stora underhållsområden väl övervakade av garnisonstrupper, kunde man räkna med att få in tillräckliga medel".[3] Systemet, som brukar förknippas med Wallensteins namn, var ingen svensk specialitet (även om svenskarna kanske stod för den mest konsekventa tillämpningen),

utan praktiserades av alla parter. Det har till och med sagts att Trettioåriga kriget i första hand inte var en kamp om befästa städer, utan om inkvarteringsområden.[4] Det manöverkrig som fördes under de sista krigsåren mellan de fransk-svenska och de kejserlig-bayerska arméerna hade som huvudsyfte att skydda de egna underhållsområdena och inkräkta så mycket som möjligt på motståndarens, för att därigenom sätta dess trupper ur spel.[5]

Den äldre forskningen har mest intresserat sig för krigföringens taktisk-operativa och diplomatisk-politiska sidor. Senare undersökningar har, som sagt, kretsat kring finansieringssystemet som sådant och olika finansieringskällors betydelse. Mera sällan har man däremot uppehållit sig vid den administration som låg bakom den svenska krigföringen. Hur kunde svenskarna få kontroll över de stora områden som arméerna lade under sig? Hur gick de till väga för att organisera en långsiktig, någorlunda kontinuerlig truppförsörjning i de ockuperade områdena, och hur kunde man förhindra att underhållsområdena ruinerades genom de egna truppernas vilda framfart? Hur såg den militära administration ut som byggdes upp i olika delar av Tyskland? Vad var det för personal som hade tillräcklig kompetens, erfarenhet och, när det gällde, pondus för att kunna sköta militärförvaltningens uppgifter? Några av dessa frågor har berörts i tidigare nämnda svenska arbeten (Lundkvist, Böhme, Ekholm).[6] Till dessa kan läggas en rad tyska undersökningar som handlar om svenskarnas närvaro i olika delar av Tyskland. På det hela taget gäller dock fortfarande vad Michael Roberts redan för fyrtio år sedan noterade om forskningsläget: "A modern study of Swedish administration in Germany is a desideratum".[7]

Källorna kring den svenska militäradministrationen finns huvudsakligen i Riksarkivet och Krigsarkivet. Först och främst tänker man då på de allmänna, av forskningen under alla tider använda och delvis i tryck utgivna, sviterna: traktater, protokoll, brevmaterial (särskilt i Axel Oxenstiernas samling, Stegeborgssamlingen, Skoklostersamlingen och Johan Adler Salvius' samling), militära styrkeförslag och dylikt. I denna uppsats vill jag dock rikta uppmärksamheten på ett annat källmaterial, som legat mera i skymundan, nämligen räkenskaperna efter den svenska militära förvaltningen i Tyskland, vilka förvaras i olika kamerala bestånd i Riksarkivet, i serien Militieräkningar i Krigsarkivet och i några enskilda arkiv.

Krigsmakten och kontributionssystemet

De svenska stridskrafterna i Tyskland bestod av fältarméer och garnisonstrupper. Fältarméerna utgjorde en större del av den svenska och allierade krigsmakten, men bemanningen av de fasta platserna kunde binda avsevärda truppstyrkor. Trots att ett stort antal militära styrkeförslag från denna tid har bevarats, finns ändå ganska få någorlunda säkra sammanställningar om krigsmaktens totala numerär, sammansättning och förläggning i olika delar av Tyskland. Man har beräknat att de svenska och allierade trupperna vid årsskiftet 1631/1632 uppgick till ca 80 000 man. Av dessa hade de fyra svenska fältarméerna – kungens armé (huvudarmén) vid Rhen, Gustav Horns vid Main, Banérs vid mellersta Elbe (Magdeburg) och Totts vid nedre Elbe – en styrka av sammanlagt 50 000 man. Samtidigt låg ca 12 000 man i garnison i norra Tyskland och Erfurt. I oktober/november 1632 hade de svenska och allierade trupperna ökat till 150 000 man, av vilka 87 000 (58 %) hörde till fälttrupperna och 63 000 (42 %) räknades som garnisonstrupper. I en översikt från 1645 uppgavs krigsmakten omfatta 45 000 man, varav 28 800 (64 %) fälttrupper och 16 200 (36 %) garnisonsför-

75

band. Vid krigets slut torde den svenska krigsmakten ha bestått av cirka 63 000 man, av vilka 37 500 (60 %) tillhörde fältarméerna och 25 500 (40 %) utgjorde garnisonsförband.[8]

Det finns här ingen anledning att närmare gå in på fältarméernas växlande styrkeförhållanden och gruppering eller att följa deras operationer under olika skeden av kriget. Fälttrupperna tycks ha varit som störst under förra delen av kriget, mellan Breitenfeld och Nördlingen, medan man på 1640-talet opererade med avsevärt mindre förband och även i de större slagen sällan kom upp i 20 000 man.[9]

Slaget vid Nördlingen (hösten 1634) och Pragfreden (våren 1635) framstår som vattendelare i den svenska krigföringen. Efter Nördlingen raserades de svenska positionerna i södra, sydvästra och mellersta Tyskland, svenskarna pressades under de närmast följande åren tillbaka till några basområden vid Östersjökusten. Samtidigt medförde Pragfreden, som i maj 1635 ingicks mellan kejsaren och Kursachsen, en total förändring av det politiska landskapet. De flesta av Sveriges tyska allierade anslöt sig till denna fred, endast ett fåtal stannade kvar i det svenska lägret. Från dessa bakslag återhämtade sig den svenska krigföringen först i början av 1640-talet, när först Brandenburg och sedan även Kursachsen lämnade arenan. Allt större områden i norra och mellersta Tyskland kom återigen under fast svensk kontroll (Leipzig, Thüringen och Anhalt fr.o.m. 1642, Stiften Bremen och Verden 1645), medan den slutliga inbrytningen i Sydtyskland och i kejsarens arvländer inleddes 1645 i och med den svenska segern vid Jankow. Hösten 1648, vid tiden för fredsslutet, befann sig cirka 100 fasta platser över hela tyska riket i svensk hand, från östersjöhamnarna Wismar, Stralsund, Stettin och Kolberg till Olmütz i Mähren, Tabor i Böhmen, Überlingen och Mainau vid Bodensjön samt Dambach och Benfeld i Elsass, för att bara nämna några utposter.[10]

Den svenska krigsmakten – såväl fältarméerna som garnisonstrupperna – var för sin försörjning hänvisad till de natura- och penningkontributioner som kunde tas ut från de tyska underhållsområdena.[11] Kontributionssystemets gemensamma nämnare var visserligen att låta kriget föda sig självt, men tillvägagångssättet kunde variera beroende på många olika faktorer. I sin mest brutala och ruinerande form praktiserades systemet på fälttåg i fiendeland, när trupperna fick ta saken i egna händer och syftet rentav kunde vara att ödelägga fiendens försörjningsbaser. Annorlunda förhöll det sig när förbanden för sin försörjning var hänvisade till "egna" underhållsområden. Då gällde det att inte genom okontrollerad framfart ruinera kontributionsförmågan i de anvisade områdena, utan hushålla med tillgängliga resurser och säkerställa försörjningen över en längre tid. Sättet att ta ut kontributioner kunde variera beroende på om det var fråga om ett allierat territorium eller ockuperat fiendeland. En annan viktig skillnad var, huruvida ett område kontrollerades med politiskt-administrativa medel inom ramen för ingångna avtal eller rent militärt genom garnisoner utplacerade i närbelägna fasta platser.[12] En förutsättning för att kunna etablera ett permanent

Bild 21. Svenskkontrollerade orter 1629–1651 från vilka militära räkenskaper bevarats. Karta av Vladimir Sagerlund, Riksarkivet.

krigsförsörjningssystem var att uppbördsområdets bärkraft stod någorlunda i proportion till truppernas behov. För att uppnå detta behövdes någon form av militär förvaltning som kunde skaffa sig en överblick över tillgängliga resurser, planera deras fördelning bland förbanden, organisera uppbörden av pengar och naturalier och hålla reda på förbrukningen, såväl lokalt hos de enskilda regementena som regionalt hos arméförbanden. Det är mot denna bakgrund räkenskapsmaterialet från den svenska militärförvaltningen i Tyskland tilldrar sig särskilt intresse.[13]

Fältarméernas räkenskaper

Medelsförvaltningen i fält fick skötas i mer eller mindre ordnade former, ofta säkerligen under rätt så kaotiska förhållanden. Hur det kunde gå till antyds i en fältprovianträkning från 1638. Där lämnar kamreraren Gerd Antonisson Kewenbrinck, senare mera känd under sitt adliga namn Rehnskiöld, under datum den 20 november 1637 i Stralsund följande intyg:

Efther såsom desse efterfölliande FältRäckningar, Af Profwiant Mästaren Staffan Larson billigt borde medh tilbehörlige befalnings Zedler och Quitentzer Verificeras, hwilka och utom all twifwell hafwer warit förhanden efther dee mästedeelen, hwadh befallninger angåår, aff mig underschrefne ähre uthgifne, Män Aldenstundh sidst utij Octobri Månadt, När fienden trängde öfwer Tribbseescke Paßet och gick opå wårt Hufwudt Quarteer I Loitz, ruinerade någre af wåre Trouper och bort tog een deel af wår Pagagie, hwar ibland Profwiantmestarens wagn och förlorades, Opå hwilken be:te bewijß och Räckningar ware, så at inga eftherrettelser mehra förhanden waar, än dee Extracter som Profwiant Mestaren mig Månadligen måste Öfwer Lefwerera, Därföre bindes be:te Extracter här efther tillsammans Cammaren till eftherrettelse. Till ytermehra wiße hafwer Jag Profwiantmestaren detta till et bewiß welat medhdeela.[14]

Så mycket om riskerna som hängde över fältförvaltningen och kunde äventyra senare tiders potentiella arkivkällor. Samtidigt ger Kewenbrincks rader också en fingervisning vilka formaliserade krav på redovisning och revision som redan på den tiden ansågs gälla även inom fältförvaltningen (åtminstone hos högre staber).

Räkenskapsmaterial som kan hänföras direkt till förvaltningen i fält är sparsamt bevarat. Om detta beror på senare arkivförluster eller på den omständigheten att huvudparten av kontributionerna och kostnaderna reglerades lokalt, direkt mellan truppförbanden och krigsskådeplatsen, och därför troligen aldrig redovisades, får tills vidare lämnas öppet.[15]

Under första halvåret efter landstigningen var fältarmén huvudsakligen förlagd i Pommern – till trakterna kring Stettin och Odermynningen –, innan kvarteren från årsskiftet 1630/1631 kunde utvidgas till angränsande brandenburgska och mecklenburgska områden. Från denna tid finns bevarade två fältkassaräkningar från Pommern (t.o.m. december 1630) och en tredje under arméns framryckning mot Berlin våren 1631. Den hinterpommerska huvudboken för 1631 innehåller dessutom ett fältkassaconto som redovisar utbetalningar till fältarmén.[16]

Efter nederlaget vid Nördlingen hösten 1634 genomgick den svenska krigföringen sin svåraste kris. De svenska trupperna fick retirera från södra och mellersta Tyskland till basområdena vid Östersjökusten. Hinterpommern hotades både 1635 och 1636 av fientliga angrepp, och vintern 1637/1638 invaderades större delen av Vorpommern av kejserliga trupper. Pommern blev under en tid både krigsskådeplats och underhållsområde för de svenska fälttrupperna under Johan Banér och Herman Wrangel, innan Banér våren 1638 lyckades tränga tillbaka fienden och bygga upp nya anfallsställningar utanför Pommerns gränser. Från denna kritiska period finns fältkassaräkningar bevarade för Herman Wrangels armé från tiden juli 1636 till och med juni 1638, en fältkassaräkning och en fältprovianträkning för Johan Banérs armé när den låg i fältlägret vid Tribsees juli till och med oktober 1638, samt två fältprovianträkningar från Stralsund 1637 och Stettin 1638.[17]

Från det svenska överkommandot härstammar en kassaräkning från september 1638 hos fältmarskalk Johan Banér samt fältkassaräkningar för tiden september 1641 till och med juni 1646 och juni–december 1648. I dessa redovisas franska subsidiemedel och vissa andra penningmedel som överbefälhavarna Lennart Torstensson resp Karl Gustav disponerade.[18]

Till kategorin fälträkenskaper kan slutligen också hänföras några lokala avräkningar, redogörelser och sammanställningar, som upprättats i samband med de svenska truppernas inkvartering i Schlesien vintern 1632/1633. Materialet härstammar troligen från generalkrigskommissarien Kaspar von Kempendorf.[19]

Räkenskaper från svenskkontrollerade områden

För att få truppförsörjningen genom krigsområdets resurser att fungera var svenskarna tvungna att organisera en stadig kontributionsförvaltning i de olika delarna av Tyskland, allteftersom dessa lades under svensk kontroll. Tillvägagångssättet kunde, som redan nämnts, variera beroende på om det var fråga om allierade eller ockuperade områden. I de sistnämnda brukade svenskarna med stöd av en nyformulerad juridisk doktrin, Hugo Grotius' lära om krigsrätten (*ius belli*), ta hand om både den militära och den befintliga civila förvaltningen. I allierade eller genom kontributionsavtal uppbundna områden var det däremot i första hand fråga om militära förvaltningsfunktioner som togs över eller infördes av svenskarna.

Basen för hela den svenska krigföringen i Tyskland var den så kallade Sjökanten, det vill säga Pommern och kringliggande områden: Mecklenburg med staden Wismar och de till kurfurstendömet Brandenburg hörande, strategiskt viktiga landskapen Uckermark och Neumark väster respektive öster om Oder. Pommern stod kriget igenom under svensk militär förvaltning. Genom de avtal, som i augusti 1630 slöts mellan Gustav II Adolf och den pommerske hertigen Bogislav XIV, tillerkändes Pommern ställningen som jämbördig allierad makt. Dess rättssystem, civila förvaltningsordning och tillhörighet till Tyska riket garanterades från svensk sida mot att hela militärväsendet ("Kriegsdirectorium") lades i svenskarnas händer. Svenska garnisoner förlades i Stettin, Kolberg, Greifswald, Stralsund och andra orter, landet indelades i kontributionsområden och i de större städerna inrättades kontributionskassor och proviantmagasin.[20] Efter den siste pommerske hertigens död övertog

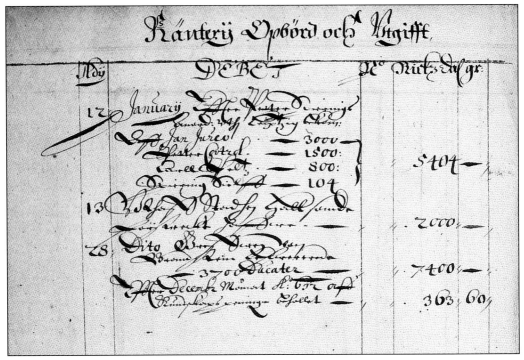

Bild 22. Detalj av den elegant präntade ränteriräkningen från den svenska räntkammaren i Mainz för perioden januari 1633–mars 1635. Tidöarkivet, vol. 5. Foto: Kurt Eriksson, Riksarkivet.

svenskarna från och med 1638 också allt fler civila förvaltningsfunktioner. Pommern blev direkt underställt de svenska överbefälhavarna, i och med att dessa utnämndes till pommerska generalguvernörer: 1638 Johan Banér, 1641 Lennart Torstensson och (med viss eftersläpning) 1648 Carl Gustaf Wrangel. Under generalguvernören tillsattes guvernörer med generals rang, som förde det militära kommandot och stod i spetsen för den av svenskarna nyorganiserade provisoriska civilförvaltningen.

Av alla tyska områden är räkenskaperna från Pommern de som bevarats bäst för krigsåren 1630–1648.[21] Det är mestadels fråga om kassa-, proviant-, ammunitions- och andra specialräkningar från olika pommerska garnisonsorter. För vissa år upprättades även

huvudböcker: 1629–1633 för Stralsund och Vorpommern, 1631–1633 för Hinterpommern och från och med 1639 för såväl Vorpommern som Hinterpommern. Geografiskt täcker räkenskapsbeståndet dock ett betydligt större område än Pommern och inkluderar befästningar och kontributionsområden i Altmark, Mecklenburg, Uckermark och Neumark. Sålunda förekommer räkenskaper för Bleckede (1644–1650) och Dömitz (1643–1650) vid Elbe, för Altmark (1642–1648) och Mecklenburg (1645–1649), Wismar (fr.o.m. 1635) och Warnemünde (1644–1651), Neubrandenburg (1640–1641), Löcknitz (1639–1648 och 1650) och Prenzlau (1648 och 1650), för Landsberg (1632–1634, 1639–1650) och Driesen (1639–1648) vid floden Warthe, för den viktiga Oderfästningen Küstrin (1631) samt slutligen för Reetz, Arnswalde och Neuwedel (1640–1642) samt Dramburg (1649) i Neumark (se kartan sid 77).[31] För Mecklenburg har också en avräkning över uppburna penningmedel för tiden mars 1632–november 1633 bevarats.[22]

Staden Hamburg lyckades hela kriget igenom hävda sin oberoende ställning och kan strängt taget alltså inte inräknas bland de svenskkontrollerade områdena. Hamburg nämns här ändå, eftersom staden spelade en så viktig roll inte bara för den svenska krigsfinansieringen i Tyskland i allmänhet, utan åtminstone under en tid också för förvaltningen av de ockuperade områdena i nordvästra Tyskland.

Från 1630 till maj 1634 var Johan Adler Salvius stationerad i Hamburg som svensk resident. Han fungerade från hösten 1631 också som krigskommissarie för de svenska trupperna och garnisonerna i Nordvästtyskland och hade då som sin främsta uppgift att finansiera uppsättningen av nordvästarmén och säkra underhållet för garnisonerna i hela området. Genom de fördrag som ingicks med städer och furstar tillförsäkrades Hamburgkassan särskilt under år 1632 stora kontributionsinkomster. Räkenskaper efter Adler Salvius' verksamhet i Hamburg 1630–1634 förvaras bland hans papper i Riksarkivet.[23] Likaså är hans senare räkenskaper från förvaltningen av de franska subsidierna en viktig källa för vår kunskap om den svenska militära förvaltningen. Från Adler Salvius' efterträdare i Hamburg, Lars Grubbe, har en redovisning bevarats som omfattar tiden sept 1634–augusti 1637.[24]

I nordvästra Tyskland kontrollerade svenskarna dels stiften Bremen och Verden, dels stiftet Minden och en rad fasta platser i Westfalen. Bremen och Verden erövrades våren 1632, svenska garnisoner förlades i Stade och Buxtehude. Genom olika avtal med ärkebiskopen, staden Bremen och ständerna i stiften reglerades områdets kontributionsskyldigheter. Svenskarna stannade kvar till 1636, då stiften neutraliserades och utrymdes mot betalning av 28 000 riksdaler. Från denna första period finns inga räkenskaper bevarade. Den andra svenska ockupationen ägde rum våren 1645 i samband med det svensk-danska kriget. Stade, Buxtehude och övriga fasta platser utom staden Bremen intogs, till guvernör utsågs generallöjtnant Hans Christopher von Königsmarck. Under honom organiserades en provisorisk civilförvaltning och en militär kontributionsförvaltning. Det fanns skilda kassor för civila och militära ändamål: en kammarkassa, som redovisade områdets ordinarie uppbördsmedel, och en kontributionskassa som förvaltade de till garnisonerna och armén destinerade medlen. Kassorna förde skilda räkenskaper som från och med 1647 sammanfattades i en huvudbok. Förutom kassaräkningarna finns särskilda magasins-, proviant- och artilleriräkenskaper bevarade.[25]

I Westfalen var svenska garnisoner förlagda i städerna Minden, Hoya och (fram till våren 1643) Osnabrück, dessutom i Nienburg som hörde till den nedersachsiska kretsen. I Minden inrättades en svensk förvaltning 1636, och åtminstone sedan 1642/1643 fanns där också en regering som uppträdde i den svenska kronans namn. Regeringen var underställd den svenske överbefäl-havaren i Tyskland eller, i dennes frånvaro, den regionale kommendanten (överkommendanten/guvernören). Denna post innehades 1643–1649 av generalmajor Gustav Otto Stenbock. Kassaräkenskaper finns bevarade för Minden, Osnabrück och Nienburg från tiden 1637 till och med 1641.[26] Nienburg utrymdes i juli–augusti 1650, Minden i september samma år. Som sista fast plats utanför Sveriges nyvunna tyska provinser överlämnades den westfaliska fästningen Vechta i maj 1654.

I mellersta Tyskland – i Brandenburg, Anhalt, Thüringen och Sachsen – låg några av de områden som anses ha lidit mest genom kriget. Varje svensk operation söderut mot kejsarens arvländer och varje motattack mot det svenska basområdet vid Östersjön kom att drabba dessa trakter. Efter Nördlingen raserades den svenska maktställningen även i denna del av Tyskland, men på 1640-talet – efter det andra slaget vid Breitenfeld i oktober 1642 – kunde svenskarna återupprätta den militära kontrollen. Sachsen, Thüringen och Anhalt utnyttjades som underhållsområden för garnisonerna och för Torstenssons, Wrangels och Königsmarcks fältarméer. Svenska garnisoner fanns i Erfurt, Mansfeld, Halberstadt, Leipzig, Meissen och andra städer. Medelpunkt för den svenska kontributionsförvaltningen i Sachsen med angränsande områden (främst stiften Magdeburg och Halberstadt) var Leipzig. I spetsen för denna så kallade ”krigsstat”, som existerade från hösten 1642 till juli 1650, stod en guvernör i generalsrang, 1642–1648 generalmajor Axel Lillie, 1648/1649 Magnus Gabriel De

la Gardie. Hur förvaltningen i övrigt var uppbyggd, återstår att undersöka.[27] Från Leipzig har räkenskaper bevarats för hela perioden, om än uppsplittrade på flera olika bestånd. Det är fråga om dels en sammanfattande årsräkenskap (”General Schluss-Rechnung”) för år 1646, dels olika specialräkenskaper:[28] årsräkenskaper för krigskassan därstädes 1645–1650, månatliga uppbördsräkningar från staden Leipzig och olika sachsiska amt 1642–1645, provianträkenskaper 1643–1645 och 1649/1650, ammunitionsräkenskaper 1643–1645, 1647 och 1649/1650 och en fortifikationsräkning för 1646. Med krigsstaten i Leipzig sammanhänger troligen också några räkenskaper från Chemnitz, Luckau och Mansfeld. Från Meissen finns för 1645 en särskild krigskassaräkning ”bey dem Meißnischen Estat” bevarad.[29] Hur den förhåller sig till det övriga sachsiska räkenskapsmaterialet, får för närvarande lämnas öppet.

Thüringen kontrollerades genom den svenska garnisonen i Erfurt. Staden hade redan 1631 kommit under svensk förvaltning och var efter slaget vid Nördlingen en av de få fasta platser som stannade kvar på svensk sida. Kassa-, magasins- och provianträkenskaper har bevarats från åren 1648–1650.[30]

Schlesien drabbades under 1630- och 1640-talen i olika omgångar av svenska durchmarscher och inkvarteringar. Vid krigsslutet låg svenska garnisoner i tretton schlesiska städer. Utöver de tidigare nämnda lokala fälträkenskaperna har dock inget militärkameralt material från Schlesien påträffats.[31]

Syd- och Sydvästtyskland lades efter segern vid Breitenfeld under svensk kontroll.[32]

Det skedde dels genom militär erövring så-som till exempel ifråga om ärkestiftet Mainz, biskopsdömet Würzburg och den fria riks-staden Augsburg, dels genom politiska överenskommelser med städer och territorier i de fyra närmast berörda rikskretsarna: den nedre och den övre Rhenkretsen, den schwa-biska och den frankiska kretsen. I rikskretsar-na tillsattes generalståthållare med uppgift att i dessa områden leda den svenska militära förvaltningen och samordna den regionala truppförsörjningen. I Mainz, Augsburg och Würzburg installerades nya förvaltningar i svensk regi och tillsattes lokala ståthållare och/eller kommendanter. Kassan i Mainz spelade en central roll vid krigsfinansieringen i hela Sydtyskland, och i Augsburg inrättades en räntekammare som åtminstone 1632 tog hand om kontributionsuppbörden från Bay-ern. För båda städer finns svenska kammar-ordningar bevarade från våren 1633.[33] Sedan Heilbronnförbundet bildats i april 1633, överfördes det krigsfinansiella ansvaret och militäradministrationen i de fyra rikskretsar-na i huvudsak till förbundets organ. I Würz-burg fanns sedan november 1631 en svensk regering över hertigdömet Franken; den av-löstes i juli 1633 av hertig Bernhard av Sach-sen-Weimar. Hela denna av svenskarna kon-trollerade förvaltningsorganisation kollapsa-de efter slaget vid Nördlingen.

Från denna svenska period i Sydtyskland, som alltså började hösten 1631 och slutade våren 1635, har bara ett handfull räkenska-per bevarats. Här kan nämnas några kassa-räkningar som redovisar Axel Oxenstiernas utgifter i egenskap av svensk legat i Tyskland 1631–1636. Till räntekammaren i Mainz attribueras en ränteriräkning som täcker ti-den januari 1633 till och med mars 1635.[34] Kontributionsuppbörden från vissa områ-den under Mainz redovisas i två räkningar för tiden december 1631 till och med juli 1632.[35] Från räntekammaren i Augsburg slutligen härstammar en räkenskap över uppbörd och utgift vid "krigsstaten" därstädes 1632, upp-rättad av Erik Larsson von der Linde.[36] Från Würzburg finns däremot ingen räkenskap bevarad.

Avslutning

Räkenskapsmaterialet från den svenska mili-tära förvaltningen i Tyskland under Trettio-åriga kriget är mycket ojämnt bevarat. Det finns ett fåtal räkenskaper som kan hänföras till förvaltningen i fält. När det gäller de svenskkontrollerade områdena är bilden splitt-rad. För många områden, särskilt i Syd- och Sydvästtyskland, finns inga eller bara några enstaka räkenskaper bevarade. För andra delar av Tyskland, särskilt basområdena i Pommern, Bremen-Verden och Sachsen-Thüringen, föreligger ett relativt fylligt rä-kenskapsmaterial som skulle kunna använ-das för en mera inträngande undersökning av den svenska militära administrationen i Tyskland under Trettioåriga kriget.

Noter

1. Gustav II Adolf till Axel Oxenstierna, Häringe, 1 april 1628, i *Rikskanslern Axel Oxenstiernas skrifter och brevväxling* (AOSB) II:1 (Stockholm, 1888), s. 398.

2. P. Sörensson, "Ekonomi och krigföring under Gustav II Adolfs tyska fälttåg 1630–1632", *Scandia* 1932, s. 295–320; S. Lundgren, *Johan Adler Salvius : Problem kring freden, krigsekonomien och maktkampen* (Lund, 1945). – B. F. Porshnev (ed. P. Dukes), *Muscovy and Sweden in the Thirty Years' War, 1630–1635* (Cambridge, 1995), särskilt s. 36 ff., där författarens tidigare undersökningar sammanfattas. Porshnevs beräkningar har mött kraftig kritik i L. Ekholm, "Rysk spannmål och svenska krigsfinanser 1629–1633", *Scandia* 40, 1974, s. 1–47. – S. Lundkvist, "Svensk krigsfinansiering 1630–1635", *Historisk tidskrift* 86, 1966, s. 377–421; K.-R. Böhme, "Geld für die schwedischen Armeen", *Scandia* 33, 1967, s. 54–95. – L. Ekholm, "Kontributioner och krediter : Svensk krigsfinansiering 1630–1631", och S. A. Nilsson, "Kriegsfinanzierung während der schwedischen Grossmachtzeit", båda uppsatserna i H. Landberg, L. Ekholm, R. Nordlund, S. A. Nilsson, *Det kontinentala krigets ekonomi : Studier i krigsfinansiering under svensk stormaktstid*, Studia Historica Upsaliensia 36 (Kristianstad, 1971). Nilssons uppsats finns nu också på svenska i S. A. Nilsson, *De stora krigens tid : Om Sverige som militärstat och bondesamhälle*, Studia Historica Upsaliensia 161 (Uppsala, 1990), s. 178–196.

3. Lundkvist (se not 2), s. 416.

4. A. Oschmann, *Der Nürnberger Exekutionstag 1649–1650. Das Ende des Dreißigjährigen Krieges in Deutschland* (Münster, 1991), s. 500 f.

5. *Från Femern och Jankow till Westfaliska freden* (Stockholm, 1948), s. 178 et passim; P. Sörensson, *Krisen vid de svenska arméerna i Tyskland efter Banérs död (maj–nov. 1641)* (Stockholm, 1931), s. 33 ff; G. Cliff, "Kring finansieringen av ett svenskt stormaktskrig", *Historiska bilder* 2 (Stockholm, 1949), s. 96. Cliff talar här om ett "livsmedelskrig".

6. Se ovan not 2. Dessutom bör nämnas Roland Nordlunds undersökningar om krigsfinansieringen året efter Lützen, sammanfattade i *Krig på avveckling : Sverige och tyska kriget 1633*, Studia Historica Upsaliensia 57 (Uppsala, 1974) och K.-R. Böhme, *Bremisch-Verdische Staatsfinanzen 1645–1676*, Studia Historica Upsaliensia 26 (Uppsala, 1967).

7. C. Deinert, *Die schwedische Epoche in Franken von 1631–1635* (Würzburg, 1966) ms; H.-D. Müller, *Der schwedische Staat in Mainz 1631–1636 : Einnahme, Verwaltung, Absichten, Restitution* (Mainz, 1979); W. Huschke, *Herzog Wilhelm von Weimar als Statthalter Gustav Adolfs in Thüringen und schwedischer Generalleutnant 1631–1635* (Jena, 1936); H. Nordsiek, "Die schwedische Herrschaft in Stadt und Stift Minden (1634–1650)", *Mitteilungen des Mindener Geschichtsvereins* 56 (1984), s. 27–48; densamme, "Minden unter schwedischer Herrschaft (1633/34–1649/50)", J. Bohmbach (utg), *Die Bedeutung Norddeutschlands für die Großmacht Schweden im 17. Jahrhundert* (Stade, 1986), s. 37–47. – M. Roberts, *Gustavus Adolphus : A History of Sweden 1611–1632*, bd 2 (London, 1958), s. 620, not 3; även Nilsson (se not 2), s. 467 f.

8. 1632: *Sveriges krig 1611–1632*, bd 5 (Stockholm, 1938), bilaga 1, och bd 6 (Stockholm, 1939), bilaga 3. 1645: J. Mankell, *Uppgifter rörande svenska krigsmaktens styrka, sammansättning och fördelning* (Stockholm, 1865), nr 339 a, s. 278 ff. 1648: Oschmann (se not 4), s. 550 ff.

9. Sörensson (se not 5), s. 32.

10. Allmänt om det strategiska läget och fälttågen på 1640-talet: Från Femern och Jankow (se not 5), och Th. Lorentzen, *Die schwedische Armee im dreissigjährigen Kriege und ihre Abdankung* (Leipzig, 1894). Uppgifter om svenska garnisoner hösten 1648 hos Oschmann (se not 4), s. 506 samt tabell 1 och tillhörande karta.

11. Om kontributionssystemet se från svensk sida Lundkvist och Böhme (se not 2) och Cliff (se not 5). Från tysk sida har nyligen kommit en undersökning om förhållandena i Westfalen och Niederrhein: H. Salm, *Armeefinanzierung im Dreißigjährigen Krieg : Der Niederrheinisch-Westfälische Reichskreis 1635–1650,* Schriftenreihe der Vereinigung zur Erforschung der Neueren Geschichte 16 (Münster, 1990)

12. Denna distinktion har särskild betydelse under de första krigsåren fram till Nördlingen (t.ex. Stettinalliansen, Heilbronnförbundet). Efter Pragfreden handlade det vanligtvis om ockupation och kontroll genom garnisoner.

13. Salm (se not 11), s. 140. R .Nordlund (se not 6), s. 21, framhåller att intäkterna inom olika lokala förvaltningsområden avgränsades från varandra och reserverades för utgiftsbehov inom resp. område. Han talar i sammanhanget rentav om en "staternas separation" och "ett lokalt självförsörjande krig". – I det följande tar jag inte upp räkenskaper för enstaka förband

eller de talrikt bevarade översikter, förslag och extrakt av olika slag, vilka ofta har rivits ur sitt sammanhang och nu kräver ingående källkritiska bedömningar för att kunna utnyttjas. Inte heller tar jag upp Krigsarkivets serie av regementsrullor.

14. KrA, Militieräkningar (citeras MR) 1637/106.

15. S. A. Nilsson i *Scandia* 17, 1946, s. 127 not 5.

16. Kapitalbuch angående till krigsexpeditionen förordnade och oppburne medel (MR 1630/60); närmare uppgifter hos Ekholm (se not 2) s. 152 och 267 ff. Fälttänterikassaräkning i Stralsund sept.–nov. 1630 (MR 1630/73). Fältkassaräkning mars–maj 1631 (Pommern-Wismar 1631:5). – Pommern-Wismar 1631:3; se även Ekholm (se not 2), s. 183.

17. MR 1636/74, Fältkassaräkning för tiden juli–dec. 1636, MR 1637/96 för hela året 1637 och MR 1638/64 för tiden jan.–juni 1638, samtliga med verifikationer. Se även S. A. Nilsson i *Scandia* 17, 1946, s. 127 not 5. – MR 1638/65 "Felt Cassa Conto Medh Her Feltmarschal Baners Ex: Armée Den Tijdh den Uthi Legret Stogh Wedh Tribsees pro Anno 1638" (pärmtitel), täcker tiden juli–okt. 1638; MR 1638/72 "Stralsundische Felt Prowiant Rechnungen In werendem Lager bei Tribsees in Monaden Augusti und September pro Anno 1638" (pärmtitel). – MR 1637/106 Fältprovianträkning med proviantmästaren Staffan Larsson, april–okt. 1637, endast kopior, utan verifikationer; Pommern-Wismar 1638:1 Jon Hanssons Proviant- och spannmålsräkning för fältstaten, mars–sept. 1638, med verifikationer.

18. Avräkning över 60 000 riksdaler som i september 1638 överförts från Adler Sal-

vius till fältmarskalk Johan Banér (pergamentsband, med verifikationer). Avräkningen som troligen upprättats av Gerd Antonisson Kewenbrinck/Rehnskiöld förvaras i samlingen Subsidieräkenskaper och satisfaktionspengar (RA). – S. A. Nilsson i *Scandia* 17, 1946, s. 127. – Kassaräkningarna 1641–1646, förda av bokhållaren Amund Amundsson (nob Rosenacker) och sammanbundna i ett band, finns i samlingen Subsidieräkenskaper och satisfaktionspengar (RA). Ett nittiotal lösryckta, till dessa räkningar hörande originalverifikationer förvaras i Strödda räkenskaper rörande Sveriges krig i utlandet (cit. Sveriges krig i utlandet), vol. 8 (RA). Där finns också en bearbetning i konceptform av kassaräkningen för 1643, tydligen upprättad senare under arbetet med någon slags huvudbok. – Kassaräkningen för 1648 fördes av bokhållaren Daniel Bengtsson Uttermarck och bestyrktes av kommissaren Johan Hofstetter. Den finns bevarad i två exemplar, MR 1648/10 och Sveriges krig i utlandet, vol. 8 (RA). Inga verifikationer har påträffats.

19. MR 1632/45, 1632/47 och 1633/120–128. Ett femtiotal anvisningar och kvittenser från Schlesien 1632/1633 förvaras i samlingen Sveriges krig i utlandet, vol. 2 (RA).

20. O. Malmström, *Bidrag till svenska Pommerns historia* (Lund, 1892); M. Bär, *Die Politik Pommerns während des dreißigjährigen Krieges* (Leipzig, 1896); R. Nordlund, "Kontribution eller satisfaktion. Pommern och de svenska krigsfinanserna 1633", *Historisk Tidskrift* 1974, s. 321 ff; Ekholm (se not 2), s. 149 ff.

21. Huvuddelen återfinns i Pommern-Wismar, Reviderade räkenskaper 1. Huvudserie 1629–1805 (RA). Åtskilliga pommerska räkenskaper som ursprungligen ingick i huvudserien återfinns idag i serien Militieräkningar i Krigsarkivet.

22. Oxenstiernska samlingen, E 1201.

23. B. Boëthius, *Svenskarna i de nedersachsiska och westfaliska kustländerna juli 1630–nov. 1632* (Uppsala, 1912), s. 342 ff; Lundgren (se not 2), särskilt s. 42 ff, 60 f och 65 f; R. Nordlund, "Krig genom ombud : De svenska krigsfinanserna och Heilbronnförbundet 1633", *Det kontinentala krigets ekonomi* (se not 2), s. 283 f. – Johan Adler Salvius' samling, vol. E 8285 (RA).

24. Salvius' räkenskaper har bevarats för åren 1636–1643 och 1645–1647 i samlingen Subsidieräkenskaper och satisfaktionspengar (RA). — Grubbes räkenskaper finns i Oxenstiernska samlingen, E 1203. Redovisningen består av ett sammandrag för tiden 12 sept. 1634–12 nov. 1635 och verifikationer från hösten 1635–aug. 1637.

25. Böhme 1967 (se not 6), s. 15 ff; B.-C. Fiedler, *Die Verwaltung der Herzogtümer Bremen und Verden in der Schwedenzeit 1652–1712* (Stade, 1987), s. 19 f och 48 ff. – Bremen-Verden, Reviderade räkenskaper, 1. Huvudserie 1645–1711.

26. Salm (se not 11), kartor 1–4. Mindre garnisonsstyrkor fanns 1648 dessutom i Auburg, Bad Pyrmont, Fiestel, Fürstenau, Vechta, Vörden och Wittlage, enligt Oschmann (se not 4), s. 537 f. – K. Å. Modéer, *Gerichtsbarkeiten der schwedischen Krone im deutschen Reichsterritorium, I. Voraussetzungen und Aufbau 1630–1657* (Lund, 1975), s. 206 ff; Nordsiek 1984 (se not 7), s. 27–48; Böhme (se not 2), s. 62 f. – Kassaräkningar (kopior), utan verifikationer: MR 1637/12 Minden april 1637–dec. 1640; MR 1637/10 Nienburg

maj 1637–dec. 1640; MR 1637/26 Osnabrück maj 1637–dec. 1640; MR 1641/142 Minden, Nienburg och Osnabrück. Banden inlämnades enligt påskrift av sekreterare Anders Gyldenklou i september 1642. – Vidare finns några underhållsförslag och dylikt för de westfaliska garnisonerna i MR 1644/18 Kvartersindelning för garnisonerna i Minden och Nienburg, sept. 1644, och MR 1647/9, Inkomst- och utgiftsförslag för de svenska garnisonerna i Westfalen oktober 1647. MR 1643/5 innehåller avlöningslistor för överste Lydert Henrikssons skvadron ryttare, jan. 1640–april 1643 i Osnabrück, maj–okt. 1643 i Nienburg.

27. En del uppgifter hos Böhme (se not 2), s. 60 och 84 ff. H. Boettger, *Leipzig im Herbst 1642* (Halle, 1881), går inte alls in på den svenska förvaltningen i Leipzig.

28. General Schluss-Rechnung för 1646 i Skoklostersamlingen, vol. E 8821 (kopia med verifikationer). – Huvuddelen av specialräkenskaperna förvaras i Räkenskaper för krigsstaten i Leipzig (RA) och i Militieräkningar (KrA). Åtskilliga räkenskaper är fuktskadade och kan f.n. inte användas. I samlingen Sveriges krig i utlandet (RA), vol. 2, 8 och 33, återfinns enstaka strödda räkenskaper och verifikationer. I Kammarkollegium, Andra avräkningskontoret, Smärre ämnesserier A 1, finns några inventarier som troligen härrör från Magnus Gabriel De la Gardies hovhållning i Leipzig i början av år 1649.

29. Chemnitz: kassaräkningar för garnisonen april–dec. 1643 och jan.–maj 1644 (MR 1643/11, 1644/12 och 21). – Luckau (i Niederlausitz): magasinsräkning juni 1643–aug. 1644 (MR 1644/17); "Generalrechnung" över krigskassan maj–okt.

1643, omfattande två sidor, (RA, Sveriges krig i utlandet, vol. 2). – Mansfeld: kassaräkningar febr.–dec. 1644, 1645 och 1648 (MR 1644/15, 1645/20 och 1648/12) och magasinsräkning febr.–dec. 1644 (MR 1644/16). – Meissen: MR 1645/19.

30. Böhme (se not 2), s. 61 f. och 90; W. Huschke (se not 7) med uppgifter om Alexander Erskeins verksamhet som svensk resident i Erfurt 1632–1634; J. Biereye, *Gustav Adolf in Erfurt* (Erfurt, 1924), är i vårt sammanhang utan intresse. – Kassaräkningar MR 1648/11, 1648/14, 1649/8 (jan.–april) och 1649/9 (jan.–dec.), 1649/10 (generalstatens behov) och 1650/1; magasinsräkning MR 1649/1; proviranträkningar MR 1649/11 och 1650/9.

31. Se not 19.

32. J. Kretzschmar, *Der Heilbronner Bund 1632–1635*, bd 1–3 (Lübeck, 1922); Nordlund (se not 23); Deinert (se not 7); Müller (se not 7).

33. AOSB I:8 (Stockholm, 1942), s. 393 ff. (Mainz) och 748 f. (Augsburg, i utdrag). Ordningarna reglerade den civila medelsförvaltningen, inte kontributionsväsendet.

34. Tidöarkivet, vol. 8–12 resp. vol. 5. Verifikationer till den sistnämnda: jan.–dec. 1633 i Oxenstiernska samlingen, vol. E 1201, jan. 1634–mars 1635 ibid., E 1202. Till frågan om räkenskapens proveniens från räntkammaren i Mainz Nordlund (se not 23), s. 340, och H. Backhaus i *Historisk Tidskrift* 1972, s. 562.

35. Oxenstiernska samlingen, E 1200, för tiden 1 dec. 1631–31 mars 1632; Sveriges krig i utlandet, vol. 2, för tiden 1 april–31 juli 1632. Redogörare var kommissarierna Johann Engelbert Thylli och Johann Paul Ludwig.

36. Tidöarkivet, vol. 5; ett sammandrag finns i MR 1632/44.

Kartor och krig

Svensk militär kartering under Trettioåriga kriget

Björn Gäfvert

Under Trettioåriga kriget 1618–1648 skedde stora framsteg på många samhällsområden i Sverige. Ett av dem var karteringskonsten. När kriget började på kontinenten var den svenska kartografin ännu mycket outvecklad. Olaus Magnus "Charta Marina" var en enstaka händelse utan efterföljare. Med sin oförskräckta blandning av fantasi och verklighet utgjorde den heller ingen lämplig förebild för en mer exakt kartering. Från slutet av 1500-talet finns enstaka kartor bevarade. Dessa hade oftast tillkommit som ett resultat av tillfälligheter. Början till en systematisk kartering kan skymtas först år 1601, när Anders Bureus, "den svenska kartografins fader", fick i uppdrag att utföra mätningar i Norrland och Lappland och ett par år senare att göra en karta över hela Norden. År 1611 kunde han presentera en Lapplandskarta men inte förrän 1626 sin stora Nordenkarta, som också berör Nordtyskland (Bild 23).

Vid den tidpunkten hade utvecklingen redan tagit fart på den militära kartografins område. Gustav II Adolfs krig mot Polen, som började 1621 med att Riga belägrades

och intogs, varvid Sverige gjorde sin debut som stormakt, medförde att ett antal utländska fortifikationsofficerare kom i svensk tjänst, bland andra Crail von Bamberg och Heinrich Thome. Dessa var även kunniga kartografer, och med början i Rigas belägring åstadkoms ett antal kartor från kriget. Men inte bara tyskar ritade kartor. Även svenskar, framför allt Olof Hansson Svart, 1635 adlad Örnehufvud, som senare kom att spela en ännu större roll, debuterade som militära kartografer.

Krigslyckan gjorde att stridshandlingarna från 1626 överflyttades till Preussen, som utsattes för en intensiv kartering fram till stilleståndet 1629, ifråga om de områden som förblev i svenska händer fram till 1635. Det svensk-polska kriget var sålunda av stor betydelse för svensk militär kartering. En karteringskunnig personalkader byggdes upp. Den fick dessutom lära sig att kartera under krigsförhållanden, på från fienden taget territorium med en stundom misstänksam och ovillig befolkning. (Bild 24 och 25)

Striderna, och därmed karteringen, hade nu förts betydligt närmare det område i Cen-

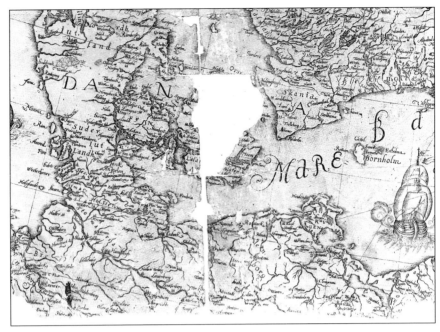

*Bild 23. Ett utsnitt ur Andreas Bureus "Orbis Arctoi" från 1626, ett genombrott för svensk karto-
grafi. Observera att nedre delen av kartan endast täcker en del av norra Tyskland. Krigsarkivet,
Topografiska kartor, Sverige IA:16. Samtliga fotografier till denna artikel har utförts av Krigs-
arkivets fotograf Bertil Olofsson.*

*Bild 24. En av de fåtaliga framställningar som visar kartografens arbete under 1600-talet. Ob-
servatören avläser distans och höjdvinkel genom en vertikalcirkel mot medhjälparens mätstång.
Ur Friedrich Getkant "Topographia Practica" 1638. Krigsarkivet, Handritade kartverk 28.*

Bild 25. Att vara kartograf kunde ha sina risker. Getkant var rhenländare i polsk tjänst. År 1625, året före svenskarnas ankomst, ritade han en karta över Pillau. När han 1634 ville kontrollera denna, var orten fortfarande i svenska händer, och Getkant fick därför i hemlighet besöka platsen förklädd till fiskare. Han tycks dock ha klarat sig från att bli upptäckt och gick för övrigt på 1650-talet kortvarigt i svensk tjänst. Krigsarkivet, Handritade kartverk 28.

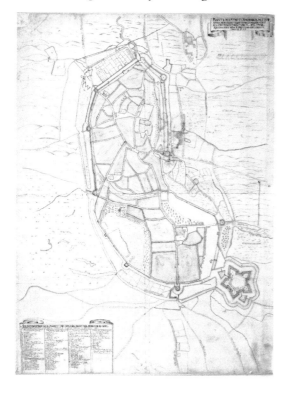

Bild 26. Åtskilliga av det svenska krigsarkivets stads- och fästningsplaner över tyska städer är de äldsta existerande för sina respektive orter. Detta exempel visar en av tre samtidiga framställningar av belägringen och stormningen av Osnabrück i augusti–september 1633. Krigsarkivet, Sveriges krig 3:135.

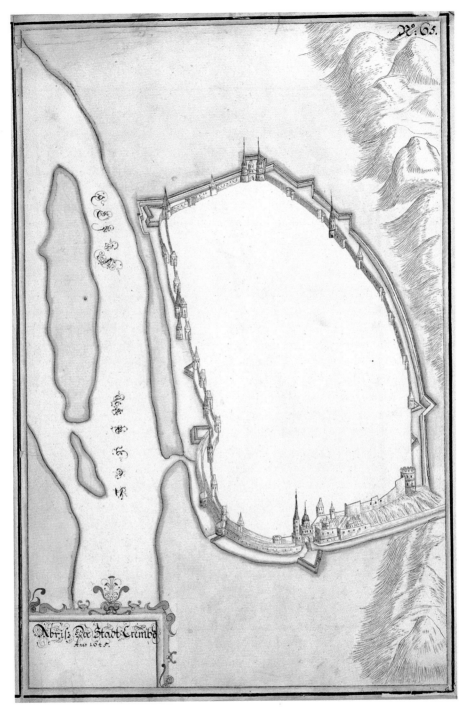

Bild 27. Erik Dahlbergh (1625–1703) var under många år den ledande militära kartografen. Han var bara drygt tjugo år gammal när han 1648 sammanställde en atlas med huvudsakligen stads- och fästningsplaner. Exemplet visar staden Krembs väster om Wien sådan den såg ut 1645, det år de svenskarna invaderade Österrike. Krigsarkivet, Handritade kartverk 21.

traleuropa där Trettioåriga kriget rasade och ett svenskt ingripande var inte långt borta. En första början gjordes 1628, när Sverige, som svar på en bön om hjälp från Stralsund, skickade trupp till den utsatta staden. En tidig åtgärd var att kartera stadens befästningar (Bild 28). Stralsund med området omkring kom under resten av kriget att vara ett svenskt basområde och därigenom väl karterat. Sedan området 1648 formellt blivit svenskt (Svenska Pommern) fortsatte för övrigt den stundtals intensiva karteringen ända tills området slutgiltigt lämnades 1815.

Men svenskarna nöjde sig inte med att stanna i detta basområde. Den svenska krigföringen spreds raskt över stora delar av Tyskland och redan 1631 uppstod problem. Tillgängligt kartmaterial, bland annat Bureus' karta från år 1626 gick inte tillräckligt långt söderut i Tyskland (jfr Bild 23). Nya kartor måste göras och kungen kallade därför till sig Olof Hansson Svart. Från hans hand stammar ett antal kartor över områden i mellersta Tyskland (Bild 29).

Låt oss här stanna upp ett tag och reflektera över vilka olika slags kartor som erfordrades och vilka krav som kunde ställas på dem. Tre huvudtyper kan urskiljas. Topografiska (områdes-)kartor i liten skala (Bild 29) var nödvändiga för den övergripande planeringen. Man ville bland annat få upplysning om möjliga marschvägar, belägenhet av orter som skulle belägras eller undsättas, platser och områden där trupp och inte minst hästar under marsch kunde utfodras, lämpliga områden för längre uppehåll såsom vinterkvarter och inte minst vattenleder, som utgjorde såväl hinder som transportmöjligheter för artilleri och annat.

Topografiska kartor i större skala (Bild 32) kunde ge detaljerade upplysningar om slagfält, områden omedelbart kring belägrade städer, lägerplatser och mycket mer. Ett antal sådana torde ha uppgjorts före fältslag och stormningar men dylika, kanske skissartade framställningar, tycks nästan inte alls finnas bevarade.

Den andra huvudtypen är stads- och fästningsplaner. Sådana kunde göras upp i planeringssyfte, bland annat för att visa de fientliga fortifikationernas styrka och var och hur de lämpligen skulle angripas. Inte heller sådana ritningar har bevarats i nämnvärd omfattning. Synnerligen vanligt förekommande är i stället ritningar över egna befästningar. Det var ett typiskt led i den svenska krigföringen att i besatta områden antingen förstärka redan befintliga fortifikationer eller, vid behov, bygga helt nya. De ritningar som därvid åstadkoms kan indelas i tre grupper: planer (utkast av olika slag), förslag (det som presenterades för vederbörande beslutsfattare) och relationer (beskrivningar av utförda arbeten). Ritningar av dessa typer var ofta bilagor till skriftliga berättelser men har senare vanligen lösgjorts ur sina ursprungliga sammanhang och kommit att förvaras separat. Vanligt är, att vad som fanns innanför murarna behandlades översiktligt, ibland inte alls, eftersom befästningarna var det intressanta (Bild 26 och 27).

Den tredje huvudtypen är de kartor som kan kallas krigsplaner. Här ingår exempelvis framställningar av slag, marschrutter, läger samt belägringar och stormningar av städer. Dessa är nästan alltid gjorda i efterhand för att dokumentera vad som inträffat och, givet-

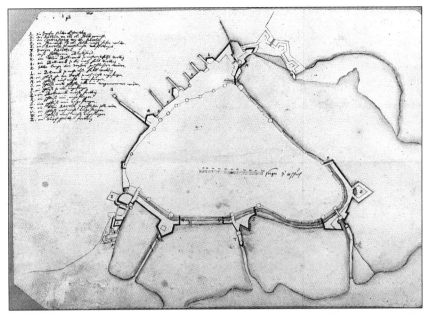

Bild 28. Så fort svenskarna kom till Stralsund 1628 började de arbeta på befästningarna inför ett väntat kejserligt anfall. Bland de första åtgärderna var att göra en karta, som således kan sägas vara den första av alla de som tillkom under Sveriges ingripande i Trettioåriga kriget. Krigsarkivet, SFP Tyskland, Stralsund 1.

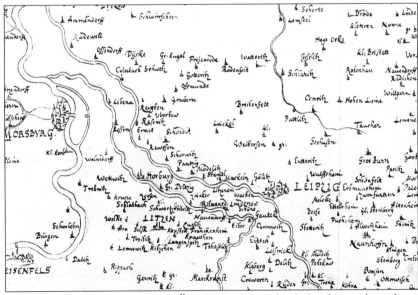

Bild 29. Olof Hansson (1600–1644, 1635 adlad Örnehufvud) var den ledande svenske militäre kartografen i Tyskland i början av 1630-talet. Han karterade såväl Preussen som delar av området Brandenburg-Sachsen. Hans kartor innebar stora förbättringar jämfört med tidigare och kom att förbli "standardkartor" i bortemot hundra år. Detta utsnitt visar området krig Leipzig med de välkända orterna Breitenfeld och Lützen. Krigsarkivet, Sveriges krig 2:50.

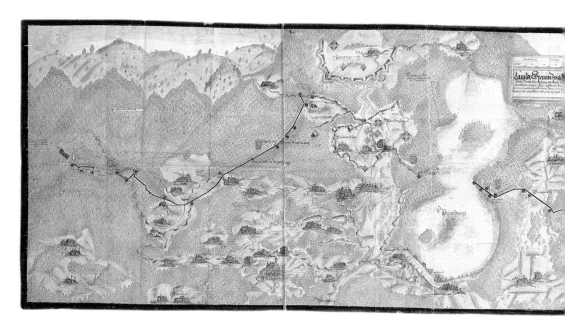

Bild 30. Denna karta över gränsen mellan Böhmen och Oberpfalz med förgyllda gränsmärken kan vara ett krigsbyte, som möjligen använts i samband med svenska operationer i området. Krigsarkivet, Utländska kartor 15:IX.

vis, för att man i framtiden skulle kunna dra vederbörliga strategiska och taktiska lärdomar. Den primitiva skissen över slaget vid Lützen 1632 (Bild 33) kan möjligen vara gjord alldeles före slaget, skildringen av slaget vid Leipzig tio år senare (Bild 34) är alldeles avgjort tillkommen i efterhand.

En speciell typ av krigsplaner är "ordres de bataille". Dessa är hårt schematiserade framställningar av truppuppställningar, med mycket liten eller ingen topografisk information. Eftersom de av detta skäl saknar geografiskt intresse och inte egentligen kan kallas kartor lämnas de åt sidan i den fortsatta framställningen.

Behovet av kartor under Trettioåriga krigets tid var annorlunda än idag. Arméerna opererade ofta sammanhållet eller i stora enheter. Kartor behövdes därför endast i ett mindre antal och det är sannolikt att de sällan spreds utanför befälhavarnas krets eller utanför stabsfunktionerna. Lägre befattningshavare och enskilda soldater torde sällan eller aldrig ha kommit i kontakt med kartor. Men eftersom man ofta opererade över stora områden behövdes ganska många kartor om än i få exemplar. Dessa kartor kunde anskaffas på olika sätt.

De svenska arméerna hade egen kompetens att producera kartor och det var förmod-

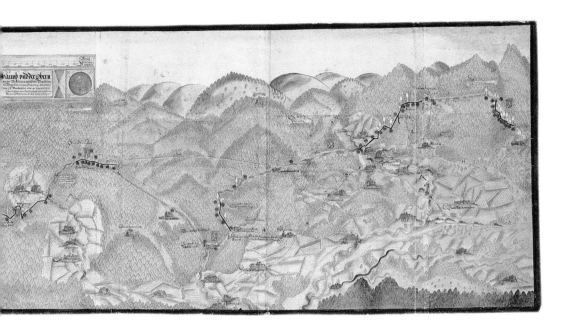

ligen det viktigaste anskaffningssättet. Där-
utöver kunde man köpa kartor eller få som
gåva. Det är exempelvis väl känt att Gustav II
Adolf i krigsförberedande syfte inköpte ett
antal kartor i Holland, som var tidens ledan-
de kartproducent. En tredje möjlighet var
krigsbyten. Det fordrades dock en viss tur om
man som krigsbyte skulle få tag i operativt
användbara kartor. (Ett exempel på en karta
som troligen använts i krigföringen och som
kan vara krigsbyte – eller inköpt – ges i Bild
30.)

Vad finns nu bevarat av kartor från perio-
den 1626–1648 som berör kriget på konti-
nenten? På Riks- och Krigsarkiven kan man
finna totalt cirka 380 handritade kartor för-
utom ett antal tryckta. De senare är dock
färre. Jag har i ett annat sammanhang ge-
nomgått handritade och ger här en samman-
fattning. Av totalantalet (380 är ungefärligt,
det finns åtskilliga dateringsproblem) finns
15 på Riksarkivet och resten, ca 96 %, på
Krigsarkivet. Det innebär, att de kartor som
en gång tillhört Fortifikationen dominerar i
det bevarade materialet. De flesta kan klassi-
ficeras som stads- och fästningsplaner (ca 2/3
av alla), en knapp tredjedel som krigsplaner
och endast ett fåtal som renodlat topografis-
ka kartor. Det är dock de senare, framför allt
Örnehufvuds kartor från Preussen (1626–

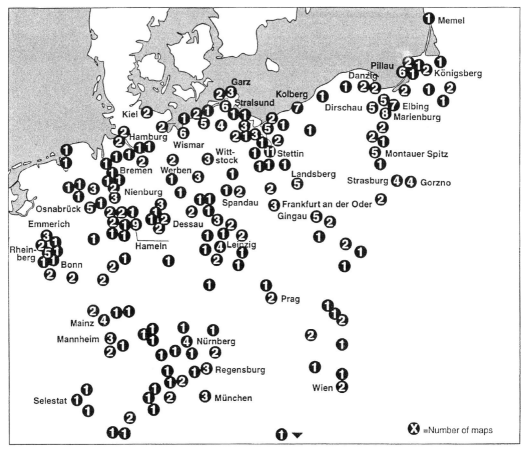

Bild 31. Karta över de tyska orter från vilka kartor finns bevarade i svenska Krigsarkivet.

1629) och norra Tyskland (1630–1634, se Bild 29) som har haft störst betydelse för den efterföljande kartografiska utvecklingen. Dessa, som genomgående var av betydligt högre kvalitet och hade större informationsvärde än sina föregångare, kom att reproduceras i olika atlaser och förblev i flera fall "standardkartor" över sina respektive områden långt in på 1700-talet.

Även stads- och fästningsplanerna är i många fall av stort intresse. Bland dessa återfinns åtskilliga som nu är de äldsta bevarade över olika tyska orter, bland annat för så stora städer som Kassel, Magdeburg och Osnabrück (Bild 26).

Vad föreställer nu dessa olika kartor och när gjordes de mer exakt? Inte mindre än 195 olika orter är karterade, spridda över ett om-

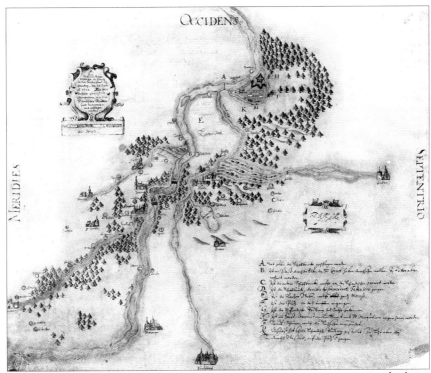

Bild 32. Ett vackert exempel på en topografisk karta. Denna, på pergament, visar området kring Dömitz i Mecklenburg, där svenskt kavalleri den 22 oktober 1635 besegrade sachsiskt infanteri. Krigsarkivet, Sveriges krig 3:190.

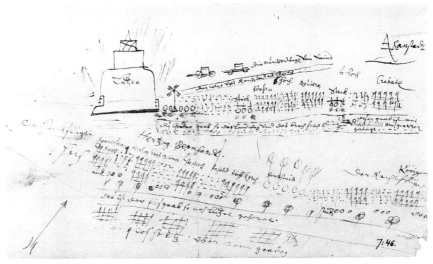

Bild 33. Denna skissartade framställning över slaget vid Lützen 1632 har det omedelbaras friskhet. Om den är ett utkast avsett för planering alldeles före slaget eller, kanske sannolikare, uppgjord under eller omedelbart efter, eventuellt för att vara underlag för en mer konstnärligt utförd framställning låter sig inte avgöras. Krigsarkivet, Sveriges krig 3:86.

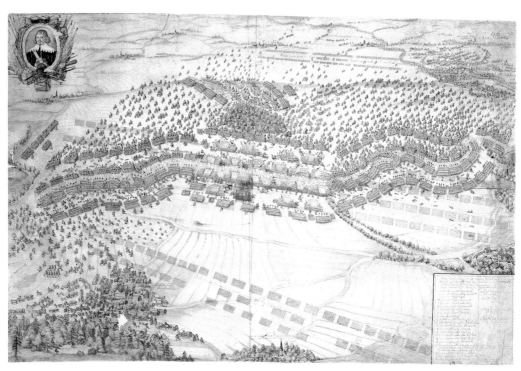

Bild 34. Slaget vid Leipzig 1642, även kallat andra slaget vid Breitenfeld, beskrivs här i en detaljrik framställning. Ungefär mitt på bilden, på en häst vid bokstaven D, syns Carl Gustaf Wrangel. Krigsarkivet, Sveriges krig 4:80.

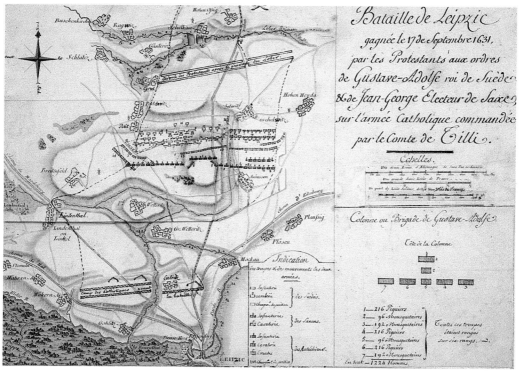

Bild 35. Denna framställning av slaget vid Breitenfeld 1631 tillkom runt hundra år senare i Frankrike eller för en fransk publik. Den får här symbolisera det stora intresse eftervärlden visade för den svenska krigskonsten under Trettioåriga kriget. Krigsarkivet, Sveriges krig 2:136.

råde från Memel i nordost, Selestat i sydväst, Wien i sydost till Emden i nordväst. Vissa koncentrationer förekommer dock. Krigsområdet 1626–1629 runt Königsberg är speciellt väl företrätt, liksom det svenska basområdet i norra Tyskland med Stralsund och Stettin. Andra områden, om än mindre dominerande, är nordöstra Tyskland runt Hameln och Bayern runt Nürnberg, trakten vid Rhen norr om Bonn samt området kring Leipzig. Bland enskilda orter toppar Stettin (11 kartor), följt av Hameln, Marienburg, Elbing och Kolberg.

Belägringen och stormningen av Hameln 1633 är den enstaka krigshändelse som har avsatt det största materialet, sex kartor. Det finns ingen uppenbar korrelation mellan slagens betydelse och det bevarade kartmaterialets omfattning. Den stora segern vid Breitenfeld 1631 finns sålunda endast på en samtida framställning, det förödande nederlaget vid Nördlingen inte alls och det kanske viktigaste slaget, Lützen 1632, endast på två. En kronologisk uppdelning av materialet, i den mån det kan tidsbestämmas tillräckligt ex-

akt, ger en bild som väl överensstämmer med den allmänna svenska militära aktiviteten under denna period. Mer än tio kartor per år kan noteras för perioden 1628–1633 och för åren 1642, 1645 och 1648. Det sistnämnda året står i viss särklass (54 kartor). Detta beror inte bara på den uppflammande aktivitet som syftade till att skaffa ett gynnsammast möjliga förhandlingsläge under de pågående fredsunderhandlingarna utan även på att ett helt kartverk av Erik Dahlbergh till stor del består av kartor från just detta år (jfr Bild 27, ritad år 1648 men föreställande Krembs år 1645).

Givetvis har ett så viktigt krig som det trettioåriga även efter 1648 porträtterats på många tillbakablickande kartor och ritningar. Ett illustrativt exempel är en framställning, troligen från mitten av 1700-talet, av slaget vid Leipzig 1631, normalt i Sverige kallat Breitenfeld (Bild 35). Kartan är antingen fransk eller framställd för en fransk publik och visar att slaget fortfarande efter drygt ett hundra år var något man ansåg sig kunna dra lärdom av.

Hur har man haft råd att föra krig?

Om källor till krigsfinansiell forskning

Berndt Fredriksson

Det finns forskare som med rätta hävdar att historiska undersökningar skall inriktas på vad som är allmängiltigt – "normalt". Felet, som alltför många då gör, är att betrakta krig som någonting onormalt i svensk historia. Det har förvisso varit så under de senaste två århundradena. Men under exempelvis stormaktstiden var krigstillstånd det vanliga, rentav det normala. Kriget och dess konsekvenser hade en oerhörd betydelse för hela samhället och dess utveckling – också indirekt. Krigsfinansieringsproblematiken, det vill säga analyser av hur statsledningen, kronan, löst problemen med att finna resurser för krigens och krigsmaktens behov, tillför ytterligare en dimension. Vilka var behoven? Vilka var resurserna? Hur har de utnyttjats? Och vilka effekter har dessa problem och deras lösningar haft på samhällsutvecklingen i stort?

Med det perspektivet utgör krigsfinansiell forskning ett mycket omfattande, komplext och samtidigt centralt tema. De allra äldsta funktioner som är urskiljbara hos en statsbildning handlar i huvudsak om verksamheter för att dels trygga försvaret mot yttre fienderder, dels säkra den inre tryggheten genom någon form av rättsväsende. Arbetet med att säkra inkomsterna för krigsmakten är därmed inte bara den äldsta, utan också den kanske största och viktigaste funktionen för statsmakten överhuvudtaget. I Sverige gällde detta i hög grad ända långt in på 1800-talet. Först när industrialismen började ställa krav på en fungerande infrastruktur i ordets vidaste mening, vidtog en utveckling där försvarskostnaderna fick en relativt sett minskande betydelse.

Därtill kommer att krigsmaktens behov föranledde större kapitalägare, såsom adelsmän och handelsmän, att satsa av sitt kapital genom att ge krediter och svara för större leveranser till kronan. Därigenom kan krigsekonomin i vid bemärkelse sägas ha haft avgörande betydelse för finans- och handelsmarknadernas utveckling. Att studera, analysera och finna källorna till den krigsfinansiella historien är därmed i stort sett detsamma som att undersöka inte bara de svenska statsfinansernas historia utan också viktiga delar av vårt lands allmänna och ekonomiska historia överhuvudtaget.

Krigsmaktens behov var av mångahanda slag och skiftade till sin karaktär över tiden. Att anskaffa manskap var kanske det allra viktigaste. Från mitten av 1500-talet utgjordes stommen i den svenska krigsmakten av soldater som rekryterades genom utskrivningar i Sverige och Finland. Utskrivningarna hade karaktär av bevillningar givna av ständerna på riksdagar eller på lokala lantdagar. De kan helt enkelt betraktas som en form av skatter som pålades befolkningen. Fram till 1630 utgjordes huvuddelen av den svenska armén av utskrivna soldater. Sedan Sverige inträtt i Trettioåriga kriget blev det nödvändigt att väsentligt bygga ut armén. Det åstadkoms genom värvning av soldater på kontinenten. Finansiellt innebar värvningarna att kronan tvangs anskaffa penningmedel för att betala värvningsherrar, som i sin tur utförde själva värvningsuppdraget och levererade soldaterna. Inför större krigsföretag, som kriget mot Polen 1655, ställde det stora krav på kronan att bekosta de omfattande värvningarna. Därtill måste trupperna förses med hästar. De utgjorde inte bara en förutsättning för vissa stridande förband (kavalleriet) utan svarade för att transportväsendet överhuvudtaget fungerade. Vapen och övrig utrustning krävde dels stora resurser inför ett fälttåg, dels måste de kontinuerligt ersättas och kompletteras. Mat till manskapet, dess övriga ersättning i form av pengar och natura (förutom mat, till exempel tobak och brännvin) var andra aldrig sinande behov.

En särskilt intressant aspekt från krigsfinansiell synpunkt erbjuder flottans finansiering, som alltför litet har uppmärksammats i svensk forskning. Att bygga och utrusta krigs-fartyg var mycket kostsamma projekt. De är klart jämförbara med vad avancerade stridsflygplan kostar idag. När till exempel Gustav III genomförde en mycket kraftig förnyelse av den svenska flottan under 1780-talets första hälft, innebar det en så stor statsfinansiell ansträngning att det nästan kan jämföras med förhållandena under krig. Flottans behov, jämfört med arméns, skiljer sig också vad gäller underhåll och utrustning. Flottan måste förses med utrustning och underhåll under en kort men mycket intensiv period på våren. Och det har naturligen haft effekter på marknadspriser och därmed på finansieringsbehoven.

Att undersöka hur den svenska statsledningen under stormaktstiden finansierat dessa olika krigsfinansiella behov är detsamma som att söka svar på den stora frågan: Hur kunde ett så litet och fattigt land i norra Europas utkant på så få år växa ut till att bli en stormakt?

Till en början utnyttjade man det egna landets resurser i form av skatter och manskapsuttag nära nog till dess yttersta gräns. Därtill, och i huvudsak, handlade det om att utnyttja andra tillgångar – subsidier från bundsförvanter och uttag i krigsområdet. Slutligen utnyttjades kreditmarknaden på ett så utstuderat och systematiskt sätt, att krediter stundtals i sig utgjorde en egen finansieringskälla. Det fanns under stormaktstiden en doktrin om att "kriget skulle föda sig själv". Det skulle ske genom att man utnyttjade subsidier och uttag i krigsområdet och därmed avlastade bördan på det egna hemlandet. Denna doktrin var inte någon teoretisk konstruktion. Att den tillämpades effek-

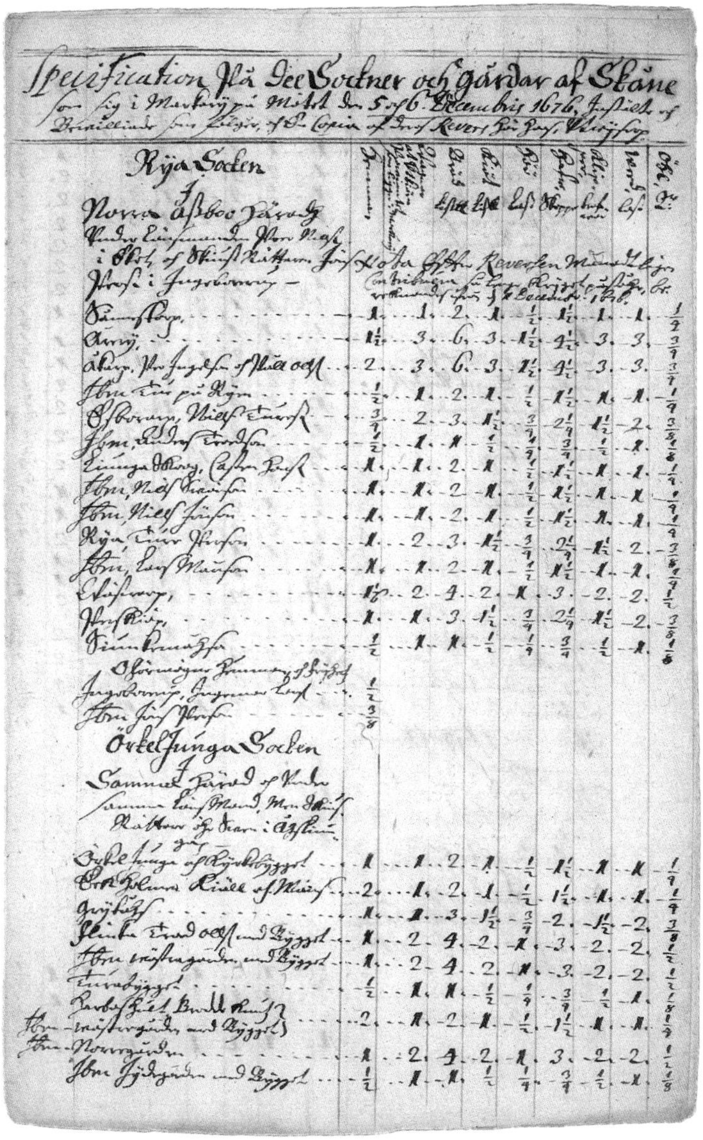

Bild 36. Soldater kräver mat, mycket mat. I förberedelserna för olika strategiska manövrar ingick en noggrann kartläggning av var förnödenheterna fanns att hämta. Bilden visar en "Specification På dee Sochner och gårdar af Skåne" som lämnade bidrag till krigföringen 1676 i form av hö, havre, kött, bröd, öl och andra förnödenheter. Krigshist. handl., Karl XI:s tid, Kriget med Danmark, M 1333. Foto: Kurt Eriksson, Riksarkivet.

tivt var helt enkelt en förutsättning för att Sverige skulle utvecklas till en stormakt. Mot denna bakgrund är det möjligt att särskilja följande fyra typer av tillgångar som stod kronan till buds för att finansiera krig:

– utnyttjandet av kronans reguljära inkomster och nya pålagor i Sverige–Finland,
– krediter från krigsfinansiärer,
– subsidier, samt
– lokal uppbörd i krigsområdet.

Slutligen finns det anledning att i denna framställning ägna särskild uppmärksamhet åt hur krigsmakten betalades i fred. Och då handlar det inte minst om en analys av det militära indelningsverket och dess krigsfinansiella aspekter.

Politik och allmän planering

En central del av den strategiska planeringen inför och under större krigsföretag har varit att analysera de allmänna finansiella förutsättningarna och diskutera möjliga lösningar på problemen. Viktiga källor till den krigsfinansiella forskningen är därmed samma källmaterial som utnyttjas för att undersöka den allmänna politiska diskussionen överhuvudtaget. En källöversikt som endast omfattar Riksarkivets material blir redan den omfattande. Där finns till exempel rådsprotokollen, riksregistraturet och riksdagshandlingarna. Serierna Skrivelser till Kgl. Maj:t (från myndigheter) och Skrivelser till konungen (från enskilda) kan ge viktiga, kompletterande uppgifter. Protokoll, korrespondens och andra handlingar från berörda ämbetsverk, som till exempel Kammarkollegiet, Statskontoret, Krigskollegiet och Amiralitetskollegiet, är viktiga källor i detta sammanhang. Till detta kommer korrespondens och andra handlingar i enskilda ledande personers arkiv: exempelvis Axel Oxenstiernas brevväxling (till stora delar utgiven i tryck) och övriga handlingar i dennes arkiv, liksom Tidöarkivet, ger viktiga och intressanta inblickar i planeringen inför och under Trettioåriga kriget.

I Krigshistoriska samlingen i Riksarkivet finns uppgifter som inte bara rör krigsförhållandena i allmänhet utan också specifikt behandlar krigsfinansiell planering och genomförande. Som exempel kan tjäna motanfallet mot den danska huvudarmén hösten 1676. Inför denna aktion genomfördes under Johan Gyllenstiernas och Erik Dahlberghs ledning en i detalj utformad planering för hur trupperna skulle marschera upp och hur förläggningen skulle ordnas med hänsyn till underhållsbehovet. Hela denna aktion finns dokumenterad i några volymer i ovan nämnda samling (M 1330–1342). I samlingen finns också ett stort antal handlingar som rör flottans förvaltning (M 1681–1847).

En annan typ av material som har relevans i detta sammanhang är de handlingar som avsatts i utrikesförvaltningens verksamhet. I dess handlingar finns inte bara uppgifter om utrikespolitiska frågor i snäv bemärkelse utan också sådana som har direkt betydelse för krigsfinansiell forskning. Originaltraktater från tiden 1526–1813 finns i en särskild samling. Åtskilliga traktater från tiden före slottsbranden 1697 finns inte längre kvar, men i de hittills utkomna delarna av det stora verket Sveriges traktater med främmande makter har de förlorade avtalen ersatts med motparternas dokument i utländska arkiv. Bakgrundsmaterial till underhandlingar om traktater finns i det kungliga kansliets och dess utrikesexpeditions kronologiska serier av rådsprotokoll och i riksregistraturet till och med 1809. I den ländervis – under beteckningar som Anglica, Gallica osv. – uppdelade Diplomatica-samlingen ingår beskickningarnas rapporter till regeringen och de förstnämndas egna arkiv samt vissa särskilt ordnade handlingar om förhandlingar med främmande makter. Diplomatica-samlingen går också fram till 1809.

Kanslikollegiet (1626–1801) skulle utföra utredningar till underlag för förhandlingar med främmande makter. 1791 inrättades Kabinettet för utrikes brevväxlingen. Dess föregångare var presidentkontoret. Deras stora serier av koncept till utgående skrivelser alltifrån början av 1700-talet har inordnats i Utrikesdepartementets arkiv. Däri ingår också beskickningarnas rapporter från och med 1809 samt vissa under 1700-talet och senare dossiervis lagna handlingar. Under den gustavianska eran och Karl Johans-tiden hamnade dessutom åtskilliga handlingar om de utrikes förbindelserna i kungarnas enskilda arkiv. Huvuddelarna av dessa förvaras nu utanför Riksarkivet.

År 1902 infördes ett första, genomarbetat dossiersystem. I detta infogades en hel del handlingar, som då fortfarande hade aktualitet men som härrör från senare hälften av 1800-talet. Samma dossierplan tillämpades vid utlandsmyndigheterna.

År 1920 infördes det dossiersystem som fortfarande används idag såväl i Utrikesdepartementet som vid utlandsmyndigheterna.

Budgetarbetet

En väsentlig del av planeringen inför krig har varit att kunna göra realistiska beräkningar av hur krigets kostnader skulle täckas. All finansplanering bygger i sin tur på tillgång till aktuell och adekvat redovisning. Problemet var, att det i äldre tid tog så lång tid att ställa samman räkenskaperna på central nivå. Redan under 1500-talet utvecklades rutiner enligt vilka kronans fogdar och de centrala ämbetsverken upprättade en form av stater för nästkommande år. De alltmer omfattande krigsföretagen i Baltikum under slutet av 1500-talet ställde emellertid hela finansplaneringen inför en allvarlig kris. Kronan behövde få en korrekt bild av de samlade resurserna och beräknade behov. Dessa krigsfinansiella behov kan ses som den direkta bakgrunden till tillkomsten av de så kallade riksböckerna från 1572 och 1583 samt 1619 och 1620. De innehåller en för modern redovisning säregen blandning av kalkylerade och faktiskt redovisade inkomster.

Sveriges alltmer omfattande krigföring på kontinenten ställde än mer skärpta krav på en väl fungerande central finansplanering och den för denna nödvändiga riksredovisningen. Utvecklingen ledde fram till införandet av rikshuvudböcker från och med 1623. Inom finansplaneringen skapades från 1630-talets slut en standardiserad form för "riksstater", en form som i sina huvuddrag bestått ända till idag. Från mitten av 1650-talet urskildes en enhet med ansvar för budgetarbetet i Kammarkollegiet – Statskontoret. Så viktig ansågs arbetet med riksstaten vara att Statskontoret, vid de reformer som skapade Karl XI:s envälde år 1680, bröts ut och ställdes direkt under kungens tillsyn. Under 1600- och 1700-talen fastställdes riksstaten normalt vid början av respektive budgetår, som då var lika med kalenderår. Tills den nya staten fastställts gällde den gamla provisoriskt. När riksdagarna blev årliga från och med 1867 lades budgetarbetet om. Men först

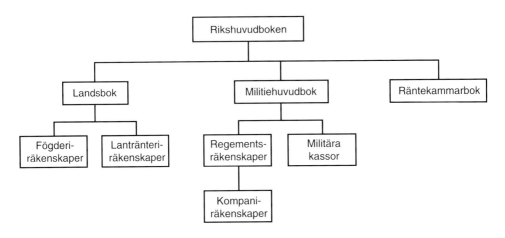

Bild 37. Diagram över det statliga redovisningssystemet.

1923 anpassades riksstaten så att dess period sammanföll med det nya budgetåret 1 juli–30 juni. År 1996 återgick staten till ett budgetår som är lika med kalenderåret.

Det är på sin plats att i detta sammanhang göra några källkritiska påpekanden vad gäller riksstatens användning som källa för olika typer av forskning. Som nämnts byggde stormaktstidens krigsfinansiella system på att kronan kunde tillgodogöra sig uttag av skilda slag i krigsområdena. Sådana tillgångar redovisas endast sporadiskt och ofullständigt i riksstaterna. Under Gustav III och Gustav IV Adolf fanns en särskild, kunglig finansförvaltning. Denna hade hand om bland annat subsidier. Medlen fördes till stora delar sedan vidare till den reguljära finansförvaltningen inom riksstatens ram. Med inrättandet av Riksgäldskontoret 1789 ställdes förvaltningen av den svenska statsskulden under riksdagens förvaltning. Formellt från 1809 men reellt redan från 1793 redovisades inte statsskuldens förvaltning i riksstaten utan i den särskilda skuldfordringsstaten. En mycket

stor del av förvaltningen av kronans reguljära inkomster utgjordes av indelningsverket. De faktiska beräknade tillgångarna i det sammanhanget redovisas inte i riksstaterna. Det fanns med andra ord viktiga delar av statens tillgångar och beräknade utgifter som inte räknades in i riksstaten. Först med budgetreformen 1911 inkluderades statsskuldens förvaltning i riksstaten. Den reformen kan ses som ett slags slutpunkt på en utveckling där statens samlade tillgångar och utgifter slutligen kom att samlas i riksstaten.

Det är också viktigt att inse att riksstaterna utgör kvarlevor från ett skeende, där de stundtals spelat en direkt politisk roll. På detta finns ett flertal exempel. Inför kriget mot Polen 1655 fordrades en stor upplåning, vilken lades i händerna på Gustav Bonde och Mårten Leijonsköld. För att ge dessa tillräcklig kreditvärdighet räknades kronans inkomster upp på ett orealistiskt sätt. Ett annat slående exempel är de diskussioner mellan Karl XII och hans rådgivare som föregick utbrottet av Stora nordiska kriget. Statskontorets president, Fabian Wrede, var av politiska skäl motståndare till att Sverige skulle gå med i kriget. I ett försök att med finansiella argument tvinga den unge kungen att avstå från krigsplanerna lade Wrede fram ett budgetunderlag som kraftigt övervärderade kostnaderna och i samma mån underskattade inkomsterna. Den unge enväldige monarken kunde inte ifrågasätta beloppen men valde likväl att av politiska och militära skäl gå med i kriget. Slutligen kan nämnas det läge som uppstod under Gustav IV Adolf och Sveriges krig mot Ryssland. Också då valde Statskontorets ledning, med Karl Erik Lagerheim i spetsen, att söka vinna kungen med finansiella argument genom att överdriva kostnaderna och underskatta inkomsterna.

Personalstaterna ingick som en del av riksstaten. I dessa redovisas den betalning som ämbetsmännen skulle erhålla. Det intressanta är att personalstaterna fortsatte att upprättas också under perioder av krig, då det var normalt att ämbetsmännen helt eller delvis inte fick ut sina löner. Under Stora nordiska kriget var till exempel personalstaterna de enda riksstater som upprättades. Man kan undra varför. Svaret är helt enkelt att uppgifterna om budgeterad lön till ämbetsmännen för dessa innebar en faktisk fordran på kronan. I tider av kommande fred utgjorde de därmed en tillgång för ämbetsmännen. Därför var det för deras skull viktigt att se till att personalstaterna upprättades. Men det är uppenbart att personalstaterna inte spelade någon faktisk roll för den egentliga finansplaneringen inför och under krig.

Det finns en annan faktor att ta hänsyn till i samband med en analys av äldre tiders riks-

stater: debatten om en normalstat under 1600- och 1700-talen. Denna utmålades som ett slags idealtillstånd, där inkomsterna balanserade utgifterna. Under Karl XI:s förmyndare tjänade 1662 års stat som en sådan normalstat. Under frihetstiden hade 1696 års stat samma funktion. Idén om normalstaten hade stor livskraft. Den innebar bland annat att stora delar av byråkratins expansion under 1700-talet skedde utanför riksstatens ram, finansierad med extra inkomster, sportler och så vidare. Varför? Här saknas till stor del ännu relevant forskning. Det är dock uppenbart att det fanns starka spänningar mellan å ena sidan grupper som önskade ett aktivt svenskt engagemang i större krigsföretag, därför att de genom lån och annat kunde göra vinster på dessa, och å andra sidan grupper som motarbetade krigsplanerna och i eget intresse strävade efter en situation då statens inkomster täckte dess utgifter. För de senare har normalstaten uppenbarligen utgjort ett viktigt argument för att begränsa statens utgifter. Med denna tolkning blir diskussionen om normalstaten samtidigt en del av en bredare debatt av krigsfinansiellt slag. Utifrån denna diskussion utgör frågan om vilka poster som redovisas i riksstaten och med vilka belopp i högsta grad en politisk fråga. Och där har krigsfinansiella synpunkter spelat en avgörande roll.

Riksredovisningen

Hur har krigen då i praktiken blivit finansierade? Svaren på den frågan står huvudsakligen att finna i det statliga räkenskapsmaterialet. Låt mig bara inledningsvis tydliggöra att det utifrån räkenskaperna inte går att beräkna vad krigen faktiskt "kostat". Det skulle dock föra för långt att i detta sammanhang föra till punkt ett resonemang om vad krigets kostnader egentligen inneburit för ett land i fråga om förlorade produktionsfaktorer (såsom dödade soldater). Det kan i detta sammanhang räcka med att konstatera att det statliga räkenskapsmaterialet återger vissa av de kostnader som krigen medförde.

I föregående avsnitt har jag påpekat den mycket nära kopplingen mellan redovisningshandlingar och finansplanering. De förra är ju en förutsättning för den senare. Särskilt påfallande är detta i samband med tillkomsten av "riksböckerna" från 1573, 1582, 1619 och 1620, som innehåller en sällsam blandning av budgeterade, framtida inkomster och redovisad faktisk uppbörd. Med det allt intensivare krigsengagemanget under 1620-talet ökade behoven av fungerande redskap i den centrala riksredovisningen. Det är bakgrunden till att vi alltifrån 1623 har en serie rikshuvudböcker. Med hjälp av den invandrade holländske bokföringsexperten Abraham Cabiliau infördes den dubbla italienska bokföringen (doppiken) i Sverige. Den fick sit genomslag när den kom till användning i rikshuvudböckerna – och den används fortfarande.

Basen i det statliga redovisningssystemet, sådant det utvecklades från början av 1600-talet, utgjordes av specialräkenskaper av skilda slag. Det fanns en civil redovisningshierarki parallellt med den militära (se Bild 37). Kronans uppbörd av skatter lokalt redovisades av fogdarna i specialräkenskaper i landsböckerna. I dessa finns också särskilda räkenskaper för den kontanta medelsförvaltningen i form av kassor (lantränterier). Den regionala medelsförvaltningen inom länet sammanfattas i en typ av huvudbok – landsböcker. I dessa finns på motsvarande sätt som i modern redovisning en ingående balans, kapitalräkning, reskontra samt en utgående balans. Inom den militära förvaltningen utgjordes basen av regementenas och de militära kassornas räkenskaper. Hela denna redovisning sammanfattas i militiehuvudböckerna. Statens kontanta uppbörd redovisas i räntekammarböckerna.

Till grund för specialräkenskapernas uppgifter ligger verifikationerna. Till skillnad från dagens situation har verifikationer från äldre tider bevarats i förbluffande stor utsträckning. Många har förvisso förkommit, förstörts eller till och med använts som löspatroner (i samband med arkivgallringar). Men de verifikationer som bevarats ger många gånger en mycket detaljerad inblick i hur betalningstransaktionerna faktiskt gått till. De är helt enkelt ovärderliga källor för många typer av forskning. En särskild typ av verifikationer med krigsfinansiell betydelse är rullor. Det är därvid viktigt att erinra om de källkritiska problem som har att göra med uppgifter om manskapets storlek. Dessa uppgifter låg ju till grund för utbetalningar. Det är inte alltför ovanligt att rullor upprättats av personer som mottog ersättning från kronan för utbetalningar till trupperna. I sådana fall har dessa självklart haft anledning att räkna upp manskapssiffrorna så högt som möjligt. Därför kan inte rullorna utan vidare användas för att beräkna truppernas storlek och sammansättning.

En särskild svårighet vid utnyttjande av räkenskaper från äldre tid liksom för övrigt statmaterialet är värderingen av naturapersedlar och växelkurser. I det statliga räkenskapsmaterialet tillämpas den så kallade kronovärderingen. Det var en värdering som från mitten av 1600-talet hade påfallande lågt värde jämfört med aktuella marknadspriser. Likaså tillämpades i räkenskaperna vid omräkningen mellan olika myntsorter värderingar som låg på mer eller mindre långt avstånd från faktiska marknadsvärden. Allt detta är faktorer av stor betydelse när man skall söka beräkna värdet av statens faktiska inkomster och utgifter under skilda perioder, främst under 1500-, 1600- och 1700-talen.

Från 1650-talet blev det alltmer uppenbart att rikshuvudböckerna börjat spela ut sin roll. 1677 års rikshuvudbok var den sista på nära halvannat sekel. Med det nya statsfinansiella system som genomfördes under Karl XI, och som byggde på indelningsverket, förlorade rikshuvudboken sin egentliga betydelse och upphörde naturligen. I stället tjänade Statskontorets memorialböcker som ett slags motsvarande, samlad riksredovisning. Med det politiska system som skapades 1809 fick rikshuvudboken en ny betydelse som instrument för en politisk kontroll från riksdagens sida. Men då handlade det inte längre så mycket om den krigsfinansiella betydelsen hos räkenskaperna.

Kreditmarknaden

I krigsfinansieringen har lån från olika slag av kreditgivare, såväl inhemska som utländska krigsfinansiärer, såsom redan nämnts, spelat en viktig roll. Detta är ett fenomen som till stora delar är känt genom tidigare forskning. Men det finns fortfarande aspekter som väntar på att undersökas. Till varje krigsherre fanns i äldre tid, till exempel under 1600-talet, knutet en eller flera stora kapitalägare som gav krigsherren omfattande lån, som denne utnyttjade för att betala trupperna och leveranser till dessa. Det finns studier som visar att sådana långivare till en krigsherre i sin tur anskaffat kapital genom lån från finansiärer, som i sin tur lånat från andra och så vidare. I själva verket fanns ett utvecklat nät av kreditorer i Europa under 1600-talet. Detta nätverk var i sin tur nära kopplat till handelsrelationer. Fenomenet har i många stycken en slående likhet med modern aktiehandel. Det hela byggde i grund och botten på det förtroende, den kreditvärdighet, som den enskilde personen hade. Låt oss ta som exempel Hans de Witte, som försåg Albrecht von Wallenstein (den tyske kejsarens fältherre under Trettioåriga kriget) med stora krediter. För sin långivning till Wallenstein var de Witte i sin tur beroende av krediter från andra, i långa kedjor som påfallande ofta slutade i dåtidens finanscentra, i södra Tyskland, Schweiz och Nederländerna. När slutligen Wallenstein tvangs säga upp sina lån gentemot de Witte – han gick helt enkelt i konkurs – föll hela konstruktionen samman, och det slutade med att de Witte begick självmord. Parallellen med vår tids Ivar Kreuger är slående. Lyckligtvis tillhör de Wittes dramatiska livsöde undantagen. Det som däremot är typiskt beträffande de svenska krigsfinansiärerna är att de i så stor utsträckning samtidigt hade funktioner som höga ämbetsmän i staten. Johan Adler Salvius, Erik Larsson von der Linde, Per Grönenberg, Joel Gripenstierna, Jakob Sneckenberg och Erik Lindschöld är exempel på detta. Det fanns i systemet inbyggt mekanismer som innebar att den som förvaltade stora statsinkomster också förutsattes ge stora krediter ur egen ficka med dessa tillgångar som säkerhet.

Undersökningar av krigsfinansiärernas verksamhet rymmer ytterligare en intressant aspekt, nämligen betalningsströmmarnas karaktär och konkreta utformning. Det var omfattande belopp som transporterades över stora sträckor. Redan under 1500-talet fanns ett väl utvecklat och vittförgrenat system på den europeiska kontinenten för att överföra kapital genom att utnyttja kontaktnäten mellan köpmän och bankirer. Med sitt inträde i det kontinentala kriget blev svenska kronan en del i detta nätverk. Medelst i första hand växlar uppnådde krigsherren inte bara att han fick förskott på tillgångarna i hemlandet, samtidigt kunde överföringen ske utan att använda penningforor, som var både långsamma och farliga.

Det ovan redovisade statliga, räkenskapsmaterialet ger endast ofullständiga inblickar i dessa ibland mycket komplicerade betalningstransaktioner. Viktiga källor för detta är i stället de olika typer av avräkningar som hölls med kreditorerna i samband med betalningsuppgörelser i efterhand. Serien Likvidationer i Riksarkivet är ett exempel på en sådan, mycket viktig arkivserie, strukturerad efter de enskilda kreditorerna. Annat i sammanhanget viktigt källmaterial står att finna i de enskilda kreditorernas arkiv, till exempel Leijonsköldska samlingen i Riksarkivet.

Det finns emellertid för dessa frågeställningar ytterligare ett material av mycket stort intresse, de så kallade Notariatsarkiven i Amsterdams stadsarkiv (Notariele archiefen, Gemeente Archief, Amsterdam). Från slutet av 1500-talet och till början av 1700-talet var Nederländerna och särskilt Amsterdam dåtidens finansiella centrum. Alla handelsöverenskommelser i Amsterdam var legala transaktioner som måste rapporteras till notariaterna och registreras. I detta material finns därför utomordentliga möjligheter att följa handels- och därmed de ekonomiska förbindelserna. Notariatsarkiven har systematiskt excerperats och namnuppgifterna noterats i ett manuellt kortregister. Detta har endast i begränsad omfattning förts över till ett ADB-register.

När Riksbanken inrättades 1668 gavs den inte bara en viktig funktion som nationalbank i vanlig mening. Redan under skånska kriget på 1670-talet utvecklades banken till ett viktigt kreditinstitut till kronans förfogande. I stället för att sluta avtal med grupper av mindre kreditorer fungerade Riksbanken som en förmedlande länk och gav stora lån till kronan. Riksbankens arkiv är därmed också en viktig källa för krigsfinansiell forskning.

Hur tillgick då återbetalningen? Ett sätt var att betala med vad kronan hade, nämligen skatteinkomster. Drottning Kristinas påstådda stora slöseri genom omfattande donationer var i själva verket ett normalt sätt att betala till stora kreditorer. En annan komponent i detta sammanhang är krigsskadestånden. En del av Westfaliska freden innebar att Sverige erhöll ett skadestånd om 5 miljoner riksdaler. Det var givetvis en viktig resurs i

Bild 38. Det krig med vår västliga granne som föreföll så nära år 1905 blev lyckligtvis aldrig av, men de samlade krigsplanerna för invasionen av Norge 1905 förvaras ännu i Krigsarkivet. Det innehåller bland annat brev till de bagare som bodde längs den tänkta marschvägen, med rekvisitioner av bröd som skulle levereras när trupperna drog förbi. Foto: Krigsarkivet.

arbetet med att lösa "fredens finansiering". Men det fanns också andra sätt. Under Skånska kriget uppträdde malmököpmannen Henning Olsson som stor leverantör av förnödenheter till den svenska huvudarmén. Han byggde därvid upp en stor fordran på svenska staten. När denna skulle regleras vid krigets slut fick han bara delvis betalt i pengar. Resten av hans fordringar avskrevs, och för dessa sina insatser adlades han (Anckargrip). En viss del av adelsståndets tillväxt kan således förklaras som en följd av krigsfinansiella dispositioner.

Kontributioner och subsidier

Under Trettioåriga kriget utvecklades för första gången en accepterad folkrättslig praxis beträffande de rättigheter och skyldigheter som tillkom krigsherren inom ockuperade krigsområden. Standardverket på området var Hugo Grotius' *De iure belli ac pacis* (1625). Enligt hans doktrin hade krigsherren rätt att själv uppbära skatter, pålagor och tullar inom ett ockuperat område. Redan när denna rättspraxis stadfästes hade det utvecklats en handlingspraxis som kommer till synes till exempel i Sveriges agerande i ockuperade områden i Tyskland under Trettioåriga kriget.

Inom de områden som man räknade med att få behålla en längre tid och kanske till och med erhålla i ett fredsslut anpassades skatteuttagen till tillgångarna på ungefär samma sätt som i det egna landet. Det var helt enkelt viktigt att trygga försörjningsbasen genom att ta ut "lagom" mycket i området. Inom denna typ av områden byggdes snart upp en välorganiserad finansförvaltning som avsatte räkenskaper av samma typ som i det svenska hemlandet. Serierna Pommern-Wismar och Bremen-Verden i Kammararkivets samlingar i Riksarkivet är goda exempel på dylika serier av räkenskapshandlingar. Inom områden som man var osäker att få behålla, och framför allt sådana som man räknade med att snart tvingas återlämna till fienden, tillämpades rena plundringstaktiken. Det var inte bara fråga om att snabbt vinna egna fördelar. Kanske än viktigare var att beröva motståndaren hans försörjningsbas. (Se artikel s. 73)

Men det finns också exempel på hur den lokala skatteuppbörden och övrig finansförvaltning inom Sveriges gränser i krig helt eller delvis ersatts av en särskild, "krigsfinansiell" sådan. Under kriget i Skåne 1676–1679 upprättades en särskild "fältstatshuvudbok". Den innehåller inte bara redovisningen från de särskilda magasin och kassor som försåg huvudarmén med dess behov. I denna särskilda huvudbok ingår faktiskt också fögderiräkenskaperna för Kristianstads län. Den var alltså i praktiken dess landsbok under kriget. Denna fältstatshuvudbok har arkivaliskt förts till serien Militieräkenskaper i Krigsarkivet; för övrigt en serie som innehåller många handlingar av stort intresse för krigsfinansiell forskning (varav flera egentligen borde ha sin arkivaliska hemvist i Kammararkivets samlingar i Riksarkivet).

Ett oundgängligt tillskott i den svenska krigsekonomin har varit subsidier från bundsförvanter som till exempel Frankrike, England och Nederländerna, till och med Ryssland. En intressant och viktig aspekt i krigsfinansiell forskning är att söka följa denna finansieringskälla. Hur har medlen anskaffats inom givarlandet? Hur har de i praktiken överförts från givar- till mottagarland? Detta är frågeställningar som allmänt sett har stor betydelse för en kompletterande analys av finans- och kapitalmarknadens utveckling i Europa. Därmed anknyter de direkt till de problem som diskuterats ovan i avsnittet om kreditorer. Inom den svenska finansförvaltningen har administrationen av subsidiemedlen ofta förlagts till en egen organisation. Så var det till exempel under det gustavianska enväldet, då subsidier togs emot inom kungens egen finansförvaltning och därifrån slussades de vidare till bland annat Handels- och finansexpeditionen.

Att söka följa detta flöde av medel "bakåt", det vill säga att undersöka medlens ursprung hos givarlandet, innebär samtidigt en utmaning att ge sig i kast med arkivförhållandena i andra länder. Det skulle föra för långt att i detta sammanhang redovisa källmaterialet för finansförvaltningen i länder som till exempel Frankrike och Nederländerna. Låt mig i sammanhanget bara konstatera att en viktig "ingång" för att följa denna kedja är respektive lands utrikesministeriums arkiv. Och då är det viktigt att känna till att i somliga länder, som till exempel i Frankrike, finns handlingar från utrikesförvaltningen bevarade i utrikesministeriet ända så långt tillbaka som från slutet av 1500-talet.

För forskning i utländska arkiv är det därtill en praktisk nödvändighet att i förväg ta reda på vad som krävs för att få tillgång till handlingar. I många länder, exempelvis i Frankrike, krävs att forskaren har ett introduktionsbrev från sin handledare med beskrivning av forskningsuppgiftens art och inriktning. Uppgifter om kraven för tillträde och något om innehållen i utrikesministeriernas arkiv i EU:s medlemsländer finns att hämta i en vägledning (se litteraturlistan till denna artikel), som har tagits fram av en arbetsgrupp för arkivcheferna inom medlemsstaternas utrikesministerier.

Krigsfinansiering i fred – indelningsverket

För att underhålla trupperna på hemorten skapades redan under 1620-talet det äldre indelningsverket. Det innebar att befattningshavare som lön anvisades kronans inkomster från angivna hemman. En viktig del av reformerna under Karl XI:s ledning på 1680-talet var införandet av det yngre indelningsverket och det ständiga knektehållet. Med detta ordnades såväl försörjningen av som rekryteringen till den svenska armén. Det var för övrigt inte bara ett system avsett för underhåll och rekrytering i fred. Här fanns också inbyggt mekanismer som tillgodosåg de speciella behoven inför och under större krigsinsatser. Det står helt klart att det inte, som somliga forskare tidigare påstått, var ett system enbart avsett för en defensiv krigföring i det egna landet. Att systemet sedan inte riktigt förmådde täcka alla behoven under Stora nordiska kriget beror på de extrema påfrestningar som då uppstod.

Indelningsverket var inte bara ett väl fungerande system för att lösa de statsfinansiella problemen med att anskaffa trupper och underhålla krigsmakten i fred och i krig. Med indelningsverket skapades i realiteten ett nytt skattesystem. Det bestod under lång tid (1620–1901), och det omfattade huvuddelen av kronans lokala skatteförvaltning. Systemet innehöll urskiljbara delar – delsystem om man så vill: dels befälets avlöning, dels rusthållet (anskaffning av rytteriet och underhållet av detta). Till indelningsverket i vid bemärkelse måste också räknas det ständiga knektehållet. Det innebar ett system för att rekrytera och underhålla fotfolket. Indelningsverket var ett flexibelt och dynamiskt system. Man kan under dess långa historia urskilja följande huvudperioder, var och en med sin speciella, krigsfinansiella problematik:

- uppbyggnadsskedet 1680–1700,
- Stora nordiska kriget 1700–1720,
- indelningsverkets "klassiska" period 1720–1830 samt
- avvecklingsperioden 1830–1901.

Det finns en omfattande forskning om indelningsverket som behandlar en lång rad aspekter. Men konstigt nog har mycket liten forskning ägnats åt indelningsverket betraktat som vad det egentligen var: ett skattesystem avsett att lösa de krigsfinansiella problemen. Inte minst den intressanta frågan om hur detta system i sin tur påverkat de ekonomiska och sociala förhållandena i vårt land under 1700- och 1800-talen är i forskningssammanhang fortfarande närmast jungfrulig mark. Men kanske är detta inte så underligt. I det statliga redovisningsmaterialet är det svårt att få belägg för hur systemet faktiskt fungerade, då det till stora delar var en fråga om direkta betalningsrelationer mellan skattebetalande bönder och indelningshavare. Här väntar ett oerhört spännande forskningsfält på att plöjas upp. Och detta är i eminent mening ett fält där krigsfinansiella frågeställningar har direkt relevans för forskning om den allmänna samhällsutvecklingen i vårt land.

Litteratur

K-R. Böhme, *Bremisch-Verdische Staatsfinanzen 1645–1676 : Die Schwedische Krone als deutsche Landesherrin*, Studia historica Upsaliensia 26 (Uppsala, 1967).

Berndt Fredriksson, "Finansförvaltning i förvandling"*, Statskontoret 1680–1980 : En jubileums- och årsskrift* (Skara, 1980).

Berndt Fredriksson, "Folk och försvar : Agrarsamhället och det militära indelningsverket i Närke 1680–1901", *Krigsmakt och bygd : Närkes regementes historia* II (Kumla, 1997), s. 11–69.

Guide to the archives of Member States' Foreign Ministries and European Union institutions, 2 uppl. (Luxemburg, 1996).

S. A. Nilsson, *De stora krigens tid : Om Sverige som militärstat och bondesamhälle*, Studia historica Upsaliensia 161 (Uppsala, 1990), och däri angivna referenser.

Riksarkivets beståndsöversikt 1, Medeltiden, Kungl. Maj:ts kansli, Utrikesförvaltningen (Stockholm, 1996).

Också freden
har sina segrare

*Freden kan uppvisa lika många segrar som kriget
men långt färre minnesmärken.*

Frank McKinney Hubbard

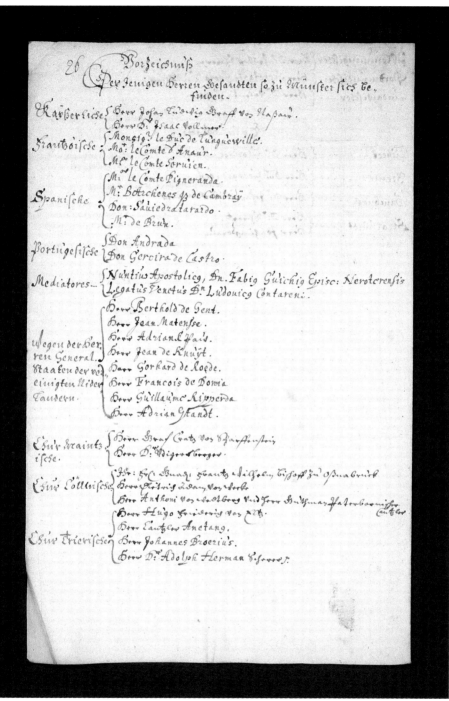

Bild 39. Lista över delegaterna vid fredskongressen i Münster 1648, där förhandlingarna mellan kejsaren och Frankrike samt deras respektive allierade ägde rum. Listan börjar med kejsarens ombud, greven av Nassau. Kammarkollegium, Första avräkningskontoret, Diplomattraktamenten vol. 9:1. Foto: Kurt Eriksson, Riksarkivet.

Två bönder och en springare

De svenska sändebuden till westfaliska fredskongressen

Lars-Olof Skoglund

Sveriges befullmäktigade ombud vid westfaliska fredskongressen var Johan Oxenstierna och Johan Adler Salvius, två personer med helt olika bakgrund och förutsättningar. Den förre tillhörde högaristokratin och en av landets sedan lång tid tillbaka främsta ätter, medan den senare kom ur enkla förhållanden och ibland har betecknats som en "uppkomling". Från början var avsikten att även en tredje delegat skulle skickas, riksrådet Ture Bielke (1606–1648). Han utnämndes visserligen samtidigt med de båda andra men kom aldrig iväg, varför han inte tas med här. Med sig hade delegaterna en stor stab med olika befattningshavare, där den i detta sammanhang viktigaste posten innehades av Mattias Biörenklou, som var delegationens (huvud)-sekreterare. Även hans levnad skall behandlas.

I den svenska delegationen ingick också, som den mest betydelsefulle efter de båda delegaterna, Schering Rosenhane (1609–1663), som var svensk resident i Münster och där förmedlade kontakterna med den franska fredsdelegationen. Rosenhane blev slutligen riksråd. Bland dem som längre eller kortare tid tillhörde den egentliga beskickningen i Osnabrück kan nämnas legationspredikanten Petrus Brommius (omkring 1610–1673), slutligen biskop i Viborg, läkaren Sven Bröms (1612–1693), senare livmedikus och professor i praktisk medicin i Uppsala, presidenten i vorpommerska hovrätten Alexander Erskein (1598–1656), med särskilt uppdrag att bevaka arméns intressen, samt Johan Leijonbergh (1625–1691) som biträdde i Adler Salvius' kansli och slutligen blev friherre och svensk envoyé i London. Som en kuriositet kan nämnas, att hovmålaren David Klöker Ehrenstrahl (1628–1698) fick sin första kända kontakt med Sverige i egenskap av skrivare vid det svenska kansliet i Osnabrück.

Johan Adler Salvius

Johan Salvius, som han hette före adlandet, föddes med stor sannolikhet år 1590, förmodligen i Strängnäs, där fadern Peder Hansson, av ångermanländsk allmogesläkt, var stadsskrivare. Modern hette troligen Anna Pedersdotter och kom från en släkt av bönder och småborgare. Salvius blev tidigt föräldralös. Efter skolgång i Strängnäs skrevs han in vid Uppsala universitet 1609. Genom understöd från kronan kunde han fortsätta sina studier utrikes, först i Tyskland vid bland annat universiteten i Helmstedt (där han promoverades till magister 1614), Strassburg och Marburg. I Marburg övergick Salvius till medicinska studier, som han fortsatte vid universitetet i Montpellier i Frankrike. Innan dessa var helt avslutade, flyttade han över till Valence för juridiska studier. Han blev *juris utriusque* doktor där i december 1619.

Det var således en person med goda språkkunskaper och varierad utbildning som år 1620 kom hem till Sverige, en person med en kompetens som var mycket efterfrågad i den svenska ämbetsorganisationen, som då var under stark utveckling. Även hans kännedom om främmande länder var en tillgång. Salvius hoppades på en juristtjänst och han blev också 1621 assessor i Svea hovrätt, sedan han dessförinnan som särskilt uppdrag varit i det nyanlagda Göteborg för att temporärt leda stadsstyrelsen under anläggningsskedet.

Hösten 1620 hade han också gift sig med den 30 år äldre änkan Margareta Pedersdotter. Hon hade tidigare varit gift med guldsmeden Lorens Hartman och förde i boet med sig en ansenlig förmögenhet, något som samtiden menade var huvudorsaken till att äktenskapet ingicks. Av allt att döma blev det heller inte särskilt lyckligt. Några barn föddes inte och skvallret anger att Salvius hade flera utomäktenskapliga förbindelser, uppgifter, som med tanke på den avund Salvius var utsatt för, måste betraktas med åtminstone en viss skepsis. En utomäktenskaplig son är

dock omtalad. Om Salvius räknat med att snart få ett större arv, måste han ha blivit besviken. Friherrinnan Anna överlevde sin make med fem år och dog först 1657, hela 97 år gammal.

Assessorstjänstgöringen i hovrätten torde i längden inte ha motsvarat Salvius' ambitioner, vare sig de politiska eller de ekonomiska. Den avbröts också flera gånger för andra uppdrag, främst diplomatiska utflykter till Danmark och Tyskland. 1624 övergick Salvius till det Kungliga kansliet som sekreterare, från 1629 som statssekreterare, och här blev han mycket anlitad. Tyngdpunkten kom att ligga på diplomatisk verksamhet eller ha anknytning till sådan. Så förde Salvius exempelvis protokollet vid rådets utrikespolitiska överläggningar, och han föredrog inför ständerna 1629 den kungliga proposition som ledde till förnyad uppslutning kring den tyska politiken. Han satte även upp krigsmanifestet mot kejsaren av år 1630.

Under det polska fälttåget i Livland och Preussen 1626–1628 följde Salvius med kungen såsom chef för fältkansliet och han användes flitigt i underhandlingar med polackerna. Under dessa blev han vid ett tillfälle sommaren 1625, tillsammans med en kollega, tillfångatagen av kosacker och bortförd, vilket var ett brott mot folkrätten. De båda blev dock snart frigivna. Gustav Adolf visade sig vid några tillfällen missnöjd med Salvius, vilket ledde till att denne närmade sig rikskanslern Axel Oxenstierna och framför allt dennes broder, riksrådet Gabriel Gustafsson Oxenstierna. Dessa understödde Salvius, som under dessa år måste betraktas som deras förtrogne och klient. Under den kris som rådde i förhållandet till Danmark 1624–1625 skickades Salvius till Holland för att där företräda svenska intressen och därpå till norra Tyskland i avsikt att motarbeta ett befarat stärkt danskt inflytande i området. Trots att han tidigare visat missnöje med Salvius var Gustav Adolf uppenbart belåten med det sätt på vilket Salvius skötte sina uppdrag, eftersom denne i januari 1629 blev adlad under namnet Adler Salvius. Han fick också ensam det maktpåliggande uppdraget att företräda svenska intressen vid kongressen i Lybeck mellan Danmark och kejsaren. Att Sverige nekades delta innebar endast en tillfällig motgång.

Adler Salvius stationerades från krigsutbrottet 1630 i Nordvästtyskland, från 1631 som ordinarie resident i Hamburg, och här blev han med ett kort avbrott kvar till 1634. För Adler Salvius gällde det främst att vinna anhängare till Sverige. Hans arbetsuppgifter blev mycket mångskiftande. Han skulle ordna ett fungerande kontributionssystem för krigets behov, arbeta för anslutning till Heilbronnförbundet, förbereda och avsluta fördrag samt delta i beslut om militära operationer. Adler Salvius var även en förgrundsgestalt i de förhandlingar som fördes i de nedersachsiska kretskonventen år 1631 och deltog jämte Axel Oxenstierna i konventet i Halberstadt 1634.

Adler Salvius' diplomatiska verksamhet var i stort mycket framgångsrik, men militärt led man motgångar. Adler Salvius och befälhavaren, generalen Åke Tott, råkade under ömsesidiga försök att skylla nederlagen på varandra i häftigt gräl. Några av Adler Salvius' brev – enligt Bertil Boëthius mästerstycken av hans giftiga penna – i denna sak finns bevarade. Han fann sig dock mycket väl tillrätta med sin självständiga ställning och ville ogärna lämna Nordtyskland.

1634 återkallades Adler Salvius till Sverige för att tillträda en chefstjänst i kansliet. Han utsågs till hovkansler och blev i praktiken dess ledare, eftersom Axel Oxenstierna själv var frånvarande och dennes närmaste man var sjuklig. Adler Salvius fick träda till i en tid då centralregeringen genomgick genomgripande förändringar på grundval av 1634 års regeringsform. Han bar en stor arbetsbörda i det underbemannade Kanslikollegiet och tvangs även assistera andra ämbetsverk, såsom de dåligt skötta Amiralitets- och Krigskollegierna, för vilka han utarbetade nya instruktioner. Han medverkade i de flesta frågor som berörde förvaltningen och kansliets organisation och spelade således en viktig roll i regeringsarbetets centrum. Adler Salvius började också, i samarbete med rikskanslerns bror, den nyutnämnde riksdrotsen Gabriel Bengtsson, aktivt verka för en fred.

I april 1636 utsågs Adler Salvius att tillsammans med legaten i Pommern, Sten Bielke, i Tyskland föra förhandlingar inför en kommande allmän fred, och efter dennes död två år senare fick han ensam ansvaret. Hans mål vid dessa förhandlingar var att så länge som möjligt hålla vägarna till flera alternativa lösningar öppna. I motsats till rikskanslern var Adler Salvius beredd att sträcka sig tämligen långt för att uppnå fred, och han har i dessa frågor betraktats som en motståndare till Axel Oxenstierna. Ett resultat blev fördragen med Frankrike 1638 och 1641, vilka Adler Salvius hade huvudansvaret för. I december 1641 avslutade han preliminärerna (preliminära avtal om tidpunkt, former m.m.) till den allmänna fredskongressen, som slutligen fastställdes till att börja i juni 1643. En annan mycket väsentlig insats gjorde Adler Salvius då han nu, liksom senare under sina utlandsuppdrag, på ett framgångsrikt sätt skötte förhandlingarna med framför allt Frankrike rörande subsidierna till Sverige och medel till arméns behov, vilket var synnerligen viktigt för den svenska krigföringen. I det senare fallet anlitade han ofta sin egen personliga kredit.

Först på hösten 1643 kunde Adler Salvius i Osnabrück, som var den ort där svenskarna förhandlade, personligen sammanträffa med sin meddelegat, rikskanslerns son riksrådet Johan Oxenstierna. De två hade fått sina fullmakter redan den 20 augusti 1641. Adler Salvius och Oxenstierna var personligen mycket olika och deras samarbetssvårigheter blev redan från början uppenbara. De skall dock närmare behandlas i avsnittet om Oxenstierna. Detta bidrog sannolikt till att Adler Salvius knöt ännu mera an till den mot Oxenstiernorna fientliga "falangen" (understödd av drottning Kristina), som ifråga om fredsvillkoren var villig att diskutera modifikationer i Sveriges ursprungliga krav. Då drottningen i april 1647 skarpt kritiserade ombuden för att inte tillräckligt kraftfullt agera för en snar fred, fritog hon i ett personligt handbrev Adler Salvius från allt ansvar och lade skulden helt på Oxenstierna.

På kongressen blev Adler Salvius en av de ledande personerna i kraft av sin politiska och diplomatiska erfarenhet. Det var han som låg bakom de förslag som så småningom ledde

till att den pommerska frågan – ett tvisteämne mellan Sverige och Brandenburg – kunde avgöras, liksom till att den svenska satisfaktionsfrågan, dvs. Sveriges krav på kompensation, slutligen kunde lösas. Han var också upphovsman till den av parterna antagna exekutionsordningen för genomförandet av fredsbestämmelserna. Sin största triumf firade han, då han som medlare mellan Frankrike och de tyska ständerna i förhandlingarnas slutskede uppnådde sådana resultat ifråga om Lothringen att det slutliga fredsdokumentet kunde undertecknas i Münster i oktober 1648.

Adler Salvius fick som drottningens särskilde förtrogne motta flera tecken på hennes bevågenhet under denna tid, bland annat löfte om en framträdande diplomatisk tjänst efter kriget och en riksrådstjänst. Hedersuppdraget att hemföra ratifikationen av fredsfördraget gick också till honom. Utnämningen till riksråd kom i mars 1648, genomdriven av drottningen efter långa och häftiga diskussioner i rådet, eftersom de gamla rådsätterna, som menade sig ha ensamrätt på rådsämbetet, uppfattade utnämningen som ett slag i ansiktet – riktad framför allt mot Oxenstiernorna. Sedan han under över ett år ivrigt uppmanats av drottningen att återvända, kom Adler Salvius år 1650 tillbaka till Sverige efter 14 års bortavaro. Han stod då högt i drottningens gunst och hugnades med stora belöningar, till vilka påföljande år kom friherrevärdigheten.

Kristina använde Adler Salvius den korta tid han hade kvar att leva även till andra viktiga uppgifter. Vid 1650 års riksdag författade han de kungliga propositionerna, och år

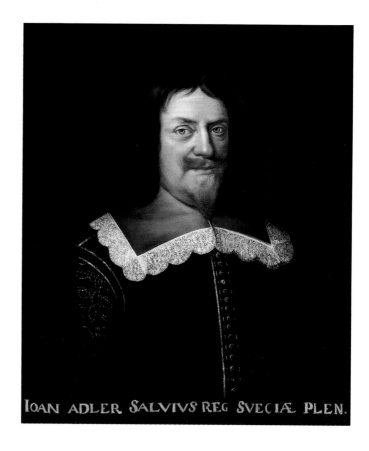

Bild 40. Porträtt av Johan Adler Salvius, målat av Jan Babtista Floris efter Anselm van Hulle i Rådhuset i Münster. Foto: Münster Stadtmuseum.

IOAN ADLER SALVIVS REG SVECIÆ PLEN.

1651 sändes han till den kongress i Lybeck där förhandlingar om en slutlig fred med Polen skulle föras. Under ett besök i Sverige avled han den 24 augusti 1652 i "hetsig feber". Han begravdes i Stockholms storkyrka, där änkan bekostade ett förnämligt epitafium. Han hade själv till kyrkan testamentariskt föranstaltat om donation av en kostbar altartavla av silver och ebenholts som fortfarande tillhör kyrkans inventarier.

Adler Salvius lämnade efter sig en ansenlig förmögenhet. År 1640 skall hans årliga inkomst ha uppgått till mellan 18 000 och 20 000 riksdaler. Inkomsterna kom från flera håll: lön från kronan för hans tjänst och avkastning från godsen men också genom skickligt utnyttjande av de stora summor som han i tjänsten hade att förmedla. Han erhöll även gåvor av främmande makter. De

båda senare inkomstkällorna betraktades vid denna tid inte som otillåtna.

Adler Salvius' fordringar år 1652 uppgick till 475 000 riksdaler och hans jordegendomar, förvärvade genom donationer och köp, var avsevärda. I Stockholm ägde han två gårdar, bland annat vid nuvarande Salviigränd i Gamla stan, och lantegendomarna fanns på de mest skilda håll i det svenska riket. Han innehade vid olika tidpunkter bland annat Tullinge och Balingsta i Södermanland, Kroppenhoff i Livland, komptiet Wildenbruch i Pommern och en avsevärd egendomsmassa i stiftet Bremen under huvudgodset Adlersburg. Hans friherreskap benämndes Örneholm och utgjordes av pogosten Rautas i Kexholms län. Till friherreskapet hörde också staden Taipale. Sedan änkan dött, tog uppgörelsen mellan arvingarna och kronan, som

121

var skyldig de förstnämnda avsevärda belopp, mycket lång tid och kunde avslutas först 1850, nästan 200 år senare!

Adler Salvius' sedan ungdomen bestående intresse för bildning illustreras bäst av det stora bibliotek han efterlämnade. Till detta tog han, även under sin mest arbetstyngda tid, ofta sin tillflykt. Han studerade särskilt teologi och kyrkohistoria. De humanistiska intressena kommer också fram i hans sätt att skriva, som var klart och lättflytande, antingen han skrev på svenska eller latin, ett av flera tecken på hans strävan efter pregnans och skärpa.

Johan Oxenstierna

Johan Oxenstierna A:son, som han alltid själv skrev sig (hans bror Erik däremot skrev *Axelsson* efter familjenamnet), föddes 1612 som ett av rikskanslern Axel Oxenstiernas och hans hustru Anna Åkesdotter Bååts tolv barn och tillhörde således högaristokratin (ätten hade blivit friherrlig 1561). Johan var äldst av de tre barn som överlevde föräldrarna. Redan 1621 blev han enligt tidens sed inskriven vid Uppsala universitet, där han sedan vistades i flera år, varefter fadern 1629 tog honom över till Elbing i Preussen. Här undervisades han av fadern, som då var generalguvernör över området, i förvaltningsuppgifter och förbereddes för den i uppfostran av högadelns unga män vanligen ingående bildningsresan. Inför resan försågs han med en utförlig instruktion, där särskilt studiet av ekonomi och handel poängterades. Johan besökte Nederländerna, där han 1631 skrevs in vid universitetet i Leiden, Frankrike

och England. 1633 hade han i England det officiella uppdraget att underrätta dess regering om Gustav II Adolfs död. Han blev där magister vid Oxfords universitet.

Efter sin hemkomst användes han ytterligare i diplomatiska uppdrag. 1634 skickades han, i avsikt att verka för eventuella allianser, till Holland och England, där Karl I vägrade godkänna den av rikskanslern underskrivna fullmakten för sonen. Ett annat uppdrag var att för regeringen i Stockholm redogöra för situationen i Tyskland. Sin dittills viktigaste uppgift fick Johan Oxenstierna 1635, då han som en av fem svenska kommissarier deltog i underhandlingar med polackerna. Dessa ledde till det av rikskanslern skarpt kritiserade stilleståndet i Stuhmsdorff, genom vilket Sverige avstod från de inkomstbringande preussiska hamnarna. Under förhandlingarna skall Johan ha blivit oense med delegationens ledare, riksmarsken Jakob De la Gardie, och lämnat förhandlingarna. Samma år återvände han till Sverige, där han de följande sex åren arbetade inom kansli och kammare.

1635 utnämndes Johan Oxenstierna till kammarråd och året därpå kom frågan upp om han skulle utnämnas till riksråd. Axel Oxenstierna, som visserligen ansåg sonen tillräckligt erfaren, var dock negativ. Han menade att en sådan åtgärd bara skulle förstärka den avund som Oxenstiernorna var utsatta för till följd av att så många av dem och deras släktingar redan satt i råd och regering. Några år senare togs frågan upp igen, och på Jakob De la Gardies förslag blev den 28-årige Johan Oxenstierna år 1640, trots faderns stora tveksamhet och riksamiralen Carl Carlsson Gyllenhielms uppseendeväckande motstånd, riksråd och kansliråd. Följande år utsågs han till legat vid den stundande fredskongressen. Att någon ur riksrådskretsen skulle väljas var givet, och inte minst viktigt var också att Sverige blev representerat av en person som socialt kunde umgås på likställd fot med de andra staternas legater, bland dem Frankrikes Henri av Orléans, hertig av Longueville, Spaniens greve de Penaranda och kejsarens greve von Trautmannsdorff. Oxenstierna blev för övrigt, samtidigt med sin far, i november 1645 utnämnd till greve.

Under sin vistelse i Sverige hade Johan Oxenstierna 1636 gift sig med Anna Margareta Sture, den sista medlemmen av denna grevliga ätt. När hon avled tio år senare i Osnabrück var äktenskapet barnlöst, och Johans svärmor Ebba Mauritzdotter Leijonhufvud ärvde de stora gods hustrun fört med sig. Svärmodern testamenterade dock senare dessa till Johan. 1648 ingick han sitt andra äktenskap, denna gång med sin ungdomskärlek Margareta Brahe, syster till riksdrotsen Per Brahe och änka efter faderns kusin riksrådet Bengt Oxenstierna. Axel Oxenstierna var motståndare till giftet, främst med tanke på att brudens ålder – hon var född 1603 – gjorde det sannolikt att också detta äktenskap skulle bli barnlöst (vilket också blev fallet), men Johan framhärdade. Sedan Margareta Brahe åter blivit änka och därmed ett synnerligen rikt parti, gifte hon om sig med den 30 år yngre, genom krigsskada enbente, lantgreve Friedrich av Hessen-Homburg, ett äktenskap som av samtiden betraktades som på gränsen till en skandal.

Johan Oxenstierna ville till en början inte åta sig det tröttsamma och tunga uppdraget vid fredskongressen utan försökte dra sig undan. Fadern övertalade honom, trots den kritik som hördes över valet av den unge och temperamentsfulle sonen. Det dröjde dock innan han inställde sig i Osnabrück. Han sändes i oktober 1641 till det ockuperade Pommern, utrustad med särskilda fullmakter för att organisera den svenska förvaltningen där. I detta arbete, som inte var slutfört förrän 1645, hade han ett gott stöd från assistansrådet Johan Lillieström, som blev en framgent trogen anhängare. Oxenstierna visade ett särskilt intresse för universitetet i Greifswald och utverkade ökade anslag till professorerna. Han lyckades också utverka skattefrihet för universitetet, och även under sin vistelse i Osnabrück kunde han ge det sitt stöd, liksom naturligtvis senare då han blivit dess kansler. Under vistelsen i Pommern ansvarade Oxenstierna i generalguvernören Lennart Torstenssons frånvaro för den civila förvaltningen, vilket resulterade i konflikter dem emellan. Oxenstierna skötte också förhandlingar med kurfursten av Brandenburg. Avsikten med dessa var att bland annat komma till en uppgörelse om Pommern, men något resultat ledde de inte till. Kurfurstens påstötningar om ett giftermål med drottning Kristina skulle Johan Oxenstierna enligt faderns instruktioner ställa sig mycket avvaktande till. Eftersom Johan av prestigeskäl inte ansåg sig böra komma före fransmännen till fredskongressen, dröjde det till mars 1644 innan han gjorde sitt intåg i Osnabrück.

Johan Oxenstierna, 31 år, riksråd, utsedd på grund av sin börd men även för att rikskanslern skulle ha möjlighet att få en helt pålitlig representant vid förhandlingarna,

IOANNES COM· OXENSTIRNA REG SVECIÆ PLN

har visserligen kallats principfast, öppenhjärtig och frikostig, men han var också stolt, sträv och mycket medveten om sitt aristokratiska ursprung och jämförelsevis oerfaren i diplomatiska värv. Den man han skulle samarbeta med, Johan Adler Salvius, var runt 53 år, stod utanför rådet, hade en enkel bakgrund och var därför mycket känslig och i lika hög grad mån om sin värdighet, samtidigt som han var den betydligt mer erfarne och helt överlägsne diplomaten och förhandlaren. Redan innan de två träffades uppstod missämja dem emellan och den övergick snart till ren fiendskap. I deras brevledes förda diskussioner år 1641, efter utnämningen till legater, uppstod meningsskiljaktigheter bland annat rörande titel- och andra formella frågor. Ingen av dem hade utsetts till chef för

den svenska delegationen, utan de skulle betraktas som kolleger med lika rang och ansvar. Detta hindrade dock inte Oxenstierna från att anse sig på grund av börd och tjänstestatus ha försteget, något som Adler Salvius inte alls kunde acceptera. Samarbetet mellan de svenska legaterna blev sålunda uselt, och den senare drog sig inte för att förtala Oxenstierna inför de andra diplomaterna liksom att inför dessa avslöja de svenska intentionerna. En ytterligare orsak kan ha varit Oxenstiernas omvittnade svaghet för starka drycker, vilket skall ha gjort det svårt att förhandla med honom om eftermiddagarna; dylika problem är inte kända hos Adler Salvius. Förhållandet delegaterna emellan var periodvis så dåligt att de skrev separata rapporter hem.

Bild 42. Fiholms säteri utanför Eskilstuna, som tillhört Johan Oxenstierna, bebos idag av släkten Mörner. Byggnaden består endast av två imposanta flyglar, något corps de logie blev aldrig uppfört. Foto: Göran Mörner.

En djupare och allvarligare orsak till delegaternas svårigheter att komma överens låg i förhållandet att de blev ombud för två olika grupperingar i de politiskt tongivande kretsarna i Sverige. Den ena, som bestod av den oxenstiernska släktkretsen, stod för en politik som fullt ut krävde kompensation för Sverige som villkor för fred, medan den andra med riksamiralen i spetsen och stödd av den pfalzgrevliga familjen var villig till större eftergifter för att uppnå fred. Till detta kom att drottningen blev en motståndare till den högadliga, dvs. oxenstiernska, maktpositionen, och därför enligt tradition från sin far och farfar knöt an till lågadliga tjänstemän och sekreterargrupper i kansliet, hos vilka Adler Salvius hade goda kontakter. Denne favoriserades således, medan Oxenstierna trakasserades och ibland nästan förödmjukades. Kristina pålade honom således i praktiken ensam skulden för att fredsarbetet gick så långsamt. Förargad och nedstämd beklagade han sig brevledes hos sin far över framför allt Adler Salvius och avsände till drottningen och regeringen upprörda brev, där han begärde att få lämna sitt uppdrag. Rikskanslern uppmanade honom att härda ut och försöka styra sin ibland oförsiktiga penna.

Sedan freden undertecknats beordrades Oxenstierna att stanna i Tyskland för att tillsammans med tronföljaren Karl Gustav ha överinseende över exekutionsverket, dvs. genomförandet av fredsvillkoren, som man slutligen kom överens om i Nürnberg i juni 1650. Oxenstierna blev kvar i Westfalen till december 1649 då han reste till svenska Pommern för att medverka i arbetet med att ordna förhållandena där. Han hade 1648 blivit medlem av den inrättningskommission som tillsatts för detta ändamål– framför allt för att inrätta staten. Han hade egentligen helst velat ha en hög diplomatisk tjänst, exempelvis som sändebud i Wien eller delegat vid de planerade fredsförhandlingarna med Polen, men nöjde sig med detta uppdrag bland annat för att snabbt kunna få säkra inkomster. I Pommern skulle Oxenstierna samarbeta med den djärve, handlingskraftige och som något svårhanterlig betraktade generalguvernören Carl Gustaf Wrangel. Visserligen förekom det slitningar dem emellan, men jämfört med förhållandet till Adler Salvius avlöpte samarbetet tämligen väl. Krävande förhandlingar om författnings- och privilegiefrågor med de pommerska ständerna tog större delen av Oxenstiernas tid, och förslag till en regeringsförfattning förelades ständerna vid lantdagen i Wolgast i juni 1651. De ledde emellertid inte då till något resultat. I januari 1651 lämnade Oxenstierna kommissionen men medverkade sedan vid förhandlingar om gränsregleringen i Hinterpommern mot den del av provinsen som blivit brandenburgsk. Dessa avslutades 1651, och först då kunde Johan Oxenstierna resa hem och börja sin verksamhet i rådet och kansliet, där han nu blev en av de få utrikespolitiskt verkligt erfarna och även fortsättningsvis skötte ärenden om de pommerska frågorna.

Drottningen hade redan vid fredsslutet belönat Johan Oxenstierna med donationer, och 1653 utnämndes han till lagman i Uppland. Till skillnad från relationen till Kristina var Oxenstiernas förhållande till Karl X Gustav, efter en viss misstänksamhet från den senares sida under 1640-talets första hälft, fritt från friktioner. I samband med kungens tronbestigning blev Oxenstierna riksmarskalk. Sina viktigaste uppdrag som sådan hade han i samband med kungens kröning, dennes giftermål och 1655 års riksdag.

1654 hade Oxenstierna utnämnts till den förste svenske kanslern för Greifswalds universitet – efter önskemål från pommersk sida – och följande år blev han president för Wismarska tribunalet. Sedan hans yngre bror Erik i oktober 1654 blivit rikskansler, blev Johan som kompensation året därpå utsedd till Sveriges befullmäktigade legat i Tyskland. Avsikten var att hos *en* person koncentrera ledningen för den svenska diplomatin i Nordtyskland i stället för att splittra upp den på de olika provinsregeringarna. Oxenstiernas viktigaste uppgift skulle vara att bevaka att kejsare, kurfurstar och ständerna i riket höll *pacta Osnabrugensia* och recessen i Nürnberg samt att tolka fredsvillkoren och särskilt ge akt på att den katolska sidan inte förbröt sig mot dem. De svenska residenterna i Tyskland sände således rapporter med upplysningar om sina åtgärder till Oxenstierna i Wismar.

Någon mer omfattande verksamhet hann Johan Oxenstierna, vars hälsa länge varit svag, inte utveckla innan han dog den 5 december 1657 i Wismar. Han jordfästes i Storkyrkan i Stockholm och ligger begravd i Jäders kyrka i Södermanland. Vid sin död torde han ha varit landets störste godsägare. Hans far hade 1652 överlåtit Kimito friherreskap i Finland till honom. Genom giftermål hade han kommit i besittning av Hörningsholm och Tullgarn i Södermanland, genom arv av Fiholm i Södermanland, och han innehade,

förutom gods på många andra håll i Sverige, även donationer i Pommern, bland annat hela amtet Pudagla på ön Usedom.

Mattias Biörenklou

Mattias Biörenklou, som före adlandet först kallade sig Arosiander och sedan Mylonius, föddes 26 december 1607 i Västerås och var son till mjölnaren Erik Matsson och Britta Jönsdotter. Efter att ha gått i skola i födelsestaden blev Mattias år 1627 student vid Uppsala universitet, där han först studerade teologi, därpå språk och, sedan han blivit lärare åt riksmarsken Jakob De la Gardies son Magnus Gabriel, politiska ämnen. Mylonius uppmärksammades och 1637, kort efter ett besök av rikskanslern och universitetskanslern Johan Skytte, utnämndes han till *professor eloquentiae* vid universitetet. Hans undervisning avbröts 1638 av en studieresa till Danmark, Nederländerna, England och Frankrike. Han skötte sin tjänst väl och 1640 utnämnde rikskanslern Axel Oxenstierna honom till sekreterare i det kungliga kansliet. Samma år gifte sig Mattias Mylonius med den 17-åriga Margareta Wallia, adlad Wallenstedt, dotter till biskopen i Strängnäs Laurentius Olai Wallius och Katarina Tidemansdotter.

1643 följde Mylonius med den svenska delegationen till fredskongressen i Osnabrück såsom dess sekreterare. Här skötte han sitt uppdrag på ett sådant sätt att han lyckades bevara båda de inbördes oeniga legaternas förtroende, och han rönte även positiv uppskattning av utländska diplomater. På förslag av både Adler Salvius och Oxenstierna

Bild 43. Porträtt av Mattias Biörenklou, målat av Jan Baptista Floris efter Anselm van Hulle i Rådhuset i Münster. Foto: Münster Stadtmuseum.

MATTHIAS BIORENKLAV. HÆREDITARI, IN ELMAHOFF ETC
S. REGIÆ MAIESTATI SVECIÆ A SECRETIS ET AD
TRACTATVM PACIS MONASTERIENSIS RESIDENS,

adlades Mylonius i mars 1646 och fick namnet Biörenklou (efter 1663 skrev han sig vanligen Biörneklou). 1647 kallades han hem till Sverige för att lämna upplysningar om fredsförhandlingarna och om de båda delegaternas inbördes osämja. Utnämnd till resident i Münster hösten samma år återvände han i april 1648 till Tyskland, där han avlöste Schering Rosenhane men för det mesta vistades i Osnabrück. Någon ny (huvud)sekreterare efter Biörenklou utnämndes inte.

Biörenklou återkom till kansliet i Stockholm år 1650 men utsågs i december till regeringsråd i hertigdömet Bremen, en post han inte tillträdde eftersom han samtidigt förordnades som särskilt svenskt sändebud i Wien, dit han avreste följande år. Hans upp-

gift var att utverka kejsarens investitur på de svenska provinserna i Tyskland och att ordna andra frågor som hade samband med freden. Investituren dröjde dock i 13 år, främst beroende på Brandenburgs motstånd. Därefter representerade han, tillsammans med en kollega, Sverige vid riksdagen i Regensburg 1653–1654, varefter han av Karl X Gustav hemkallades och utnämndes till statssekreterare. Som sådan vistades han under kriget i Polen huvudsakligen hos kungen.

1656 blev Biörenklou president i bremiska regeringen men stannade kvar i Polen. Följande år skickades han som den främste svenske kännaren av Tyska rikets rätt och förhållanden till kejsarvaldagen i Frankfurt am Main. Sverige och Frankrike hade som målsättning att försöka undvika ett val av kejsarens son Leopold, och Biörenklou skulle samverka med de franska sändebuden. Ett av dem, den högadlige Gramont, har tecknat en bild av Biörenklou såsom egensinnig, övertygad om sina åsikters förträfflighet och författare av vidlyftiga latinska memorial. Valet av Leopold kunde dock inte förhindras, utan man fick i stället försöka minska kejsarens makt genom valkapitulationen. Biörenklou var flitigt verksam vid de förhandlingar med Frankrike och kejsaren som samtidigt pågick och som till sist resulterade i en subsidietraktat med Frankrike i augusti 1658.

Ett år senare, 1659, utsågs Biörenklou till legat vid den unge Ludvig XIV:s hov, eftersom Karl X Gustav önskade ett närmande till Frankrike. Syftet var att skaffa Sverige stöd i olika former, främst pengar. I detta var han inte särskilt framgångsrik, men kardinal Mazarins politiska stöd vanns i flera frågor. I mars 1661 kom Biörenklou hem efter sin tjuguåriga verksamhet utomlands, och i april utnämndes han till hovkansler och ingick således i den myndighet, Kanslikollegiet, över vilken hans tidigare lärjunge Magnus Gabriel De la Gardie var chef. Tre år senare, när nya riksråd ur den nyare adelns led skulle utses, föll valet på bland annat Biörenklou, och några månader senare, i oktober 1664, utnämndes han också till kansliråd. Han hade även tillsammans med Seved Bååt och senare Nils Brahe som rådsregeringens ombud uppdraget att följa den unge kung Karl XI:s uppfostran och undervisning, och han författade själv en instruktion för kungens lärare Edmund Gripenhielm.

Det torde inte råda något tvivel om att en drivande kraft bakom Mattias Biörenklous upphöjelse var hans gamle elev, rikskanslern De la Gardie, som i Biörenklou räknade med att få ett pålitligt stöd för sin politik och en trogen medhjälpare då han själv inte vistades i kansliet. Till en början samarbetade båda utan att några egentliga meningsskiljaktigheter uppstod, exempelvis rörande det så kallade Bremiska kriget år 1665, ett krig som enligt det franska sändebudet markisen av Pomponne hade sin främste förespråkare i Biörenklou. Syftet med kriget var att tvinga staden Bremen, som gränsade till de svenska hertigdömena Bremen-Verden, att underkasta sig den svenska kronan, vilket dock misslyckades.

Det mest kännetecknande för Mattias Biörenklous politik i rådet blev dock hans starkt antifranska hållning. Därigenom kom han att framstå som den starkaste kraften i den grupp som bekämpade De la Gardies franskvänliga utrikespolitik, den grupp som Samuel Pufendorf i ett av sina verk kallar "factio Bioerncloviana" (det Biörenklouska partiet). Även av Pomponnes rapporter framgår detta klart, även om Sten Bielke på grund av sin rang framträder som den främste i gruppen. Redan våren 1665 hade Biörenklous begynnande fientlighet mot Frankrike visat sig. Han hade då genomdrivit det vänskaps- och handelsförbund med England som angav riktningen för den svenska politiken under en längre tid. Biörenklou och hans åsiktsfränder motsatte sig kraftfullt den allians som De la Gardie önskade sluta med Frankrike 1666. Biörenklou ansåg att man skulle undvika att liera sig med en "övermodig och erövrande" makt, som kunde leda

Sverige in i sådana krig som man inte önskade.

Även det förslag till allians som De la Gardie lade fram i december 1667 lyckades man indirekt stoppa. Vid detta tillfälle brast De la Gardies tålamod och i en upprörd scen i rådskammaren anklagade han sin gamle lärare och skyddsling för otacksamhet och gick så långt i sin upprördhet att han påstod att Biörenklou och Sten Bielke hade tagit utländska mutor. En förlikning följde ett par dagar senare men vänskapen mellan De la Gardie och Biörenklou återställdes aldrig.

Den Biörenklouska politiken segrade och på våren 1668 ingick Sverige tillsammans med England och Generalstaterna den så kallade trippelalliansen. Något senare slöts ett av Biörenklou livligt rekommenderat förbundsfördrag med Österrike. Det senare gick dock om intet på grund av ändringar som kejsaren lät göra i det preliminära förslaget.

Någon ändring av den svenska utrikespolitiken skedde inte under Biörenklous återstående levnad. Efter en tids vacklande hälsa avled han i Stockholm 63 år gammal den 20 augusti 1671. Hans änka Margareta överlevde honom länge och avled i oktober 1692. Biörenklou, som efterlämnade endast döttrar, ägde bland annat godsen Vansta i Södermanland samt Flottsund (Kungshamn) och Tisslinge i Uppland. Mattias Biörenklou räknas till de mest betydande diplomaterna i Sverige under 1600-talets mitt.

Källor

Följande artiklar i *Svenskt biografiskt lexikon* samt däri angivna källor:

B. Boëthius, "Johan Adler Salvius", bd 1 (1918).

H. Gillingstam, "Oxenstierna, släkt", bd 28 (1992–1994), s. 473 och 484 f.

O. Walde, "Margareta Brahe", bd 5 (1925).

G. Wittrock, "Mattias Biörenklou", bd 4 (1924).

Därtill:

P-E. Back, *Herzog und Landschaft* (1955).

Från Femern och Jankow till Westfaliska freden (1948).

E. Hildebrand, "Den svenska diplomatiens organisation i Tyskland under 1600-talet", *Historisk tidskrift* (1884).

G. Landberg, *Den svenska utrikespolitikens historia*, 1:3 (1952).

G. S. Lundgren, *Johan Adler Salvius* (1945).

S. Norrhem, *Uppkomlingarna, kanslitjänstemännen i 1600-talets Sverige och Europa* (1993).

C. T. Odhner, *Sveriges deltagande i den Westfaliska fredskongressen och grundläggandet af svenska väldet i Tyskland* (1875).

S. I. Olofsson, *Efter westfaliska freden* (1957).

S. I. Olofsson, *Karl X Gustaf, hertigen – tronföljaren* (1961).

I. Seth, *Universitetet i Greifswald och dess ställning i svensk kulturpolitik 1637–1815* (1952).

W. Tham, *Den svenska utrikespolitikens historia*, 1:2 (1960).

200 hästar och lika många människor

Vad de diplomatiska räkenskaperna berättar om den svenska representationen vid westfaliska fredskongressen

Christer Danielson

Efter olika fredsförsök och sonderingar mellan de inblandade parterna i Trettioåriga kriget, bland annat "kongressen i Hamburg" 1638–1642, inleddes 1643 de egentliga fredsförhandlingarna i de två städerna Osnabrück och Münster i Westfalen. Förhandlingarna skulle föras parallellt i de bägge städerna, mellan Sverige och kejsaren i Osnabrück och mellan Frankrike och kejsaren med flera i Münster. Efter diverse turer avseende den svenska representationen bestämdes att de svenska huvuddelegaterna skulle vara riksrådet Johan Oxenstierna (son till rikskanslern Axel Oxenstierna) och den erfarne yrkesdiplomaten Johan Adler Salvius. Till delegationen hörde också som sekreterare Mattias Mylonius (år 1645 adlad Biörenklou) och Schering Rosenhane som var svensk resident i Münster.[1] Förhållandet mellan de bägge huvuddelegaterna Oxenstierna och Adler Salvius präglades av missämja och motsättningar, både i fråga om ledningen av delegationen och rörande de egentliga förhandlingarna. Den unge Oxenstiernas bördsstolthet bröts mot den mycket äldre Adler Salvius' lärdom och långa diplo-matiska bana. Denna motsättning behandlas på annan plats i denna bok.[2]

Uppgifter om svenska diplomater och beskickningar finns i en rad källgrupper i Kammararkivet: Diplomaträkenskaper, Diplomattraktamenten, Personalstater och Likvidationsakter (de sistnämnda redovisar de tyvärr alltför vanliga lönefordringarna på kronan).[3]

Diplomaträkenskaperna 1542–1719 (19 volymer) innehåller intressanta räkenskaper för en rad beskickningar under 1600-talet, liksom för fredstraktaten i Oliva 1655–1661 men, som det verkar, inget från den westfaliska fredskongressen. Volym 3 i serien Diplomattraktamenten innehåller ett extrakt över legationer till främmande makter för tiden 1630–1679 i stort format och två likalydande exemplar. I detta finns summariska uppgifter om de svenska delegaterna till Westfalen. I volym 9:1 i samma serie ingår konceptartade summariska räkenskaper rörande fredsarbetet i Osnabrück och Münster: personallistor och stater, uppgifter om inventarier och om främmande sändebud.[4] Kompletterande uppgifter om utrustning och trak-

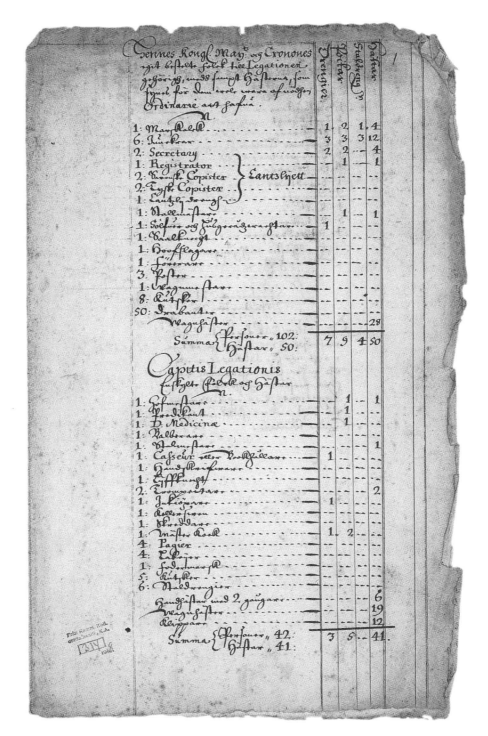

Bild 44. Förslag till budget för "legationen åt Tyskland", första sidan. Där inget annat anges är dokumenten som illustrerar denna artikel hämtade ur Kammarkollegium, Första avräkningskontoret, Diplomattraktamenten vol. 9:1. Foto: Kurt Eriksson, Riksarkivet.

tamenten ges i samlingen Ministrar, volymerna 15–16.

Egentliga räkenskaper för de svenska huvuddelegaterna (med konkreta uppgifter om logi, representation m.m.) saknas – med ett undantag. Schering Rosenhane förde "privata" anteckningar om sina utgifter. Dessa förvaras i Uppsala Universitetsbibliotek. Att det saknas diplomatiska kassaräkenskaper beror på att kostnaderna betalades genom de franska subsidierna och i subsidieräkenskaperna redovisas endast utbetalningar av klumpsummor till delegaterna.

De två huvuddelegaterna Adler Salvius och Oxenstierna har också efterlämnat enskilda arkiv. Adler Salvius' arkiv (ca 35 volymer) innehåller till största delen inkomna skrivelser vilka är ordnade alfabetiskt efter brevskrivare. Därjämte finns koncept samt handlingar rörande Westfaliska freden. Samlingen består huvudsakligen av brev och dokument rörande Adler Salvius' mångåriga diplomatiska verksamhet i Tyskland. Räkenskaper är däremot svåra att finna. Sådana finns endast för åren 1624 samt 1630–1634. Att gå igenom ens en bråkdel av alla dessa brev och dokument för att söka fler räkenskaper vore en omöjlig uppgift i detta sammanhang.

Även efter riksrådet Johan Oxenstierna finns ett omfattande arkivbestånd. I Oxenstiernska samlingen finns koncept och inkomna skrivelser, bland annat koncept till Adler Salvius åren 1641–1650 och tre volymer med brev från denne. Även i Tidöarkivet finns material (volymerna 44–46). Vad gäller Johan Oxenstierna är problemet emellertid samma som beträffande Adler Salvius, nämligen svårigheten att från fredsunderhandlingarna i Osnabrück och Münster hitta just räkenskaper.

I Osnabrück och Münster

En fredskongress var inte bara förslagna diskussioner vid förhandlingsbordet utan kanske lika mycket ett spel för galleriet: att visa sin makt och storhet genom omfattande representation och ståtligt uppträdande. Om man ansåg sig vara en fin person, borde man inte komma först till en kongress utan vänta till dess de övriga anlänt och därefter göra ett pampigt intåg. Det var just vad Johan Oxenstierna, ledare för den svenska delegationen, gjorde. Det var bestämt att kongressen i Osnabrück och Münster skulle börja den 1 juli 1643, men den blev försenad och delegaterna kom först under hösten 1643 och våren 1644. Då de franska sändebuden, grevarna D'Avaux och Servien stannat upp för förhandlingar i Haag, kvarblev de svenska delegaterna i Minden. Adler Salvius anlände ensam till Osnabrück den 17 november, medan Johan Oxenstierna gjorde sitt högtidliga intåg i Osnabrück först den 27 mars 1644, sedan de franska sändebuden ankommit tidigare i månaden. Enligt C. T. Odhner var intåget

synnerligen präktigt och lysande: han [Oxenstierna] *åtföljdes af 60 beridna adelsmän från trakten, 10 karosser, 100 hästar, en talrik betjening och hofstat, härpukare och trumpetare, drabanter, pager och lakejer. Stadens borgmästare och råd mötte utanför portarne, och borgerskapet i gevär bildade haie.*[5]

Det hör till saken att Adler Salvius kände sig besvärad av Oxenstiernas pompösa uppträdande och redan i brev till regeringen i maj och juni 1643 förklarade att "det var för mycket med 200 hästar och lika många människor".[6]

Att ta reda på hur den svenska beskickningen bodde, dinerade och så vidare är inte lätt. Man får lägga puzzel med den information som återstår från den svenska regeringens planeringsarbete 1641. Johan Oxenstierna, Ture Bielke och Johan Adler Salvius förordnades som delegater för fredsarbetet i Tyskland den 20 augusti 1641. Den 5 oktober utfärdades en instruktion och i samma månad begav sig Johan Oxenstierna till Tyskland och anlände dit den 29 oktober. Johan Adler Salvius befann sig redan i Tyskland och omständigheterna blev sådana att Ture Bielke aldrig for ut som delegat.

Bland Diplomattraktamentena i Kammarkollegiets första avräkningskontor finns en fascikel med rubriken "Osnabrück 1644–48" (22 sidor). Flertalet handlingar häri torde härröra från förmyndarregeringens planeringsarbete i oktober 1641, inför Oxenstiernas avresa till Tyskland såsom officiell ledare för fredsarbetet. Här finns uppgifter om den blivande delegationen och den utrustning i form av hästar, vagnar och möbler som den ansågs behöva.

Två av handlingarna är daterade 6 (oktober?) respektive 11 oktober 1641. På den senare handlingen finns också uppgiften att Johan Oxenstierna förordnats till "legationen åt Tyskland". Samma dag skrev regeringen till riks- och kammarråden om Oxenstiernas och de övriga delegaternas traktamenten.[7] Det förhållandet att Ture Bielke upptas bland delegationens "tänkta" personal tyder också på att dokumenten speglar planeringen i oktober 1641. I en helt annan samling finns ett löst dokument som är daterat 9 oktober och som måste ha sitt ursprung i samma planeringsarbete.[8] Tyvärr saknas för större delen av oktober rådsprotokoll som skulle kunnat sprida ljus över förmyndarregeringens planeringsarbete, men turligt nog är Kammarkollegiets protokoll bevarat och finns dessutom tryckt. Under tiden 4–12 oktober ventilerade Kammarkollegiet så gott som dagligen frågor som rörde pengar till Johan Oxenstiernas avsändande, traktamenten till delegaterna, tapeter, silverservis och andra liknande ärenden.[9] Man får intrycket att Johan Oxenstierna själv spelade en aktiv roll och att frågorna togs upp när han personligen besökte "kammaren". Det tycks som om kollegiet var i bryderi angående penningmedlen. I protokollet för den 7 oktober står antecknat att "de andre gode herrar satte sig över bem:te h:r Johan Oxenstiernas avfärdande, och författade i pennan, huru de förmente det kunna bäst ske, och penningar förskaffas". Den 8 oktober överlade Oxenstierna med riks- och kammarråden om medlen till sitt och de andra legaternas traktamenten.

Den 9 oktober diskuterades ånyo medlen till legaterna och i anslutning till detta sammanträde har Sam. Hedar, som utgav protokollen i tryck, angivit att det finns ett koncept till brev till Johan Adler Salvius daterat den 9 oktober och två till räntmästaren Ludvig Fritz daterade den 9 och 11 oktober. I det först nämnda ger Kammarkollegiet instruk-

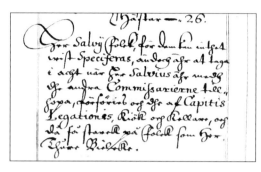

Bild 45. Detalj av baksidan till dokumentet på bild 44. Texten finns återgiven nedan. Foto: Kurt Eriksson, Riksarkivet.

tion om överförande av 5000 riksdaler till Stralsund till legationens behov. I brevet till räntmästaren Ludvig Fritz den 9 oktober ber Kammarkollegiet honom till Johan Oxenstierna utbetala 1000 riksdaler till "fateburs" och "kökstygs" inköp och 2850 riksdaler för inköp av hästar och vagnar. Samtidigt görs ett tillägg på 2000 riksdaler till "små utgifter". Den 11 oktober beordras utbetalning av 1270 riksdaler för "utstoffering" av personer som skall följa med legaterna till Tyskland.[10]

"Legationen åt Tyskland"

Vad är det då för bild av legationen och dess utrustning man får av uppgifterna i den ovan omnämnda fascikeln "Osnabrück". Ett problem är att vi inte vet när legationen var tänkt att komma i funktion. Det är inte ens säkert att man i Stockholm i oktober månad 1641 visste var den slutgiltiga fredskongressen skulle äga rum. På hösten 1641 fördes intensiva förhandlingar, som ledde till att man den 15 december undertecknade "fredspreliminärer" i Hamburg. Dessa innebar att full-

makter skulle utväxlas inom två månader och fredskongressen börja den 15 mars 1642.[11] Fredskongressen blev emellertid av olika skäl senarelagd. Till detta kommer, att Johan Oxenstierna av regeringen fått i uppdrag att ordna styrelsen i Pommern och försetts med noggranna instruktioner i detta ärende. Han kom också att vistas i Pommern till maj 1643.[12] Frågan är, om delegationens sammansättning påverkades av Johan Oxenstiernas uppdrag i Pommern och oklarheterna beträffande den slutgiltiga fredskongressen.

Delegationen skulle enligt de bevarade förslagen omfatta 165 personer och 117 hästar.[13] Den svenska kronan skulle stå för den större delen av kostnaderna för delegationen (se bild 44). Denna del avsåg bland annat funktionärer för själva delegationsarbetet (delegationens kansli), transporter samt hovstallspersonal av olika slag: stallmästare, hovslagare, vagnmästare och kuskar. I kansliet ingick fyra kopister. Dessa personer hade till uppgift att skriva av handlingar och var dåtidens "kopieringsmaskiner".

Under rubriken "Capitis Legationis enskylte folk och hästar" redovisas delegationsledarens svit. Personalen i denna utgjordes främst av uppvaktande och uppassande personer såsom hovmästare, handskrivare, lakejer och kökspersonal. Den skulle underhållas av Johan Oxenstierna själv. Detsamma gäller om Ture Bielkes svit, som redovisas på baksidan av samma dokument (finns därför inte med på bild 44). Under Bielkes svit står en intressant kommentar om Adler Salvius:

Herr Salvii folk, för dem kan intet visst specificeras, ändock är att taga i akt när Herr Salvius är

Bild 46. Koncept till utgiftsstat för delegationen till Osnabrück från oktober 1641. Foto: Kurt Eriksson, Riksarkivet.

med de andra kommissarierna tillhopa, försörjes och de av Capitis Legationis kök och källare, och då så stark på folk som Herr Thure Bielke.

I en handling med rubriken "Förteckning på K. M:ts folk" får vi vissa namnuppgifter som komplement till listan över sviternas befattningshavare. Förteckningen är ett utkast och innehåller både namngivna personer, såsom

sekreterare Mathias Mylonius och registrator Lars Månsson, och befattningshavare utan namn. Registrator Lars Månsson påträffas också i 1641 års räntekammarbok. För sin resa och "utstoffering" får han genom två "assignationer" ytterligare 75 riksdaler till de 100 han fått förut samt 24 riksdaler till förgyllt papper, vax, bläck och lack för legationskansliets behov under resan. Bägge assigna-

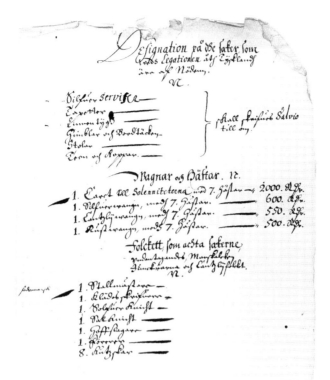

Bild 47. Förteckning över utrustning för delegationen till Osnabrück. Överst under rubriken Vagnar och Hästar står omnämnt en "Caret till Solenniteterna med 7 hästar" om totalt 2 000 riksdaler. Det bör ha varit den vagn som användes vid inträdet i Osnabrück. Foto: Kurt Eriksson, Riksarkivet.

tionerna är daterade 13 oktober 1641.[14] De 100 riksdaler Lars Månsson redan fått får sin förklaring av Kammarkollegiets skrivelse till räntmästaren Ludvig Fritz den 11 oktober 1641 med uppgifter om de personer som skulle följa med på resan. Här uppräknas i stort sett samma personer som finns med på "Förteckning på K. M:ts folk". Lars Månsson betecknas dock i listan som "kanslist" i stället för "registrator".[15]

I sammanställningen över legationens personal upptas sammanlagt 117 hästar. Detta bekräftar mer än väl den bild av Johan Oxenstiernas intåg i Osnabrück som Odhner återgivit (100 hästar), särskilt om – som man väl får förmoda – också den övriga delen av legationen deltog i paraden.

Vissa funktionärer tilldelades en eller flera hästar på grund av hög social ställning eller av rent praktiska skäl: marskalken fyra hästar, de sex junkrarna och de två sekreterarna två

hästar var, registratorn och stallmästaren vardera en häst. I sviten för "Capitis legationis" har hovmästaren, stallmästaren och två trumpetare en häst var. I Ture Bielkes svit däremot har ingen befattningshavare tilldelats någon häst. Listan upptar även vagnshästar, handhästar med gångare samt klippare.

I det föreliggande källmaterialet finns också uppgifter om kostnaden för vagnar, i regel fyra olika slag av vagnar, i något fall tre. I "Designation på de saker som vid legationen åt Tyskland äre av nöden" upptas under vagnar och hästar en "Caret till Solenniteterna" för 2000 riksdaler, en silvervagn (600 Rdr), en kanslivagn (550 Rdr) och en rustvagn (500 Rdr); samtliga vagnar med sju hästar. Totalt kostade dessa vagnar 3650 riksdaler. Samma summa för hästar och vagnar återfinns i ett dokument angående Johan Oxenstierna. Under "Begärer här Contant" står bland annat "till hästars och vagnars inköp,

138

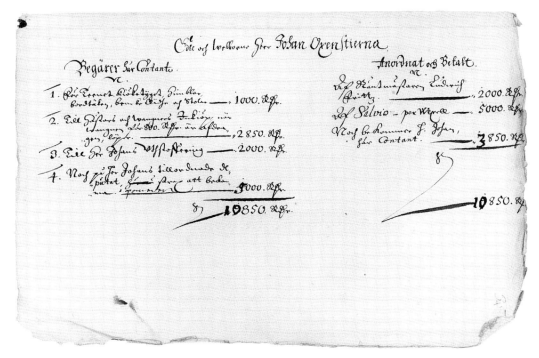

Bild 48. Utanordning av begärda belopp till Johan Oxenstierna. Foto: Kurt Eriksson, Riksarkivet.

när vagnen för 800 riksdaler är afdragen, löper 2850 riksdaler". Vagnen som är avdragen kan ha samband med en uppgift i Kammarkollegiets protokoll från eftermiddagen den 8 oktober 1641 om att två spann vagnshästar skulle tas bort och ersättas av en kapten, en löjtnant, en sergeant och en korpral som skulle kommendera "de 50 gemena, som stå insatte på förslaget". Med gemena avses väl de 50 drabanterna. Dagen efter (9 oktober) sänder Kammarkollegiet en "invisning" till räntmästare Ludvig Fritz på samma belopp, 2850 riksdaler, till inköp av hästar och vagnar.[16]

Frågan om möbler, servis och husgeråd till delegationen diskuterades också i Kammarkollegiet och har lämnat spår i form av förslag och kalkyler. Vid Kammarkollegiets sammanträde på eftermiddagen den 4 oktober 1641 avhandlade man frågan om tapeter "att bekläda en sal och en kammare med" och diskuterade möjligheten att inköpa tapeter

som "salig herr Tott" (riksrådet och fältmarskalken Åke Tott) hade införskaffat. Den 11 oktober på eftermiddagen besågs några tapeter och man beslöt att bära upp dem i kansliet till regeringen.[17] I ett dokument "översett och approberat i rådkammaren den 6 (oktober?)" nämns en sal och en kammare. Häri uppräknas – med måttuppgifter och vissa prisuppgifter – en himmel i salen med ryggstycke, dito i "Cammaren", en lång sammetsbordduk (av 48 alnar), en dito av sammet (tre våder bred), "utstoffering och fransar", sex sammetsstolar och 24 andra stolar.[18]

En uppfattning om hur man uppskattade kostnaden för olika utrustningsdetaljer får man av ett odaterat förslag. I detta står omtalat att silverservisen är anslagen för 4469 riksdaler, tapeter 3000, linnetyg 1000, himlar och bordtäcken 726, stolar 130, tenn och koppar 200, vagnar och hästar 3650, summa riksdaler 13 175.[19]

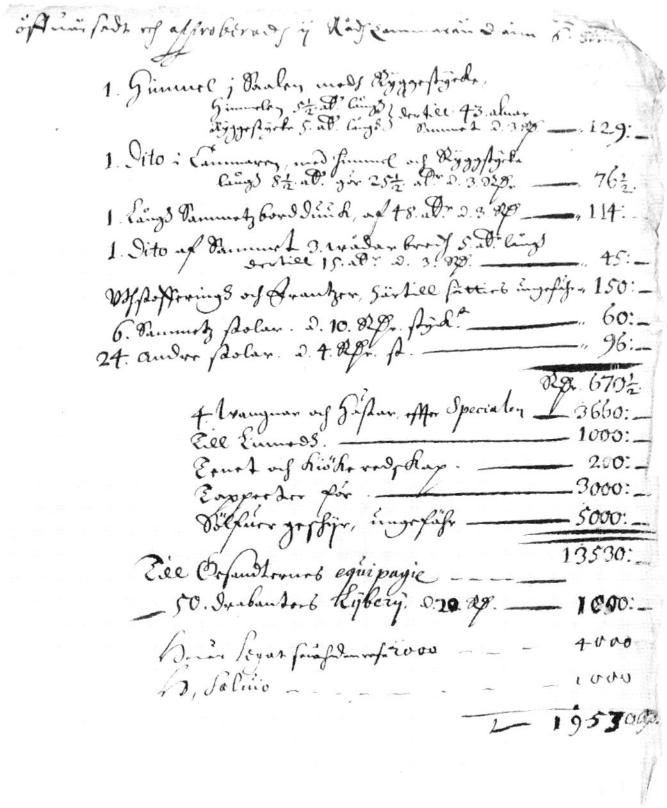

Bild 49. Koncept till förteckning över inredning i Osnabrück-delegationens kvarter. Tygåtgången var betydande, bland annat till en bordsduk i sammet om 48 alnars längd (ung. 28 m). Av utkastet framgår också att det i Oxenstiernas "equipagie" skulle ingå 50 drabanter, som skulle förses med livréer. Foto: Kurt Eriksson, Riksarkivet.

I ett annat dokument ges specificerade uppgifter om ifrågavarande silverservis. Den skulle innehålla bland annat fat, tallrikar, flaskor, ljusstakar, skedar, knivar och gafflar. För varje del angavs vikten i lod svenska. Silverversivsen utgjorde en ganska ansenlig del av legationens totala utrustningsvärde och hade stor symbolisk betydelse. Enligt Arthur Stille hade Adler Salvius framhållit för Schering Rosenhane, som skulle bli svensk resident i Münster, att denne liksom den franske residenten bland annat måste ha vagn, hästar och silverservis: "Ej för snikenhets skull utan för kronans reputation". Han måste därför anhålla om medel. De olika legationernas silverversiver behandlas av en tysk forskare, F. Bosbach, i ett nytt arbete.[20]

Frågan om hur vagnar och annat, till exempel silverservisen, skulle införskaffas var också uppe till diskussion och handläggning. Vid Kammarkollegiets sammanträde den 7 oktober talades om att beställa en vagn till Johan Oxenstierna och riksskattmästaren menade att det var bäst att beställa en vagn i Schwerin, "varest de pläga väl göras".[21] Av en anteckning ("skall skrivas Salvio till om") framgår att man avsåg att skriva till Adler Salvius om silverversiver, tapeter, linnetyg, himlar och bordtäcken, stolar, tenn och koppar, dvs. i stort samma som i kostnadsförslaget.

I en skrivelse till Adler Salvius från den 9 oktober 1641 skriver Kammarkollegium och ber om hjälp med anskaffningen av bland annat servis, "sölvergeschir", servetter och borddukar – "vilket allt vi icke tvivla där i Hamburg bäst vara att bekomma" – och hänvisar till en bifogad karta.[22] Förlagan till den

140

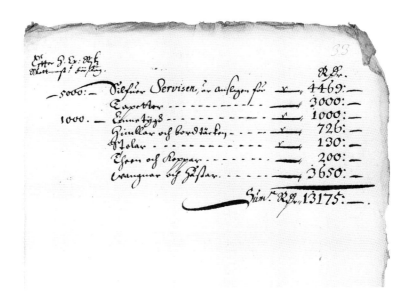

Bild 50. Lista över kostnader för viss utrustning till Osnabrück-delegationens kvarter. Foto: Kurt Eriksson, Riksarkivet.

åberopade kartan är förmodligen den handling som har rubriken "Efterskrevne saker äro av nöden vid den högansenlige Legationen åt Tyskland" (daterad Stockholm 9 oktober 1641) och som innehåller specificerade uppgifter om silverservisen, halvt förgyllt silver och linnetyg till borden.[23]

Även på frågan om placeringen vid olika bord har man funderat i Stockholm hösten 1641. Enligt ett förslag skulle vid legatens bord sitta marskalken, två sekreterare, en predikant och en doktor. Vid bord två skulle placeras sex junkrar, en registrator, en hovmästare, en bokhållare, en stallmästare, en kanslist och en "bardberare". Vid bord tre återfinns kopister, handskrivare, livknekt, skräddare, hovslagare med flera. Vid det fjärde och sista bordet placerades pager, lakejer, kuskar och motsvarande. Som synes återspeglar den tilltänkta bordsplaceringen dåtidens ståndssamhälle.

Löner och traktamenten

Under 1600-talets första hälft växte det successivt fram ett system med fasta svenska beskickningar på olika nyckelpunkter i Europa. Detta har beskrivits av E. Hildebrand och Carl-Fredrik Palmstierna.[24] Under "Kanslikollegii stat" i personalstaterna återfinns "Legater, Residenter och Correspondenter". I 1647 års personalstat upptas, förutom hovkanslern herr Adler Salvius (för "legat och Correspondens Charge" 9000 Rdr), bland annat residenter i Haag, Helsingör, Moskva, England, Schweiz och Paris. Personalstaten upptar även kostnadsposter för korrespondenter och "posterne" (dvs. postgången) mellan Hamburg och Helsingör.[25]

För särskilda diplomatiska uppdrag utgick dagtraktamenten (kallade "deputat"). I ett brev till riks- och kammarråden den 11 oktober 1641 meddelar regeringen att Johan Oxenstierna skulle ha större traktamente än Ture Bielke och Adler Salvius, då han som ledare av delegationen "måste till vår och riksens heder och respekt utstå så mycken större kostnad". När Oxenstierna var kvar i Pommern skulle han få femtio riksdaler om dagen, när han och Ture Bielke senare var tillsammans skulle de bestås 75 riksdaler, och när alla tre kommissarierna "komma tillhopa" skulle de erhålla hundra riksdaler.[26] Formuleringen i brevet, "vår och riksens heder

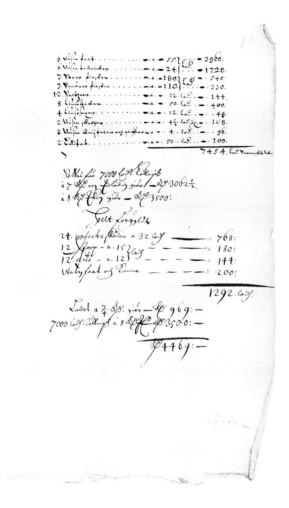

Bild 51. Specifikation av delarna i Osnabrück-delegationens silverservis m.m. med angivande av vikt. Listan börjar med sex dussin fat. Man förutsåg uppenbarligen behov av storslagen representation. Foto: Kurt Eriksson, Riksarkivet.

och respekt", antyder att det är den officiella sidan (representationen) det gäller. Frågan om Oxenstiernas ställning i förhållande till Adler Salvius var känslig. Å ena sidan ansåg regeringen att legationen officiellt måste ha en ledare (*caput*) av hög rang, det vill säga Oxenstierna såsom riksråd. Å andra sidan förklarade K. M:t i brev till Adler Salvius att delegaterna var förordnade att "collegiater" föra förhandlingarna.[27]

Uppgifter om dagtraktamenten finns också i andra handlingar. I "Kort Extract" över legationer och avsändningar till främmande potentater från 1630 till "denne tiden" (1630–1679) upptas för Johan Oxenstierna 50 riksdaler om dagen under resan och i Pommern (inalles 95 250 Rdr) samt "Noch Dito på Tractaten" 75 riksdaler om dagen (inalles 82 135 Rdr). För legaten herr Johan Adler Salvius upptas endast 25 riksdaler om dagen (tillsammans 36 590 Rdr). Enligt dessa uppgifter fick Oxenstierna i praktiken uppbära även Ture Bielkes traktamente.[28]

Subsidieräkenskaper

Som redan påpekats saknas egentliga kassaböcker för Sveriges delegater i Osnabrück. Medlen betalades ut som klumpsummor av de franska subsidiemedlen. Samlingen "Sub-

142

sidieräkenskaper och satisfaktionspengar" innehåller räkenskaper för de utländska subsidier som Sverige erhöll under 1600- och 1700-talen (17 vol) samt räkenskaper över de satisfaktionspengar Sverige fick enligt bestämmelser i Westfaliska freden 1648 (4 vol). Av särskilt intresse i detta sammanhang är räkenskaperna för de franska subsidierna. Administrationen av dessa sköttes av Johan Adler Salvius från hans ordinarie vistelseort i Hamburg vid sidan av hans diplomatiska värv. Han försåg armén, jämte diplomater på olika håll, med penningmedel. Adler Salvius uppdrag som subsidieförvaltare från 1638 och framåt har belysts av S. Lundgren.[29]

I volymen med uppgifter om franska subsidier för åren 1641–1647 återfinns utbetalningar till huvuddelegaterna Adler Salvius och Oxenstierna. Det framgår härav att Johan Oxenstierna kvitterade ut sitt traktamente för de tre åren 1645–1647 i efterskott, närmare bestämt den 20 april 1647 (se bild 52). I Adler Salvius' räkenskap möter samma summariska redovisning som i kvittensen, dvs. samma utbetalningar står under varandra på samma sida. Sitt eget traktamente på 25 riksdaler om dagen presenterar Adler Salvius på motsvarande enkla sätt, fördelade på fem utbetalningstillfällen: 15 september och 26 december 1645, 28 februari och 12 juli 1646 samt 23 mars 1647. Adler Salvius' kvittens är emellertid daterad först den 1 juli 1647 och redovisar endast klumpsumman om 18 250 riksdaler.[30]

Vidare finns i volymen med räkenskaper för de franska subsidierna åren 1642–1643 utbetalningar till flera diplomater: Oxenstierna, D'Aveaux, Grotius, Wolff (i Cassel)

och Adler Salvius. Den tyske forskaren Gottfried Lorenz har i en uppsats om de franska subsidierna gått igenom dessa räkenskaper och registrerat alla utbetalningar. Lorenz har också gått igenom räkenskaper avseende Adler Salvius i serien Likvidationer. Lorenz har delat in betalningstagarna i grupper, däribland: A. Svenska armén i Tyskland, B. Svenska beskickningen i Osnabrück, C. Andra diplomater och D. Residenter och korrespondenter. Dessa uppgifter redovisas dels kronologiskt, dels alfabetiskt efter mottagare. Enligt Lorenz beräkningar gick ungefär 70 % av de franska subsidierna till armén i Tyskland, 8 % till beskickningen i Osnabrück och 6 % till diplomater, residenter och korrespondenter.[31]

Osnabrück och Münster – mötesplats för Europas diplomater

I fascikeln om Osnabrück ingår två förteckningar över de olika ländernas delegater, en för Osnabrück och en för Münster. Förteckningen över delegationerna i Osnabrück (förhandlingar mellan Sverige och Kejsaren) inleds med de kejserliga delegaterna greve Maximilian von Trautmannsdorff, greve Maximilian von Lamberg och rikshovrådet Johan Krane.[32] Efter de kejserliga delegaterna kommer de svenska (Oxenstierna, Adler Salvius) och därefter följer en rad tyska stater samt vissa riksstäder.

Förteckningen över delegationerna i Münster (förhandlingar mellan Frankrike och kejsaren med flera) börjar också med den kejserliga delegationen (ledd av greve von Nassau, herr Isaac Wollmar), följd av den franska, spanska och portugisiska. Den franska dele-

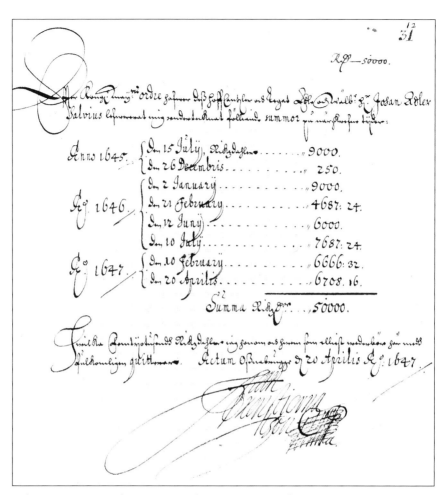

Bild 52. Johan Oxenstiernas kvittens av traktamente om totalt 50 000 riksdaler, daterad 20 april 1647. Kammarkollegium, Subsidieräkenskaper, Franska 1641–1647. Foto: Kurt Eriksson, Riksarkivet.

gationen består av Henri av Orléans, hertig av Longueville, och grevarna D'Avaux och Servien. D'Avaux och Servien kunde inte samarbeta och skulle därför balanseras av hertigen av Longueville, som nominellt förestod delegationen.[33] Efter den portugisiske delegationen följer två medlare: den påvlige nuntien Fabio Chigi (sedermera påven Alexander VII) och den venetianske medlaren Contarini.[34] Förteckningen fortsätter sedan med delegater från Holland och tyska stater. Efter Kur-Brandenburg redovisas den svenske residenten i Münster, herr Schering Ro-

senhane. De två förteckningarna är odaterade men bör spegla förhållandena 1644 och därefter (greve Longeuville kom först 1644) och har troligen senare förts ihop med övriga dokument från hösten 1641. Korta och livfulla karakteristiker av dessa diplomater från Europas alla hörn ges i Odhners arbete.[35]

Vad kostade fredskongressen i Westfalen?

Den tyske forskaren F. Bosbach har försökt beräkna kostnaden för de olika delegationerna i Osnabrück och Münster. Han redovisar först sin omfattande arkivinventering och gör sedan ett jämförande studium av de diplomater för vilka det finns material bevarat. Resultaten redovisas bland annat i en rad tabeller med tillhörande notapparat. I Bosbachs undersökning behandlas ur olika synvinklar beskickningarnas personella sammansättning, diplomaternas kvalifikationer samt kostnader för traktamenten, utrustning, bostäder ("hushyra"), transporter (dvs. anskaffning av hästar och vagnar), belysning, personal och tjänster, drickspengar och allmosor, beskickningsarbetet (kansli, brevbefordran, tjänsteresor).

Som exempel på Bosbachs konkreta jämförelser kan nämnas den ovan berörda undersökningen av de olika delegationernas silverserviser. Bosbach visar i ett diagram (diagram P, s. 164) att Johan Oxenstiernas silverservis utgjorde 51 % av Oxenstiernas utrustningskostnad. Enligt Bosbach var det hos de här beskrivna delegationerna normal standard att ha en sådan servis på bordet.[36] Han jämför sedan serviser för olika beskickningar avseende antalet tallrikar respektive vikt. Resultatet blir att Johan Oxenstierna och greve Nassau hade flest tallrikar (72 stycken), men Nassau hade den överlägset tyngsta servisen, 153,4 kg, följd av Oxenstiernas om 115,8 kg.[37]

I en tabell med anmärkningar (tabell 27) redovisar Bosbach de olika beskickningarnas kostnader för fredskongressen. Totalkostnaden slutar på 3 205 219 riksdaler. För den svenska delegationen beräknas kostnaden till 162 146 för Oxenstierna, 57 750 för Adler Salvius, 30 672 för Rosenhane och 5000 för Biörenklou. Den sistnämnde, som var sekreterare i den svenska delegationen, fick den 20 november 1647 drottning Kristinas kallelse ("vocation") att efterträda Schering Rosenhane som resident i Münster.[38]

Eftersom den svenska delegationen bekostades genom de franska subsidierna och en detaljerad redovisning saknas, bygger Bosbachs uppgifter, med ett undantag (Rosenhane), på sammanställningar från planeringsarbetet hösten 1641 och på några översiktliga sammandrag av uppgifter avseende svenska beskickningar för tiden 1630–1679 respektive 1643–1744.[39] Den senare källan måste tyvärr betecknas som mera sekundär och innehåller flera fel angående Osnabrück. Mot bakgrund av detta bör man nog betrakta de svenska kostnadsuppgifterna som ganska ungefärliga.

Den svenske residenten i Münster 1643–1647, Schering Rosenhane, förde själv kassabok över sina utgifter. Bosbach har använt sig därav. Detta gör att i en del tabeller avser redovisningen av Sveriges förhållanden inte de svenska huvuddelegaterna i Osnabrück utan residenten i Münster. Rosenhane hade bland annat till uppgift att vara medlare mellan Sveriges och Frankrikes legater i de bägge ländernas parallella förhandlingar med kejsaren. Rosenhane skrev också en levnadsbeskrivning som är tryckt av C. G. Gjörwell. I denna behandlas också kortfattat tiden i Münster 1643–1647.[40]

Noter

1. W. Tham, *Den svenska utrikespolitikens historia*, 1:2, 1560–1648 (Stockholm, 1960), s. 344f.

2. Se också S. Lundgren, *Johan Adler Salvius : Problem kring freden, krigsekonomien och maktkampen* (Lund, 1945), s. 219ff.

3. För uppgifter om Kammararkivet och dess arkivbestånd se *Riksarkivets beståndsöversikt* del 4, Kammararkivet (Stockholm, 1995).

4. Kammarkollegiet, Första avräkningskontoret, Diplomattraktamenten, vol. 3 resp. 9:1 (Häfte 2), Osnabrück 1644–48.

5. C. T. Odhner, *Sveriges deltagande i Westfaliska fredskongressen och grundläggningen af det svenska väldet i Tyskland* I, Kongl. Vitterhets, Historie och Antiqvitets Akademiens handlingar, Tjugondesjunde delen, Ny följd, Sjunde delen (Stockholm, 1876), s. 122, citat s. 122 not 2. Vilken eller vilka källor Odhner använt för denna beskrivning anger han tyvärr inte. W. Tham, a.a. s. 345f.

6. S. Lundgren, a.a. s. 226.

7. K. M:t till riks- och kammarråden 11 oktober 1641, Riksregistraturet; S. Lundgren, a.a.s. 219.

8. Ministrar, vol. 15.

9. Kammarkollegiets protokoll med bilagor, Utgivna av Riksarkivet genom Sam. Hedar, II 1640–1641 (Stockholm, 1940), s. 308–311, 313, 315–316. Citeras i fortsättningen: KK:s prot. del 2.

10. Kammarkollegiet, Kansliet, Skrivelser till orterna, koncept 1641 juli–december, BIIb1:5. Den tyske forskaren Gottfried Lorenz har också presenterat dokumenten i sin uppsats om de franska subsidierna och han tidfäster dokumenten till om-kring 1641. G. Lorenz, *Schweden und die französischen Hilfsgelder von 1638 bis 1649 : Ein Beitrag zur Finanzierung des Krieges im 17. Jahrhundert.* I: *Forschungen und Quellen zur Geschichte des Dreissigjährigen Krieges*, Schriftenreihe der Vereinigung zur Erforschung der neueren Geschichte 12 (Münster, 1981), s. 144ff.

11. C. T. Odhner, a.a. s. 107; S. Lundgren, a.a. s.186; W. Tham, a.a. s. 298.

12. O. Malmström, *Bidrag till Svenska Pommerns historia 1630–1653* (Lund, 1892), s. 67.

13. Förslagen föreligger i tre versioner. Den version som ligger först är den "slutgiltiga" (renskrift), nästa version är förmodligen det första konceptet (kolumnerna är endast påbörjade), sist ligger en mellanversion med vissa strykningar och dessutom försedd med intressanta marginalanteckningar som inte finns med i den sista versionen.

14. Räntekammarböcker, oktober månads räntekammarräkning i Stockholm med räntmästaren Ludvik Fritz Anno 1641; assignation nr 258, 259.

15. Kammarkollegiet, Kansliet, Skrivelser till orterna, koncept 1641 juli–december, BIIb1:5.

16. KK:s prot. del 2, s. 313. Kammarkollegiet, Kansliet, Skrivelser till orterna, koncept 1641 juli–december, BIIb1:5.

17. KK:s prot. del 2, s. 308, 315.

18. Dokumentet är tyvärr skadat i kanten; förmodligen står "8bris" (oktober).

19. I övre vänstra hörnet står: "H. Ex: Rikz Skattmest:s förslag".

20. A. Stille, "Schering Rosenhane som diplomat och ämbetsman", *Lunds universitets årsskrift* del 28 (Lund, 1892), s. 20; F. Bosbach, *Die Kosten des Westfälischen Friedens-*

kongress : Eine strukturgeschichtliche Unter-suchung, Schriftenreihe der Vereinigung zur Erforschung der neueren Geschichte 13 (Münster, 1984), s. 164f.

21. KK:s prot. del 2, s. 311.
22. Kammarkollegiet, Kansliet, Skrivelser till orterna, koncept 1641 juli–december, BIIb1:5.
23. Ministrar, vol. 15.
24. E. Hildebrand, "Den svenska diplomati-ens organisation i Tyskland under 1600-talet", *Historisk Tidskrift* 1884, s. 155–174; C-F. Palmstierna, "Utrikesförvaltningens historia 1611–1648: De fasta beskick-ningarnas framväxt", *Den svenska utrikes-förvaltningens historia* (Uppsala, 1935), s. 66–107.
25. Kammarkollegiet, Generalstatskontoret, Personalstat 1647, F1A:10.
26. K. M:t till riks- och kammarråden 11 oktober 1641, Riksregistraturet; S. Lund-gren, a.a. s. 219.
27. K. M:t till Adler Salvius 29 oktober 1641, Riksregistraturet; S. Lundgren, a.a. s. 218.
28. Kammarkollegiet, Första avräkningskon-toret, Diplomattraktamenten, vol. 3. I en annan men sen källa (Ministrar, vol. 16: "Utdrag av vad som blivit bestått vid Am-bassader ifrån den Osnabrugska Freden intill 1744") redovisas den föråldrade uppgiften om Ture Bielke med ett trakta-mente på 25 riksdaler. Herr Johan Oxen-stierna betecknas "caput legationis" och får 50 riksdaler och Adler Salvius (be-nämns felaktigt Lars Salvius) får 25 riksda-ler.
29. S. Lundgren, a.a., bland annat s. 163, 175f.
30. Subsidieräkenskaper, franska 1641–1647: "Legaten Herr Johan Adler Salvij Rächning för de fransosche Subsidierne

Ifrån Primo Julij 1645 till ultimo Julij Anno 1647".
31. Subsidieräkenskaper, franska 1642–1643: "Hoff Cantzlerens Her Salvij Ham-burgsche Räckningh för frantzösische Subsidierne sampt andre Påsters Op-bördh och Uthgifft ifrån Ultim: Junij an(no) 1642 till Ult:Julij an(no) 1643"; G. Lorenz, a.a. Han hänvisar på s. 106 till Likvidationer 99:4 (bör vara 94:4) och på s. 124 till Likvidationer 94:3, men det är litet oklart vad han egentligen avser. Pro-centangivelserna återfinns på s. 99.
32. Kammarkollegiet, Första avräkningskon-toret, Diplomattraktamenten vol 9:1 (Häfte 2), Osnabrück 1644–48; Kom-pletterande namnuppgifter och uppgifter om titlar, tjänsteställning m.m. från C. T. Odhner, a.a. s. 148ff. och F. Bosbach, a.a.
33. C. T. Odhner, a.a. s. 148f; W. Tham a.a. s. 346.
34. Förnamnet har flera varianter. I "förteck-ningen" står "Ludouicg" men Odhner och Bosbach har namnformen "Alvise", Tham "Aloise" (förmodligen italiensk resp. fransk namnform).
35. C. T. Odhner, a.a. s. 143–158. För den som vill ha mer aktuella uppgifter om de diplomatiska aktörerna hänvisas till F. Bosbachs arbete och till två omfattande bibliografier: *Pax Optima Rerum : Beiträge zur Geschichte des Westfälischen Friedens 1648,* Unter Mitwirkung von J. Bauer-mann, B. Peus, K. von Raumer, H. Rich-tering, J. H. Scholte, H. Thiekötter, P. Volk, Herausgegeben von Ernst Hövel (Münster, 1948); *Bibliographie zum West-fälischen Frieden,* Herausgegeben von Heinz Durchhardt, Bearbeitet von Eva Ortlieb und Matthias Schnettger, Schrif-tenreihe der Vereinigung zur Erforschung

der Neueren Geschichte 26 (Münster, 1996).

36. "Ein solches Service an der Tafel zu haben, galt bei den hier beschriebenen Gesandtschaften als normaler Standard" (Bosbach, a.a. s. 164).

37. F. Bosbach, a.a. s. 165.

38. F. Bosbach, a.a. s. 226–231; Likvidationer 24:5, Mattias Biörnclou, Fasc. Litt A (ang. residenttjänsten).

39. Kammarkollegiet, Första avräkningskontoret, Diplomattraktamenten, vol. 3: "Kort Extract" över legationer och avsändningar till främmande potentater från 1630 till "denne tiden" (1630–1679); Ministrar, vol. 16: "Utdrag av vad som blivit bestått vid Ambassader ifrån den Osnabrugska Freden intill 1744".

40. A. Stille, a.a. s. 19; C. G. Gjörwell: *Nya svenska biblioteket* bd II (Stockholm, 1763), s. 515–621; Rosenhane skriver att han 1642 börjat föra diarium (förkomna enligt Gjörwell) och inte behövde upprepa dessa uppgifter (Gjörwell, a.a. s. 605).

Fabio Chigi vid westfaliska fredskongressen

Ett möte mellan påvedömet och stormaktstidens Sverige

Marie-Louise Rodén

*Jag fruktade att vårt eftermäle skulle bli nesligt,
om inte rentav ökänt inför eftervärlden ...
och jag sörjde att jag befann mig i Münster,
där jag riskerade att bli en del av denna nesa,
åtminstone inför den allmänna opinionen.*

Raderna ovan skrevs av Fabio Chigi, apostolisk nuntie och medlare för de katolska parterna vid fredskongressen i Westfalen, den 16 februari 1646 i en rapport till Statssekretariatet vid kurian i Rom.[1] Förhandlingarna som skulle leda till undertecknandet av Westfaliska freden den 24 oktober 1648 hade då redan pågått i drygt två år. Freden, liksom kriget, skulle bli en långvarig process. Arrangemang för fredskongressens sammankallande fastställdes den 25 december 1641 genom ett preliminärt fördrag i Hamburg och bekräftades den 22 juli 1642. De första diplomatiska representanterna anlände till Westfalen i augusti 1643, men väsentliga förhandlingar inleddes inte förrän den 1 juni 1645, när de svenska och franska fredspropositionerna lades fram.[2] Chigis reflektion över framtidens dom kan relateras till det hot som det Ottomanska väldet utgjorde för Europa vid denna tid. Kunde de europeiska nationerna inte samla sig mot turkfaran genom att avsluta det långa krig som idag benämns det Trettioåriga, skulle eftervärldens dom bli onådig.

Trettioåriga kriget har i den äldre historieskrivningen betraktats som det sista stora religionskriget. Enligt detta synsätt var den allomfattande europeiska konflikt som katalyserades av en lokal revolt i Böhmen år 1618 den slutgiltiga yttringen av de omvälvningar Europa upplevt sedan reformationens införande 1517. Senare forskning har önskat revidera denna konventionella uppfattning, som delvis poängterar att religionsfrågor spelade en övervägande roll i kriget, som ser det Tysk-romerska kejsardömet inte bara som en krigsskådeplats utan även som huvudprotagonist i kriget, och som betonar krigets allmänna skadegörelse. Redan under 1800-talets sista decennier ifrågasattes dessa "sanningar" om Trettioåriga kriget. Revisionen inleddes när den marxistiskt orienterade forskaren Franz Mehring 1894 i en uppsats om Gustav Adolf framlade tanken att ekonomiska snarare än ideologiska orsaker varit grundläggande. Framför allt betonades att krigets demografiska och ekonomiska effekter för Tyskland alls inte varit så förödande som tidigare hävdats. Efter Andra världskriget förändrades synen ännu mera radikalt. S. H. Steinberg presenterade då en tolkning som i Theodore K. Rabbs översikt fått rubriken "det inte så skadliga, inte så religiösa och inte främst tyska kriget".[3]

I samtida propaganda skapades visserligen stöd för kriget genom en accentuering av den religiösa aspekten på både protestantisk och katolsk sida. Gustav Adolf blev, i det allmänna medvetandet, protestantismens hjälte och porträtterades i flygblad som Midnattslejonet från Norden. Från katolsk sida markerades Sveriges inträde i kriget bland annat genom spridningen av en tysk översättning av religionsstadgan från Örebro möte 1617, med skärpta restriktioner mot katolicismen i Sverige. Men propaganda fungerar genom en nödvändig förenkling av en komplex verklighet, för att stärka existerande opinioner och skapa nya sådana.[4] Frågan om kriget främst borde ses som ett religionskrig eller som ett politiskt erövringskrig ställdes redan av samtidens aktörer, som Fabio Chigis korrespondens från Fredskongressen visar. Den omständighet som allra tydligast talar för krigets politiska snarare än religiösa kausalitet är alliansen mellan det protestantiska Sverige och det katolska Frankrike, som etablerades

genom traktaten i Bärwalde den 23 januari 1631.

Det kan dock inte förnekas att Westfaliska freden fick avgörande konsekvenser för religionens roll inom den europeiska samhällsstruktur som skulle växa fram efter 1648. De två övergripande politiska/ ideologiska enheter som format Europa under medeltiden, kejsardömet och Påvedömet, måste slutligen ge vika för en ny, sekulariserad samhällsorganisation, där politisk makt fokuserades till den suveräna nationalstaten och konfessionella frågor spelade en underordnad roll. Genom Westfaliska freden stadfästes också teorin om en maktbalans de europeiska staterna emellan, vilken skulle hämma varje enskild nations framtida förverkligande av imperialistiska ambitioner. Perioden 1517 till 1648 kan således inte endast karaktäriseras som de konfessionella stridernas epok, utan även som statsuppbyggnationens epok.

Westfaliska freden markerade också slutpunkten för påvedömets pretentioner på reell politisk makt i Europa. Kännetecknande är, såsom påpekats av Konrad Repgen, att påvestolen varken tas upp i förteckningen över *foederati* eller *adhaerentes* i det kejserliga-svenska fredsfördraget, och inte heller nämns i det separata fördraget mellan kejsardömet och Frankrike: detta trots att påven Urban VIII (Maffeo Barberini, r. 1623–1644) sedan 1634 drivit en aktiv kampanj för sammankallandet av en fredskongress. Den kongress som ägde rum i Westfalen 1644–1648 var också strukturerad enligt de preliminära förslag som framförts av den Heliga Stolens diplomater. Förhandlingarnas resultat, som enligt Repgen innebar att påvedömet "för all

Bild 53. Porträtt av Fabio Chigi, målat av Jan Baptista Floris efter Anselm van Hulle i Rådhuset i Münster. Foto: Münster Stadtmuseum.

FABIVS CHISTVS AD TRAC: PACIS MEDIATOR

framtid uteslöts ur den europeiska gemenskapens folkrättsliga grundsystem", ledde till Fabio Chigis protest mot freden och påvestolens ogiltigförklarande därav genom brevet *Zelo Domus Dei* (26 november 1648). Påvedömet har därmed betraktats som en förlorande part i det senare 1600-talets europeiska politik, och med undantag av ett antal specialiserade studier har katolska kyrkans medling vid fredskongressen i Westfalen förblivit föga uppmärksammad.[5]

Kyrkans bevakning av och medling vid den westfaliska fredskongressen förtjänar dock en mer generell uppmärksamhet av flera skäl. Den påvliga diplomatin var synnerligen väl utvecklad redan vid 1600-talets mitt, och detta innebär att rapporterna samt den

omfattande dokumentation som vidarebefordrades till Statssekretariatet i Rom från kurians representant i Münster, Fabio Chigi, ger oss en detaljerad bild av förhandlingsprocessen. Påvedömet var inte heller en ideologiskt statisk enhet under perioden i fråga. Redan under 1600-talets första decennier hade påvestolen inlett en dynamisk anpassning till det förändrade samhällsläget i Europa. Snarare än att träda tillbaka till en politiskt obetydlig roll efter krigsslutet, såsom ofta hävdats, kan det beläggas att denna nyorientering stegrades under 1600-talets senare hälft.[6] Slutligen var den apostoliske nuntien och medlaren i Münster, Fabio Chigi, av betydelse för själva fredsprocessen. Han skulle också bidra till katolska kyrkans fortsatta

151

dialog med Westfaliska fredens resultat genom en tolvårig regeringsperiod som påve (Alexander VII, r. 1655–1667). Det vore lämpligt att inleda med en kortare presentation av Vatikanens diplomatväsen och dess utveckling under renässansepoken innan vi följer Fabio Chigi till Münster.

Påvedömet och den internationella diplomatins utveckling

Påvedömet var, såsom påpekats av Garrett Mattingly, den "första europeiska makt att systematiskt använda sig av diplomati". Fram till medeltidens slut var det den romerska kurian som gav de världsliga furstarna förebilder för hur administrativa regeringsorgan skulle organiseras, men denna situation började förändras i och med renässansepoken i Italien. Då utvecklade de italienska stadsstaterna förutsättningarna för den moderna internationella diplomatin genom introduktionen av stående legationer. Kring sekelskiftet år 1500 utvecklades Vatikanens diplomatiska väsen ytterligare i takt med de stegrade internationella kontakter som den tidigmoderna epoken medförde. Vid 1500-talets slut hade påvedömet tolv stående legationer i Italien och övriga Europa: Wien (huvudlegationen), Frankrike, Spanien (Madrid), Portugal, Polen, Neapel, Savojen, Köln, Schweiz, Flandern, Venedig och Florens. Kyrkan använde en särskild terminologi genom att benämna sina diplomatiska representanter "nuntie", (*nuncius*, budbärare) ett uttryck som också användes inom den världsliga sfärens diplomati som benämning för en budbärare med ett särskilt upp-

drag. Inom påvedömet var nuntien den i rangordning näst högsta diplomatiska tjänsten; högre status hade endast kardinal-legaten *a latere*.[7]

Vatikanens internationella kontakter organiserades från Statssekretariatet, en avdelning vid kurian i Rom som blev allt mer betydelsefull under 1500- och 1600-talen. Vatikanens statssekretare var ursprungligen en "segretario intimo" till påven, men i takt med den internationella diplomatins utveckling professionaliserades denna tjänst successivt. På 1500-talet och under större delen av 1600-talet förestods Statssekretariatet nominellt av kardinalnepoten, alltså den regerande påvens brorson eller närmaste manliga släkting, som innehade ett antal kyrkliga och världsliga ämbeten inom Påvestaten, enligt ett traditionellt klientsystem som inom katolska kyrkan kallades nepotism. Men statssekreteraren, en av påven tillsatt tjänsteman som delade ansvaret för departementet med kardinalnepoten, bar under de flesta perioder det reella ansvaret för Vatikanens utrikespolitik.[8]

En ny epok i institutionens historia inleddes samtidigt med fredsförhandlingarna i Westfalen: den då nyvalde påven Innocentius X (Giambattist Pamphili, r. 1644–1655) utnämnde för första gången en statssekretare med rang av kardinal, ett tecken på ämbetets ökade status. Giovanni Giacomo Panciroli blev därmed Vatikanens förste kardinalstatssekreterare. Under en övergångsperiod, som varade fram till 1676, översågs Statssekretariatet gemensamt av kardinalnepoten och den tillsatte tjänstemannen. Därefter utnämndes ingen kardinalnepot alls och 1692 förbjöds officiellt den påvliga nepotismen genom bullan *Romanum decet Pontificem.* Den administrativa professionalisering som inletts 1644 och vars takt stegrats tack vare Westfaliska fredens resultat och Fabio Chigis (Alexander VII:s) insatser hade därmed uppnått ett synligt resultat.

Statssekretariatet hade ett flertal underavdelningar. Den viktigaste av dessa var chiffersekretariatet, en avdelning som chiffrerade politiskt känslig korrespondens och dechiffrerade sådan som mottagits i Rom. Postgången i den förindustriella epoken vilade på nyttjandet av kurirer. Trots att den fungerade förvånansvärt väl – det tog ofta inte längre tid för ett brev från Rom att nå Tyskland än det gör i våra dagar – innebar kuriren alltid en säkerhetsrisk. Även om han själv var pålitlig, kunde han lätt överfallas längs vägen. Viktig korrespondens chiffrerades därför rutinmässigt, och till chiffersekreterarens plikter hörde att varje vecka avlägga en muntlig rapport till påven. Den andra större avdelningen inom Statssekretariatet var "sektionen för brev till furstar" (Lettere ai Principi).[9]

Medan Vatikanens statssekretariat på 1600-talet genomgick en betydande professionalisering, förändrades samtidigt påvedömets vidare diplomatiska ambitioner. Den medeltida världsbilden, C. S. Lewis "discarded image", försvann inte helt men lämnade i den övergångstid som här diskuteras ett bidrag till den internationella politiken. Doktrinen om påven som *Padre Comune* med en skyldighet att instifta fred mellan de kristna furstarna tycks ha ersatt medeltidens mer allomfattande definition av rollen som kyrkans överhuvud. Som en följd därav in-

leddes en neutralitetspolitik under Urban VIII:s regeringstid och medling blev en allt viktigare aspekt av denna politik. Enligt P. J. Rietbergen var påvedömets större politiska ändamål tre: att söka hejda reformationens fortsatta framfart, att upprätthålla en maktbalans mellan Frankrike och Spanien samt att ena Europas stater i försvar mot det Ottomanska väldet.[10] Sådan var bakgrunden till påvedömets ivriga engagemang för inledandet av en fredskongress i Westfalen och för medling av en representant för den romerska kurian vid denna kongress.

Fabio Chigis uppdrag i Münster

Fabio Chigi föddes 1599. Han tillhörde den "fattiga" grenen av denna berömda bankirsläkt från Siena, och som många italienska adelsmän inriktade han sig tidigt på en karriär i kyrkans tjänst. Han kom till Rom 1626, och efter fullbordade studier var han en kort tid vice-legat i Ferrara. 1634 utnämndes han till inkvisitor i Malta, och i huvudsak förblev han där tills han kallades till nuntiaturen i Köln 1639. Tjänstgöring utanför Italien började vid denna tid bli den vanliga karriären för präster vid den romerska kurian vilkas anor och utbildning möjliggjorde höga poster inom den ecklesiastiska hierarkin.[11]

Chigi var inte den ursprunglige kandidaten som utvalts att representera påvestolen vid förhandlingarna i Westfalen – det var snarare kardinalen Carlo Rosetti. Men Frankrike vägrade godkänna Rosetti, då denne ansågs spansk-vänlig, och därför utnämndes Chigi i hans ställe den 23 december 1643. För att tydligt markera sitt missnöje inför

Frankrikes påtryckningar utnämnde inte påven Chigi med titeln *legatus a latere*, utan gav honom den rangmässigt lägre titeln "extraordinär nuntie". Han utnämndes till en början *ad interim,* i avvaktan på franskt godkännande, vilket meddelades den 24 januari 1644. Chigi förblev formellt nuntie i Köln under den tid han agerade som medlare i Münster.

Fabio Chigi inledde sin färd till Münster den 14 mars 1644. Han valde att på grund av det dåliga väglaget så långt som möjligt resa längs floden Rhen. Nära Hiltrup stannade hans svit vid ett värdshus som står kvar än idag – Wittlerbaum. I en dikt som Chigi skrev om sin resa klagar han bittert över denna rökiga hydda och det usla svarta bröd som serverades, skuret i skivor (pumpernickel).[12] Han anlände till Münster den 19 mars och inkvarterades i stadens Minoritkloster, där han under kongressen skulle disponera en rymlig våning. Men det stod ännu inte klart att Fabio Chigis utnämning till medlare var mer än en tillfällig lösning. Chigi själv trodde att kardinalen Marzio Ginetti snart skulle sändas dit med den högre rangen *legatus a latere*. Påven Urban VIII:s död den 29 juli samma år stegrade ovissheten. Medan Urban kan sägas ha fört en i någon mån franskorienterad politik, var hans efterträdare Innocentius X markant spanskorienterad. Spanska sändebud i Rom ogillade Chigis strikt neutrala hållning gentemot de två katolska stormakterna och bearbetade därför den nya påven att återkalla Chigi. Men Innocentius bedömde snart Chigis kompetens i uppdraget som mycket god, och Chigi erhöll en officiell fullmakt.

Chigis stab bestod av omkring femton personer. Hans första sekreterare, som dock redan 1644 återvände till Italien, var Don Lorenzo della Ratta. Heinrich Mehring från Köln och Don Giovanni Hodige ansvarade för en stor del av nuntiens voluminösa korrespondens. Jämför man med till exempel den franska legationens runt 1000 medlemmar och 200 hästar, var det ett mycket anspråkslöst följe. Chigi lät dock förse en audienssal med elegant möblemang. Väggarna dekorerades med ordspråk som anspelade på den kommande freden. Chigis sällskap hade anlänt till Münster med två mycket enkla vagnar, men han behövde nu en kaross av bättre kvalitet för officiella besök. En sådan införskaffades mot årets slut, och även den fick en utsmyckning som anknöt till fredsuppdraget – på taket fanns ett kors omgivet av två ormar – fredens symbol.[13] Chigis intensiva andlighet och asketiska drag utmärkte honom i förhållande till den härskande kretsen vid tidens romerska kuria. Trots att han var fysiskt svag och hade opererats för njursten i Köln, ålade han sig under tiden i Münster regelbundet en privat fasta för fredens skull. Chigis bildning var också avsevärd, och till skillnad från många av de diplomatiska representanter som vistades i Westfalen under flera år, lärde han sig också tyska.

Det hade bestämts att förhandlingarna skulle delas mellan de två närbelägna städerna Münster och Osnabrück, som med resvägen däremellan deklarerades neutrala inför fredskongressen. Enligt planerna skulle de protestantiska parterna förhandla i Osnabrück, de katolska i Münster. Hela den svenska legationen befann sig alltså i Osnabrück,

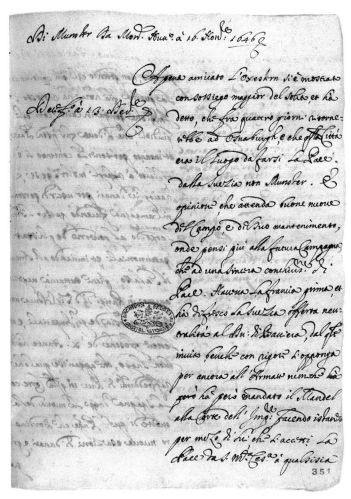

Bild 54. Konfidentiell information chiffrerades rutinmässigt i Münster, för att sedan lösas upp vid Chiffersekretariatet i Rom. Vid denna tid förestods avdelningen för chiffer av Decio Azzolino, senare kardinal och känd för sitt samarbete med drottning Kristina från 1655. Det är han som renskrivit brevet som visas ovan. ASV, Nunziatura di Paci 20, f. 351r (16 nov. 1646). Foto: Vatikanen.

representanter för kejsaren däremot i både Osnabrück och Münster. Större delen av den franska legationen var i Münster men hade en resident även i Osnabrück. Spanjorerna förhandlade i Münster. Det var från början meningen att Chigi skulle agera som medlare för de katolska parterna i Münster, medan den venetianske diplomaten Alvise Contarini (1597–1651) skulle verka som medlare

för de protestantiska parterna. Sverige godkände dock inte till en början Contarini som medlare, och i praktiken sysselsattes även han med uppdrag i Münster. Detta innebar att förhandlingarna i Osnabrück mellan den svenska och kejserliga legationen ägde rum direkt, utan någon medling alls.[14]

Beslutet att Roms medling endast skulle gälla den katolska sidan hade också fattats.

155

Chigi förhandlade därför inte direkt med protestanterna, vilka Rom fortfarande betraktade som kättare, även om man vid 1600-talets mitt insåg att reformationens större resultat skulle bestå. Trots detta kännetecknades den politik som fördes av vissa kompromisser. P. J. Rietbergen ser här en spänning mellan påvedömets officiella ideologi och de politiska villkor som underströk katolska kyrkans förlorade makt i ett alltmer sekulariserat Europa, som inte längre kunde betraktas som en enhetlig, ortodox *Christianitas*. Chigis möte med Sverige måste alltså betecknas som ett indirekt möte, genom den diplomatiska kontakt han – trots alla inskränkningar – upprätthöll med parterna i Osnabrück. Och som det följande skall visa var han i hög grad informerad om den svenska politiken både i förhållande till fredsförhandlingarna och vad gällde landets interna angelägenheter.[15]

Fabio Chigis rapporter från fredskongressen

Fabio Chigis rapporter från westfaliska fredskongressen och den direkt påföljande perioden (till 1651) är idag bevarade i Vatikanens arkiv och bibliotek. De är där uppdelade mellan serien Nunziatura di Paci i Vatikanarkivet, som innehåller Chigis brev, rapporter och medföljande dokumentation till Statssekretariatet i Rom och två samlingar i Vatikanbiblioteket, som tidigare har bildat en del av familjen Chigis privata samlingar: Fondo Chigi (eller Mss. Chigiani) och Archivio Chigi. Delar av detta material har utnyttjats av forskningen och även utgivits. Det rör

Chigis verksamhet fram till 1643, som har studerats av Konrad Repgen i den övergripande studien *Die Römische Kurie und der Westfälische Friede*. Chigis korrespondens från kongressen i Münster fram till 1645 har delvis utgivits av Vlastimil Kybal och G. Incisa della Rochetta. Dessa författare har använt sig av det källmaterial som återfinns i det 1922 till Vatikanbiblioteket förvärvade Archivio Chigi. För den föreliggande studien används huvudsakligen Vatikanarkivets samling Nunziatura di Paci, då serien innehåller den originalkorrespondens som Fabio Chigi sände till kurian under sin tjänstgöring i Köln och Münster, medan de privata samlingarna snarare innehåller register och kopieböcker.[16]

Chigis korrespondens med Vatikanens statssekretariat under perioden 1644 till 1651 består av femton band (Nunziatura di Paci, 15–29). Dessa volymer kan delas i tre kategorier. Den första består av Chigis ordinära rapporter till kurian och medföljande dokumentation av förhandlingsprocessen (nr 15, 17, 19, 23, 24, 25, 26, 29). Den andra består av Chigis chiffrerade brev till Statssekretariatet, innehållande konfidentiell information som dechiffrerades vid ankomsten till Rom inom chiffersekretariatet (nr 18, 20, 21, 22, 27, 28). Till sist innehåller serien ett enda register där Statssekretariatets hela korrespondens till Chigi under den aktuella perioden är upptagen (nr 16). Flertalet band innehåller ca 1000 foliosidor, och under förhandlingarnas mest intensiva period, ca 2000 foliosidor.

Från förhandlingarnas långsamma start i Münster 1644 till den tid han återkallades till

Rom, skickade Chigi plikttroget varje vecka en rapport till Statssekretariatet. På grund av de plågor njurstenen orsakade honom, skrev han sina rapporter stående vid en pulpet. Arbetstakten i Münster var så intensiv att Chigi var tvungen att skriva så fort som möjligt och så enkelt som möjligt. Han lade sig snart av med vanan att författa dessa rapporter i den kultiverade stil som kännetecknade hans hemort Toscana, där det moderna italienska språket också föddes under den tidiga renässansepoken.

Chigis rapporter består vanligtvis av ett inledande brev till statssekreteraren eller kardinalnepoten, vilket följs av en längre rapport, oftast 8–10 foliosidor, om veckans förhandlingar. Han sänder också kopior på alla handlingar under arbete. En del av samlingens värde består i möjligheten att så noggrant kunna följa fredens långa tillkomst. Slutligen bifogas varje vecka ”avvisi”, en handskriven nyhetsbulletin som vanligtvis omfattar aktuella krigsnyheter eller rapporterar om besök fredslegationerna emellan.

Chigis information om den svenska legationen i Osnabrück kommer delvis från Alvise Contarini, som periodvis träffade de svenska diplomaterna när de besökte Osnabrück eller erhöll information via fransmännen. Det bör inte förvåna att Chigis bild av Sveriges roll i kriget var relativt onyanserad. Den protestantiska makten Sverige hotade framgångsrikt allt det som Chigi själv representerade och erkände, och en studie av hans korrespondens visar tydligt att han alltför väl förstod innebörden av den svensk-franska alliansen under kriget.[17] Hans bedömning av huvudaktörerna inom den svenska lega-

tionen, Johan Oxenstierna och Johan Adler Salvius, varierar något. Då de är kättare förblir denna bedömning nödvändigtvis negativ, men vid förhandlingarnas start är det främst Salvius som Chigi fördömer, då denne ”är mer ivrig för protestantismens sak än den värsta predikant”, medan Oxenstierna i hans ögon framstår som en renodlad politiker. Dessutom tycks Oxenstierna verkligen eftertrakta freden, om än av personliga skäl. Han vill återvända till Sverige så fort som möjligt, ”för att där smyga sig in i rikskanslerämbetet innan hans far, som redan är gammal, slutar sina dagar”.[18]

I Trettioåriga krigets slutskede var Chigi bara en av många som respekterade (eller fruktade) Sveriges militära makt och insåg styrkan i det svenska förhandlingsläget. Han kan, till exempel, i april 1645 rapportera till nuntien i Paris att generalen Lennart Torstensson blivit så stöddig efter sina segrar att han inte längre besvärar sig om att visa någon respekt vare sig för fransmännen eller sin egen monark:

Efter segern har inte Torstensson längre skrivit till de Franska fullmaktshavarna, eller ens till de svenska. Det var till och med så att när han mottog en försändelse från sin egen drottning, sågs han bara slänga den på bordet och säga, att det var faktiskt hans sak att ge order inför kriget efter dessa segrar.[19]

Chigi hade en exakt och detaljerad kunskap om Sveriges besittningar, dess krigstaktik och tidigare historia.[20] Hans oro över den svensk-franska alliansen var särskilt stor, och han hävdade att den från svensk sida var rent opportunistisk:

Kung Gustav ... deklarerade redan i Magonza att han inte värdesatte Frankrike, och ville göra sig av med och skilja sig från alliansen, som inte betydde mycket för honom; kardinal Richelieu, som visste detta väl, litade aldrig på honom.[21]

Enligt Chigis information var det den protestantiska alliansens ambition att "inte en enda Papist skulle finnas kvar i kejsardömet inom två år ... det finns ingen tid att förlora, och vi har inte råd att sova". I augusti 1646 tycktes freden närma sig, men det dåvarande förhandlingsläget blockerades av svenskarna och fransmännen. Chigi menade att det var svenskarna som motsatte sig freden aktivt, medan fransmännen var en mer passiv part i alliansen.[22]

Den svenska legationens fullmaktshavare, Johan Oxenstierna och Johan Adler Salvius, spelar en stor roll i Chigis rapporter. Det kan allmänt sägas att Oxenstierna betraktades som lynnig och arrogant av de två medlarna – han sågs hindra fredens framfart snarare än att främja den – medan Salvius åtminstone var medgörlig. Den 5 januari 1646 rapporterar Chigi att "Oxenstierna har visat sig gladare än vanligt inför den som har besökt honom då hans fader Rikskanslern nyligen hedrats av drottningen". Axel Oxenstierna hade bland annat fått lägga en jordglob till familjevapnet, som visade att "det var endast hans dygder som hade stött och regerat detta rike".[23]

Chigi var väl medveten om att Johan Oxenstiernas pretentioner vilade på faderns påtagliga makt inom det svenska riket och i förhållande till den unga drottningen. Han skriver den 23 mars 1646 i ett chiffrerat brev till Statssekretariatet att han är övertygad om

att de svenska fullmaktshavarna inte har befogenheter att själva sluta freden,

... då det är den gamla Oxenstierna, Rikskanslern, som ensam är informerad om angelägenheterna i Tyskland och drar ut på saker, och endast med svårigheter låter sig övertygas om att avsluta förhandlingarna ... han ser sig som nödvändig till sin drottning, eftersom det är han ensam som har skapat henne, och som är hennes patron.[24]

Chigis beskrivning av Johan Oxenstiernas högfärdiga beteende under fredskongressen stämmer väl överens med den franska fullmaktshavarens, hertigen D'Avaux, observation att han "betedde sig som om han satt på sin tron för att döma Israels tolv stammar". Det är särskilt Oxenstierna, noterar Chigi i september 1646, "som framhärdar i sina höga, avlägsna pretentioner". Han skulle till och med, inspirerad av hoppet om ytterligare svenska framgångar, ha sagt till sin drottning att fransmännen skyndade på freden alltför mycket.[25]

Chigis observationer om drottning Kristinas första regeringsår

Året 1644 bevittnade inte endast fredsförhandlingarnas början och slutet på en epok vid den romerska kurian genom påven Urban VIII:s död. Det var också det år drottning Kristina blev myndig. Fabio Chigis rapporter samt andra handlingar från Münster innehåller information om den unga drottningen. Det ryktas särskilt om hennes tidiga äktenskapsplaner och förhållande till klanen

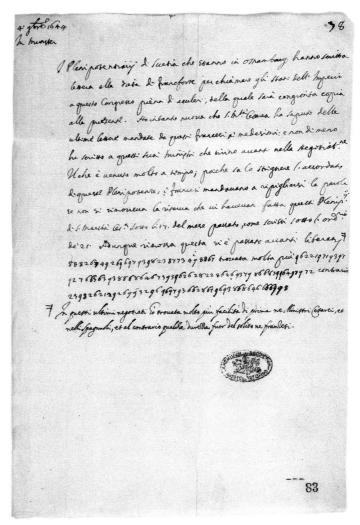

Bild 55. Kort meddelande av Fabio Chigis hand till Statssekretariatet i Rom, delvis chiffrerat. Chigi berättar att den svenska legationen skrivit ett brev för att kalla de tyska staterna till kongressen. ASV, Nunziatura di Paci 15, f. 83r (4 nov. 1644). Foto: Vatikanen.

Oxenstierna. Dessa rapporter visar bland annat hur noggrant Sveriges inre politik bevakades under fredskongressen och hur väl informerad man var om dessa angelägenheter i övriga Europa.

Den 14 april 1645 skriver Chigi förhoppningsfullt att vid denna tid, när Sveriges militära överlägsenhet är bevisad, tror man att svenskarna skall önska driva fram freden. Detta verkade rimligt, alldeles särskilt med tanke på behovet att stadga den unga drottningens regering, "och att tänka på detta ärofulla äktenskap, som mitt i krigets osäkerhet sannerligen inte kan fullbordas så lätt". En kandidat som drottningens gemål tros vara kurfursten i Brandenburg, trots att han var

159

kalvinist och ett äktenskap med Kristina alltså skulle strida mot rikets grundlagar. Men detta är ett hinder som man anser kan övervinnas med tanke på de politiska fördelarna. Faktum är, att fransmännen har börjat frukta protestanternas ökade makt, och ogärna ser att en liga mellan Sverige, Holland och England blir verklighet. Kristina används då som ett lockbete för att binda den brandenburgske kurfursten till en sådan allians.[26] Det blir dock uppenbart att detta beryktade äktenskap inte kommer att förverkligas. Chigi framför åsikten att de svenska ministrarna inte önskar att Kristina skall gifta sig alls.

Kurfursten i Brandenburg har nu insett att han inte kan få drottningen av Sverige till sin maka; dessa ministrar vill att hon skall förbli i celibat för att kunna styra landet på sitt sätt.[27]

De konflikter som karaktäriserade Kristinas förhållande till familjen Oxenstierna under den period då hon efter myndighetsförklaringen försökte upprätta ett mera självständigt styre uppmärksammades och diskuterades under kongressen. Om vi godtar Chigis bedömning, måste det också konstateras att den propagandistiska bilden av Kristina som en "fredens drottning", som framfördes i samband med hennes kröning 1650, har liten grund i verkligheten. I september 1646 hävdar han att Kristina "knappast har någon böjning för fredens fullbordande", och i december samma år skriver han att "drottningen av Sverige upptäcks var dag vara mer och mer avog inför freden, faktiskt tycks hon önska att kriget blir ännu större".[28]

Som bekant var Pfalzgreven Karl Gustav, Kristinas kusin, en tid betraktad som Kristi-

nas tänkta gemål. Men drottningen hade redan vid 1640-talets mitt fattat sitt beslut att inte ingå äktenskap med honom eller någon annan, och detta ställningstagande diskuterades i rapporter från fredskongressen. Ett nyhetsblad (avvisi) från den 16 april 1649 rapporterar att Karl Gustav snarare än att bli drottningens make, utnämnts till svensk tronföljare. Intressant nog diskuteras redan Kristinas möjliga abdikation. Den "officiella" version drottningen själv framförde, när hon genomdrev Karl Gustavs utnämning till tronföljare 1649 och arvfurste 1650, var ju hennes fruktan att dö utan efterkommande och därmed lämna riket utan någon regent. Kristinas utnämning av Karl Gustav till tronföljare beskrivs i ett brev tillsänt den franska legationen i Münster från Sverige och daterat den 20 mars 1649. Författaren uttrycker beundran för drottningens klokhet och mognad, och den fosterlandskärlek denna handling uppvisar. I Karl Gustavs frånvaro satte hon kronan, symboliskt, på hans huvud genom att nedlägga den på hans tomma säng.[29]

Vid denna tid var freden formellt sluten men ännu inte verkställd. Förhandlingarna om hur detta skulle gå till rent praktiskt hade förflyttats till en kongress i Nürnberg. Tidigt i mars hade Oxenstierna och Salvius lämnat Osnabrück. Under året 1649 reste flertalet av förhandlarna endera till kongressen i Nürnberg, återkallades till sina hemland, eller utsändes på andra diplomatiska uppdrag. De två medlarna i Münster, Alvise Contarini och Fabio Chigi, blev de sista att lämna kongressorten. Chigis rapporter från 1649 blir nu mer oregelbundna – han vidarebefordrar oftast information från kongressen i Nürnberg.

Såsom svenskarna ansågs fördröja fredens tillblivande, är det likaså de som fördröjer dess exekution. Det stora hindret är hur den svenska armén skall betalas och därmed kunna upplösas. Bland de för Sverige intressanta handlingarna från fredens slutfas är en schematisk förteckning över den svenska arméns storlek och vilka områden den ännu ockuperar.[30]

Slutligen bör i korthet nämnas Chigis engagemang i ett projekt som inte direkt berörde fredsförhandlingarna men som är relevant för Skandinaviens historia. 1646 närmade sig den danske riksskattmästaren Corfitz Ulfeldt Chigi och begärde hans stöd för en plan att återinföra katolicismen i Skandinavien. Ulfeldts kontakt med Chigi förmedlades genom den förres italienska sekreterare Giuseppe Guglielmi, som tidigare varit i Chigis tjänst och som besökte nuntien i Münster på väg till Köpenhamn i april 1646. Chigi korresponderade intensivt med Ulfeldt under det kommande halvåret, men när han presenterade Ulfeldts planer för Statssekretariatet i Rom ansågs de vara orealistiska och opportunistiska. Trots att förhandlingarna med Ulfeldt sporadiskt togs upp fram till 1651, markerade då kurian i Rom sitt ogillande för Ulfeldts politiska ambitioner, och betonade att kyrkan inte ville agera mot en "legitimt vald monark". Att söka återinföra katolicismen i Norden skulle endast leda till nya olyckliga stridigheter och till brukandet av våld, som särskilt i religionens namn var förkastligt. Korrespondensen belyser i högsta grad hur långt kyrkan hade färdats ideologiskt sedan reformationstiden, och möjligtvis hur Trettioåriga krigets erfarenheter underströk det olyckliga i alla krig, alldeles särskilt de som fördes i religionens namn.[31]

Fabio Chigi och arvet från Münster

Chigis omfattande och systematiskt bevarade dokumentation av fredskongressen i Westfalen och fredens verkställande under de närmast kommande åren är en ovärderlig källa för detta betydelsefulla skede i Europas historia. Chigis korrespondens visar att både han och Contarini tog mer långtgående initiativ inom fredsprocessen än deras instruktioner ursprungligen förutsåg. Trots att nuntien inte var en opartisk rapportör, förenade han diplomatisk begåvning med en gedigen humanistisk bildning, vilket också bidrar till värdet av hans efterlämnade rapporter.

Chigis rapporter talar till de större frågor som har debatterats i forskningen om Trettioåriga kriget och den svenska stormaktstiden, och som diskuteras än idag. Den centrala frågan om kriget främst var ett religionskrig eller snarare ett politiskt erövringskrig – och hur detta uppfattades av samtiden – berörs ofta i Chigis korrespondens. Chigi framför inte sällan åsikten att kriget måste betraktas som ett rent politiskt sådant, och rapporterar att liknande uttalanden gjorts av bland andra Johan Oxenstierna.[32] Chigi ger oss även en observation som anknyter till den debatt mellan den "gamla" och "nya" skolan som präglat forskningen om den svenska stormaktens utveckling från 1950-talet och framåt, och som sammanfattats av Michael Roberts i *The Swedish Imperial Experience*. Den primära frågeställningen har här varit i vilken grad den svenska expansionen berodde på politiska/ideologiska motiveringar, och i vilken grad denna expansion var ekonomiskt motiverad. Chigi hade mycket goda kunskaper om Sveriges ekonomiska bas, och anser dessutom att svenskarna själva är medvetna om betydelsen därav – det var, i hans syn, ekonomiska motiveringar som styrde Sveriges handlande såväl i krig som i fred.[33]

En debattpunkt som rör själva freden är hur dessa förhandlingar skall karaktäriseras. Vissa författare, såsom D. J. Hill, har sett förhandlingarna i Westfalen som ett förmodernt kaos, varför han i sin omfattande historik över diplomatins utveckling ägnar dem föga utrymme. Andra författare, bland dem Garrett Mattingly och P. J. Rietbergen, ser i Westfaliska freden den moderna internationella diplomatins födelsestund. Vad skulle Chigi ha sagt i denna fråga?

Chigi stod så nära förhandlingarna att han, åtminstone på 1640-talet, tycks ha upplevt fredsprocessens kaotiska aspekter som övervägande. Mycket talar dock för att han under sin senare karriär som romersk påve alltför väl förstod fredens konsekvenser för kyrkans framtida roll i den europeiska statsformationen. Tankarna förs till Penelopes väv när Chigi berättar om hur de världsliga diplomaterna river upp på natten det som han har konstruerat under dagen. "De skriver brev av eld till sina furstar, och det skulle behövas någon som stod nära dem för att ösa på vatten". Med hänvisning till de minutiösa tvisterna om etikett, titlar och formaliteter som fördröjde förhandlingarnas start och orsakade ständiga problem kongressen igenom, kallar han Münster en svart komedi, "och jag skulle gladeligen kalla vem som helst

'Ers Majestät' som önskar det, så att vi kan åstadkomma denna fred". Han kommenterar, som även andra, den germanska förhandlingsstilen – det vill säga att istället för att komma till saken, skickar man skrivelser hit och dit i månader, och inleder långa, voluminösa processer. Salvius är den främsta representanten av detta förhandlingssätt och för övrigt stolt över att kalla sig dess mästare, konstaterar Chigi.[34]

På nyårsdagen 1646, när förhandlingarnas start redan låg långt tillbaka i tiden, men fredslutet måste ha verkat ännu mera avlägset, återberättade Chigi en händelse som också reflekterar den populära synen på förhandlingarna. En kvinna i en liten stad nära Köln hade besatts av en ond ande. När man äntligen fick anden att lämna hennes kropp, talade den till folkmassan och bad om nåd. Den ville inte sändas tillbaka till helvetet då det var så ensamt och avbefolkat där. När man frågade den onde anden vad som menades, svarade den att alla dess kompanjoner hade nämligen kommit upp till jorden och befann sig just nu vid kongressen i Westfalen för att förhindra fredens framfart. Med tanke på de egna erfarenheterna verkade berättelsen inte orimlig, tyckte Chigi, även om han väl visste att djävulen var "lögnens fader".[35]

I November 1651 avslutades Fabio Chigis tolv år långa tjänstgöring i Tyskland när han återkallades till Rom för att bli Vatikanens andra kardinalstatssekreterare och fylla vakansen efter Giovanni Giacomo Panciroli. Drygt tre år senare, i april 1655, valdes han till påve med namnet Alexander VII. Richard Krautheimer, som har beskrivit staden Roms arkitektoniska utveckling under Chigi-påven, har diskuterat betydelsen av "traumat i Münster" för hans regentgärning. Jag skulle hellre peka på "arvet från Münster", då det Chigi förde hem från Tyskland och fredskongressen sannerligen påverkade hans fortsatta gärning, men inte bara negativt.[36]

Fabio Chigi var den första utländske nuntie som återkallades till Rom för att sedan uppnå en hög ställning inom den katolska hierarkin. Såsom Georg Lutz nyligen påpekat, var det tidigare vanligt att en återvändande nuntie belönades med ett biskopssäte i någon mindre italiensk ort. Hans kunskaper om Spanien eller Tyskland försvann därmed i den italienska landsbygden, och kom inte den centrala administrationen vid den romerska kurian till godo. Att Chigi utnämndes till statssekreterare 1651, blev kardinal året därpå och påve 1655 är också ett tecken på den administrativa professionalisering som inletts inom kurian. Vikten av kyrkans kontakter med de världsliga staterna hade, som nämnts, successivt ökat sedan 1500-talet, och det var därför ställningen som nuntie i sig medförde högre prestige än tidigare.[37]

Chigi förde också med sig en stor aktning för den tyska fromheten och livsstilen. Enligt ett tal som han höll inför kardinalkollegiet under advent 1665, hade han nedtecknat minnen av det han bevittnat i Tyskland i sin dagbok, "för att föra dessa saker hem till fäderneslandet". Han blev inte populär, när han med jämna mellanrum tillrättavisade de romerska kardinalerna just för att de betedde sig som italienare, och inte lyckades uppvisa den strikta hållning han så beundrat hos tyskarna.[38]

Chigis stereotypa bild av den nordeuropeiska fromheten skulle dock påverka negativt hans möte med drottning Kristina. Mot bakgrunden av Chigis erfarenheter från fredskongressen är det inte svårt att förstå att Kristinas konversion till katolicismen och ankomst till Rom 1655 var av stor personlig betydelse för påven. Det är värt att notera att Alexanders krav att Kristina skulle upptas *offentligt* i den katolska kyrkan innan hon inträdde i Påvestaten går tillbaka på Chigis förbud mot att förhandla med kättare under fredskongressen. Av detta skäl mottogs Kristina privat som katolik på julafton 1654 i Bryssel, offentligt först i Innsbruck den 3 november 1655. Det var också påven, som genom sitt firande av Kristinas ankomst i Rom, bidrog till att skapa den starka associationen mellan konversionen och tronavsägelsen. Kristina motsvarade dock inte Alexanders förväntningar, och drottningens tidiga konflikter med Chigi har givit eftervärlden en överdrivet negativ syn på hennes kontakter med den katolska kyrkan och det romerska hovet.

Chigis principiellt hårda ställning mot Frankrikes allians med det protestantiska Sverige innebar att fransmännen senare försökte, men inte lyckades, blockera hans val till påvestolen. Konflikter med den franska kronan och det franska prästerskapet blev ett förhärskande tema under Alexanders pontifikat (1655–67), och detta måste betraktas som en avigsida till arvet från Münster.

Mot bakgrunden av den förödmjukelse kyrkan erfarit genom förhandlingarnas slutresultat, hade Chigi ett behov att glorifiera påvemakten, vilket delvis skedde genom en arkitektonisk uppbyggnad av staden Rom. Det är Alexander VII som skapat barocktide-

Bild 56. Utsikt över Piazza di S. Pietro i Rom. Det berömda torget fick sin nuvarande utformning under Alexander VII, som under westfaliska fredskongressen ännu hette Fabio Chigi. Fotografen okänd.

varvets stad, det Rom vi känner igen idag. Det sena 1600-talets traditionella pilgrimsväg, som idag är stadens klassiska "turiststråk", följer faktiskt banan för Kristinas triumfatoriska intåg 1655.

Den neutralitetspolitik som inletts under seklets första decennier utvecklades ännu mera medvetet under Alexander VII:s regering, och då i samarbete med den fraktion som stått bakom hans val till påve: *Squadrone Volante*. Detta politiska parti, lett av kardinalen Decio Azzolino, hade samlats kring neutralitetstanken som en nödvändig förutsättning för påvedömets fortsatta samspel med de katolska stormakterna. Drottning Kristina blev redan 1656 partiets kungliga beskydderska, och bidrog därmed i någon mån till

neutralitetspolitikens roll vid den romerska kurian under 1600-talets senare hälft.

Den 25 september 1645 inlämnades det kejserliga partiets svar på Frankrikes och Sveriges fredspropositioner. Några veckor senare reflekterade Chigi över det faktum att så skedde nittio år på dagen sedan den Augsburgska religionsfreden etablerats i kejsardömet.[39] Fabio Chigi hade ett starkt historiskt medvetande, och tack vare det egna engagemanget i fredsprocessen var han bland dem som insåg att trosstridernas epok var förbi. Det var detta arv han förde med sig i sin gärning som regerande påve, och det skulle väsentligt påverka katolska kyrkans roll och fortsatta utveckling i det europeiska samhället efter Westfaliska freden.

Appendix

Förteckning över registrerade handlingar (kopior) i Vatikanens Arkiv och Bibliotek härstammande från den svenska legationen i Osnabrück eller av relevans för Sveriges roll vid Fredskongressen i Westfalen 1644–48.

Handlingar från serien Nunziatura di Paci, Archivio Segreto Vaticano, är kopior som medföljt de brev och rapporter Fabio Chigi skickat till Statssekretariatet vid den romerska kurian under fredskongressens gång. Handlingarna är också upptagna i en serie register som tillhör samlingen Fondo Chigi (Mss. Chigiani) i Biblioteca Apostolica Vaticana. De har troligtvis skrivits av innan de sändes till Rom. Förekomsten av Chigis handstil i registren (smärre rättelser) skulle tyda på att de sammanställdes i Münster snarare än i Rom. Namnteckningar och datum angivna som i handlingarna.

1. Brev från de svenska fullmaktshavarna till kejsardömets representanter. Osnabrück 17 maj 1644. Undertecknat av Johan Oxenstierna och Johan Adler Salvius.
   BAV, Mss. Chig. A. I. 9, ff. 37v–39r.

2. Sveriges fullmakt för Johan Oxenstierna, Thure Bielke, och Johan Adler Salvius vid förhandlingarna i Osnabrück. Daterad "die 20 Augusti Anno [1644, överstruket] supra Millesimum Sexcentesimum quadragesimo primo". Undertecknad av Matthias Soop, Jacobus de la Gardie, Carolus Gyldenhielm, Axelius Oxenstierna, Gabriel Oxenstierna. Kopian gjord av Matthias Mijlonius och vidimerad av And. Gyldenclau. På första sidan en anteckning i Fabio Chigis hand: "Plenip(otenz)a di Suezia p(er) Osnaburg".

ASV, Nunziatura di Paci 15, ff. 55r–56r.

3. Brev från den svenska legationen i Osnabrück till Dieten i Frankfurt, 4/14 okt. 1644. Undertecknat av J. O Axelij (Johan Oxenstierna), J. A. Salvius. ASV, Nunziatura di Paci 15, ff. 79r–81v.
   BAV, Mss. Chig. A. I. 9, ff. 61r–64r.

4. Brev från den svenska legationen i Osnabrück till Dieten i Frankfurt, 20 nov.1644. Undertecknat av Joan: Axelius Oxenstierna, Jo. Adler Salvius. ASV, Nunziatura di Paci 15, f. 153r.
   BAV, Mss. Chig. A. I. 9, ff 76v–77r.

5. Proposition lämnad till kejsardömets fullmaktshavare av den svenska legationen i Osnabrück, 26 nov. 1644. Undertecknad av Johannes Oxenstirn, J. A. Salvius.
   ASV, Nunziatura di Paci 15, ff. 123r-v.
   BAV, Mss. Chig. A. I. 9, ff. 75r–76r.

6. Sveriges Fredsproposition. Juni 1645. Undertecknad av Joannes Oxenstierna Axon., J. A. Salvius.
   BAV, Mss. Chig. A. I. 9, ff. 145v–151r.

7. Freden i Brömsebro (Tractatus Pacis inter Coronas Sueciae, et Daniae A(nn)o D.M.DCXLV die xiii Aug(us)ti ... Actum ad Bornsebroo in Limitibus). Undertecknad av De la Thuillerie, Axelius Oxenstierna, Matthias Soop, Thuro Bielke, Thuro Sparre.
   BAV, Mss. Chig. A. I. 9, ff. 160v–182r.

8. Konkordat mellan Sverige och den Holländska republiken beträffande den danska sjöfarten; överenskommelse med Danmark i denna fråga, 15 aug.1645.
   BAV, Mss. Chig. A. I. 9, ff. 198r–199v.

9. Den svenska legationens svar på kejsardömets proposition ang. ett bredare deltagande vid kongressen från de tyska

ständerna. Osnabrück 20/30 okt. 1645. Undertecknat av J. A. Salvius, Joannes Oxenstirna.
ASV, Nunziatura di Paci 17, ff. 515r–517r.
BAV, Mss. Chig. A. I. 9, ff. 208r–212r.

10. Den svenska legationens svar på en proposition från kejsardömets representanter, 17 jan.1646, Osnabrück.
ASV, Nunziatura di Paci 19, ff 48r–53r. Här odaterad, med Chigis anteckning ”Replica della Suezia.”
BAV, Mss. Chig. A. I. 10, ff. 12v–19r.

11. Frankrikes anslutning till Heilbronn-förbundet (1 nov. 1634, Paris).
BAV, Mss. Chig. A. I. 10, ff. 52r–59r.

12. Svenska legationens svar på en proposition från kejsardömets representanter, 1 maj 1646, Osnabrück.
BAV, Mss. Chig. A. I. 10, ff. 120r–129r.

13. Handlingar rörande Sveriges preliminära överenskommelser med kejsardömet och krav avseende delar av Pommern och hertigdömena Bremen/Verden, Maj–sept. 1646.
ASV, Nunziatura di Paci 19, ff. 320r–321v; 591r–595r.
BAV, Mss. Chigi. A. I. 10, ff. 138r–141r; 294r–295r.

14. Utdrag från proposition framförd av Magnus Gabriel de la Gardie vid Ludvig XIV:s hov. Odaterad; medföljde handlingar sända till Rom 26 okt. 1646.
ASV, Nunziatura di Paci 19, ff. 691r–692v.
BAV, Mss. Chig A. I. 10, ff. 335r–337v.

15. Två propositioner inlämnade av Johan Adler Salvius till den kejserliga legationen ang. svenska anspråk på delar av Pommern.
A. ASV, Nunziatura di Paci 19, ff.

747r–749v, 20 nov. 1646.
BAV, Mss. Chig. A. I. 10, ff. 348r–352r, här odaterad.
B. ASV, Nunziatura di Paci 19, ff. 751r–752r, här odaterad.
BAV, Mss. Chig A. I. 10, ff. 350r–352r, 19 nov. 1646.
(Kejserliga legationens svar på propositionerna, 20/21 nov. 1646, i BAV, Mss. Chig. A. I. 10, ff. 357r–360v.)

16. Brev från Johan Oxenstierna och Johan Adler Salvius till den franska legationen, ang. Sveriges territoriella och ekonomiska anspråk, 25 nov. 1646.
ASV, Nunziatura di Paci 19, ff. 801r–v.
BAV, Mss. Chig A. I. 10, ff. 362v–363v.

17. Beslut avseende Sveriges krav givna av de franska och kejserliga legationerna med Alvise Contarini, 10 dec. 1646.
ASV, Nunziatura di Paci 19, ff. 807r–808r.
BAV, Mss. Chig. A. I. 10, ff. 363r–365r.

18. Svensk proposition ang. territoriella anspråk i samband med freden, 24 jan. 1647.
ASV, Nunziatura di Paci 23, ff. 78r–v.
BAV, Mss. Chig. A. I. 11, ff. 41v–42v.
(Kurfursten i Brandenburgs beslut om Pommern, till Sveriges fördel, i BAV, Mss. Chig. A. I. 11, f. 43r.)

19. Kompensation fastställd för kurfursten av Brandenburg för den del av Pommern som avträdes till Sverige vid krigsslutet, Osnabrück 1 febr. 1647.
ASV, Nunziatura di Paci 23, ff. 88r–89r.
BAV, Mss. Chig. A. I. 11, ff. 43v–44r.

20. Proposition framlagd av den svenska legationen ang. territoriella anspråk inom kejsardömet, Osnabrück 5 febr. 1647.
ASV, Nunziatura di Paci 23, ff. 116r–119v.

BAV, Mss. Chig. A. I. 11, ff. 81r–86r.

21. Artiklar beträffande överenskommelser om Pommern mellan Sverige och representanter för kurfursten i Brandenburg, Februari 1647. Undertecknad av Paulus Chemnitius (sekreterare till kurfursten i Brandenburg).
ASV, Nunziatura di Paci 23, ff. 149r–150v.
BAV, Mss. Chig. A. I. 11, ff. 96r–99r.

22. Reviderad version av nr. 20 ovan, Osnabrück 11 febr. 1647.
ASV, Nunziatura di Paci 23, ff. 152r–155v.
BAV, Mss. Chig. A. I. 11, ff. 99v–104v.

23. Kejsardömets svarsproposition ang. Sveriges krav som ovan, 8/18 febr. 1647. Undertecknad av Guillielmus Schröder.
ASV, Nunziatura di Paci 23, ff. 188r–191v.
BAV, Mss. Chig. A. I. 11, ff. 124v–130v.

24. Svensk proposition ang. Palatinen, Osnabrück 28 febr. 1647.
ASV, Nunziatura di Paci 23, ff. 198r–199v.
BAV, Mss. Chig. A. I. 11, ff. 135r–137v.
Kejserliga legationens svar på ovanstående proposition.
ASV, Nunziatura di Paci 23, ff. 207r–208r.
BAV, Mss. Chig. A. I. 11, ff. 138r–139v.

25. Proposition ang. de frågor som berör religionsutövningen inom kejsardömet (Gravamina), presenterad av Johan Adler Salvius, Osnabrück 9 mars 1647.
ASV, Nunziatura di Paci 23, 230r–240r.

26. Proposition ang. den Augustanska Religionsfredens giltighet för Österrike, presenterad av den svenska legationen 20 maj 1647.
ASV, Nunziatura di Paci 23, f. 399r.
BAV, Mss. Chig. A. I. 11, ff. 218v–219r.

27. Förslag till fredsinstrument mellan kejsardömet och Sverige/de protestantiska parterna. Juni 1647.
ASV, Nunziatura di Paci 23, ff. 479r–483v.
BAV, Mss. Chig. A. I. 11, f. 254r (endast handlingens titel och datum registrerade).

28. Memorial ang. Sveriges villkor för löner som skall utbetalas till landets flotta, infanteri, artilleri, generaler (och i vissa fall änkor och efterlevande barn) inför krigsslutet. Augusti 1647.
ASV, Nunziatura di Paci 23, f. 581r.
BAV, Mss. Chig. A. I. 11, f. 305v.

29. Brev från drottning Kristina till hertigen av Bayern, Stockholm 15 okt. 1647.
ASV, Nunziatura di Paci 23, ff. 862r–865v.
BAV, Mss. Chig. A. I. 11, ff. 416r–421v.

30. Brev från drottning Kristina till drottning Anna av Frankrike, Stockholm 24 okt. 1647.
ASV, Nunziatura di Paci 23, ff. 879r–v.

31. Brev från drottning Kristina till kardinal Mazarin (Giulio Mazzarino), Stockholm 24 okt. 1647.
ASV, Nunziatura di Paci 23, ff. 903r–904v.
BAV, Mss. Chig. A. I. 11, ff. 430r–431v.

32. Brev från drottning Kristina till Ludvig XIV av Frankrike, Stockholm 29 okt. 1647.

ASV, Nunziatura di Paci 23, ff. 906r–908r.

BAV, Mss. Chig. A. I. 11, ff. 427v–429v.

33. Brev från franska legationen till svenska legationen i Osnabrück, ang. Bayerns avsägelse av neutralitet med Sverige, Münster 19 dec. 1647. Undertecknat av Henry d'Orleans, d'Avaux, Servient.
ASV, Nunziatura di Paci 24, f. 20r.
BAV, Mss. Chig. A. I. 12, ff. 14r–v.
Svenska legationens svarsbrev, Osnabrück 9/19 dec. 1647. Undertecknat av J. O. A., J. A. S. (Johan Oxenstierna, Johan Adler Salvius).
ASV, Nunziatura di Paci 24, ff. 42r–43v.
BAV, Mss. Chig. A. I. 12, ff. 18v–21r.

34. Förslag till formel för svenska legationens undertecknande av fredstraktaten, aug. 1647.
ASV, Nunziatura di Paci 24, f. 453r.
BAV, Mss. Chig. A. I. 12, f. 193v.

35. Artiklar för verkställandet av freden inom kejsardömet, innehållande villkor för den svenska arméns kompensation, Osnabrück 29 juli 1648.
ASV, Nunziatura di Paci 24, ff. 466r–468v.
BAV, Mss. Chig. A. I. 12, ff. 195v–199r.

36. Överenskommelse ang. fördelningen inom kejsardömet av den kompensation som skall betalas till den svenska armén och till hertigdömet Kassel. Osnabrück 5 aug. 1648.
ASV, Nunziatura di Paci 24, ff. 470r–v.
BAV, Mss. Chig. A. I. 12, ff. 199v–200r.

37. Formel för fredens bekräftelse avsedd för drottning Kristina. Det ställe där fredstraktaten i sin helhet skall sättas in anges ("Inseratur totum Instrumentum"). Aug. 1648.
ASV, Nunziatura di Paci 24, ff. 476r–477r.
BAV, Mss. Chig. A. I. 12, ff. 203v–204v.

38. Order för fredens verkställande förberedd av Johan Adler Salvius, 7 okt. 1648.
ASV, Nunziatura di Paci 24, ff. 617r–v.
BAV, Mss. Chig. A. I. 12, ff. 253r–v.

39. Brev från Carl Gustaf Wrangel till kejsardömets stater, 3 sept. 1648.
ASV, Nunziatura di Paci 24, ff. 621r–622r.
BAV, Mss. Chig. A. I. 12, ff. 256v–258r.

40. Fredstraktaten mellan Sverige och det Tysk-Romerska kejsardömet. Registrerad 15 juli 1648, sänd till Rom 9 okt. 1648.
ASV, Nunziatura di Paci 24, ff. 629r–646v (här daterad endast "Monrij in Westphalia die _____ mensis _____ Anno 1648".)
BAV, Mss. Chig. A. I. 12, f. 258r (endast rubriken införd i registret).

Noter

Jag vill uttrycka min tacksamhet till Humanistisk-Samhällsvetenskapliga forskningsrådet och Fondazione Famiglia Rausing, Svenska Institutet i Rom, för de bidrag som möjliggjort för mig att utföra forskningsinsatsen bakom denna studie. Förkortningar för romerska arkiv till vilka jag hänvisar i denna artikel är: ASV = Archivio Segreto Vaticano och BAV = Biblioteca Apostolica Vaticana.

1. ASV, Nunziatura di Paci 19, f. 79r. Fabio Chigi till Statssekretariatet i Rom, 16 febr. 1646. ”[T]emevo che appresso i nostri posteri non dovesse essere in obbrobrio, e quasi infame il nostro nome ... e mi dolevo grandemente di trovarmi in Munster, e di correre risico di partecipare con tutti gli altri in questo biasimo, almeno nella opinione altrui.”

2. D. J. Hill, *A History of Diplomacy in the International Development of Europe* II (London och Bombay, 1906), s. 594–596; *Acta Pacis Westphalicae* Serie III, Abt. D, Varia, I. Stadtmünsterische Akten und Vermischtes (Münster, Westfalen, 1964).

3. En översikt rörande tolkningar av Trettioåriga Kriget i Theodore K. Rabb, *The Thirty Years' War: Problems of Motive, Extent, and Effect* (Boston 1964). För en senare svensk studie av förklaringsmodeller kring Sveriges inträdande i Trettioåriga kriget och Gustav Adolfs-gestalten, se Sverker Oredsson, *Gustav Adolf, Sverige och det Trettioåriga Kriget* (Lund, 1992).

4. Elmer A. Beller, *Propaganda in Germany during the Thirty Years' War* (Princeton, 1940).

5. Konrad Repgen, ”Der päpstliche Protest gegen den Westfälischen Frieden und die Friedenspolitik Urbans VIII”, *Historisches Jahrbuch* [Im Auftrage der Görres-Gesellschaft] 75 (1956), s. 94–122. ”Der Papst war damit für die Zukunft aus dem völkerrechtlichen Grundsystem Gesamteuropas ausgeschaltet”, s. 95. För en text-kritisk edition av brevet och en sammanfattning av äldre litteratur kring påvedömets protest, se Michael F. Feldkamp, ”Das Breve 'Zelo Domus Dei' vom 26. November 1648", *Archivum Historiae Pontificiae* 31 (1993), s. 293–305. – Se också Repgen, *Die Römische Kurie und der Westfälische Friede* (Tübingen, 1962–1965), som dock främst behandlar fredsprocessens förhistoria fram till 1643.

6. Marie-Louise Rodén, *Cardinal Decio Azzolino, Queen Christina of Sweden and the Squadrone Volante : Political and Administrative Developments at the Roman Curia, 1644–1692* (Ann Arbor, 1992).

7. Garrett Mattingly, *Renaissance Diplomacy* (Boston, 1971). – Liisi Karttunen, *Les Nonciatures Apostoliques permanentes de 1650 a 1800* (Genève, 1912); Niccolò del Re, *La Curia Romana* (Roma, 1970), Andreas Kraus, *Das Päpstliche Staatssekretariat unter Urban VIII* (Freiburg im Breisgau, 1964).

8. Wolfgang Reinhard. ”Nepotismus : Der Funktionswandel einer papstgeschichtlichen Konstanten”, *Zeitschrift für Kirchengeschichte* 86 (1975), s. 145–185; Madeleine Laurain- Portemer, ”Absolutisme et Népotisme : La Surintendance de l'État ecclésiastique”, *Bibliothèque de l'École des Chartes* 131 (1973) s. 487–568; Marie-Louise Rodén, ”Cardinal Decio Azzolino and the Problem of Papal Nepotism”, *Archivum Historiae Pontificiae* 34 (1996), s. 127–157.

9. Ludwig Hammermayer, ”Grundlinien der Entwicklung des päpstlichen Staatsse-

kretariats von Paul V. bis Innozenz X. 1605 bis 1655", *Römische Quartalschrift für christliche Altertumskunde und Kirchengeschichte* 55 (1960), s. 157–202.

10. C. S. Lewis' presentation av den medeltida världsuppfattningen bär titeln *The Discarded Image* (Cambridge, 1964). – P. J. Rietbergen, "Papal Diplomacy and Mediation at the Peace of Nijmegen", *The Peace of Nijmegen, 1676–1678/79* (Amsterdam, 1978), s. 29–96.

11. Denna utveckling kan kopplas till utrikespolitikens stegrade betydelse från 1500-talet och Statssekretariatets professionalisering, som nämnts ovan. Se Renata Ago, *Carriera e clientele nella Roma Barocca* (Bari, 1991).

12. Chigi författade livet igenom dikter på latin och har betraktats som en av 1600-talets betydande latinska stilister. Se Josef Ijsewijn, "Latin Literature in 17th-century Rome", *Eranos* 93:2 (1995), s. 78–99. I "Der Nuntius Fabio Chigi [Papst Alexander VII] in Münster, 1644–1649 : Nach Seinen Briefen, Tagebüchern und Gedichten", *Westfälischen Zeitschrift* 108/1958, skildrar Herman Bücker Chigis tid i Münster med inlevelse.

13. Ibid., s. 20–21 resp. 31.

14. Hill 1906, s. 593 resp. 597–98. – Se G. Benzoni, "Contarini, Alvise", *Dizionario Biografico degli Italiani* 28 (Roma, 1960–), s. 82–91. Contarini författade efter kongressens slut en memoar över sitt uppdrag, att överlämnas till den Venetianska republikens styrelse. Alvise Contarini, *Relazione del Congresso di Münster* (Venezia, 1864). – Rietbergen 1978, s. 31.

15. Rietbergen 1978, s. 35.

16. Repgen 1962–65, cit. – Vlastimil Kybal och G. Incisa della Rocchetta, *La nunziatura di Fabio Chigi [1640–1651]*, (Roma 1943–46).

17. Chigi noterar den 28 oktober 1644 att Sverige och Frankrike har samma *politiska* mål, och att den Heliga Stolens medling därför måste få en begränsad verkan. ASV, Nunziatura di Paci 15, ff. 65r–68v, 28 okt. 1644. Det förblir oklart varför påven Urban VIII inte reagerade starkt mot den svensk-franska alliansen genom traktaten i Bärwalde 1631. Diplomatiska handlingar från Urbans regeringstid är mindre väl bevarade än sådana från 1655 och framåt. En möjlig förklaring är Barberini-påvens franskvänliga inriktning, vilket medförde en splittrad inställning inför Trettioåriga kriget. Om Urbans politik under Trettioåriga kriget, se David Ogg, *Europe in the Seventeenth Century* (New York, 1972).

18. ASV, Nunziatura di Paci 17, f. 218r, 19 maj 1645. "... e vi hanno stabilito il Salvio particolarmente, che fà il zelante in ciò al pari di ogni predicante, e non senza sospetto, che perciò anche sia discordante dall'Oxestern, che, molto più politico, pure, che miri ad altri fini della Regina, mentre che anche per suoi privati dà segno di desiderar la pace per ritornar alla patria, e subentrar nella carica di gran Cancelliere del Regno, prima che il padre già vecchio finisca i suoi giorni."

19. ASV, Nunziatura di Paci 18, f. 127r. Kopia av chiffrerat brev från Chigi till nuntien i Paris, 7 april 1645. "Dopo la vittoria il Torstensone non hà più scritto à Ss.ri Plenipotenziarij di Francia, ne à questi di Suetia, anzi nel ricevere un piego della sua Regina, fù veduto gettarlo sul tavolino, et dire, che toccava à lui dargli ordini della guerra dopo le vittorie."

20. En sammanfattning av svenska besitt-

ningar i rapporten daterad 27 oktober 1645. ASV, Nunziatura di Paci 17, ff. 478r–482r.

21. ASV, Nunziatura di Paci 18, f. 130r, 7 april 1645. ”Già il Rè Gostavo in Magonza, quando si era messo in buon posto, dichiarò che non stimava la Francia, et se voleva disgustarsi, e disgiungersi, che puoco gl'importava; Il Cardinale di Richelieu, che ben lo conosceva, non se ne fidò mai ...”

22. Ibid., ff. 130v–131r. ”... che dentro à due anni non sarebbe per restare un Papista più nell'Imperio ... Non è tempo da perdere, nè da dormire.” – ASV, Nunziatura di Paci 19, ff. 549r–554v, 24 aug. 1646.

23. I ett chiffrerat brev från den 28 september 1646 hävdar Chigi ”che il Salvius si mostrava più pronto alla pace, che non è il suo collega Oxestern”. [”att Salvius visade sig mer beredd att arbeta för freden än sin kollega Oxenstierna”]; ASV, Nunziatura di Paci 20, ff. 291v–292r. Om Salvius och Oxenstiernas motsättningar under fredskongressen, som också noteras av Chigi, se Sune Lundgren, *Johan Adler Salvius : Problem kring Freden, Krigsekonomien och Maktkampen* (Lund, 1945), s. 216–229. – ASV Nunziatura di Paci 19, ff. 8v–9r. ”Si è mostrato l'Oxestern questa volta con chi l'ha visitato più allegro del solito per l'honore fatto al Gran Cancelliere suo Padre dalla Regina ... con l'aggiunta che alla Arme di sua Casata potesse fare una destra che sostiene un globo per significare che quel Regno dalla virtù sola di lui fosse stato sostenuto, e governato.”

24. ASV Nunziatura di Paci 20, ff. 59r–v, 23 mars 1646. ”... Perche il vecchio Oxestern Cancelliere solo informato delle cose di Germania tira in lungo, e difficilmente s'induce à finir negotio ... e per cui si vede

25. D'Avaux kommentar refererad i Michael Roberts, *The Swedish Imperial Experience* (Cambridge, 1979), s. 21. ”... as though he was sitting enthroned to judge the twelve tribes of Israel.” – ASV Nunziatura di Paci 19, f. 632r, 28 sept. 1646. ”... che l'Oxestern specialmente persiste nelle sue alte, e lontane pretensioni, animato a ciò forse dalla medesima speranza de'vantaggi delle armi, che si pone in vero haver fatto dire alla Regina stessa, che i Ministri di Francia havevano troppo fretta, e che non conoscevano quanto havessero di meglio con la forza.”

26. ASV Nunziatura di Paci 17, ff. 173r–v, 14 april 1645. ”... e pensare a quell'onorato matrimonio, che in mezo all'incertezza dell'armi vede non potersi conchiudere così facilmente”. – ASV Nunziatura di Paci 18, f. 150v, 12 maj 1645. – ASV Nunziatura di Paci 18, ff. 207r–209r, 18 aug. 1645.

27. ASV Nunziatura di Paci 18, f. 284r, 1 dec. 1645. ”... l'Elettore di Brandemburgh accortosi hora di non poter haver la Regina di Suetia per moglie, che vogliono celibe quei ministri per governare a modo loro.”

28. ASV Nunziatura di Paci 20, f. 261r, 14 sept. 1646: ”... e massime per vedersi la Regina di Suetia poco inclinata alla Pace.”; ASV Nunziatura di Paci 20, f. 379v, 21 dec. 1646: ”... e che cerchi da dovero di disporre la Regina di Suezia alla Pace, al quale si scuopre ogni giorno più che non la vuole anzi s'ingrossa ...”

29. ASV Nunziatura di Paci 25, ff. 182r–183r, ”Avvisi di Munster”, 16 april 1649. – Nunziatura di Paci 25, ff. 184r–185r, ”Extraict d'une lettre de Suede du 20.e Mars

1649". Kopia, författaren oidentifierad. Förberedelserna inför drottningens tronavsägelse diskuteras i Curt Weibull, *Drottning Christina : Studier och forskningar* (Stockholm, 1931) och Sven Ingemar Olofsson, *Drottning Christinas tronavsägelse och trosförändring* (Uppsala, 1953). Ang. Carl Gustavs utnämning till arvfurste vid kröningsriksdagen 1650 se Michael Roberts, "Queen Christina and the General Crisis of the Seventeenth Century" i Trevor Aston, red., *Crisis in Europe, 1560–1660* (New York, 1967), s. 206–234.

30. ASV Nunziatura di Paci 25, ff. 33r–35v, med rapport daterad den 8 jan. 1649.

31. Chigis kontakter med Ulfeldt studerades redan 1878 av Ignazio Ciampi, *Innocenzo X Pamfili e la sua corte* (Roma, 1878), s. 384–394 och har ägnats uppmärksamhet även av skandinaviska forskare, bland dem Oskar Garstein, *Rome and the Counter-Reformation in Scandinavia* II (Leiden, 1992), s. 399–423. Korrespondens mellan Chigi och Statssekretariatet ang. Ulfeldts planer i ASV Nunziatura di Paci 16, 19, 20. – ASV Nunziatura di Paci 16, ff. 216r–v. Statssekretariatet till Fabio Chigi, 18 mars 1651. "... essendo certissimo, che se tutte le guerre hanno difficoltà infinite, e per lo più difficili à prevedere e molto più à superarsi quelle di Religione, trapassano in ciò sommamente ogni misura di tutte l'altre tanto ..."

32. Se, e. g. Nunziatura di Paci 17, f. 377v, Nunziatura di Paci 19, f. 429r.

33. Roberts 1979, cit. ASV Nunziatura di Paci 21, ff. 66v–67r, 1 febr. 1647. "... su'l più vivo dell'interesse mercantile, che ben conoscono esser il nervo della loro potenza, per rinvigorir il quale caminano a' voler uscir da debiti con la pace, e con li guadagni che per essa si promettono."

34. ASV Nunziatura di Pai 18, f. 183r, 30 juni 1645. "Scriveranno a' loro Prencipi lettere di fuoco, et ancora appresso à quelli vi vorrebbe chi porgesse acqua." – ASV Nunziatura di Paci 18, f. 265r, 3 november 1645. "... et io darò la Maestà à tutti se la vogliono d'accordo; Purche facciam la pace." – ASV Nunziatura di Paci 18, f. 108v, 17 mars 1645. "... et in vece di entrare ne meriti della causa, vi sarebbe stato da cartellare di quà e di là per molti mesi, e con lunghi, e voluminosi processi, come per altro assai vi è dedito lo stile Alemanno, e come v'inclina molto più il Salvius, che insiste in questa materia e se ne stima il mastro."

35. ASV Nunziatura di Paci 19, f. 5r, 1 jan. 1646. "... essendo costretto lo spirito ad abbandonarla, haveva pregato di non esser rimandato all'Inferno, e rimandato della cagione, haveva risposto, che era dishabitato affatto per essere tutti i suoi compagni venuti a questo Congresso ad impedir la pace."

36. Richard Krautheimer, *The Rome of Alexander VII, 1655–1667* (Princeton, 1985).

37. Se Georg Lutz, "Roma e il Mondo Germanico durante la Guerra dei Trenta Anni", *Roma Centro della politica Europea*, G. Signorotto och M. A. Visceglia, red. (under utgivning, Bulzoni, Roma).

38. Konsistorieprotokoll, 7 dec. 1665. ASV, Acta Miscellanea 41, ff. 297v–298r; "et omnia notavi in pugillaribus, quae in patriam referant ...".

39. ASV Nunziatura di Paci 17, f. 405r, 6 okt. 1645.

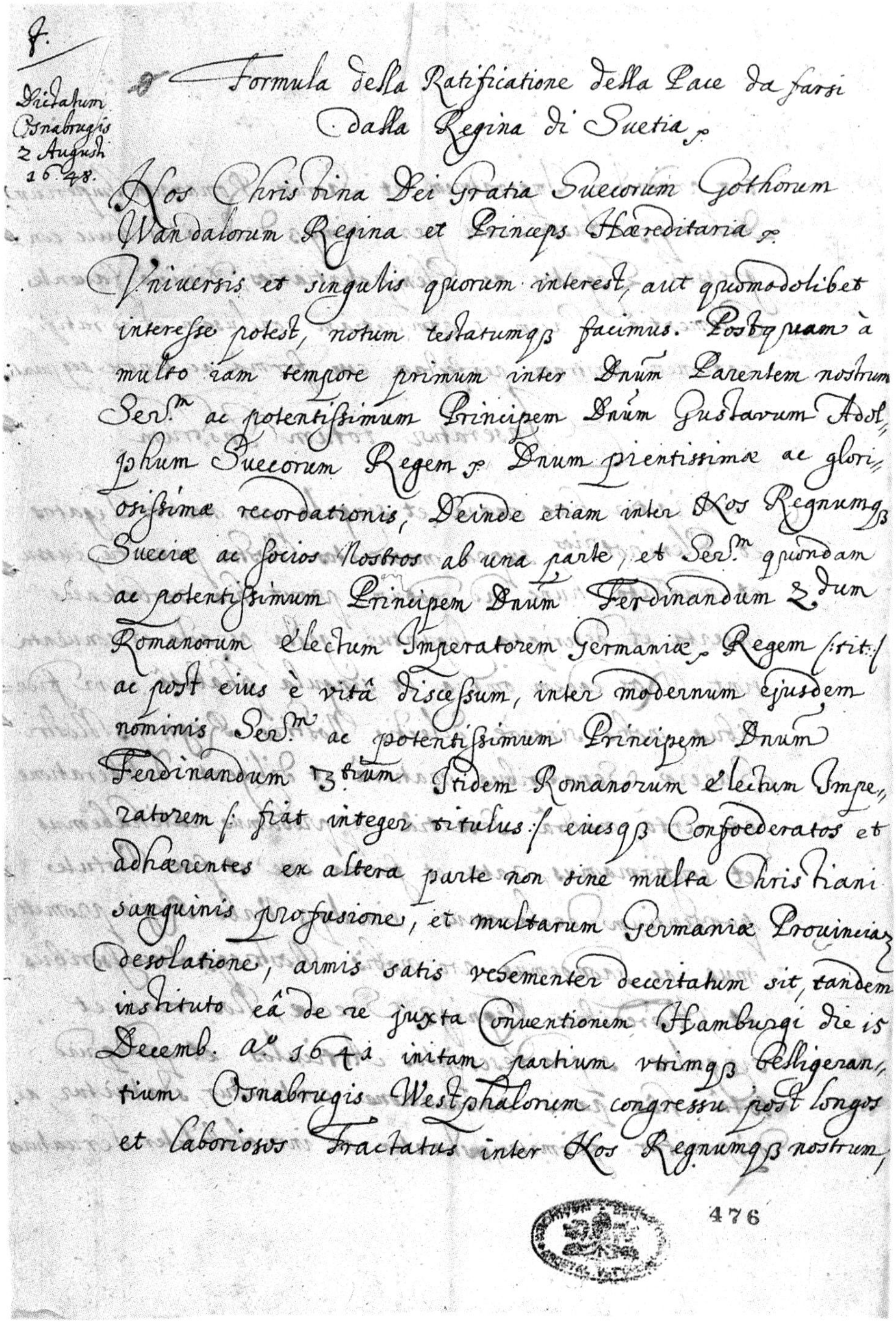
8.

Dictatum Osnabrugis 2 Augusti 1648.

Formula della Ratificatione della Pace da farsi dalla Regina di Suetia.

Nos Christina Dei Gratia Suecorum Gothorum
Wandalorum Regina et Princeps Hæreditaria.
Universis et singulis quorum interest, aut quomodolibet
interesse potest, notum testatumque facimus. Postquam à
multo iam tempore primum inter Dnum Parentem nostrum
Ser.m ac potentissimum Principem Dnum Gustavum Adol,
phum Suecorum Regem etc. Dnum pientissimæ ac glori,
osissimæ recordationis, Deinde etiam inter Nos Regnumque
Sueciæ ac socios Nostros ab una parte, et Ser.m quondam
ac potentissimum Principem Dnum Ferdinandum 2.dum
Romanorum Electum Imperatorem Germaniæ Regem (: etc. :)
ac post eius è vitâ discessum, inter modernum ejusdem
nominis Ser.m ac potentissimum Principem Dnum
Ferdinandum 3.tium Pridem Romanorum Electum Impe,
ratorem (: fiat integer titulus :) eiusque Confoederatos et
adhærentes ex altera parte non sine multa Christiani
sanguinis profusione, et multarum Germaniæ Provinciarum
desolatione, armis satis vehementer decertatum sit, tandem
instituto eâ de re juxta Conventionem Hamburgi die 15
Decemb. Aº 1641 initam partium utrimque belligeran,
tium Osnabrugis Westphalorum congressu post longos
et laboriosos Tractatus inter Nos Regnumque nostrum,

476

Bild 57. Formel för fredens bekräftelse, avsedd för drottning Kristina, daterad augusti 1648. ASV, Nunziatura di Paci 24, f. 476r. Foto: Vatikanen.

Litteratur

Acta Pacis Westphalicae Serie III, Abt. D, Varia, I. Stadtmünsterische Akten und Vermischtes (Münster, Westfalen, 1964).

Renata Ago, *Carriera e clientele nella Roma Barocca* (Bari, 1991).

Elmer A. Beller, *Propaganda in Germany during the Thirty Years' War* (Princeton, 1940).

G. Benzoni, "Contarini, Alvise." *Dizionario Biografico degli Italiani* 28 (Roma, 1960–), s. 82–91.

Herman Bücker, "Der Nuntius Fabio Chigi [Papst Alexander VII] in Münster, 1644–1649 : Nach Seinen Briefen, Tagebüchern und Gedichten", *Westfälischen Zeitschrift* 108/1958.

Ignazio Ciampi, *Innocenzo X Pamfili e la sua corte* (Roma, 1878).

Alvise Contarini, *Relazione del Congresso di Münster* (Venezia, 1864).

Oskar Garstein, *Rome and the Counter-Reformation in Scandinavia* II (Leiden, 1992).

Niccolò del Re, *La Curia Romana* (Roma, 1970).

Michael F. Feldkamp, "Das Breve 'Zelo Domus Dei' vom 26. November 1648", *Archivum Historiae Pontificiae* 31 (1993) s. 293–305.

Ludwig Hammermayer, "Grundlinien der Entwicklung des päpstlichen Staatssekretariats von Paul V. bis Innozenz X., 1605 bis 1655", *Römische Quartalschrift für christliche Altertumskunde und Kirchengeschichte* 55 (1960) s. 157–202.

D. J. Hill, *A history of Diplomacy in the International Development of Europe* II (London och Bombay, 1906).

Josef Ijsewijn, "Latin Literature in 17th-century Rome", *Eranos* 93:2 (1995) s. 78–99.

Liisi Karttunen, *Les Nonciatures Apostoliques permanentes de 1650 a 1800* (Genève, 1912).

Andreas Kraus, *Das Päpstliche Staatssekretariat unter Urban VIII* (Freiburg im Breisgau, 1964).

Richard Krautheimer, *The Rome of Alexander VII, 1655–1667* (Princeton, 1985).

Vlastimil Kybal och G. Incisa della Rocchetta, *La nunziatura di Fabio Chigi [1640–1651]* (Roma, 1943–46).

Madeleine Laurain-Portemer, "Absolutisme et Népotisme : La Surintendance de l'État ecclésiastique", *Bibliothèque de l'École des Chartes* 131 (1973), s. 487–568.

C. S. Lewis, *The Discarded Image* (Cambridge, 1964).

Sune Lundgren, *Johan Adler Salvius : Problem kring Freden, Krigsekonomien och Maktkampen* (Lund, 1945).

Garrett Mattingly, *Renaissance Diplomacy* (Boston, 1971).

David Ogg, *Europe in the Seventeenth Century* (New York, 1972).

Sven Ingemar Olofsson, *Drottning Christinas tronavsägelse och trosförändring* (Uppsala, 1953).

Sverker Oredsson, *Gustav Adolf, Sverige och det Trettioåriga Kriget* (Lund, 1992).

Theodore K. Rabb, *The Thirty Years' War : Problems of Motive, Extent, and Effect* (Boston, 1964).

Wolfgang Reinhard, "Nepotismus : Der Funktionswandel einer papstgeschichtlichen Kon-

stanten", *Zeitschrift für Kirchengeschichte* 86 (1975), s. 145–185.

Konrad Repgen, *Die Römische Kurie und der Westfälische Friede* (Tübingen, 1962–1965).

Konrad Repgen, "Der päpstliche Protest gegen den Westfälischen Frieden und die Friedenspolitik Urbans VIII", *Historisches Jahrbuch* [Im Auftrage der Görres-Gesellschaft] 75 (1956), s. 94–122.

Konrad Repgen, "Die Finanzen des Nuntius Fabio Chigi : Ein Beitrag zur Sozialgeschichte der römischen Führungsgruppe im. 17. Jahrhundert", *Geschichte – Wirtschaft – Gesellschaft : Festschrift für Clemens Bauer zum 75. Geburtstag,* E. Hassinger, J. H. Müller och H. Ott, red. (Berlin, 1974), s. 229–280.

A. von Reumont, "Fabio Chigi in Deutschland", *Zeitschrift des Aachener Geschichtsvereins* VII (1885), s. 1–48.

P. J. Rietbergen, "Papal Diplomacy and Mediation at the Peace of Nijmegen", *The Peace of Nijmegen, 1676–1678/79* (Amsterdam, 1978) s. 29–96.

Michael Roberts, *The Swedish Imperial Experience* (Cambridge, 1979).

Michael Roberts, "Queen Christina and the General Crisis of the Seventeenth Century", *Crisis in Europe, 1560–1660*, Trevor Aston, red. (New York, 1967) s. 206–234.

Marie-Louise Rodén, *Cardinal Decio Azzolino, Queen Christina of Sweden and the Squadrone Volante : Political and Administrative Developments at the Roman Curia, 1644–1692* (Ann Arbor, 1992).

Marie-Louise Rodén, "Cardinal Decio Azzolino and the Problem of Papal Nepotism," *Archivum Historiae Pontificiae* 34 (1996), s. 127–157.

Mario Rosa, "Alessandro VII, papa", *Dizionario Biografico degli Italiani* 2 (Roma, 1960–), s. 205–215.

Curt Weibull, *Drottning Christina : Studier och forskningar* (Stockholm, 1931).

Från krig till gavott

Anderz Unger

Ingen skapar historien,
man ser den inte,
lika litet som man ser gräset växa.

Boris Pasternak

När meddelandet kom att Prag hade kapitulerat den 14 oktober 1648 blev det festtämning i Stockholm. Och fest blev det. Från och med april 1649 satte balettmästaren Antoine de Beaulieu upp en rad föreställningar i den nybyggda Salle de Machine, som var belägen i slottets östra våning med fönster både åt Strömmen och borggården. Redan i februari 1647 hade slottsfogden fått i uppdrag att inreda en teater på slottet. Teaterarkitekt och scendekoratör var Antonio Brunati.

Den första föreställningen i raden blev "Les Passions Victorieuses et Vaincues" (De segrande och besegrande passionerna), i vilken det förekommer ett rikt persongalleri med bland andra Horaces, Nimrod, Paris, Mohammed, Zenobia, Cicero, Caesar Antonius, Pompeius, Cleopatra, Helena, Ibrahim Ayi, Don Quixote, Sancho Panza, morer från Granada samt Virgilius. Den sistnämnde spelades av de Beaulieu själv.

Antoine de Beaulieu hade kommit till Stockholm 1637 genom änkedrottning Maria Eleonora och rikskanslern greve Axel Oxenstiernas försorg. 1638 satte han upp "Le Ballet des Plaizirs de la Vie des Enfans sans Soucy" (De bekymmerslösa barnens förlustelser). Den hade gjort intryck på den då blott elvaåriga prinsessan Kristina. Till änkedrottning Maria Eleonoras födelsedag den 1 november 1649 hade Hélie Poirier skrivit en föreställning kallad "La Diane Victorieuse" (Then fångne Cupido), som han dock tillägnat drottning Kristina. Den bearbetades av de Beaulieu och Georg Stiernhielm tillsammans.

I ett brev från den unge Johan Ekeblad återfinns hela rollistan. Drottning Kristina var Diana, hertig Johan Adolf Apollos, Ebba Sparre Venus och Erik Appelgren Cupido. Föreställningen blev så uppskattad att man gav en repris redan den 11 november. Balettens handling består av ett gräl mellan Diana

och Venus, till slut är det Pallas Athena som
ställer allt till rätta.

Pallas til Diana på Cupidos wägnar:
Jagh wil föran i min Schola.
Jagh wil göran wijs och klook.
Dygd och ähra skal han lära.
Ty han söker mitt beskärm.
Therför beder jagh Diana
I hans namn ödmiukelig
at du skänker honom nåde.

Diana til Pallas:
Så är jagh wäl tillfreds, at han migh älskar
Och sig min Tjänar nämner: dock sålunda,
At han blir i sin skranckor; icker kommer.
Med något lissmerig migh at förtöra.
Af Ährans-bann, Om han thet fördrijstar.
Så blifwer jagh doch then, jagh är, men aldrig
skal Han mijn gust och nåde mera niuta.

Den sista föreställningen år 1649 blev "La
Naissance de la Paix" (Freds-Avel), med vil-
ken man firade drottningens födelsedag den
8 december. Baletten är ett försvar för 1648
års fred. Texten var skriven av den franske
filosofen Rene Descartes. För den svenska
texten svarade Georg Stiernhielm. Soldater
ur Pallas Athens armé uppträder i baletten
mot "La Terreur Panique" (Fältskräcken).
Pallas Athenas arme står för den goda fredens
sak:

Hwad hon finner gott och sluter.
Hållas skal för gott och gilt.

Följden av feståret 1649 var att Antonine de
Beaulieu, som blivit både uppmärksammad
och firad, utnämndes till *maistre d'hotel*, med

Bild 58. Porträtt av okänd konstnär. Damen
antas vara drottning Kristina, utklädd till
Diana, jaktens gudinna. Parronchi, Florens.
SPA 1967:366. Foto: Statens konstmuseer.

skyldighet att "uppsikt hafva med Kungl.
Maj:ts musikanter". Han skulle dock kom-
ma att sluta sina dagar i armod år 1663.

På trettondagen 1653 beslöt drottning
Kristina att anordna en fest, en fest "efter
Kejsar Augusti exempel", med gudar och
gudinnor, herdar och herdinnor samlande i
Arkadien. Till festen kom Corfitz Ulfeldt
som Jupiter och Antonius Pimentel som
Mars, medan Hieronymus Radziejowski var
Bacchus och kom åkande på ett stort vinfat
och hade ett vinstop i handen. Drottningen
själv hade valt att vara Amaranta "den oför-
gängliga" – en åt Poseidon helgad växt. De
övriga av hovets kavaljer och damer fick vara
herdar och herdinnor.

Senare på kvällen då Kristina lagt av sin
dräkt för att återuppstå som drottning, an-
ordnades juvelutdelning; alla de juveler som
varit insydda i Amarantas dräkt utdelades till
de närvarande såsom gåvor. Därmed hade

177

Bild 59 och 60. Ovan: Noterna till Courante la Chavotte. Handlingar rörande teatern 1, 1624–1792. Foto: Kurt Eriksson, Riksarkivet. Nästa blad: Courante la Chavotte överförd till modernt notsystem. Transkribering av Anderz Unger.

drottningen instiftat "Frairie d'Amarante". Efter denna instiftelseceremoni var det så dags för en gavott. En lista över de utvalda par som fick dansa upptecknades av kammarherren, greve Christopher Dohna.

1. Drottning Kristina – spanske ambassadören Don Antonio Pimentelli
2. Leonore Christine Ulfeldt, grevinna av Schleswig-Holstein – riksmarskalken Magnus Gabriel De la Gardie
3. Överhovmästarinnan, grevinnan Maria Oxenstierna – generalmajoren, friherre Lorentz von der Linde
4. Kammarjungfru, friherrinnan Ebba Sparre (La Belle) – översten, greve Christopher Dohna
5. Grevinnan Dorothea Wrangel – danske f.d. rikshovmästaren Corfitz Ulfeldt
6. Grevinnan Sigrid Horn af Björneborg – översten, friherre Johan Wrangel
7. Friherrinnan Margareta Banér – översten, friherre Bengt Horn af Åminne
8. Grevinnan Eleonora De la Gardie – polske f.d. vice kronkanslern Hieronymus Radziejowsky
9. Lady Clara Ruthwen – hovstallmästaren Antonius von Steinberg

Courante la Chavotte

179

10. Grevinnan Christina Lillie – kammarherren, friherre Per Sparre
11. Hovjungfrun Görlev Sparre – hertig Adolf Johan
12. Fru van der Noot – överstekammarherren, greve Klas Tott
13. Friherrinnan Anna Wrangel – kammarherren Henrik Horn
14. Friherrinnan Agnes Wachtmeister – majoren Louis de Lavoyette

En av danserna denna kväll var kanske "Courante la Chavotte", till vilken noterna finns bevarade i Riksarkivet i en av de återstående ämnessamlingarna. I så fall vet vi alltså både vilka som dansade och vad de dansade. Vi vet också att festen slutade först klockan sju på morgonen. Då hade säkert alla de fina damerna och herrarna mycket ömma fötter. Sådant hör likaväl som kanondundret till historien.

Källa och litteratur

Riksarkivet, Handlingar rörande teatern, vol. 1, 1624–1792: Musikalien "Courante la Chavotte"

A. Lindgren, "Dans och lutspel", *Svensk Musiktidning* (Stockholm, 1890).

T. Norlind, *Dansens historia*, (Stockholm, 1941).

C. G. U. Scheffer, *Stora Amaranterordens historia* (Stockholm, 1946).

W. Odelberg, *Minnet härav skall vara ljuvt* (Stockholm, 1996).

P. Linderg, *Baletten under fyra sekler* (Stockholm, 1943).

K. Rootzén, *Den svenska baletten* (Stockholm, 1945).

G. E. Klemming, *Sveriges dramatiska litteratur till och med 1875*, bibliografi (Stockholm, 1863–1879).

"At man nu om frijdh må siunga"

Böcker om fred och böcker i fredstid

Anders Burius

Kriget har attraherat de stora poeterna, freden panegyrikerna och idyllikerna. – Verkligheten är inte alltid så entydig, men sådant blir ändå intrycket när man granskar tryckpressarnas aktivitet under Trettioåriga kriget och de närmast följande fredsåren.

På tyskt område utvecklades nationalkänslan under krigsåren i diktning med Martin Opitz som främsta namn och *vanitas*, förgängligheten, blev ett ledmotiv hos många författare. I den folkliga dikten finns långt fler uttryck för krigets påverkan än den bekanta "Bet, Kinnt bet! Oitza kinnt da Schwed, oitza kinnt da Oxenstern ...". I Sverige, där kriget var medelbart men ändå ständigt gjorde sig påmint genom utskrivningar och pålagor, kan man inte alls skönja samma litterära uttryck. Ett av de få exemplen, men desto mer gripande, är den versifierade versionen av Fader vår, som Christoffer Ekeblad författatade och lät trycka i Frankfurt an der Oder mitt under fälttåget 1643. Två år senare satt han i bivack utanför Kristianstad och beskrev på baksidan av den tryckta texten dess tillblivelse och avslutade: "Gudh hiälpe oss snartt til fredh. Ammen." Han häftade in

trycket i sin bönbok och på så sätt har det överlevt.

Propaganda och lovtal

Kriget hade emellertid andra och för svenskarna viktigare uttrycksformer. Det innebar ett genombrott för användandet av det tryckta ordet i propagandans tjänst, en litterär krigföring som den svenska sidan i hög grad använde sig av. Genom solderade journalister inpräntades den svenska härens styrka och oövervinnerlighet i flygblad, och åtminstone under ett par år gavs en av svenskarna initierad tidning ut på tysk botten. När den egentliga första svenska tidningen kom är en tvistefråga, vars svar är beroende av definitioner och egentligen ganska ointressant, övergången från rena propagandablad till tidningar som bärare av mer eller mindre informativ text skedde successivt.

När fredsarbetet inleddes trappades propagandan av naturliga skäl ned och fann nya former, mer subtila och återhållsamma. Det märks tydligt i samband med erövringen av Prag. Signalen till stormning gavs samtidigt

Bild 61. I ett verk med den charmerande titeln "Sammlung aller Denkmale des Westphälischen Friedens, welche vom Jahr 1650 an, biss 1789; hauptsächlich in biblischen Friedens-Gemählden ... sind ausgetheilt worden ... auf das Kinder Friedensfest 1790; von der Pfarrkirche zu den Barfüssern, besorgt" finns 103 kopparstick som berör freden eller minnet av denna. På detta stick bringar postryttaren den goda nyheten, folket – såväl det läsande som det lyssnande – tar del av tidningarna, näringarna frodas och av svärden smids plogbillar. Kungl. biblioteket, handskrifts-samlingen S 78 b, tidigare i biblioteket på Rosersberg. Foto: Kungl. biblioteket.

som man bänkade sig till bankett i Münster och av den tidigare gängse propagandavoka-bulären märks föga. Intet flygblad förmedlar stämningen vid denna tid bättre än *Freud und Friedenbringender Postreuter*, daterad Müns-ter "25. Dess Weinmonats im jahr 1648", där den nyvunna europeiska enigheten symboli-seras av en postryttare flankerad av Fama och Pax i ett landskap, där Paris, Stockholm och Wien hägrar och där vapnen ligger sönder-brutna på marken. När Carl Gustaf som svensk generalissimus i september 1648 be-sökte Leipzig, hyllade studenterna honom med en konsert, och i en dikt som också

trycktes apostroferades han som den andre Herkules.

Det stora flertalet skrifter befattade sig med de olika skedena i det komplicerade fredsarbetet. Parterna gav sina inlägg offent-lighet under titlar som *Manifest, Antimani-fest, Projectum* och *Antwort-Schreiben.* Det var en opinionsbildning som gavs form på olika språk och helt visst sysselsatte de profes-sionella nyhetsskrivarna. Så kom då freden och med den ett verkligt utbrott av publicis-tisk yra. Själva fredsinstrumentet utkom na-turligtvis på alla aktuella språk i omfattande aktpublikationer, ofta utgivna i flera delar.

Allt detta överflyglades av den spektakulära bildretorik som freden framkallade, framförallt i form av spridda kopparstick. På ett av de mer välkända kan man se kejsaren, franske kungen och Kristina räckande varandra händerna med åtta kurfurstar runtom, alla med lageromvirade svärd och bakom en knäböjande folkmassa skymtar i fjärran Münsters siluett.

På ett annat stick har Gud omgiven av den himmelska härskaran förts in i bilden, och på ytterligare ett blir samma trenne potentater bemängda med de håvor som Freden och Ymnigheten häller ur sina horn. Av helt annat slag är den dokumenterande och strikt hierarkiskt komponerade, ofta återgivna bilden av Carl Gustaf Wrangels festmåltid under Nürnbergkongressen 1649, som finns i flera varianter. Till den ansluter en av seklets mer bekanta "etikettböcker", Harsdörffers *Vollständig vermehrtes Trincir-Buch* från 1665, som skildrar denna som en av de verkliga idealmåltiderna och ingående beskriver skåderätterna, springbrunnen med rosenvatten och de fyra serveringsomgångarna, var och en bestående av 150 rätter. Samtidigt bespisades stadens fattiga med helstekta oxar och ur stenlejon strömmade vin. Också denna akt, liksom det fyrverkeri som svenskarna brände av vid fredsexekutionen, ansågs värda att föreviga på kopparstick.

För den emblematiska genren, där en allegorisk bild ges en mer eller mindre fyllig uttolkning i text, bildade freden en given utgångspunkt. I Johann Vogels *Meditationes emblematicae de restaurata Pace Germaniae* möter vi freden i tolv kopparstick. Där saknas varken yxan som hugger av det sjuka trädet vid roten eller den krigiska riksörnen som söker betvinga en fredlig nejd.

Men hur behandlade svenskarna själva freden i skrift? Endast få av de skrifter som direkt berörde fredsprocessen tycks ha kommit i svensk version, förutom själva fredsinstrumentet och det öppna brevet om fredslutets högtidlighållande med en tacksägelsedag på drottningens födelsedag i december 1649. En publikation som vänder sig till en bredare krets är *Uthtogh aff thet trettyionde Åhrs warande tyske krijgh*, 1649, som, översatt från tyskan, helt enkelt är en kort sammanfattning av Trettioåriga krigets historia; korrekt och koncis fram till sista sidan där den med fetstil och typografiskt arrangemang avslutas: "Summa och talet uppå the slagne döda är nogert räknadt och skattade *Tree gånger hundrad och Fem och Tiugu tusend Man.*"

Bönedagsplakaten slog emellertid an tonen. 1648 talades uppfordrande om undsättning av de förtryckta trosfränderna i Tyskland mot det Antikrists välde som hotade och om hur de svenska legaterna i många år, men ännu förgäves, sökt arbeta på fred med kejsaren och hans anhang. Följande år uttrycktes tacksamhet över freden, samtidigt som man varnade för att förhäva sig, eftersom rustningar och krigsförberedelser pågick i nära nog alla länder. Tacksägelsedagen firades med särskilt eftertryck i provinserna, i Narva med salut och fyrverkerier för att övertyga de tvivlande ryssarna på andra sidan gränsen om att fred verkligen slutits. Denna dag stod det svenska prästerskapet i predikstolen och tolkade känslorna – om sina egna, överhetens eller folkets är mer osäkert. Från svenskt område finns en handfull av dessa predikningar

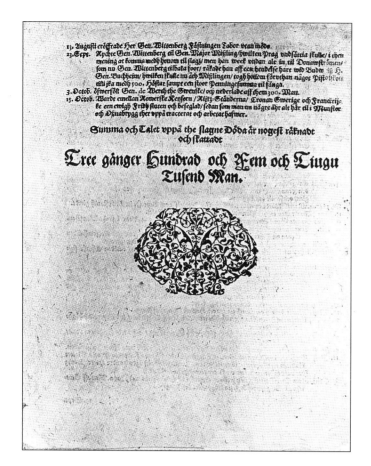

bevarade i tryckt form. Den kanske märkli-
gaste härrör från den designerade kyrkoher-
den Arvidus Olai i Gryt, en av de få landsorts-
präster, till synes utan särskilda företräden,
som det finns flera tryckta predikningar efter.
Hans predikan formades till en märklig
blandning av aristoteliskt allmängods och
historielektion.

Arvidus Olai påminner om hur kriget be-
gynt det år den förskräckliga kometen syntes
under trettio dagar och att man nu efter fre-
den upplevt en missväxt och sådana tecken i
skyn som aldrig plägade betyda gott. Han
anslår ett botgöringstema som sedan glöms
bort när lusten att berätta tar överhanden.

Han rekapitulerar Sveriges ärorika väg under
vasakungarna med särskild reverens för her-
tig Johans av Östergötland märkliga insatser.
Arvidus Olais berättarglädje får särskild relief
när man betänker att församlingen just 1649
ville bli kvitt honom "emedan han ej hälsar
på bönderna, predikar för bittida, i dryckes-
mål fått hugg af bönder".

Måhända var Olais predikan mer typisk
för den svenska prästens utläggning vid det
aktuella tillfället än Stephanus Muraeus', kyr-
koherde i Kristinehamn och tidigare hovpre-
dikant hos riksamiralen Gyllenhielm. Enligt
den mer än 40-sidiga, tryckta texten använde
sig denne av gammaltestamentliga jämförel-

ser för att måla upp den katolska aggressionen och den lilla svenska hopen som 'ej lät sig förfäras'. Nu hade man visserligen ernått evig fred, men för kyrkan var tiden inte lätt, "när kyrkiorna blifwa Måltoren, klåckor cartouger, böker patroner, tå blifwer Herrans Ord sällsynt". Här liksom i flera av de andra predikningarna formas en stor del av texten till en hyllning till drottningen, fridsfurstinnan, under vilken landet och den andliga odlingen skall blomstra.

Vi vet inte om freden lockade fram enklare poeter på svenska. Ett av de få tecknen är *Een lijten Fridz wijsa … öfuer thet långliga krijgsens och blodigha Örligz önskelighe uthgång och hugnelighe fridh,* av vilken tyvärr endast titelsidan är bevarad. Den var författad av den i litterära sammanhang i övrigt helt obemärkte kyrkoherden i Loftahammar Andreas Johannis. En anonym *Oda eucharistica, til Gudh alzmächtigh en loff och ähresång,* dagtecknad i Jönköping och tryckt i Linköping, hör också hit. I den skillingtrycksartade rekapitulationen av Vasaättens historia avslutas de trettio stroferna med omkvädet "At man nu om frijdh må siunga, både medh gamble och unga".

Det sammanhang i vilket fredens retoriska förtjänster bäst kom till sin rätt var orationerna. Vältaligheten spelade en nästan ofattbart stor roll i de lärda skolorna, allt ifrån trivialskolans Cicerostudier och muntliga övningar till universitetens orationer, där studenterna med sina framträdanden på parnassen skapade en egen litteraturgenre som ofta avsatte en tryckt produkt. Det var just skenet, den formella färdigheten, som var det väsentliga i dessa övningar; "allt gick ut på att

föga säga med många ord" har Sten Lindroth träffande beskrivit det retoriska hantverket, som hade egna lagar och en rik flora handböcker. Därför kan man inte vänta sig att finna tolkningar och teser utan i stället ett övermått av språkliga extravaganser. Ändå måste man beklaga att den oration som hölls i Uppsala av den blivande rikshistoriografen Johannes Videkindi, för vilken Johannes Schefferus presiderade, inte bevarats. Vi känner den och andra "fredsorationer" endast genom det högtidliga tryckta programmet som inbjöd till högtiden. Däremot är den *Oratio panegyrica de pace sueogermanica* bevarad som hölls i Leiden av Olaus Verelius, redan en lysande representant för Sverige såsom latinsk vältalare. Här fick Lützen plats bredvid Cannae och Marathon.

Janssonius tryckte 1649 en oration, men det är tveksamt om den framfördes muntligt och i så fall för vilket forum detta skett. Det var den märklige konverterade polske klosterbrodern Matthias Maximillianus Parasinus' *Artes belli et paces …* Parasin förefaller ha varit en av få utländska lycksökare som på ort och ställe i Stockholm med hjälp av tryckpressen sökte vinna drottningens gunst. Han fokuserar på krigets båda ledande gestalter, Gustaf Adolf – en Alexanders jämlike i fråga om humanistiska dygder – och Kristina, som innebar en särskild utmaning för dem som var vana att anlita en verbal och visuell arsenal som främst tillhandahöll redskap för martialisk dådkraft.

Freden kunde dock även i detta sammanhang användas för mer speciella syften. I Strängnäs höll Johannes Westhius, troligen protegerad av biskopen Johannes Matthiae,

185

Ordinari Post Tÿdender

A. 1649. den 2. Nov. N. 44.

Från Nürnberg den 9. Octob.

Såsom medh förrige Posten hafwer warit myckit til
at skrifwa/om hans Förstl. Durchl. H. Genera-
lißimi anställte stora Banquet, Altså är nu denna gån-
gen så wäl lÿka Materia til at skrifwa om hans Exc.
Gen. Feltm. Wrangels Banquet, som i nästförledne
Torßdagh medh icke mindre Magnificentz och Pracht
hållin och fullbracht är/allenast at det intet hafwer wa-
rit så heelt widlÿfftigt/åndoch så at jemte H. F. D. H.
Generalißimum och Keyserl. Gen. Lieut. Duca d' A-
malphi, 3. Förstar / nemlighen Landgrefwe Frederich
aff Hessen och både Pfaltzgrefwar aff Sultzbach/åth-
stillige Grefwar/ alla Churförstlige och måste Parten
aff Förstlighe säsom och Städernes Gesanter/hafwa
warit därwedh tilstädes. Om midnatztÿd sama affton
bleff åter igen ett Fyrwärcke vpbrändt/ och sedhan en
Danß anställt som warade intil morgonen; Andra da-
gen effter middagen höltz ett Ringräñande/och bleff se-
dan medh en Afftonmåltÿdh alt beslutit.

Vthi Tractaten är deßemellan så myckit avance-
rat,at samtlige Ständerne äre numera med Churför-
sten

år 1648 en oration som inte var en entydig hyllning till freden utan mer ett kyrkopolitiskt inlägg, som andades sorg över de landsflyktiga evangeliskas ställning efter freden, över Antikrists välde och kyrkans läge inte bara i Tyskland utan på stora delar av kontinenten.

Ett av de mer handfasta litterära äreminnena restes av linköpingslektorn Samuel Brasck. Han var en framstående företrädare för de moraliserande skoldramer som varit på modet i Sverige sedan början av seklet. Redan på pärsmässomarknaden 1645 hade han låtit sina elever framträda med *Filius prodigus ... then förlorade sonen*, som handlade om en ung svensk adelsmans vedermödor under en ut-

ländsk studieresa. I juli 1649 var det premiär för *Mars germanicus victus, thet är en comaedia om det wälendade tydske kriget*. Här skildras hur Mars och Bellona tyranniserar jorden och i synnerhet Tyskland men hur, på Allemanias bön, den septentrionale Herkules ingriper och Diva slutligen fördriver de onda. Det går att finna paralleller med samtida tyska skådespel, men hos Brasck är det samtidshistoriska helt överskuggande på ett för genren mycket ovanligt sätt. I den digra "personae comoediae" som avslutar trycket är nära nog alla gymnasister upptagna; den blivande prosten Fornelius hade som Mars den säkert tacksammaste rollen.

Bild 64. Kopparstick föreställande den svenska fredsmåltiden i Nürnberg 1649. I texten under anges namnet på de förnämsta deltagarna, bland dem fältmarskalk Karl Gustaf Wrangel. Riksarkivet, kartavd., Utan känd proveniens nr 786. Foto: Kurt Eriksson, Riksarkivet.

Att söka ta reda på hur freden framställdes i den samtida tidningspressen är oväntat svårt. I alla avseenden är tidningen en skör tingest, föga aktad av läsaren och lätt ett offer för ovarsam behandling. Av *Ordinarii Post Tijdender*, som vunnit burskap som vår första tidning, finns endast ett fåtal nummer bevarade från 1648 och vi vet inte hur läsarna underrättades, vare sig om förhandlingarna eller själva fredsslutet. Året därpå är det däremot möjligt att följa både förhandlingar och festiviteter i Nürnberg. – Men det är inte omöjligt att felande nummer kan återfinnas.

Så fick Hollands äldsta tidningshistoria radikalt skrivas om sedan man i Kungl. bibliotekets källare i Stockholm på 1930-talet funnit mängder av såväl okända nummer som tidningar, en gång i tiden hade de bilagts depescher från svenska diplomater. – Freden gav också sitt tydliga genomslag genom ett ökat behov av förordningar, 1649 utgavs betydligt fler än de kringliggande åren, bland annat ett plakat om förrymda finska knektars uppspårande.

Skrifterna om och till freden behöver en litterär samtid för att kunna förstås, de utgjorde endast en rännil av den tryckta produktionen i Sverige. En presentation av denna produktion 1648–1650, från freden till drottning Kristinas kröning, ger förhoppningsvis också en fördjupad bild av tidens intellektuella liv.

Den viktigaste praktiska förutsättning för litterär produktion är – inte oväntat – tryckerier. Dessa var inte många till antalet. I Stockholm var Ignatius Meurer sedan länge kunglig tryckare med därav följande säker avsättning för sina produkter. Kunglig tryckare var också Henrik Keyser, den förste i tryckardynastien Keyser, som i många avseenden presterade intressantare produkter än kollegan. I övrigt satte regeringsmakten, eller snarare drottningen personligen, starkt sin prägel på verksamheten. 1647 hade på hennes befallning den berömda firman Janssonius i Amsterdam inkallats till Sverige, dess grekiska och orientaliska typförråd var inte minst intressanta för att föra ut svensk vetenskap. I Uppsala fick universitetet ekonomiskt bistånd av drottningen för att få bort den passive tryckaren Eskil Mattsson till förmån för en holländsk faktor från Janssonius; "hans religion kan intet uthspridas genom honom" försäkrade konsistoriet.

Kristina inskred också med ekonomisk hjälp till Åbo, där en student som skäl för att han inte disputerat anförde att det inte fanns grekiska typer. I Strängnäs hade konsistoriet sedan några år tagit över det tryckeri som tidigare varit biskopens privata. Här var aktiviteten större än hos tryckaren Lauringer i Västerås. I Linköping hade tryckaren Günther, med stöd av 20 tunnor spannmål årligen från kronan, att dra försorg om hela södra

Sverige fram till 1650, när Amund Grefwe flyttade sin officin från Nyköping till Göteborg, lockad av det nya gymnasiet och ett kungligt brev som gav honom lokalt privilegium på den viktigaste stapellitteraturen.

Den teologiska litteraturen

Efter att den stora Gustaf Adolfs-bibeln utkommit av trycket år 1618 förekom under Kristinas tid inga nämnvärda ansatser att förbättra den svenska bibeln, om man bortser från strängnäslektorn Ahrenbeckius' försök att lämpa den bättre efter grundtexten, presenterad och tryckt som synodaldisputation 1648. Den vackra så kallade Kristina-bibeln från 1646 var ett omtryck, i vilket drottningen åkallas som *Diva septentrionalis*, men den betecknar också början på en dittills inte skådad utgivning av biblar, även om drottningens planer på en polyglottbibel efter kontinentala förebilder strandade. Uppenbarligen klarade sig tryckarna i detta sammanhang utan statliga bidrag, bortsett från den indirekta form av reklam som uppmaningarna till församlingarna att köpa innebar. Det intressanta är emellertid att den första bibeln i raden inte, såsom de tidigare, var en kyrkbibel i folio utan den första – om man bortser från fältbiblarna – oktavbibeln, som främst vände sig till privatpersoner. Det var tryckaren Brockenius i Strängnäs, som 1650 utgav en vacker produkt med många dedikationer, och det är knappast någon tillfällighet att den kom från detta tryckeri. Stiftets biskop Johannes Matthiae framstår som mycket medveten om vikten av att sprida lämplig litteratur.

Det är av lätt insedda skäl omöjligt att tala om "folklitteratur" eller "folkböcker" för denna tid. En bibelutgåva var ännu, trots det nämnda undantaget, i det närmaste liktydig med en kyrkbibel. Innehållet nådde folket – förutom i predikan – huvudsakligen i form av så kallade manualer, en slags utökad psalmbok med utdrag ur Gamla Testamentet och särskilt apokryferna. Utformningen var ingen tillfällighet, eftersom den från början varit avsedd för soldater i fält, och ett genomgående tema var därför kampen för rättfärdighet. Under varierande titlar finns ett fyrtiotal bevarade från seklet som helhet, men från de aktuella åren endast ett lapskt, *Manuale Lapponicum*, som ingick i den lapska missionen och hade föregåtts av en sångbok, en katekes och en ABC-bok. Översättaren, torneåkyrkoherden Tornaeus, följde *Manuale Sueticum* och hans språk visar tydliga tornedalslapska ordformer.

Vid sidan av manualerna fanns naturligtvis psalmboken och katekesen, "den lilla bibeln". Strängnästryckaren gav samma år som bibeln också ut en psalmbok. Denna är endast känd i ett exemplar, som märkligt nog förirrade sig till grevarna Stolbergs i Wernigerode berömda samling. I övrigt stod Meurer för inte mindre än tre psalmböcker: en ingick i Luthers *Bönekonst*, en annan var en ny upplaga av den 1645 utgivna auktoriserade Uppsala-psalmboken, medan den tredje var en förkortad version av denna. I den sistnämnda lät utgivaren trycka av det privilegium som gav honom ensamrätt att trycka Uppsala-psalmboken. Ingen ägde utan hans godkännande rätt att trycka den i något format. I dedikationen paraderar samtliga äm-betsmän i Stockholm, alla namngivna, från överståthållaren till kämnärerna.

Ytterligare en psalmbok trycktes, då tillsammans med det kanske viktigaste religiösa verk som utkom i Sverige under 1600-talet – särskilt om man ser till dess spridning i många upplagor långt in i följande sekel – nämligen Johann Arndts *Fyra böcker om een sann christendom*. Verket började tryckas av Meurer 1647 och avslutades följande år, när också *Andre reesan av Paradijs lustgård* kom ut i Nyköping. I det förord som översättaren Stephanus Muraeus – som vi redan mött som tacksägelsepredikant – lät ingå antyder han att det förekommit kritik mot Arndt, men parerade med att påpeka att det var på Gyllenhielms uppdrag som översättningen utförts. *Paradijs lustgård* trycktes också av Keyser 1648, och denna upplaga var länge känd i endast ett exemplar utan titelblad. Den kunde åsättas tryckår med hjälp av en uppgift i Schefferus' *Historia Literata*. Först på 1970-talet kunde Kungl. bibliotekets dittills unika exemplar kompletteras med en kopierad titelsida – efter ett privatägt exemplar från Säffle!

Arndt översattes visserligen under ortodoxiens storhetstid, men åtskilliga bönböcker hade berett vägen för det medeltida fromhetsarv som han är den mest kände förmedlaren av. Länge hade man under 1600-talet levt med en äldre bönbokstradition, men den bröts av Tiburtius Förtschs *Een andeligh watukälla*, av vilken en översättning synes ha kommit första gången 1641. Den följdes av åtskilliga upplagor under seklet, dock ingen under de aktuella åren. Det har antytts (Lindquist), att nyckeln till framgången inte bara var det skickliga kompilatet av medeltida mystik blandat med åtskilliga böner av Luther utan lika mycket koncentrationen på korta och innehållsrika böner och kombinationen av bön- och psalmbok. 1649 kom dock en annan betydande bönbok, *Innerlige böner, loffsånger och collecter, öfwer alla daghar i weckorne,* också den en översättning från tyska och ursprungligen tillkommen på uppdrag av kurfursten av Brandenburg.

Carl Carlsson Gyllenhielm, drottning Kristinas farbror, var vid mitten av 1600-talet en av de centrala gestalterna i Sverige, inte bara på den politiska scenen utan också i det fromhetsliv som hade åtskilliga utövare bland högadeln. 1649 kom en starkt reviderad version av hans *Fängelse-Schola,* som första gången utgavs på latin år 1632. Bland uppbyggelselitteraturen i övrigt är värd att nämna den okände Elias Neanders, som av Collijn tveksamt identifierats med en tysk stockholmsborgare, uppenbarligen populära *Des heiligen Geistes Seelen-Blumen.* Två upplagor på tyska kom 1648 och på svenska två år senare i Strängnäs. Översättaren, teologistuderanden Laurentius Sinius, lät som brukligt var när det gällde bönböcker dedicera den till ett antal högättade damer.

Laurentius Paulinus Gothus' katekesutläggningar gav återklang under dessa år. Hans *Ethica christianae,* som kom i åtskilliga delar på 1620-talet och var den dittills största framställningen av det lutherska lärosystemet, förblev trots sin monstruösa omfattning oavslutad och var troligen inte särskilt indräktig vare sig för upphovsmannen eller tryckaren. Det är tveksamt om hans nedbantade *Thesaurus catecheticus* blev en större

framgång. Däremot nådde Johannes Matthiaes sammandrag efter Paulinus, *Examen catecheticum,* som var betydligt smidigare i omfång och format, en större publik. Om detta vittnar inte bara att den kom i två nya upplagor inom bara några år efter att den givits ut år 1648. Också kyrkoherden i Hedesunda Nicolaus Nicolai Holmius gav 1650 ut sin version av Paulinus, utökad med "andre höglärde mäns skriffter" under titeln *Enfalliga spörsmål.* På ett annat plan, men ändå i linje med denna utgivning, finns Hafenreffers länge använda teologiska kompendium, som samma år kom i svensk översättning.

Den obestämda allmänhetens böcker

Om man räknar bort den religiösa litteraturen och ser till den litteratur som vände sig till en icke tydligt definierad krets av läsare, har åren kring 1648 inte mycket att erbjuda. Första utgåvan av Bondepraktikan, som gärna blir synonym med "svensk folklitteratur", tycks inte ha kommit förrän 1662 – det finns i vart fall ingen äldre upplaga bevarad – och den går för övrigt helt tillbaka på utländska förebilder.

Almanackan intog i fråga om spridning troligen rangplatsen. Vid den aktuella tiden befinner vi oss i slutet av vad som skulle kunna kallas almanackans äldre fas. Successivt skulle almanackan utvecklas till om inte ett allemansbibliotek så dock en publikation med varierat innehåll. Ännu var dess innehåll dock relativt statiskt: kalendarium, predikotexter, solens och månens gång, olycksdagar och spådomar, marknader och minnesvärda

Bild 65. Förvisso är denna psalmbok, tryckt av Meurer i Stockholm 1648, "En liten psalmbok" – särskilt då den ställs bredvid den moderna rikslikaren, en normalstor mus. Foto: Kungl. biblioteket.

historiska händelser. 1649 debuterar i en av dem träsnitt med månadsfigurer, men annars är det inte stor skillnad mellan de fyra eller fem almanackseditioner som årligen tycks ha utgivits. 1650 kom för övrigt den första almanackan utarbetad efter Åbo horisont. 1648 uppmärksammar utgivaren Olof Steph. Graan kriget i sin tillägnan till Axel Oxenstierna, men hos Caspar Swartz, som under varje månad noterar märkliga händelser i svenska historien, representeras Trettioåriga kriget till en början endast av slaget vid Leipzig. 1649 fick Lützen komma med, men först 1660, när Magnus Celsius framträder med fullt namn på titelsidan, uppmärksammas Osnabrück tillsammans med både Brömsebro och Roskilde.

Som en verklig folkbok bör man nog karaktärisera *Een konstrijk book, huruledhes at man skal fånga fisk, kräfweter, krabbar och foglar, medh händer och garn ...* Den okände översättaren har efter en eller flera tyska förlagor ställt samman 27 knep att fånga fisk, huvudsakligen inte helt raskt tillverkade beten där det bästa torde vara ett av björnister, honung och kodynga. Ett fåtal arbeten representerar naturvetenskap i tidens breda betydelse.

Den i övrigt okände översättaren Liborius Fintzenhagen gav 1647 ut den tyske 1500-talsveterinären Martin Böhmes *Een ny och ganska nyttigh läkiare-book om häste läkedomar.* Det märkliga är, att denna utkom under något skiljaktig titel av annan översättare året

191

därpå. Det tyder möjligen på en märklig försäljningsframgång eller troligare på att översättaren antog att köparen inte skulle upptäcka att det rörde sig om samma original; en fullt möjlig åtgärd i en tid av outvecklat privilegiesystem. I ytterligare en upplaga som kom mot seklets slut återfinns det tyska originalets träsnitt över instrument för åderlåtning. Detta saknas i den första som i stället har träsnittet av en häst med angivelse av lämpliga ställen för åderlåtning och tillhörande text. Det kan antyda att den var avsedd att spridas till en större krets.

1650 kom också sjätte upplagan av den omåttligt framgångsrika örtaboken av Arvid Månsson från Rydaholm, liksom de tidigare försedd med det entusiastiska förordet av biskopen i Växjö, bokens tillskyndare. Som ett stilla återsken av kontinentens stora intresse för ockulta vetenskaper kan man räkna den förkortade översättningen av Wolfgang Hildebrands *Magia Naturalis*, en blandning av hemliga recept och huskurer, folkliga vidskepelser och trollerikonster. I den första delen, som rör kroppen, visas hur man avslöjar havandeskap och jungfrudom, hur impotens botas, trettio sätt att färga håret och hur man dricker utan att bli berusad. Ett märkligare verk, och ett av de ytterst få naturvetenskapliga utanför universitetsmiljön, är den nämnde före detta munken Matthias Maximilianus Parasins astronomiska *Systema mundi*, som ger en inte i allo negativ presentation av galileiska argument, medan den med huvudsakligen aristoteliska resonemang kritiserar Copernicus. Den inleds med en omsorgsfull tillägnan till drottning Kristina, dagtecknad i Stockholm.

Många visor från äldre tid skulle ha varit okända i dag om de inte publicerats som skillingtryck. Det verkliga genombrottet för dessa ofta fyrsidiga tryck kom dock först på 1700-talet, från 1600-talet är ca 170 bevarade och från följande sekel bortåt 3000. Vid sidan av almanackan är dessa de verkligt folkliga trycken. Efter Margareta Jersilds standardverk om svenska skillingtryck kan citeras den blivande apotekaren Johan Lamberts minnen från sin ungdom i enkla förhållanden i Norrköping på 1680-talet:

En gång wi skolelof hade finge wi cameraterne lust at wandra wäster åt i städerna owannämnde (...) Wi lade råd poikarna oss emellan togo allmanacker med oss och böndagstexter och wisor allehanda slag ... alt begärligit gods och godt köp. Wi ärnade siunga dem först för bondefolket och sälja dem sen, och taga betalning sådan som falla kunde ...

De allra flesta av dessa var "tryckta i år". 1648 är emellertid angivet på ett enda tryck med världsliga visor, *Tree sköne elskogswijsor*. Två av de däri ingående visorna är här belagda för första gången: "Daphnis om en sommarnatt" och "Kunde min gode wän betänka med sig". Kärleksvisor som dessa var tydligen mer av dagsländor än andra kategorier visor, ofta är de bevarade i endast ett eller ett par tryck. Däremot finns tre skillingtryck med andliga visor från dessa år. Flera däri ingående är bekanta som psalmer och någon skillnad mellan psalm och andlig visa tycks inte ha gjorts. Kanske hade man väntat att i krigets efterdyningar finna soldatvisor, men sådana förekommer inte förrän under 1700-talet och då i större mängd först under Gustaf III:s tid och krig.

Måhända är det fel att i anslutning till den folkliga litteraturen ta upp tillfällesskrifterna, det vill säga i huvudsak verser för livets och framför allt dödens högtider. Bland dem finns visserligen de flesta genrer och versmått representerade, men den publik som apostroferades, eller åtminstone gav uppdragen, var den som kunde betala eller den som det lönade att hålla sig väl med. Huruvida det var inom denna genre som våra yrkesförfattare föddes, har det tvistats om utan att man nått enighet. Från 1600-talet finns minst 10 000 sådana tryck bevarade, kanske hälften av vad som en gång funnits. Men variationerna över seklet är stora. Uppsala universitetsbiblioteks bestånd räknar 835 från perioden 1600–1659 men 3900 från seklets sista decennium. Man bör dock komma i håg att det var först under 1700-talet, när tillfällesskrifterna ökade än mer i omfattning, som det verkliga samlandet blomstrade och antalet bevarade tryck får därför också relativt sett antas vara större.

Det är knappast värt mödan att vaska fram de tillfällesskrifter som tryckts 1648–1650, men Jan Drees' bibliografi över de tyskspråkiga är troligen representativ. Det rör sig om 15 tryck, som publicerades på tyska i Stockholm dessa år, ungefär 1/8 av samtliga. Därav är ett antal hyllningar till Kristina i anledning av freden och kröningen. I övrigt har de i nästan samtliga fall namngivna skalderna framträtt vid fem begravningar och fyra bröllop samt vid ett tillfälle bara i allmänhet harangerat en ståndsperson. Skulle någon särskild skrift få demonstrera genrens möjlig-

heter kan det få bli den som författades vid strängnäslektorn Peringers förmälning 1648. Däri bringar ett antal namngivna författare, däribland Johannes Nicolai Klint, brudparet sin hyllning i skilda versmått på grekiska, latin, svenska, italienska, franska och finska. Följande år skulle Klint hylla den nyvunna freden med en oration i sitt gymnasium.

En speciell form av tillfällesskrifter var likpredikningar. Sådana kunde vara nog så viktiga för en tryckares utkomst. En grundlig genomgång av Linköpingstryckaren Günthers produktion 1635–1654 visar att av ungefär 160 belagda titlar stod likpredikningarna för 45 %. Till yttermera visso var en av dessa 70 arbeten en samling med två dussin förmodligen särskilt uppskattade och trösterika gravtal.

Inte heller den sköna litteraturen var avsedd att spridas till en större grupp läsare. Jacob Chronander publicerade vid universitetet i Åbo en räcka juridiska disputationer över romerska rättens pandekter, men mer intressant är att han blivit den finländska litteraturens portalgestalt genom två skådespel, varav det ena, *Belesnack*, uppfördes vid presidenten Kurcks bröllop 1649. De kan inordnas i samma skoltradition som Brascks skådespel. I *Belesnack* visas i två parallella handlingar hur en sedlig och en osedlig yngling får sin rättmätiga lön. I övrigt går det att fatta sig kort om vitterheten, Johannes Messenius' historiska dramer från seklets början kom i nya upplagor, *Disa* om forntiden och *Blankamäreta* om folkungatiden. Poetikförfattaren Andreas Arvidi var möjligen upphovsman till en ny upplaga av en liten volym med visor, som gavs ut första gången 1642.

Bild 66. Många tidstypiska element får plats på titelsidan till detta sorgetryck: den stiliserade bildvärlden, traditionen att uppmärksamma också ungdomar som avlidit och det svenska rikets språkmiljö och geografiska omfattning. Tryckt i Stettin. Foto: Kungl. biblioteket.

Universitetens och skolornas litteratur

Den stora massan litteratur producerades vid universiteten. Kvantitet står här emellertid inte i någon som helst relation till kvalitet, om vi med det senare menar vetenskap i modern bemärkelse. Professorerna hade inget krav att presentera nya rön utan var satta att i undervisning och disputationer föra ut ett hallstämplat stoff. Det tjogtal professorer som fanns vid Uppsalaakademien publicera-

de sig med några få undantag endast i form av disputationer – med sedvanlig reservation för osäkerheten huruvida dessa var författade av professorn som preses eller studenten som respondent. För dessa år finns ett åttiotal disputationer från Uppsala med de närmast helt bortglömda professorerna Isthmenius och Unonius som i särklass flitigaste upphovsmän. I Åbo publicerades gott och väl över hundra och i Dorpat ett trettiotal. Seklets kanske mest lysande humanist på svensk botten, Johannes Schefferus, installerades visserligen 1648, men de stora verken lät vänta på sig. Då som nu var variationen i flit påfallande, men ett gemensam drag var att professorerna var föga bundna till sina ämnesgränser. Laurbergius, professor i orientaliska språk, publicerade under sex år tjugo disputationer i alla slags ämnen – utom sitt eget.

Det är inte fel att placera statsrätten, den teoretiska rättsläran, som det centrala akademiska ämnet. Monarkiens position var det stora debattämnet. Alla grupper hade statsrättsligt stöd för sina intressen i detta system av makt, fördelad mellan regent, riksråd och ständer, som så lätt kom i obalans. Ståndens ökade motsättningar pekade fram mot 1650 års riksdag, där Kristina skickligt balanserade dessa motsättningar och lyckades genomdriva utnämnandet av kusinen till arvfurste. Det är mot denna komplicerade bakgrund man bör se den ymniga produktionen av statsrättslig litteratur – den rena ståndspropagandan bedrevs mestadels i den otryckta pamflettens form. De flesta professorerna i Uppsala hade åtminstone någon gång presiderat för en avhandling med politiskt innehåll. Det centrala ämnet politik var fram till 1648 besatt av Israel Bringius, som i ett antal avhandlingar lät diskutera den bästa styrelseformen. 1648 frågades i *De fundamentis principatus* bland annat om kungadömet var bäst, vilket besvarades med ja, även om det hade varit fullt gångbart att hänvisa till en kontraktsteori. Samtidigt var elokvensprofessuren besatt av Johannes Henricus Boeclerus, strassburgare och nära lierad med Schefferus. I hans enda tryckta avhandling, *De notitia*

reipublicae 1649, hävdas att man måste ta hänsyn till förändringarna i staten; denna är inte alltid densamma utan formerna för styrelse kan växla. Som framgår av hans föreläsningar är ändå monarkien att föredra, eftersom den överensstämmer med naturen och förnuftet.

Om man också tar i beaktande andra lärde från samma tid, förstärks intrycket av att drottningen hade ett starkare stöd än tidigare bland uppsalaprofessorerna. I Dorpat utvecklade samtidigt politikprofessorn Crellius och andra tesen att adeln var satt att lära de lågbördigas söner underkastelse. Också till synes oförargliga teman, som när den livländske adelsmannen Henrik Hochgreffer i en oration i Uppsala prisade de riken som styrdes av de insiktsfulla, oavsett dessas börd, kunde vara av politisk sprängkraft – åtminstone när de framfördes några månader efter att drottningen på riksdagen 1649 hänvisat adeln till att på kunskapsmässiga grunder tävla med de ofrälse om ämbeten.

Till de mest betydelsefulla företrädarna för monarkistiska anspråk och adelns särställning hörde Michael Wexionius-Gyldenstolpe i Åbo. I åtskilliga avhandlingar under dessa år presenterade han sin statsrättsliga teori, som senare skulle läggas fram i bokform. I samma form publicerade han sitt huvudverk i etik 1647–1649. En trivial anledning till att det dröjde till 1640-talets slut innan juridiska avhandlingar började publiceras i Åbo har ansetts vara att man saknade tillgång till juridisk litteratur. En viktig bok av Wexionius var *Epitome descriptionis Sueciae, Gothiae, Fenningiae, et subjectarum provinciarum* 1650. Det var en geografisk läro-

Bild 67. Porträtt av Schering Rosenhane, målat av Jan Baptista Floris efter Anselm van Hulle i Rådhuset i Münster. Foto: Münster Stadtmuseum.

bok med starka historiska inslag, initierad av kanslern Per Brahe, också den från början i disputationsform. Författaren följer Johannes Magnus i alla götiska vindlingar, men som geografisk och administrativ översikt var den länge oumbärlig. Wexionius lät också 1648 publicera *Natales Academiae Aboensis*, vår första universitetshistoria, med en skildring av akademiens invigning och korta biografier över professorerna. I all sin anspråkslöshet var den en viktig manifestation för det lilla universitetet.

I övrigt går det att fatta sig kort om de skrifter som lades fram i akademiska sammanhang. Den i flera avseenden intressantaste universitetsmannen, kanske också såsom statsrättsteoretiker, är Johannes Loccenius,

som 1648 publicerade *Synopsis iuris ad leges sueticas accommodata*, en vetenskaplig lärobok i svensk civil-, straff- och processrätt. Genomgående stödde han sig här på tyskromersk rätt, också när den inte var gällande i Sverige. När så var möjligt, fyllde han luckor i svensk rätt med justiniansk och tolkade i överensstämmelse med denna. Säkerligen var detta arbete, som kom i flera upplagor, tillsammans med hans insatser i övrigt, av stor betydelse för upptagandet i svensk lag av sådana rättssatser. Samma år lämnade Loccenius sin juridiska professur i romersk rätt för att tillträda som universitetsbibliotekarie. Detta hindrade honom emellertid inte från att fortsätta som jurist och två år senare kom (även om företalet är daterat 1651) hans bok

Bild 68. Subtilt uttrycker Schering Rosenhane genom denna bild i "Hortus Regius" så väl balansförhållandet mellan riksstånden som deras inbördes hierarki och nödvändiga samhörighet. Kungl. biblioteket, handskriftssamlingen H 45. Foto: Kungl. biblioteket.

i sjörätt, *De iure maritimi & navali libri tres,* där han i huvudsak behandlade utländsk rätt – och där till synes samma skepp seglar på titelsidan som en gång på Grotius' sjörätts-bok, nu dock under svensk flagg. Det anses dock att boken hade föga eller intet inflytande på den första svenska sjölagen av år 1667.

Schering Rosenhane var en personifika-tion av den teoretiskt skolade kansliämbets-mannen. Visserligen kan inte i den svenska tryckproduktionen inräknas några alster av honom från denna tid, men ändå bör han inte förbigås. I Westfalen var han svensk de-legat och en slags förbindelseman till de ka-tolska delegationerna. Det var här han förfat-

tade och lät illustrera sitt lika magnifika som intrikata emblemverk, *Hortus Regius,* "En kunglig trädgård", men att avtvinga det ett bestämt statsrättsligt budskap låter sig göra endast med stor svårighet. Varför den aldrig trycktes är okänt, allt tyder på att det var avsikten. 1648 begav han sig till Paris som svensk minister och utgav där följande år *Observationes politicae super nuperis Galliae motibus,* med en ny upplaga i Holland sam-ma år. Han överträdde därmed sin roll som minister och skriften fick en väldig uppmärk-samhet. Den är ett angrepp på kardinal Ma-zarins politik och ett ställningstagande mot en tyrann som kullkastar maktfördelningen.

Denne tyrann var emellertid en minister och inte en konung, varför förbudet mot uppror mot överheten ändå kunde bibehållas.

När Axel Oxenstierna visiterade Uppsala universitet år 1648 kritiserade han ointresset för moderna språk jämfört med filosofi och matematik och påpekade att det var ovärdigt ett land att använda utländska läroböcker: "Gallia tager intet ur Tyskland neque e contra". Utnämningarna av språkmästare vid universitet var en direkt följd av centralmaktens behov av nytt undervisningsprogram. Deras litterära produktion var dock ringa. Genovesaren Jacopo dal Pozzo undervisade i spanska men publicerade 1650 ett av Kleberg som "högst kuriöst" betecknat arbete, *La donna migliore dell'huomo paradosso*. Med sin utförliga tillägnan till drottningen, och med temat kvinnans ställning gentemot mannen, vore det dock värt ett närmare studium. Han övergick till drottningens adelsakademi vid Rörstrand, och här verkade möjligen också Bartholomaeus Pourel, som 1650 gav ut den första läroboken i franska, *Court et droit sentier a la langue françoise*. Den fick ett bevekande förord, i vilket Pourel motiverar utgivandet med den nytta av språkfärdigheter som de studerande har vilka vill lära sig "politisk försiktighet" på ort och ställe. I Åbo gav den otroligt flitige professorn Aeschillus Petraeus 1649 ut den första finska grammatiken.

Det går ännu inte att i litteraturproduktionen avläsa konsekvenserna av 1649 års skolordning, med dess klara organisation av undervisningen i lägre och högre trivialskolor och gymnasier samt särskilda kunskaps- och personlighetsmål och precisa anvisningar för undervisningen inklusive anbefallda läroböcker. Småbarnsskolor hade gjorts möjliga redan några år tidigare, när kaplaner och klockare fick i uppgift att lära barnen ABC och katekesen. 1649 gavs också församlingarna ökade ekonomiska möjligheter att inrätta fasta skolor.

Kanske skall man uppfatta studenten Johannes Wolimhaus som en man som insåg de goda konjunkturerna. Han hade redan översatt Böhmes hästläkebok när han 1649 gav ut *Syllagus*, närmast en gloslista avpassad för skolbruk. Den byggde med största sannolikhet på det 1640 utgivna latin-svensk-tyska lexikon som går under beteckningen "Lincopensen" efter författare och tryckort. Detta var i sin stilbildande grundlighet alltför omfattande och dyrt för skolbruk. Johannes Gezelius, den blivande bibeltolkaren, kan också räknas till denna grupp företagsamma. Enligt vad han själv skriver i ett förord, hade han som professor i Dorpat funnit läroböcker och undervisningsmetoder otillfredsställande och därför för särskilt de grekiska studierna utarbetat nya metoder, som slagit så väl ut att en nybörjare efter några veckors studier kunde hålla grekiska tal från katedern. Gezelius diskuterade sina rön med vänner i Uppsala och blev – naturligtvis motvilligt – övertalad att ge ut dem. Så kom först 1647 en grekisk grammatika som upplevde nya upplagor in på 1800-talet och de närmast följande åren ett stort lexikon samt en grekisk version av *Janua linguarum*, ett av de få spåren dessa år av seklets störste pedagog, Johann Amos Comenius. Dennes arbeten hade kommit ut i åtskilliga upplagor sedan Johannes Matthiae 1635 rekommenderat dem i sin undervisningsplan, men 1648 bröt Comenius förbindelserna med Sverige för denna period i sitt liv, sedan de ledande här vänt sig från hans pansofi och unionism som nu var en politisk belastning.

Undervisningslitteraturen i övrigt bjuder inte på mycket av intresse. För första gången under seklet trycktes Vergilius, när 1649 både Georgica och Bucolia kom "*pro juventute scholastica*", och grundböcker i retorik och dialektik av tysken Dietrich upplevde flera upplagor. En gnutta politisk baktanke fanns möjligen i nyutgivningen av strängnäslektorn Samuel Kempes *Historiae domini Gustavi I* (första upplagan 1629): de små, dramatiserade scenerna ur kungens liv var ämnade som lärobok i historia. Den numera centralt placerade ämbetsmannen Kempensköld gav emellertid också en statsrättslektion genom sitt betonande av att kungen regerade med ständernas samtycke.

Ett mäktigt företag, som endast delvis passar in i undervisningsgenren, var Carios stora krönika, som i folio trycktes av Amund Grefwe i Nyköping. Seklets flitigaste översättare, Ericus Schroderus, bad redan 1643 drottningen om papper till verket, men det kom inte ut förrän efter hans död. Liksom åtskilliga av Schroderus' översättningar vänder detta sig till en penningstark publik och förmodligen var det finansierat av honom ensam eller tillsammans med tryckaren.

Hovets och statens litteratur

Åren kring 1650 präglas bland annat av drottning Kristinas import av utländska lärde, både de som kom för att befolka universitetet och de som samlades på slottet. I ok-
tober 1649 steg Descartes i land i Stockholm. På slottet höll Isaac Vossius på att ordna de stora samlingarna med litterärt krigsbyte. Det var också på drottningens initiativ, som den berömda Janssoniska boktryckarfirman inkallades, och 1648 anlände hennes franske bokbindare till landet. Resultatet i form av lärda tryckta skrifter från denna krets blev ändå förbluffande litet. Den ende värd att nämna för dessa år är Johannes Freinsheimius, som funnits i landet sedan 1642. Han gav ut en del av sin Livius-kommentar, varav det underbara dedikationsexemplaret till drottningen finns bevarat.

Det skulle ge en skev bild av litteraturproduktionen under 1600-talet att inte nämna något om dedikationerna. Det har redan framskymtat att en författares eller översättares tryckta tillägnan hade en viktig social funktion – korporationer lika väl som enskilda kunde bli föremål för uppvaktning. Men hur tydliga de informella lagar som styrde dedikationens utformning och föremål var återstår ännu att undersöka i detalj.

Drottningen var definitivt den som förekom ymnigast i dedikationer. Det tycks inte ha funnits gränser för genrer och sammanhang där det kunde anses passande att uppvakta henne. De renodlade panegyrikerna, det vill säga sådana skrifter som helt formades till en hyllning åt drottningen, är åtminstone i svenskspråkig dräkt relativt få. I fråga om dedikationerna dominerade det mer passande latinet, och framför allt var det utlänningar – nordtyskar, balter och Kristinas egen krets – som på detta sätt förde fram sin hyllning och sin sak. De dygder som utmålades blev snart stereotypa: förutom de traditionella kungliga var det framför allt hennes lärdom och fredstraktan. Försvar mot anklagelser för det kvinnliga könets intellektuella underlägsenhet var ett inte ovanligt inslag. Enligt Kajanto, som studerat ämnet, finns sammanlagt ett 90-tal författare som på detta sätt hyllat Kristina. De flesta publicerade sig under hennes tid som drottning och drygt 30 skrifter är från de aktuella åren. Freden gav ett välregisserat eko hos de krigströtta tyska författarna, under det att kröningen resulterade i flest skrifter. Svenskarna agerade oftast ursprungligen muntligt från universitetspulpet, medan fransmännen då som nu oftare var fria lärde och litteratörer.

Upptågen och baletterna ändade inte med krigets avfirande. De flesta av hovets litterära festspel de följande åren alluderade på politiska händelser. Två baletter som uppfördes och trycktes 1649 har sin direkta upprinnelse i giftermålsfrågan och dess etiska grund, kyskhetens och pliktens triumf. Författaren till *Les passions victorieuses et vaincues* är okänd. *Then fångne Cupido*, i vilken Kristina själv agerade Diana, trycktes i både fransk, tysk och svensk språkdräkt. Den franska, som troligen var den primära, var författad av den i det närmaste okände franske reformerten Helié Poiriet. Stiernhielm stod för den svenska, såsom han också gjorde för många följande verk. I sina texter gjorde Stiernhielm bruk av alla möjligheter som erbjöds att i allegoriens form kommentera filosofi, politik och epokens sociala liv. De tryckta texterna spelade här en helt annan roll än senare. De skulle uteslutande läsas av publiken, för att denna rätt skulle förstå vad som framfördes i dans eller tablåer på scen, och de kunde

naturligtvis sparas och läsas senare. Texten var ändå sekundär, i så måtto att det troligen var balettmästaren som bestämde handlingen.

Med detta närmar vi oss den tredje tydliga kategorien vid sidan av religiösa verk och undervisningslitteratur, den direkt statsfinansierade litteraturen. Vi befinner oss i en mellantid, den så kallade bibeltrycktrumman, som tidigare fungerat som litteraturstöd, hade dragits in, och det skulle dröja några decennier innan Antikvitetsarkivet blev förläggare av lärda verk. Trots att kategorien således är liten är den ändå betydelsefull.

Av "politiserande" uppdrag eller översättningar märks föga, vare sig sådana som skulle fungera som propaganda eller som skulle påverka den inhemska opinionen. Det viktigaste undantaget är Bogislaus Philipp von Chemnitz, en tysk militär som visat sig skicklig med pennan och fått i uppdrag av Oxenstierna att författa en auktoritativ redogörelse för Sveriges deltagande i kriget. Efter förövningar fick han som utnämnd rikshistoriograf 1648 lägga fram *Königlichen Schwedischen in Teutschland geführten Kriegs*, med parallellutgåva på latin. Denna första del, som skulle följas av ytterligare en fem år senare, grundas i huvudsak på *Theatrum Europaeum*, men också på allt tryck av mer tillfällig karaktär som stod honom till buds. Givetvis är den på sina håll tendentiös, men länge var den oumbärlig för alla som sysslade med perioden.

Realpolitik och historia kopplades samman också vid insamlandet av gamla laghandskrifter. Här gällde det inte bara att bevisa Sveriges storhet utan också och främst att

Bild 69. I Brockenius' upplaga 1648 av Comenius' "Januae linguarum" möttes lärjungarna, liksom i alla andra upplagor, i förstugan till den latinska tungomålsdörren av "Salvete Pueri, Venite Tirunculi, Discite Latinam Linguam – Häll poikar, kommer hijt små lärepoikar/Lärer thet Latinske Tungomålet/". Foto: Kungl. biblioteket.

bekräfta specifika legitimitetsanspråk som gick tillbaka på lokala överenskommelser och liknande. Landskapslagarna behöll sin betydelse som subsidiär rättskälla även efter tryckningen vid seklets början av Stads- och Landslagen. De viktigaste landskapslagarna hade redan publicerats, och även om nya editioner var betingade huvudsakligen av antikvariska syften, kom det en kvartoutgåva år 1643. Vad som däremot kan tyckas märk-

ligt, var att det 1650 kom en duodesupplaga i så kallat katekesformat av samtliga tidigare utgivna landskapslagar. Möjligen var det vid användningen av landskapslagarna vid tinget betydligt smidigare att använda dessa "pocketutgåvor". I varje fall har inte vetenskapligt användande eller internationell spridning varit främsta syftet.

Fornforskningen var på tillfällig nedgång vid seklets mitt, vilket tydligt visas av att den

201

ännu företräddes av Johannes Bureus, den svenska fornforskningens fader, som år 1594 hade lärt sig läsa runor på den numera försvunna runstenen i Riddarholmskyrkan. Hans uppteckningar blev många, men föga kom i tryck. Redan kring sekelskiftet 1600 lät han gravera uppländska stenar, troligen avsedda att ingå i ett aldrig utgivet arbete. Några decennier senare gav han ut en samling om 48 träsnitt. En fortsättning av denna är den endast i ett provark om två blad kända *Monumenta veterum sueonum et gothorum*, antagligen från 1648 och med träsnitten tryckta av van Selow. Till sist fann man att koppargravyren var den lämpligaste metoden, och vi vet att Sigismund Vogel 1647 fick i uppdrag att sticka 200 "Runiske saker". Kanske höll man på fram till Bureus' död fem år senare – hur som helst blev den aldrig utgiven. De fyra "exemplar" som finns bevarade bildar en höjdpunkt i Bureus' också i övrigt komplicerade bibliografi. De har alla skiljaktiga antal blad, som mest 195 planscher. Det hade varit av intresse att ha Bureus' eget exemplar, men det försvann från Kungliga biblioteket runt sekelskiftet 1800, tillsammans med andra Bureus-handskrifter – alla utom den nämnda återfanns senare i Danmark.

I en kategori för sig hamnar också vår första vapenbok, *Sweriges rijkes ridderskaps och adels wapenbook*. Dess komplicerade tillkomsthistoria ledde fram till tre, i dag mycket sällsynta, upplagor från samma år. De är alla utförda i en mer eller mindre märklig teknik. Den första, endast bevarad i ett exemplar och i det band vari den presentades drottningen den 8 december 1650, vittnar måhända om

att det låg andra intressen än tryckaren Keysers bakom ett arbete som så utstuderat manifesterar adelns makt och inflytande. Det är dock Keyser som skrivit under förordet och som i en skrivelse till drottningen önskade privilegium på grund av de dryga "spesen" ett sådant verk förde med sig.

Slutord

En presentation som denna, hur översiktlig den än är, visar på en överraskande bredd i tryckproduktionen. En viktig fråga är dock hur mycket som har överlevt av denna produktion, som ägde rum under den för såväl censorer som bibliotekarier förhatliga tid, när tryckarna ännu inte var tvingade att sända in pliktexemplar till det kungliga biblioteket och Riksarkivet.

Isak Collijns 1600-talsbibliografi redovisar för de tre åren 180 arbeten, till detta kan läggas mer än 200 akademiska disputationer och runt 120 bevarade tillfällestryck, vartill kommer likpredikningar, akademiska program och ytterligare några smärre kategorier. Därtill kommer ett stort mörkertal. Det har uppskattats att av de 6000 titlar Collijn tar upp i sin bibliografi 1483–1699 är 2000 kända i endast ett exemplar i offentliga samlingar. Mörkertalet har redan påpekats för tillfällesskrifterna, och det demonstreras tydligt i en undersökning som gjorts av göteborgstryckarens listor över levererade pliktexemplar 1691–1707: betydligt färre än hälften av de däri redovisade 400 titlarna finns bevarade idag.

Nära nog samtliga utkomna böcker går att ordna i mönster. Inte mycket av det som skrevs och publicerades var snillefoster. Tryckpressarna brukades fastmer som instrument för att odla och befästa relationer, för att bevisa makt likaväl som hörsamhet inför dogmer som förmodligen befästes genom upprepning. Det flyktiga perspektivet i en översikt som denna ändrar inte denna traditionella bild, men samtidigt kan man inte undgå att höra dissonanser, särskilt om man uppmärksamt lyssnar till vad först i muntlig form mött en publik i universitetet, gymnasiet eller kyrkan. Det har flera gånger, senast av Stina Hansson, påpekats att litteraturen inte producerades för en marknad av mer eller mindre obestämda köpare utan för individer i en tydlig social kontext, och då i huvudsak för de runt 5% av landets ca 1,5 miljoner innevånare som utgjordes av ståndspersoner. Särskilt slående är detta, om man betänker att nära hälften av alla titlar producerades i och vände sig till en akademisk miljö. Men i dessa bestämda sociala sammanhang, inom de tydliga skrankor som avgränsade genrerna, fanns ändå en stark dynamik. Den svenska intellektuella miljön var ännu i hög grad ofullgången, och det går att på punkt efter punkt belägga "det första", "det mest omfattande" och "det viktigaste" verket inom en viss kategori. Det torde vara svårt att påvisa tre år av vårt eget århundrade, som bjudit på så respektingivande litterär produktion som dessa trevande fredsår.

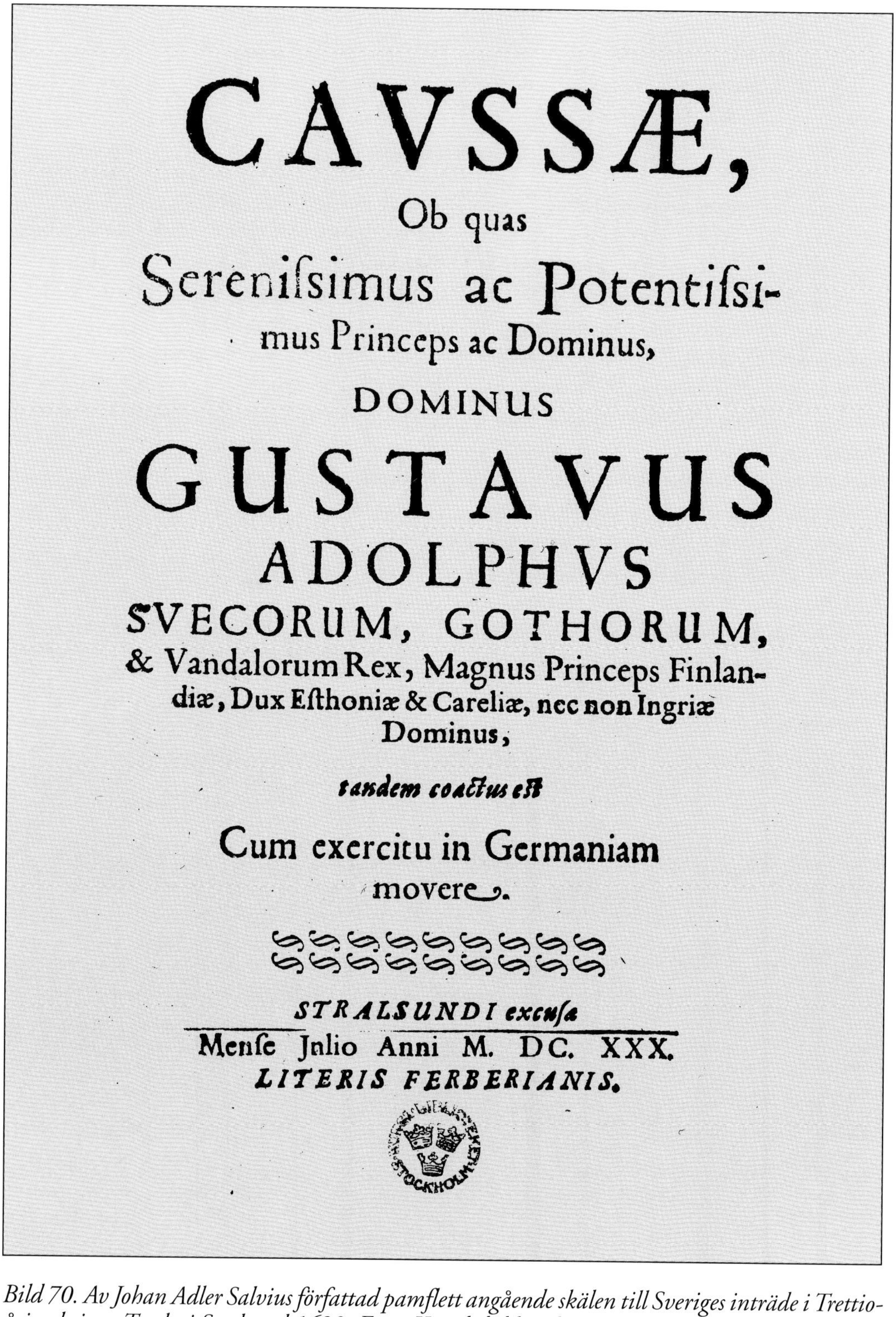

CAVSSÆ,

Ob quas

Serenilsimus ac Potentilsi-
mus Princeps ac Dominus,

DOMINUS

GUSTAVUS

ADOLPHVS

SVECORUM, GOTHORUM,

& Vandalorum Rex, Magnus Princeps Finlan-
diæ, Dux Efthoniæ & Careliæ, nec non Ingriæ
Dominus,

tandem coactus est

Cum exercitu in Germaniam
movere.

STRALSUNDI excusa

Menfe Jnlio Anni M. DC. XXX.
LITERIS FERBERIANIS.

---

*Bild 70. Av Johan Adler Salvius författad pamflett angående skälen till Sveriges inträde i Trettio-
åriga kriget. Tryckt i Stralsund 1630. Foto: Kungl. biblioteket.*

Källor och litteratur

Skrivelser från Henrik Keyser och Ignatius Meurer i Riksarkivet, Ämnessamlingen Bibliographica, Tryckerier Stockholm respektive Böcker-psalmböcker.

Aksel Andersson, "Fader vår på vers", *Samlaren* 1903.

– , *Svensk Comenius-bibliografi* I (1898).

Claes Annerstedt, *Upsala universitets historia* 1 (1877).

Bo Bennich-Björkman, *Författaren i ämbetet* (1975).

Lars Burman, *Den svenska stormaktstidens sonett* (1990).

Isak Collijn, *Sveriges bibliografi : 1600-talet* (1942–1946).

Jan Drees, *Deutsche Gelegenheitsdichtung in Stockholm und Uppsala zwischen 1613 und 1719* (1995).

Frieda Galiati, *Der Königlische schwedische in Teutschland gefürte Krieg des Bogislav Philipp von Chemnitz* (1902).

Carl-Rudolf Gardberg, *Boktrycket i Finland I* (1948).

Lars Gustafsson, "Amor et Mars vaincus", Queen Christina of Sweden : Documents and Studies, ed. Magnus von Platen (1966).

–, "Den litterate adelsmannen", *Lychnos* 1959.

–, *Virtus politica* (1956).

Sven Göransson, "Comenius och Sverige 1642–1648", *Lychnos* 1957/58.

Stina Hansson, *"Afsatt på swensko": 1600-talets tryckta översättningslitteratur* (1982).

–, "1600-talsalmanackan – allemansbiblioteket?", *Lychnos* 1986.

Åke Holmbäck, *Studier i äldre sjörätt*, Uppsala universitets årsskrift (1926).

Arvid Hultin, *Litteraturstudier i Åbo under svenska tiden 1640–1809* (1918).

Margareta Jersild, *Skillingtryck : Studier i svensk folklig vissång före 1800* (1975).

Kurt Johannesson, *I polstjärnans tecken : Studier i Svensk barock* (1968).

Monica Johansson, *Lexicon Lincopense* (1997).

Stig Jägerskiöld, *Studier rörande receptionen av främmande rätt i Sverige under den yngre landslagens tid* (1963).

Iiro Kajanto, *Christina heroina : Mythological and historical exemplification in the Latin panegyrics on Christina Queen of Sweden* (1993).

Ingvar Kalm, *Studier i svensk predikan under 1600-talet* (1948).

Tönnes Kleberg, "Spanska språket i 1600-talets Sverige", *Lychnos* 1953.

G. E. Klemming, *Förteckning öfver Kongl. Bibliothekets samling af samtida berättelser om Sveriges krig* (1867).

–, *Ur en antecknares samlingar* (1868–1873).

–, *Samtida skrifter rörande Sveriges förhållanden till fremmande magter* (1881–1883).

– och G. Eneström, *Sveriges kalendariska litteratur* I (1878).

Herbert Langer, *Hortus bellicus : Der Dreissigjähriges Krieg* (1978).

Sten G. Lindberg, "Från raritetskammaren", *Bokvännen* 1964.

–, Objekttexter i *Westfaliska freden : Katalog över minnesutställningen 1948* (1948).

Stig Lindholm, *Cathecismi förfremielse : Studier till catechismus- undervisningen i Svenska kyrkan 1593–1646* (1949).

David Lindquist, *Studier i den svenska andaktslitteraturen under stormaktstiden med särskild hänsyn till bön-, tröste- och nattvardsböcker* (1939).

Sten Lindroth, *Svensk lärdomshistoria : Stormaktstiden* (1975).

Arne Losman, *Carl Gustaf Wrangel och Europa* (1980).

Ernst Meyer, *Upsala universitets program*, Uppsala universitets årsskrift 1905.

Magnus von Platen, *Yrkesskalder – fanns dom? Om tillfällespoeternas försörjningsfråga* (1985).

Hilding Pleijel, "Svenska allmogens läsning under stormaktstiden", *Saga och sed* 1953.

J. Quigstad och K. B. Wiklund, *Bibliographie der Lappischen Literatur* (1899).

Allan Ranius, *Nya strövtåg i Linköpings stiftsbibliotek* (1997).

Nils Runeby, *Monarchia mixta* (1962).

Henrik Sandblad, "Galilei i Sveriges lärda litteratur till Magnus Celsius", *Lychnos* (1942).

Henrik Schück, *Den svenska förlagsbokhandelns historia* I (1923).

–, *Vitterhetsakademiens historia*, II (1935).

Wilhelm Sjöstrand, *Pedagogikens historia* II (1958).

Carl Snoilsky, *Svenska historiska planscher* (1893–1895).

Georg Stiernhielm, *Samlade skrifter*, utg. Johan Nordström och Bernt Olsson, 1:2:2–3 (1977–1978).

Elisabeth Svärdström, *Johannes Bureus' arbeten om svenska runor* (1936).

Uppsala universitet, Akademiska konsistoriets protokoll, utg. av Hans Sallander, 3 (1969).

Irmgard Weithase, *Die Darstellung von Krieg under Frieden zu der deutschen Barockdichtung* (1953).

K. W. Åderman, *En veterinär-medicinsk författare på 1600-talet* (1932).

Ännu ylar krigets hundar

Detta krig, liksom nästa krig,
är kriget som skall göra slut på alla krig.

David Lloyd George

Bild 71 och 72. Krigsmans vila. Olikheterna i livet förblir ofta också efter döden. Det är långt mellan Herman Wrangels gravmonument i Skokloster kyrka och "en okänd tysk soldats" grav på kyrkogården i Pålsjö utanför Helsingborg. Sannolikt hade de två också helt olika syn på kriget. Foto: (ovan) Kerstin Abukhanfusa, 1996, (nedan) Ulf Nilsson, 1997.

De tyska krigsgravarna i Sverige

Folke Ludwigs

Vem tänker här på en tysk paradmarsch? Vem har här lust att travestera en tysk soldatvisa? Vem tänker överhuvud på att de var tyskar? Arma unga människor var vad de var, som i sina hjärtan närde samma förhoppningar som alla andra unga människor, samma längtan och strävan att klara livet så gott det går och njuta sin del av lyckan på jorden. Arma unga människor som man länge väntade på att de skulle återvända. Och kanske ännu väntar på.

Orden ovan skrevs av Hans Ruin i en krönika, "De nakna och de döda", i *Vecko-Journalen* den 13 augusti 1955. De föranleddes av att en annan författare i ett resereportage från Grekland hade berättat, i ordalag som uppfattats som hånfulla, hur han där på stranden funnit skelettet efter en tysk soldat. Även vid Sveriges stränder, liksom inom dess gränser, återfanns under krigsåren många tyskar som fick sin sista vila i svensk jord. Upplysningar härom återfinns i Riksarkivet, förutom i Utrikesdepartementets dossierer, i kommittéarkivet efter en enmansutredare, som dock aldrig kom att presentera sitt arbete i något tryckt eller stencilerat betänkande. Enligt

Kungl. Maj:ts bemyndigande av den 5 november 1965 tillkallade dåvarande Ecklesiastikdepartementet den då 76-årige, pensionerade kyrkogårdsföreståndaren Hilding Claesson i Lund för att biträda vid överläggningar mellan representanter för Volksbund Deutsche Kriegsgräberfürsorge E.V. och kyrkogårdsmyndigheterna i bland annat Göteborg, Trelleborg och Helsingborg angående sammanförande av tyska krigsdöda. Att Claesson vid så hög ålder anförtroddes uppdraget – vartill han först tackat nej eftersom han själv ansåg sig vara för gammal – måste ha berott på hans i landet unika kunskaper om kyrkogårdar.[1] Han hade 1942 utsetts till krigsgravsinspektör, den förste i ämbetet, med krigsplacering vid försvarstabens personalavdelning och kom, fast denna befattning egentligen endast ingick i krigsorganisationen, även att ta befattning med frågor om utländska krigargravar i Sverige. I sina "Minnesbilder från andra världskriget" har han med bister humor berättat om den inte förrän 1942 i hast uppsatta, topphemliga krigsgravsorganisationen.[2] Bland annat kläcktes högst besynnerliga idéer om mobila incineratorer eller jättelika "fältbål", som skulle ha använts för att bränna de döda ifall Sverige hade dragits med i kriget. Trots artikelns blygsamma titel redovisar Claesson däri också sina studiebesök i Tyskland före kriget. Han studerade där den tidens ganska avskräckande kyrkogårdsarkitektur och eldbegängelseväsen. Därtill delade han med sig av sitt stora vetande om hur andra länder hade löst problemen med krigsgravarna.

När Hilding Claesson avled den 2 augusti 1968 var uppdraget i stort sett slutfört, men han hann aldrig färdigställa den redogörelse som nu i påbörjat skick ligger i det bevarade kommittéarkivet. Konsistorienotarien i Lund lämnade in materialet till Riksarkivet efter att ha utfört de sista ärendena, varefter denna egenartade utredning i riksdagsberättelsen för 1969 kunde anmälas som avslutad.[3] Arkivet har nu i Riksarkivet beteckningen YK 2206, varvid YK står för yngre kommittéarkiv. Det innehåller:

Vol 1.   Utgående skrivelser och påbörjat utkast till betänkande.
Vol 2.   Inkomna skrivelser; kopior av Kungl. Maj:ts cirkulär till länsstyrelserna angående avtalet mellan förbundsrepubliken Tyskland och Sverige om de tyska krigsgravarna; tidningsklipp rörande i Sverige begravda tyska krigsoffer.
Vol 3.   Texter till avtal mellan Volksbund Deutsche Kriegsgräberfürsorge och svenska kyrkliga myndigheter; förteckningar över tyska krigsoffer begravda i Sverige, flyttade tyska krigsgravar och kyrkogårdar med tyska

krigsoffer; kartor och skisser över begravningsplatser; diverse handlingar angående begravningsplatser (däribland några annars svårfunna särtryck).
Vo 4.   Arbetsanteckningar, kopior av utgående skrivelser samt ingående skrivelser enligt förteckning m.m.
Vol 5.   Krigsgravregister enligt förteckning i volymen; handlingar angående norska döda.
Vol 6.   Tyskt register över i Sverige jordade tyska soldater, ordnat efter gravplatser.
Vol 7.   Krigsgravregister, alfabetiskt ordnat efter namn.
Vol 8.   Tyska krigsgravar på Kvibergs kyrkogård i Göteborg; anteckningar av Volksbunds personal om gravdjupen, markförhållanden och de dödas skick i övriga kyrkogårdar.
Vol 9.   Register, inklusive pastorsämbetenas uppgifter, över krigsgravar som flyttats till Göteborg-Kviberg.
Vol 10. Register, inklusive pastorsämbetenas uppgifter, över krigsgravar som flyttats till Helsingborg-Pålsjö och Trelleborg.

Övrigt: I departementet handlades berörda ärenden av kanslirådet Torsten Svensson i kyrkoenheten, varifrån det även finns en volym handlingar (inkl. konseljakter) från 1954-1968 som levererades till Riksarkivet på 1990-talet.

Bakom Claessons uppdrag ligger en lång förhistoria. Redan under Första världskriget hade Sverige fått ta hand om utländska krigsdöda.

Den tyska kryssaren "Albatross" strandsattes på Gotland efter en drabbning 1915 med överlägsna ryska örlogsfartyg. 26 sjömän lades i en gemensam grav på Östergarns kyrkogård. Den försågs senare med ett minnesmärke. De tyska och österrikiska krigsinvalider som under Röda korsets krigsfångeutväxlingar från Ryssland transporterades till sina hemländer på järnväg genom det neutrala Sverige var ofta i mycket dåligt skick. Många avled under transporten, de flesta av tuberkulos. Redan i Haparanda begravdes tretton tyskar och sju av dem lades tillsammans med ett hundratal österrikare i en gemensam grav i Trelleborg, varöver man senare reste ett stor minnessten.[4] Efter Skagerackslaget 1916 mellan de tyska och brittiska flottstyrkorna, i all sin kuslighet skildrat av Theodor Plievier i *Kejsarens kulis* (1930), drev åtskilliga döda iland på den svenska västkusten. De församlingar inom vars område de hittats gav dem då vilorum på sina kyrkogårdar.

Efter Första världskrigets slut ville Imperial War Graves Commission, som satts upp för att efter kriget ordna gravförhållandena för fallna britter på kontinenten, flytta även de i Sverige funna och sammanföra dem till en gemensam gravplats. Enligt dåvarande svensk lag hade nämligen grav på allmän gravplats endast rätt till orubbad frid i femton år. Av den utredning som det svenska utrikesdepartementet efter brittiska legationens framställning då lät göra – med bistånd av domkapitlet i Göteborg och de lokala länsstyrelserna – framgick emellertid dels att församlingarna ofta hade lagt britter och tyskar i samma gravar, dels att de flesta gravarna vårdats väl och försetts med minnesste-

nar eller kors. Man löste till slut problemet genom att församlingarna utfärdade gravbrev på mycket lång tid eller för evigt och även åtog sig att själva vårda gravarna.[5]

Nere på kontinenten genomfördes efter kriget stora omflyttningar av de krigsdöda till gemensamma, ofta jättelika begravningsplatser. Författarens moder kunde berätta hur hon under en badsejour i Ostende sommaren 1920 sett många lastbilar komma körande med kistor på öppna flak. Peter Englund har i *Förflutenhetens landskap* beskrivit de jättelika krigskyrkogårdarna på kontintenten och särskilt de makabra benhusen med resterna av de oidentifierbara. Författaren har själv i Belgien sett Käthe Kollwitz' gripande statygrupp "Sörjande föräldrar" på kyrkogården i Vladslo över de tusentals unga tyskar, däribland hennes egen son Peter, som hade fallit alldeles i början av kriget.

När Andra världskriget bröt ut, tycks man i Sverige till en början alls inte ha tänkt på vad man skulle göra med utländska krigsdöda som påträffades på svenskt område eller ens med egna döda om Sverige blev indraget i kriget. Försvarsstaben sände visserligen nästan omgående ut en hemlig skrivelse om att påträffade utländska krigsdöda skulle inrapporteras dit, men avsikten därmed synes primärt ha varit att få militärt användbara underrättelser.

Sedan den brittiske ministern i juni 1940 begärt att Imperial War Graves Commission skulle underrättas om påträffade brittiska krigsdöda, utfärdade den svenska regeringen föreskrifter för länsstyrelserna om att den lokala polisen skulle skicka rapporter härom både till Utrikesdepartementet och försvars-staben. En landsfiskal på Gotland missuppfattade dock uppmaningen och rapporterade fyndet av en död rysk flygare direkt till Sovjetbeskickningen. För att ta hand om denne sände beskickningen ett par av sina tjänstemän till ön, där militären givetvis inte ansåg deras vistelse önskvärd i dåvarande läge. Först den 27 februari 1942 sände Socialdepartementet ut ett nytt cirkulär med uppmaningen att samtliga likfynd eller begravningar av utländska krigsmän och sjömän (om möjligt även deras identitet) omedelbart skulle av vederbörande polischef anmälas till länsstyrelserna för vidarebefordran till både Utrikesdepartementet och försvarsstaben. I UD:s dossier HP 39 R ligger kopior av rapporter från de svenska poliser som måste utföra det påfrestande arbetet att med ledning av föremål eller märken på kläderna – identitetsbrickor saknades ofta – identifiera döda som ofta hade legat länge innan de hittades. Begravningarna arrangerades i regel av vederbörande länders konsulat eller vicekonsulat och skedde ofta under hedersbetygelser från den lokala svenska militären. Den tyska legationen klagade faktiskt vid ett tillfälle när en tysk hade begravts utan sådana betygelser.

Enligt då gällande bestämmelser om gravplatser åt medellösa fick de krigsdöda sina viloplatser på kyrkogården i den församling där de påträffats. Vid krigsslutet fanns det därför en eller flera utländska krigsgravar på omkring 120 svenska kyrkogårdar. Särskilt anlitad blev den stora kyrkogården vid Kviberg i Göteborg, där det fanns en tysk församling med präst som kunde förrätta begravningarna. En uppmärksammad massbe-gravning skedde i september 1944 sedan ångaren "Westfalen" sänkts utanför Stora Pölsan på västkusten. På fartyget fanns förutom besättningen både fängslade norska motståndsmän och från krigsmakten för brott avskilda tyskar som skulle överföras till hemlandet för vidare bestraffning. Endast ett fåtal av de ombordvarande räddades. De döda norrmännen sändes givetvis efter kriget till Norge, men 95 tyskar begravdes på Kviberg, bland dem även en Gestapoman som övervakat fångtransporten. Intill slutet av 1945 begravdes ytterligare 96 tyskar på samma plats, däribland besättningsmän från ångaren "Robert Müller 7" från Hamburg, som sänktes den 23 mars 1945 vid Nidingen, och minsveparen "M 293", som sänktes utanför Hönön den 2 maj samma år. Så sent som 1958 begravdes på Kviberg 42 man från det detta år vid Laesö bärgade vraket efter ubåten "U 843", och 1961 överflyttades dit från olika håll i Bohuslän 29 soldater som fallit redan i Första världskriget. På Pålsjö begravnings-plats utanför Helsingborg bereddes 1945 plats för 41 man från minsveparen "M 575", som kantrade den första mars nämnda år under en orkan i Öresund.[6]

Volksbund Deutsche Kriegsgräberfürsorge E.V. hade ursprungligen bildats 1919 för att ordna de tyska krigsgravarna efter Första världskriget. Dess organisation med lokalavdelningar och halvofficiell status påminde närmast om Röda korsets. Under Hitlertiden hade detta Volksbund i stort sett lyckats undgå nazifiering och dess logotyp med de fem korsen lär ha varit mindre behaglig för regimen. Därför tilläts Volksbund ganska snart efter vapenstilleståndet att återupptaga sitt

Bild 73. Blad ur krigsgravsregistret för 15-årige Günter Sperling, skeppsgosse på s/s "Robert Müller 7" från Hamburg, som omkom utanför Nidingen i slutet av mars 1945. YK 2206 vol. 8. Foto: Kurt Eriksson, Riksarkivet.

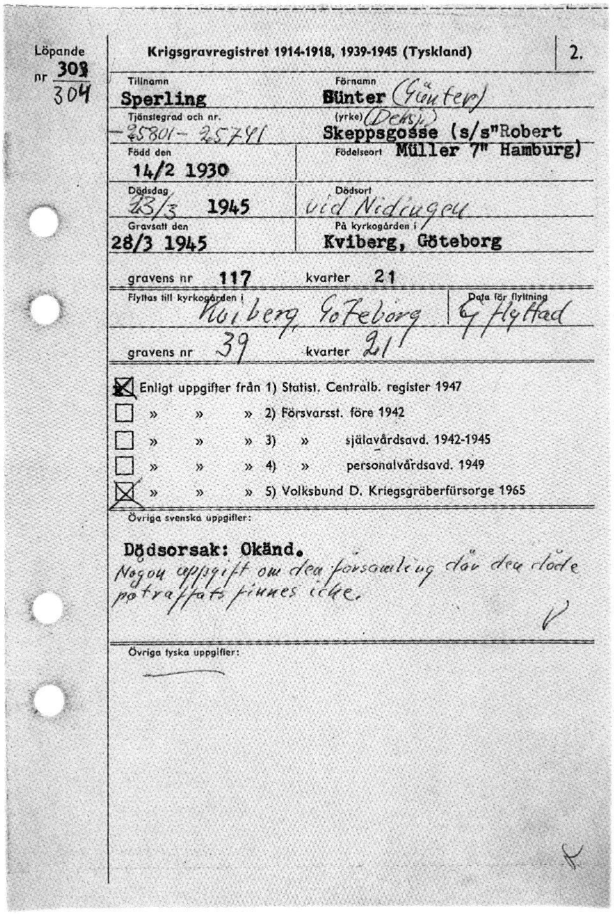

Löpande nr 303 / 304

Krigsgravregistret 1914-1918, 1939-1945 (Tyskland) 2.

Tillnamn: Sperling	Förnamn: Bünter (Günter)
Tjänstegrad och nr.: 25801- 25741	(yrke) (Deksj.) Skeppsgosse (s/s"Robert
Född den: 14/2 1930	Födelseort Müller 7" Hamburg)
Dödsdag: 23/3 1945	Dödsort: vid Nidingen
Gravsatt den: 28/3 1945	På kyrkogården i: Kviberg, Göteborg

gravens nr 117 kvarter 21

Flyttas till kyrkogården i: Kviberg, Göteborg | Data för flyttning: 6 flyttad

gravens nr 39 kvarter 21

- [x] Enligt uppgifter från 1) Statist. Centralb. register 1947
- [ ] » » » 2) Försvarsst. före 1942
- [ ] » » » 3) » själavårdsavd. 1942-1945
- [ ] » » » 4) » personalvårdsavd. 1949
- [x] » » » 5) Volksbund D. Kriegsgräberfürsorge 1965

Övriga svenska uppgifter:

Dödsorsak: Okänd.
Någon uppgift om den församling där den döde påträffats finnes icke.

Övriga tyska uppgifter:

arbete med att sammanföra gravarna över de tyska döda i Andra världskriget. Vid 1960-talets mitt hade det uppfört minnesmärken och arrangerat gemensamma gravfält på åtskilliga platser i Västeuropa och Nordafrika medan Sovjetunionen och Östeuropa då ännu inte var tillgängliga. För de ca 700 000 medlemmarna i Volksbund utgavs en illustrerad månadsskrift, *Kriegsgräberfürsorge*, och arrangerades gruppresor för de stupades anhöriga till gravar utomlands. Huvudkontoret låg i Kassel.

Redan 1954 hade Volksbund upptagit förhandlingar med den svenska regeringen om att sammanföra gravarna till ett fåtal platser. Skälen härtill var dels att man önskade göra gravarna mera lättillgängliga för anhöriga, och dels att de fallna skulle kunna tillförsäkras "evig ro" i vårdade gravar enligt bestämmelserna i de nya Genève-konventionerna av 1949. Det var känt att medan man i vissa svenska landsförsamlingar vårdade de utländska gravarna med stor pietet, så förekom det på andra håll att man lagt de krigsdöda i "allmänna" gravar, som var skyddade endast under begränsad tid och sedan kunde rivas upp. Det skulle visa sig att vissa gravar efter bara 20–25 år inte ens kunde återfinnas.

Efter långvariga förhandlingar godkände den svenska regeringen den 9 september 1966 ett formellt avtal med förbundsrepubliken Tyskland om att krigsdöda från de båda världskrigen skulle genom Volksbunds försorg sammanföras till de tre kyrkogårdar. Till Kviberg skulle sammanföras döda från Bohuslän, Västergötland och Värmland, till Pålsjö-Helsingborg de från Halland och Skånes västkust norr om Malmö, och till Trelleborg de från övriga landet. Särskilda avtal slöts sedan mellan Volksbund och kyrkogårdsförvaltningarna i de tre städerna och i samband därmed upprättades ritningar (varav kopior även finns i det bevarade kommittéarkivet) till de nya gravområden som utan kostnad och för evig tid ställdes till förfogande för både brittiska och tyska krigsdöda.[7]

För Hilding Claesson tillkom nu att genom förfrågningar hos pastorsämbetena inventera de tyska gravarna. Som källor till sitt register över dessa använde han dessutom de ofta långt ifrån samstämmiga uppgifterna han kunde få från olika håll:

— Det register över i landet under krigsåren avlidna utlänningar som 1947 utarbetades inom Statistiska centralbyrån. Detta återfinns nu i arkivet efter Statens utlänningskommission, kontrollbyrån, efterforskningsavdelningen, serie D 1, och omfattar även människor som dött av sjukdom, ålderdom eller självmord.
— Försvarstabens uppgifter från före 1942.
— Försvarsstabens själavårdsavdelnings uppgifter 1942–1945.
— Försvarsstabens personalvårdsavdelning 1949.
— Volksbund 1965.

Sedan Claesson utfört sin synnerligen omfattande inventering och vidlyftiga skriftväxling med pastorsämbetena och Volksbund,

kunde sammanföringen av de döda utföras under tiden 23 september – 17 december 1966. Härvid företogs sammanlagt 291 gravöppningar, från Askum vid norska gränsen och upp till Karesuando i Norrbotten. Personalen från Volksbund bestod av femton personer ledda av en dr Irmscher, vartill kom en tysk och tre svenska tolkar. Dessa "Umbetter" hade av svenska regeringen fått särskilt arbetstillstånd och tullfrihet för sina bilar och verktyg. Själva grävningsarbetet utfördes underligt nog av unga fransmän och italienare. Resterna av de döda grävdes upp och lades enligt svenska regeringens påbud in i svarta plastsäckar tillsammans med något torvströ. Kistorna slogs sönder och lades tillbaka i gravarna som därefter fylldes igen. Innan plastsäckarna med sitt innehåll lades ned i de nya gravarna skulle de, också enligt regeringens påbud, skäras hål i. Över dessa nya gravar restes sedan likformade stenkors med två namn på vardera sidan.

Meningen var att denna känsliga operation skulle utföras diskret, så att press och allmänhet skulle uppmärksamma den så litet som möjligt. Denna förhoppning visade sig givetvis orealistisk. Lokala tidningar fick nys om saken och i några publicerades till och med bilder av grävarna med nyss upptagna benknotor. Ävenså tryckte några tidningar bilder ur den stencilerade, och av Volksbund med "Vertraulich. Nicht zur Veröffenlichung bestimmt" märkta handledningen om hur de döda skulle kunna identifieras med hjälp av kännetecken på skeletten och märken på uniformerna.[8]

Hos åtskilliga präster och församlingsbor uppstod förklarligt nog irritation och förstämning, särskilt på de håll där man ansåg sig ha väl vårdat de ursprungliga gravarna och även rest minnesmärken över dem. De döda borde enligt deras förmenande ha fått vila i ro – "horribelt" skrev en präst till Claesson om gravflyttningsprojektet – men eftersom regeringen gett klartecken ansåg man inte att man kunde motsätta sig exhumeringarna. I Danmark, där man hade utfört en liknande operation i än större skala (i Danmark låg ca 26 000 tyska krigsdöda), hade ett antal församlingar förenat sig om att få den förhindrad domstolsvägen. Man hade stämt regeringen inför rätta under förebärande att denna saknade befogenhet att fatta sådana beslut mot församlingarnas vilja ända upp i Höjesteret. Alla domstolarna fastställde dock i sina utslag att danska regeringen verkligen var behörig att sluta avtal med Volksbund om gravflyttningarna, som inte ansågs strida mot gravfriden.

En medarbetare vid namn Arne Ruth i den svenska tidskriften *Fib/Aktuellt* skrev en "avslöjande" skandalartikel med angrepp mot Volksbund. Organisationen beskylldes för att bedriva "geschäft" med reseverksamheten för de anhöriga, blommor till gravarna, fotografier av dem och uppförande av vräkiga krigsmonument. Samtidigt togs detta upp av svensk TV i programmet "Fokus" den 16 oktober 1966, varvid vissa dagstidningar hakade på. När sedan en artikel inflöt även i Eldbegängelseföreningens tidskrift *IGNIS*, med beskyllningar mot den svenska regeringen för "flathet" mot tyska krav, fann Claesson, själv mångårigt verksam inom Eldbegängelseföreningen, sig föranlåten att rikta en skarp protestskrivelse till föreningen och underrätta Volksbund om angreppen. Saken drogs även upp i riksdagen genom en interpellation av riksdagsmannen i första kammaren, Eskil Tistad. Den besvarades av utbildningsminister Ragnar Edenman med från Claesson införskaffade uppgifter.[9]

Särskilda undersökningar måste till slut göras vid Stenkyrka i Bohuslän, sedan man fått för sig att fyra på denna kyrkogård begravda oidentifierade personer från "Westfalen" möjligen kunde ha varit norrmän. Kyrkorådet och prästen överklagade gravöppningen både hos länsstyrelsen och regeringen men fick avslag. Undersökningarna gjordes sedan mycket noggrant av experter både från Volksbund och den norska krigsgravtjänsten. Genom undersökningar av tandstatus och besiktning av före begravningen 1944 tagna fotografier av de okända döda kom experterna fram till att dessa måste ha varit tyskar. Eftersom övriga gravförflyttningarna var slutförda när Stenkyrka-utredningen slutförts, slöts en särskild överenskommelse mellan församlingen och Volksbund om att de berörda gravarna (jämte 26 andra döda från första och andra världskrigen i "krigsgraven" på Öckerö) skulle vårdas av församlingen för all framtid.

Enligt Claessons beräkningar fanns begravda i Sverige, sedan 14 osäkra fall frånräknats (de flesta omnämnda i rapporter till försvarsstaben men okända för Statistiska Centralbyrån och Volksbund), sammanlagt 716 tyska krigsmän. Från norra och östra Sverige med Gotland och Öland fanns på Trelleborgs norra kyrkogård 106 gravar från båda krigen, på andra kyrkogårdar 20 (en gravsatt och 16 "symbolnamn" i Dalarö, en privat vårdad grav i Möja och två lettiska gravar på Adolf Fredriks kyrkogård i Stockholm), 46 i speciella gravar från Första världskriget (invalidgraven i Haparanda med 13 och den i Trelleborg med 7 tyskar samt Albatrossgraven i Östergarn på Gotland med 26 personer) samt 7 i icke återfunna gravar (1 i Falsterbo, 2 på Rådmansö, 1 på Utö och 3 i Malmö).

Från Skåne norr om Malmö och Halland fanns 93 gravar i Helsingborg-Pålsjö, vartill kom en icke återfunnen grav i Kvistofta och en på Vikens kyrkogård där den dödes fader hade vägrat flyttning. Från Bohuslän, Västergötland och Värmland fanns i kvarteret nr 21 på Göteborg-Kvibergs kyrkogård 376 gravar, på Stenkyrka och Öckerös kyrkogårdar 34, på Stensholmen vid Fjällbacka 12 gravar med döda från Skagerackslaget 1916 (däribland diktaren Johann Kinau, kallad Gorch Fock), på Fjällbacka kyrkogård, där anförvanterna hade vägrat flyttning, en från Andra världskriget och på Åsa-Skaftö kyrkogård två från samma tid begravda i "koleragraven" som det lokala kyrkorådet vägrat att öppna. Därtill fanns det 16 icke återfunna gravar i Bohusläns övriga kustsocknar. Ett särfall var graven på Eda kyrkogård i Värmland. Där låg Willi Jutzi, som efter att ha rymt 1941 från tyska armén avvisades vid svenska gränsen och åtta månader senare återfanns död nedströms Vrångsälven. Svenska regeringen undantog uttryckligen denna grav från flyttning, och den vårdas fortfarande som ett särskilt minnesmärke av den lokala fredsföreningen i Eda.[10]

Noter

1. Enligt minnesord i *Sydsvenska Dagbladet Snällposten* fick Claesson sin första praktik i Drottningholms trädgårdsskola och blev sedan utexaminerad från Adelsnäs trädgårdsskola. Han fick statsstipendium år 1916 för högre utbildning i trädgårdsskötsel, som han studerade i Tyskland och Frankrike, varefter han var kyrkogårdsföreståndare i Lund åren 1924 till 1954. Dessutom instiftade han Föreningen Sveriges kyrkogårdsföreståndare, var ledamot av kapellbyggnadsnämnden i Lund och styrelseledamot i flera ideella föreningar samt skrev artiklar och kåserier i dagspressen om trädgårdsutställningar m.m.

2. Minnena publicerades i tidskriften *Kyrkvaktaren* nr 6–7 1965. Särtryck finns i vol. 3 av kommittéarkivet. Trots sin undanskymda placering är dessa minnen ytterst värdefulla. Om krigsgravsväsendet utomlands, se George L. Mosse, *Fallen soldiers : reshaping the memory of the World Wars* (New York, 1990).

3. Riksdagsberättelsen 1969, s. 278f. Två smärre efterleveranser inkom till Riksarkivet 1971–72.

4. Två turkar fick egna gravar med halvmånetecken i stället för kors. Se Johan Ljungdahl, *Krigargravarna i Trelleborg: Ett minne från världskrigets dagar* (1932, tysk översättning följande år), varav exemplar även återfinns i kommittéarkivet, vol. 3.

5. UD, 1902 års dossiersystem, dossier 21 U 108.

6. Handlingar med primärproveniens från tyska generalkonsulatet om de två minsveparnas besättningar återfinns i UD:s dossier HP 22 I/Tyskland.

7. Kyrkorådet i Östergarn hade erbjudit sig att bredvid "Albatross-graven" avstå mark till gravar åt de tyskar som senare jordfästs på andra håll på Gotland, men Volksbund avböjde detta.

8. Ett exemplar av handledningen finns i kommittéarkivet, vol. 4.

9. FK protokoll 1966 nr 28, s. 13 ff. och nr 35, s. 114 ff.

10. Se Eivind Heide, *Tyske soldater på flukt* (Oslo, 1988), s. 134ff.

Värjans egg

Några svenska militärer hemma och ute

Bengt Rur

I Krigsarkivet finns en mängd enskilda arkiv efter svenska officerare. Anknytningen till karriärerna i den svenska försvarsmakten är då så gott som alltid utslagsgivande för den arkivistiska hemvisten. De militära arkiven hos Riksarkivet på Marieberg är annorlunda. Här är det inte den vanligen rutinbetonade hemmakarriären som står i fokus. I vissa fall har den militära varit en av flera aktiviteter. Indelta arméns befäl administrerade, utbildade och övade ingalunda på heltid. Det militära och civila är ofta sammanflätat hos en och samma person.

Rösträttrörelsens ledare, kapten Julius Mankell, var officer på stat. Han är emellertid för eftervärlden känd som krigshistoriker samt som försvars- och rösträttspolitiker, en energisk liberal av gamla stammen. Ett folkförsvar av så civilt snitt som möjligt var Mankells program. Han reste dock till Polen 1863 för att delta som krigsfrivillig i polackernas snart kvästa uppror mot den ryska statsmakten. Ekot av Mankells politiska gärning finns i Rösträttsrörelsens arkiv, bilagt Frisinnade Landsföreningens. Det lilla personliga arkivet finns däremot – som sig bör – hos Krigs-

arkivet. Nu till ämnet för denna artikel, som är att berätta om några andra personer, vilka känt sig manade att ge sig in på krigets praktik men som därtill – i motsats till Mankell – hade en allmänt militärisk syn på samhället i stort.

I det följande presenteras fyra svenska militärer och deras efterlämnade handlingar hos Riksarkivet. Gemensamt för de fyra är att de hade gjort utländsk krigstjänst. För två av dem gäller därjämte att de var aktiva nationalsocialister. De fanns i två med varandra konkurrerande hakkorspartier. Effekten av deras offentliga agitation var skral. I det ena fallet blev det ett dundrande fiasko, till bedrövelse för stöttande sympatisörer och fröjd för motståndarna.

Den här tillfälligtvis sammanförda kvartetten består av överste Martin Ekström samt majorerna Sven Hedengren, Gunnar Källström och Carl Gustaf Ling-Vannerus. De båda förstnämnda prövade också sin lycka som politiker.

När underlöjtnanten Carl Gustaf Ling-Vannerus (1858–1948) hösten 1883 drog från

Dingelvik och Tösse i Dalsland till Boma i Belgiska Kongo hade han utrustat sig med en hel del persedlar. Meningen var att Ling-Vannerus skulle stanna tre år i Kongoföretagets tjänst. I packningen hade han bland annat ett dussin yllekalsonger, simbyxor, röd fez, solhatt av kork, tofflor, skokräm samt tobak och pipa. Gevär och revolver hade lovats vid ankomsten. Solhatten var troligen det plagg som vanligen kallas "tropikhjälm".

Ling-Vannerus var sedan fem år underlöjtnant vid Kongl. Vermlands fältjägarecorps, som var ett av den dåvarande svenska arméns fem värvade förband. Jägarofficerarna var i socialt hänseende av en annan sort än de blåblodiga och förmögna herrar som var ryttmästare eller kaptener vid de värvade gardes- och husarregementena. Fältjägarna hade några år innan Ling-Vannerus' ankomst varit ett riktigt regemente. Nu var det förminskat till en kår och än mindre lockande för den karriärlystne. Det mesta var snålt beräknat. Inte ens taffelpenningar vankades.

Lönen som underlöjtnant var klen och sysselsättningen var det heller inte mycket bevänt med. Ling-Vannerus räknade med att hans närvaro vid fältjägarekåren var begränsad till de två månaderna vapenövningar. Vinterövningarna – som föll utanför det vanliga schemat – gjorde det svårt för honom att sköta en civil bisyssla. Hemma på Dingelvik betackade sig fadern för att ha sonen som rättare.

Trött på fattigdom och trist rutin nappade Ling-Vannerus på belgiska Kongoföretagets – genom underlöjtnanten Peter Möller framförda – erbjudande om tre års välbetald tjänstgöring som officer i Afrika. Det blev dock bara två av de tre kontrakterade åren. Sjukdom kom emellan och gjorde att Ling-Vannerus fick resa hem i förtid. Avkortningen gjorde att han till sin grämelse inte fick någon medalj. Den kom först 1930 – då han var en bit över sjuttio.

Hur det hela gick till finns belagt i Major Carl Gustaf Ling-Vannerus' arkiv i Riksarkivet. Beståndet är ett privatarkiv, som arkivbildaren själv hade valt ut till att bli en specialsamling om Kongo. Ursprungligen ingick också några tryckta böcker. Arkivet innehåller en del personliga papper, såsom vitsord från skola och militär utbildning samt en samling gällande vistelsen i Kongo. Kongodokumenten består av dels korrespondens och foton, dels sent nedtecknade minnen. Delarna hör samman på så sätt att breven och fotografierna är bilagor till berättelsen. Minnena nedskrevs troligen i början av 1930-talet.

Ling-Vannerus' skildring från tiden i Afrika har självfallet intresse för eftervärlden, även om han själv ansåg att det upplevda var föga olikt det andra dåtida kongosvenskar hade varit med om. Bland dessa var sedermera tituläre generalmajoren och idrottsledaren Victor Balck. Efter återkomsten till Sverige utgav kamraterna Möller, Pagels och Gleerup tolv häften under rubriken "Tre år i Kongo". Dessa åberopas av Ling-Vannerus, som ursäktar sitt sena skrivande med att andra förekommit honom. Inledningsvis berättar han, hur det länge hade förargat honom att oförsynta okända frågade hur han hade haft det i Kongo. Trött på tjatet hade han inte velat tala och skriva om saken. Nu var det emellertid dags, även om han befarade att det sviktande minnet hade gjort det ihåg-komna till "en halvt förnimbar dröms orediga virrvarr". Hans motivering att alls skriva är anspråkslös.

Nu återigen, när ålderdomen utestängt mig från varje annat arbete, och anförvanter önska något eftermäle från det mest spännande av mitt förgångna, har det blivit ett angenämt tidsfördriv att fördjupa mig i dessa förbleknade minnen och derav söka samla en skatt för tanken och begrundandet, som i ensamheten får ett visst värde.

Den maskinskrivna "Congo-resan 1883–1886" präglas av troskyldig naivitet parad med pedanteri. I början sitter ett fotografi av författaren i majorsuniform, med svärdsorden och den efterlängtade medaljen på bröstet. Det är en bred men föga djuplodande skildring, stilen är utan prål, ibland måhända i pekoralets utmarker. Den militära skolningen märks i disposition och skrivsätt. Ett starkt intresse för formalia och oförmåga att skilja stort från smått samt ovilja att sära på eget upplevt från hört och läst talar mot berättelsens värde.

Författarens i ett långt arbetsliv prövade karaktär borgar emellertid för att vi här har en autentisk redogörelse för en svensk officers minnen av sina upplevelser av 1880-talets belgiska Kongo. Ett område som 1971–1997 hette "Zaire" och som nu åter kallas "Kongo". Carl Gustaf Ling-Vannerus var inte någon skarpsynt och fördomsfri iakttagare. Man får ta honom som han var. Den ännu i arkivet bullrande kulturkrocken blev ju därmed också mer pregnant.

Kongoföretaget avlöstes 1885 av Kongostaten. Någon ändring i anställningsvillkoren medförde inte detta. Ovillkorlig lydnad gentemot stationsbefälhavarens befallningar gällde för envar, vit som svart. Som officer skulle Ling-Vannerus med hjälp av infödd trupp skydda den belgiska exploateringen av Kongos naturrikedomar. Någon verklig entusiasm för arbetsuppgifterna märks inte. Han stod ut.

Ling-Vannerus övade bajonettfäktning med det infödda manskapet och skötte stationens intendentur genom kommers med lokalbefolkningen. I sina minnen refererar han reglementen samt berättar ett och annat om livet vid dessa koloniala stödjepunkter. Det ålåg de vita stationsbefälhavarna och deras medhjälpare att behandla den infödda befolkningen med vänlighet och tålamod. Befälhavarna hade rätt att rannsaka och straffa. Snattare och fyllerister bands vid flaggstången och fick prygel. Belgierna och det övriga västerlänningarna betraktade sig som självskrivna förmyndare. Svenskens syn på befolkningen var densamma som den vita omgivningens. Han noterade att de svarta skulle vara krokodilrädda, grälsjuka och i-bland ondskefulla. Han såg dem likväl som medmänniskor. Han kunde sin katekes.

Karriären i Kongo gick oväntat trögt. Besvikelsen stod på lur. Ling-Vannerus' färdighet i praktisk franska var otillräcklig när han kom dit, sedan lärde han sig. Även engelska förekom inom den från många håll rekryterade belgiska kolonialförvaltningen. Detta retade Ling-Vannerus eftersom det sinkade hans ansträngningar att göra framsteg vad gällde franska språket. Långt om länge fick

Bild 74. Major Carl Gustaf Ling-Vannerus på äldre dar, då han skrev ner sina minnen från ungdomens tjänstgöring i Kongo. Foto ur Ling-Vannerus' arkiv.

han mer självständiga arbetsuppgifter. Sedan blev han sjuk och fraktades – buren i en hängmatta – till kusten för hemfärd över Madeira och Liverpool. I januari 1886 steg han av tåget i Skövde och möttes på perrongen av sin far.

Glad över att ha kommit hem återvänder Ling-Vannerus till fältjägarna där han blir löjtnant hösten samma år. När han femtiotvå år gammal går i pension som kapten hos grenadjärerna i Vaxholm – jägarkåren hade upphört – får han majors avsked och som påslag

till pensionen en syssla som rullföringsbefälhavare i Strängnäs. 1926 slutar han för gott inom det militära. Översten vitsordade till vänligt avsked majorns goda vigör.

Carl Gustav Ling-Vannerus gifte sig 1899 med Ellen Kärrbergh och fick med henne dottern Carin. Minnena från Kongo tillägnade han dock brodern Ragnar, också officer. Om den senares öden som frivillig i de nordamerikanska indiankrigen kan man läsa i Lars Ericsons bok *Svenska frivilliga* (Lund, 1996).

221

Majoren Gunnar Källström (1885–1916) var en av de trettiosex svenska militärer, som under några år före och i början av första världskriget var med om att bygga upp och leda ett persiskt gendarmeri. En polisiär trupp med eget fältartilleri, som hade till uppgift att kämpa mot rövarband och motverka rysk infiltration. Chef för gendarmeriet var Harald Hjalmarson, en länge obeaktad kapten vid ett av de skånska infanteriregementena. Denne blev senare chef för frivilligstyrkan Svenska brigaden, som stred på den vita sidan i finska inbördeskriget 1918.

Källström var löjtnant vid Kungl. Norrlands artilleriregemente när han våren 1914 anställdes som instruktör vid det kejserliga persiska gendarmeriet. Han och hustrun Elsa, född Edgren (1886–1972), stannade till sommaren 1916. Gunnar dog i Stockholm bara några få månader efter återkomsten till Sverige.

Åren i Persien (Iran) blev framgångsrika. Efter att ha prövats som instruktör och i fält blev Gunnar Källström major och chef för gendarmeriregementet i Khazvin. Hans relativa betydelse kan förstås om man betänker att gendarmeriet var fördelat på sammanlagt sex regementen. Det anförtrodda "regementet" förefaller dock av handlingarna att döma att ha varit numerärt anmärkningsvärt litet. Som det såg ut förefaller det mer rättvist att tala om ett förstärkt kompani. Batteriet bestod av två pjäser. Till medhjälparna hörde översergeanten Martin Ekström, som senare blev känd från sina insatser i frihetskrigen i Finland och Estland. Mer om denne längre fram.

Gunnar och Elsa Källströms arkiv finns sedan hösten 1988 hos Riksarkivet. Inläm-

naren var anonym. Troligen var den hemlighetsfulle någon av Elsa Källströms anförvanter. Själv hade hon i livstiden varit påtagligt traditions- och arkivmedveten. Hon höll emellanåt föredrag om minnena från tiden i Persien och hon hade lämnat det egna brevarkivet till Åbo akademis bibliotek.

Det Källströmska arkivet hos Riksarkivet omfattar fyra volymer. Det innehåller också handlingar efter några närstående. De fyra fotografialbumen fångar intresset. De innehåller bilder tagna i Persien. Även motiv från Sverige finns med. Ett av albumen är av familjekaraktär, de tre övriga mer blandade och inriktade på det militära och sociala livet. Här kan vi se fotografiska noteringar gällande trupp under marsch, anspänt artilleri, vapen och uniformer, nomader, folkliv, en avrättning, hemmet i Khazvin, skilda miljöer i Bagdad, Khazvin med flera orter.

Bland handlingarna finns också brev från "gubben Bopp" och andra; dessutom Elsas dagbok från de två åren i Persien. Det är en krigsdagbok.

15 jan. Tog Gunnar Kengaver, med 200! Järnkorset. Skriver: Efter segern fingo vi order om återtåg. Det var svårt att gå förbi ställningar vi nyss tagit med storm. Och nu rymma gendarmerna hvar minut. Men när alla andra ljuga och smita, måste de svenske stanna. Det skall min lilla flicka alltid fordra af mig.

Elsas dagbok speglar ett Persien som skådeplats för brittiska, ryska, turkiska och tyska maktpolitiska uppgörelser. Brittiska, ryska och tyska militärmissioner med tillhörande följen av mer eller mindre hemliga politiska

Bild 75. Major Gunnar och fru Elsa Källström i deras bostad i den persiska garnisonsstaden Khazvin. Gunnar var chef för gendarmerna, Elsa skrev dagbok. Foto ur Gunnar Källströms arkiv.

agenter fanns i landet. Att Källströms, vad beträffar det politiska och åtskilligt annat, tillhörde det tyska lägret står klart. Gunnar får en officersfullmakt vid ett besök av tyske militärattachén Kanitz. Ekström skaffar sig tysk uniform, en svensk instruktörs goda relationer till britter och ryssar klandras, Sven Hedin kommer på besök. Även rena bagateller har sin plats i Elsas dagbok. Vi får veta att Gunnar satte ett snöre i ändan på ridspöet, böjde en säkerhetsnål till krok samt agnade med gräshoppor. Fin fisk nappade. Elsas urklippsamling gällande det persiska gendarmeriet har ställts samman under tiden 1914–1933.

Den på sin tid uppskattade författarinnan Hedvig Svedenborg – som var gift med en gammal regementskamrat till Gunnar Käll-

ström – skrev en roman kallad *En Ariens son i Irans land*, som utkom i Stockholm 1920. Materialet till boken hade hon fått av Elsa Källström. Majoren med hustru samt Martin Ekström ("vapendragaren") figurerar här som romangestalter.

Paret Källströms dotter Elsa (1916–1933) förde också dagbok. Häri nämns vännen Ingrid. I efterhand har anmärkts att denna skulle vara identisk med skådespelerskan Ingrid Bergman, vilket är helt rimligt. Flickorna var jämngamla, mödrarna var änkor och båda bodde de på Skeppargatan. Socialt var familjerna någorlunda jämspelta.

Bland de politiska arkiven hos Riksarkivet finns en liten bunt efter den redan nämnde

223

överste Martin Ekström (1887–1954). Ekström är för eftervärlden känd dels för sina militära bedrifter i unga år, dels för sitt misslyckande som nationalsocialistisk politiker. Ekström kom från enkla förhållanden i Dalarna. Efter att ha prövat på livet som bonddräng och bagarlärling blev han volontär vid Kungl. Upplands artilleriregemente. Livet där passade honom och han blev konstapel.

1911 blev han instruktör i persiska gendarmeriet. Ekström var bland de svenskar som där fick längst tjänstgöringstid. Han tillhörde den första kullen svenska instruktörer och hade rekryterats genom den obetydligt äldre löjtnant Carl Petersén, anställd vid samma regemente som Ekström. Petersén blev major i gendarmeriet och Ekström underofficer. Den senare vann – genom att ge prov på energi och förslagenhet – de tyska officerarnas gillande. När det var dags att åka hem räknades Ekström av dessa som en fullt beslagen Fahnenjunker (officersaspirant), och han avlade också någon form av tysk officersexamen samt förordnades till underlöjtnant i de tyska och turkiska arméerna. Han lät sig emellertid inte lockas att gå med i kriget på tysk sida. Den vanligen kritiske och missnöjde Gunnar Källström fick under den gemensamma tjänstgöringen i Persien en hög tanke om Ekströms militära duglighet.

Hemkommen till Sverige år 1916 tillhörde Ekström – efter att ha förkovrat sig i ballistik och annat – påföljande år neutralitetsvakten såsom sergeant i regementets reserv. Under inbördeskriget i Finland 1918 anmälde han sig för tjänstgöring på den vita sidan. Vad han hade lärt i Persien kom då till användning. Vid inbördeskrigets slut var han major och chef för Vasa regemente. Med en friskara finländare gick han därefter över till Estland för att bekämpa röda soldater. Efter slutat värv blev han titulär överste i den nya republiken Estlands armé. Under kort tid anlitades han även av litauerna som rådgivare.

Efter att ha varit med om att erövra såväl Viborg som Narva bosatte sig Ekström i Vasa i Österbotten, gifte sig och fick två söner. Hustrun Gladys (född Kurtén) var tandläkare till yrket. Republiken visade sin erkänsla genom att befordra honom till överstelöjtnant, därtill blev han lokal skyddskårschef. Utöver det paramilitära som skyddskårschef drev han cykelhandel med tillhörande verkstad, höll pump åt bilister och försökte sig på som fabrikör. Fritiden användes till jakt och ridsport.

Ekströms erfarenheter hade gjort honom till medveten antidemokrat. Detta till trots gav han inte efter för frestelsen att ge sig in i 1932 års Mäntsäläupror. Ett telefonsamtal med president Svinhufvud lär ha stoppat ett planerat deltagande. Några ekonomiskt välbeställda riksvenskar, som gillade utvecklingen i Tyskland och Hitlers maktövertagande, hade ögonen på Ekström. De ansåg att Birger Furugård hade misslyckats och blivit omöjlig som nationalsocialistisk ledare och att även ledaren för Nationalsocialistiska Arbetarepartiet Sven Olov Lindholm var en karl med klen förmåga. Samma kretsar hade också föga till övers för Sveriges Nationella Förbund, en utbrytning ur Högern.

Försöket att i januari 1934 lansera Ekström som svensk nationalsocialistisk ledare och nationens hopp blev ett dundrande fiasko. De sympatisörer som fyllde Auditorium

Bild 76. Överste Martin Ekström, oförvägen deltagare i många krig, ses här som major i de vita styrkorna under inbördeskriget i Finland. Fotografiet från Aftonbladets bildarkiv, Kungl. bibliotekets samlingar.

i Stockholm kände sig bedragna och svikna efter att ha lyssnat på Ekströms anförande, håglöst och hackande framfört samt torftigt till sitt innehåll. Det för Ekströms räkning av greve Eric von Rosen med flera startade partiet Nationalsocialistiska Blocket kom aldrig att spela någon som helst roll.

Sovjetunionen anföll Finland sista november 1939. Ekström – som genast anmälde sig som frivillig – blev chef för stridsgrupp III inom Svenska frivilligkåren. Ett av rikssvenskar och norrmän bildat förband i finsk uniform. Under fortsättningskriget var han

bataljonschef inom kustbrigaden, ett förband som tillhörde de rent inhemska finska styrkorna. Där tjänstgjorde också sonen Derrick (född 1922).

Någon personlig nytta av att han var nationalsocialist hade inte Ekström, varken i Sverige, Finland eller Tyskland. Saken snarast besvärade. 1942 for han till Tyskland och anmälde sig till tjänstgöring men befanns vara för gammal för av honom själv önskad aktiv tjänst i kulregnet. Han blev heller inte i övrigt uppmuntrad. Ekström behövdes varken som soldat eller som propagandist i Hitlers tjänst. Han gjorde emellertid perifera insatser för att hjälpa unga svenskar att ta sig till Waffen-SS:s värvningskontor i Oslo.

Den snopne Ekström tvangs konstatera att tyskarna inte i honom hade funnit en svensk motsvarighet till exempelvis den belgiske rexistledaren Léon Degrelle. Men stursk som han var, ville han inte följa den franske politikern Marcel Déats exempel och nöja sig med att bli underofficer i något av de nyuppsatta frivilligförbanden. Den tyske envoyén prinsens av Wied negativa rapportering från Stockholm gällande Ekström kan anas bakom den rönta misstron. Ekström var också hela tiden illa anskriven hos Lindholmpartiet, från senhösten 1938 kallat Svensk Socialistisk Samling. De svenskar, som då fanns i den tyska krigsmakten, sympatiserade vanligen med detta parti.

När Ekström tjugofyra år gammal tog avsked från sitt regemente för att fara till Persien lämnade han också den reguljära militära karriären för gott. Han blev en fritt praktiserande kapten. Han blev extra i ordets alla bemärkelser. En man av samma kynne som Döbeln, Frundsberg, Lützow eller Thierry d´Argenlieu.

Allt i den lilla arkivbunt som 1981 överlämnades till Riksarkivet av en person som önskade förbli okänd är relaterat till Nationalsocialistiska Blocket. Bunten berättar om en nödbedd politiker som vill slippa ifrån det som han hade övertalats att ge sig i kast med. Övergivna anhängare skrev uppfordrande brev till Ekström, som efter sitt misslyckande på Auditorium hade återvänt till Vasa. En advokat i Umeå och en pianohandlare i Kramfors trodde sig båda vara Ekströms be-

fullmäktigade ställföreträdare. Bland finansiärerna fanns bankir Arvid Högman i Stockholm och greve Eric von Rosen på Rockelsta, känd som framstående forskningsresande. Grevinnan var Görings svägerska.

Inför 1938 års kommunalval startade några projektmakare i Göteborg Nationalsocialistiska Blocket på nytt. Ett efemärt partiorgan kallat "Fanfaren" gavs ut vid detta tillfälle. Även i början av 1940-talet lär ett nytt och lika otjänligt försök ha gjorts. Idén med "Blocket" var att det skulle bli en nationalsocialistisk samlingsrörelse. Den redan tilltufsade ledaren för Svenska Nationalsocialistiska Partiet, Birger Furugård, lät sig av von Rosen övertalas att ställa upp under det att den mer principielle, svärmiske och allvarlige Sven Olov Lindholm sa nej. Den senare tyckte att Ekström skulle börja från botten i NSAP och försöka tjäna sig upp.

Ekströms öde är i åtskilligt analogt med vad som hände andra deltagare i de antikommunistiska frikårer, som 1917–1920 verkade i de från Ryssland lossbrutna östersjöprovinserna, nämligen de nya staterna Estland, Lettland och Litauen. Politiskt orienterade veteranerna sig ofta mot nationalsocialismen och viljan att själv vara med i andra världskriget på tysk sida var påtaglig.

Att det politiska har tonats ner i de panegyriska framställningar som har gjorts om Ekströms liv är förståeligt. Varje försök av honom att göra något politiskt slog ju slint. Även besöket i Tyskland under andra världskriget blev ett misslyckande. Det var inte trevligt för den då ännu mycket energiske Ekström att bli behandlad med överseende vänlighet, som om han vore en pensionär som hade gjort sitt. Sin nationalsocialistiska åskådning behöll han, all personlig förtret och smälek till trots.

De nya politiska konstellationerna efter 1945, med Sovjetunionen och andra kommunistiska stater i konflikt med Förenta Staterna och dess allierade jämte närstående alliansfria länder, pockade inte på att Ekström skulle ändra på en politisk åskådning som troligen i sina grunddrag hade förvärvats redan under konstapeltiden i Uppsala. Den uppfattning som spreds genom Otto Järtes utförliga nekrolog i Svenska Dagbladet (och andra i fas därmed liggande framställningar), att Ekström aldrig någonsin i själ och hjärta skulle ha varit nationalsocialist, har dementerats av sönerna. Det låter sig däremot paradoxalt sägas, att han hade turen att misslyckas i några avgörande skeden och därmed slapp ytterligare nesa. Till sist kan det noteras att Martin Ekström förblev svensk medborgare livet ut. Han avled på ett militärsjukhus i Helsingfors.

Major Sven Hedengren (1897–1972) har efterlämnat papper på åtminstone två håll, nämligen hos Riksarkivet och hos Krigsarkivet. Hedengrenska släktarkivet finns även det hos Riksarkivet. Det politiska beståndet ”Major Sven Hedengrens papper gällande Nationalsocialistiska Arbetarepartiet m.m.” tillhör Wärenstamska samlingen hos Riksarkivet. Denna hade testamenterats till Riksarkivet av historikern Eric Wärenstam och levererades vid dennes död 1973. Wärenstams egen åtkomst är oklar, men ingen har anmält sitt missnöje med att dessa papper nu sedan tjugofem år finns hos Riksarkivet.

Major Hedengrens efterlämnade handlingar omfattar tillhopa elva volymer. En av dem – just denna finns hos Krigsarkivet – innehåller papper gällande hans insatser som frivillig i Finlands krig mot Ryssland, de övriga, som finns på Marieberg, material om den egna politiska verksamheten samt en del mer allmän *militaria*.

Sven Hedengren växte upp i en officersfamilj, först i Örebro sedan i Sollefteå. Strax innan fadern skulle ha pensionerats som obefordrad kapten blev denne major och kasernofficer. Han flyttade några år senare till Norrland och utnämndes till överstelöjtnant. Några år därefter fick han ta avsked. En tillresande generalstabare skulle nämligen beredas plats. Att han då eller senare skulle ha tilldelats titeln ”överste i armén” (jfr Svenska släktkalendern 1920–21) är fel. Sonen Sven hade mer militärt påbrå än det efter fadern. Morfar och en farbror var generaler och en annan farbror överste.

Hedengren var anmärkningsvärt lång, han mätte hela 205 cm. En sak som skulle ha besvärat envar och som i det militära – där så mycket är standardiserat – rimligen bör ha varit ett hinder. Han var emellertid frisk och stark och ambitionen att göra karriär felade heller inte. Han gick igenom Krigshögskolan, om än med tämligen klena vitsord. Något fattades, han fick aldrig tillfälle att ens provtjänstgöra i Generalstaben. Därmed var möjligheten att nå de högsta militära graderna så gott som stängd. Detta i synnerhet som 1925 års försvarsbeslut medförde inskränkningar på alla nivåer. I de krympta anslagen skulle också rymmas det nyinrättade Flygvapnet.

227

Hedengren klarade sig emellertid kvar inom det militära, en sak som ger vid handen att de överordnade bedömde att han hade god förmåga som utbildare. Sin skicklighet i att föra trupp i strid bevisade han såsom kompanichef i finska armén under fortsättningskriget. Han tillhörde ett svenskspråkigt finskt regemente, inte Svenska frivilligbataljonen vid Hangö eller dennas efterföljare, kompaniet vid Svir.

Vid tiden för 1925 års försvarsbeslut blev många yrkesmilitärer politiskt intresserade. Svårigheterna att nå kontakt med det betydelsefulla Sveriges Socialdemokratiska Arbetareparti var dock närmast oöverstigliga. I stället satsade en liten grupp politiskt intresserade på högerflygeln inom Allmänna Valmansförbundet. Flygeln bröt 1934 med moderpartiet, tog med sig ungdomsförbundet och blev "Sveriges Nationella Förbund". Detta parti skulle snart visa sig vara ett misslyckat projekt.

Bröderna Birger, Gunnar och Sigurd Furugård hade tillsammans med några likasinnade grundat ett nationalsocialistiskt parti i mitten av tjugotalet. Samtidigt förekom en del fascistisk verksamhet runt den tidigare bondeförbundaren Elof Eriksson och dennes tidning *Nationen*. Ungefär samtidigt bildades en borgerlig skyddskår under ledning av pensionerade generallöjtnanten Bror Munck, svåger till prins Oscar Bernadotte. Hedengren blev aktiv i detta medborgargarde. Kåren hade till uppgift att stå till myndigheternas förfogande vid ett eventuellt kommunistiskt kuppförsök.

Hedengren blev också medlem av Furugårds parti, sedan 1930 känt under namnet Svenska Nationalsocialistiska Partiet. 1929 for han tillsammans med några kamrater till Nürnberg för att vara med om rikspartidagen hos Nationalsozialistische Deutsche Arbeiterpartei. Denna händelse påverkade Hedengrens sinne. Den glädje som fyllde honom under dessa augustidagar glömde han aldrig. Hemkommen bytte han sin fascistiska svarta partiskjorta mot en brun. Mussolini var inte längre en ledfyr, nu var det Hitler som gällde! En folklig nationalism av den tyska modellen var något som den nu trettiotvå år gamle – och i vissa stycken rätt omogne – löjtnanten ville kämpa för. Vid brytningen mellan Furugård och Lindholm följde Hedengren den senare.

När Kungl. Gotlands infanterikår – med blivande överbefälhavaren Olof Thörnell som förste chef – skulle organiseras 1927, bestämdes att Hedengren skulle lämna sitt gardesregemente i Stockholm och flytta till det nya förbandet. Denna förflyttning hade rimligen inga som helst politiska orsaker. Den privata och länge hemlighållna Munckska kåren blev känd och ifrågasatt först 1931 och det var ännu många år till dess att nationalsocialisterna blev verkligt kontroversiella och allmänt avskydda. Ute i det civila gotländska samhället väckte Hedengrens politiska engagemang ovilja. Våldsamma bråk med meningsmotståndare noterades i öns tidningar. Partiets misslyckande även i 1938 års kommunalval gjorde att Hedengren och andra nationalsocialister tröttnade på slitet som politiska propagandister.

1931 gifte Hedengren sig med Ingrid Andersson. Några år senare blev han kapten i normal turordning. I äktenskapet föddes

Bild 77. Löjtnant Sven Hedengren (den långe mannen) vid nationalsocialistiska rikspartidagen i Nürnberg 1929. Bredvid denne står skrivmaskinsförsäljaren Konrad Hallgren, soldat på tysk sida under första världskriget. Foto ur Sven Hedengrens arkiv.

fyra söner, Björn, Olof, Dag och Carl. I arkivet finns spår av hurusom han läxade upp sonen Björn. Denne bosatte sig som vuxen i USA och amerikaniserades.

Om Hedengrens tid i Finland kan man läsa i *Svenska frivilliga i Finland 1939–1944*. Under kriget utnämndes Hedengren till finsk major. Återkommen till Sverige fick han stanna som kapten vid sitt gamla regemente på Gotland till pensionen vid nådda femtio. Han fick, som alla med tillräckligt antal väl vitsordade tjänsteår, majors avsked. Efter pensioneringen arbetade han som arvodist vid Arméstabens bibliotek. Av allt att döma ebbade de sista resterna av intresset för

egen politisk aktivitet ut under loppet av 1950-talet. Partiet hade upplösts sommaren 1950. Under senare år ägnade Hedengren sig åt att bekämpa frimureriet.

Bland dokumenten i arkivet finns ett stort antal brev från partiledarna Birger Furugård och Sven Olov Lindholm samt även från andra bemärkta nationalsocialister, exempelvis förläggaren Carl Ernfrid Carlberg. Vidare finns där reglementen, flygblad och arbetspapper samt en gruppbild från SNSP:s kongress 1931.

De fyra i det föregående avhandlade herrarna var inte jämngamla. En generation skiljer den äldste (Ling-Vannerus) från den yngste (Hedengren). I deras idéer och sätt att leva finns likväl något av syskontycke. För dessa utresta krigare balanserade världens öde på värjans udd. Diskussioner och demokratiska beslut var inget för dem. Blågul nationalism och västerländsk imperialism var för dem goda och självklara ting. Frihet var något centralt och positivt. Ett frihetsbegrepp som emellertid bättre kan tolkas genom efterklangen av det tidiga 1800-talets romantik än med stöd av demokratiska folktalares utläggningar.

Ling-Vannerus, som uppgav privatekonomiska motiv för sin anställning i Belgiska Kongo, var lika konservativ som de övriga. Källström – som heller inte var politiskt verksam – är samma andas barn. Samsynen i stort är påfallande vare sig det gällde insatser i en främmande kolonialmakts tjänst på 1880-talet eller under blåvit fana i kriget mot Sovjetunionen på 1940-talet.

Herrarnas personliga öden var momentant dramatiska. Det farofyllda var något självvalt. Ingen av dem avvek emellertid hemmavid märkbart från vad man skulle kunna kalla ett gott eller åtminstone godtagbart socialt mönster. Alla fyra gifte sig och fick barn.

Källor

Riksarkivet:
    Överste Martin Ekströms papper
    Major Sven Hedengrens papper
    Gunnar och Elsa Källströms arkiv
    Major Carl Gustaf Ling-Vannerus' arkiv
    Arkivarie Sven Åstrands samling

Krigsarkivet:
    Major Sven Hedengrens arkiv
    Kapten Julius Mankells arkiv

Den som vill veta mer om Martin Ekström bör läsa Sivert Westers biografi *Martin Ekström : Orädd frivillig i fem krig* (Stockholm, 1986; ny upplaga, Stockholm, 1995). Därutöver hänvisas till polygrafen *Svenska frivilliga i Finland 1939–1944* (Stockholm, 1989).

Önskas: frisk 3-års arisk flicka

Flyktinghjälp 1938–1948 speglat i ett personarkiv

Lars-Erik Hansen

Winston Churchill myntade, i en för världen ödesmättad stund, de bevingade orden: "Aldrig har så många, haft så få, att tacka för så mycket". Han syftade på de britter, som i luften skyddade landet från de tyska angreppen. Deras hjältegloria har under efterkrigstiden aldrig falnat. Men det fanns också människor, som inte utkämpade militära fejder, men som på andra sätt, före, under och direkt efter Andra världskriget, tog stora risker för att mildra krigets skadeverkningar. Bland dessa fanns människor, som satte sitt liv på spel för att hjälpa flyktingar, framför allt judar. Till denna grupp hör också alla de som i krigets slutskede organiserade farliga aktioner för att rädda överlevande ur de nazistiska koncentrationslägren.

Kända svenskar som aktivt hjälpte människor som for illa i kriget är Raoul Wallenberg och Folke Bernadotte. Många människoliv kunde räddas till följd av deras insatser. En av de mindre kända, som i samma anda engagerade sig, var Kerstin Felix (numera med återtaget flicknamn Cruickshank). Hennes livsgärning finns nu tillgänglig för forskning på Riksarkivet i Stockholm i form av hennes

samlade dokument. Här skall hennes hjälpverksamhet, som den framträder i hennes arkiv, lyftas fram – presentationen bygger dessutom på en lång intervju med henne.

Kerstin Cruickshank har skildrat sin barndom i dokumentären "Min natt- och dagbok", som kom ut 1993. Redan som 18-åring reste hon ut i Europa för att studera språk och senare marinbiologi. De sista året i skolan hemma i Sverige mötte hon sin blivande man. Han hette Herbert Felix och var industriidkare från Tjeckoslovakien och av judisk börd. De gifte sig 1937 i Tjeckoslovakien. Vid denna tid började andra världskriget kasta sin skugga över Mellaneuropa.

Familjen Felix' affärsverksamhet låg i Sudetområdet i Tjeckoslovakien. Det unga paret fick snart erfara den tyska expansionslustan. Under de första månaderna 1938 inträffade en rad händelser som den 12 mars slutade med Österrikes "Anschluss" eller införlivande med Tredje Riket. Nästa steg kom kort därefter. I oktober 1938 avträddes Sudetområdet från Tjeckoslovakien till Tyskland genom Munchenöverenskommelsen. Kerstin Felix' släktingar drevs på flykten, deras

Bild 78. Porträtt av Herbert Felix. Samtliga bilder till artikeln är hämtade ur Kerstin Felix' (Cruickshank) arkiv.

industrier "ariserades", deras hem skövlades. Flykten slutade i ett gömställe utanför Prag. Hals över huvud begav sig Kerstin och Herbert till Sverige. Tomhänta anlände de till Göteborg, men de händelser som drabbat familjen övertygade Kerstin om att hennes mission från och med nu var att hjälpa nazismens offer. I hennes arkiv finns massor av brev som vittnar om den hårda men verkningslösa kamp makarna Felix utkämpade från Sverige med den nazistiska ockupationsmakten för att få tillbaka sin stulna egendom.

Hemma i Sverige blev Kerstin omgående involverad i flyktingarbete. Som representant för "Hjälpkommittén för tyska landsflyktingar" med säte i Göteborg reste hon till Prag för att välja ut barn som skulle få en fristad i Sverige. Hon insåg att särskilt judarna svävade i livsfara. Men det visade sig att hjälpkommittén helst inte ville ha judiska barn, i stället ville man ha "välartade och söta ariska barn". Den första januari 1939 fick Kerstin ett brev från kommitténs ordförande, Rut Andersson, som uppmanade henne att ta med sig "så mycket rent ariska barn som möjligt". Den 25 januari kom ytterligare ett brev med en önskelista över barn, som skulle få ett hem i Sverige:

– Fru A. Andersson, pensionatsägare, önskar en frisk 3-års arisk flicka
– Familjen D. Förmögen, barnlös familj, önskar ev adoption av föräldralös 2–3-års söt, arisk flicka
– Urmakare S. Pehrsson, 10–12 års arisk flicka
– Lantbrukare E. Svensson önskar 10–15 års arisk flicka
– E. Linden 9–12 års arisk flicka

Endast två familjer på denna lista önskade judiska barn. I ett tredje brev ville kommittén ha försäkringar om, att barnen kunde sändas tillbaka, ifall de var problematiska.

Kerstin, som med egna ögon såg lidandet, trotsade kommitténs propåer och gjorde sitt eget urval. Detta orsakade reaktioner från kommittén, speciellt från dess sekreterare Maj Sjöding:

Det har blivit en förfärlig röra på grund av barnurvalet. I avvaktan på vidare meddelande från oss undersök möjligheten att utbyta de judiska barnen mot ariska men företag ej ännu ett definitivt *utbyte. Det kanske kan ordnas.*

Bild 79. Porträtt av Kerstin Felix.

Den andra mars 1939 anlände Kerstin till Göteborg med 30 barn och 40 vuxna. Hon hade följt sin inre övertygelse och valt de mest utsatta och i stället för arier tagit många judiska barn och politiskt utsatta vuxna. Det officiella Sverige ville vid denna tid med få undantag förhindra judisk invandring. Regeringen underlättade kontrollen genom att övertala utrikesministeriet i det nazistiska Tyskland att stämpla ett stort, rött J i passet för alla med judisk bakgrund. Inresemyndigheterna kunde därmed redan vid gränsen avvisa judiska flyktingar. I arkivet finns många exempel på denna restriktiva hållning – hela brevväxlingen med flyktingkommittén och

ett inresevisum rörande resten av familjen Felix finns att beskåda. Detta visum blev klart först efter flera år, då familjen redan satt i koncentrationsläger där den senare omkom.

Kerstin Felix ville fortsätta att hjälpa förföljda människor i Europa. Hon gjorde sig redo för en ny räddningsaktion i Böhmen och Mähren, men innan hon hann sätta sina planer i verket, ockuperade Tyskland den 15 mars resterna av den tjeckiska staten. Då flyttade Kerstin sin arbetsplats till Warszawa och gränslandet mellan Polen och Tjeckoslovakien, där flyktingar försökte undkomma de framryckande tyskarna. När kriget bröt ut den första september 1939 fanns inga möj-

Bild 80. Kerstin och Herbert Felix gifter sig i Tjeckoslovakien år 1937.

ligheter att fortsätta flyktingarbetet. I stället började hon kämpa mot nazismen i Sverige. Hon började verka i flera antinazistiska oppositionsrörelser. Först som hjälpreda åt chefsredaktören Ture Nerman på hans tidning *Trots Allt*. Här utarbetade hon bland annat ett artikelregister som i sin helhet finns i arkivet.

I april 1940 bildades Tisdagsklubben i Stockholm. Kerstin Felix kom att arbeta tillsammans med en av initiativtagarna, författarinnan Amelie Posse. De arbetade mot nazisttendenser och nazistpropaganda i landet. På Kerstins initiativ började Tisdags-

klubben bygga ut ett nätverk av pålitliga personer, som vid en eventuell tysk ockupation skulle möjliggöra ett underjordiskt motstånd och hjälp åt förföljda. Vid denna tidpunkt verkade Kerstin som resande för ett svenskt företag, Felix livsmedelsindustri, och besökte varje månad landet från norr till söder. Ingen skulle misstänka hennes resor.

Den 8 maj 1945 var kriget i Europa slut. Tyskland kapitulerade villkorslöst. Ledarna begick självmord eller dömdes till döden. Kerstin Felix kunde inte helhjärtat fira segern. Hon ville veta, vad som hänt hennes man, som deltagit som frivillig på de allierades sida i den tjeckiska legionen och övriga familjemedlemmar, som försvunnit efter ockupationen av Böhmen och Mähren. I Herbert Felix' dagböcker och brev till Kerstin beskriver han sina upplevelser bland annat som frivillig under kriget.

Kerstin började undersöka möjligheten att organisera hjälptransporter från Sverige till koncentrationslägren, som fortfarande hyste utsvultna och döende. Inga transportmedel stod till deras förfogande, inte heller livsmedel och mediciner. I början stötte hennes plan på motstånd. Hon hade hoppats på hjälp från svenska Röda Korset och av dess chef Folke Bernadotte, till vilken hon hade en rekommendationsskrivelse. I krigets slutskede hade han utvalts att underhandla med SS-chefen Heinrich Himmler för att rädda lägerfångar i de tyska koncentrationslägren, huvudsakligen judar men också kända och okända politiska fångar. Folke Bernadotte ansåg dock att Kerstin Felix' planerade aktion var för obetydlig för att Röda Korset skulle engagera sig i den.

Den norske ministern i Köpenhamn, Niels Christian Ditleff, som hade samarbetat med Folke Bernadotte i aktionen "de vita bussarna", kom att spela en avgörande roll för att realisera Kerstins planer. De kände varandra från flyktingarbete i Tjeckoslovakien 1939 och senare i Polen, där Ditleff då var norsk minister. Nu hjälpte han henne att få de rätta kontakterna och de viktiga dokument, som skulle ge en "neutral" svenska tillstånd att få resa in i det sönderbombade Tyskland.

Kerstin Felix hade i maj 1945 fått kontakt med den Judiska hjälporganisationen, American Jewish Joint Distribution Committee (AJJDC). De hade förgäves sökt en transportorganisation, som kunde distribuera livsnödvändiga förnödenheter till de överlevande judarna i Tyskland och till före detta ockuperade länder som Polen, Tjeckoslovakien och Rumänien. På den norska legationen i Köpenhamn mötte hon Wsewolod Walentinowich Bulukin, som praktiskt skulle förverkliga hennes plan att distribuera livsmedel och mediciner till de öppnade lägren. Han var utnämnd till repatrieringsofficer, efter att under hela kriget ha tjänstgjort som aktiv stridsflygare i det norska flygvapnet, underställt R.A.F. (Royal Airforce). Han var ryskfödd men uppväxt i Norge och han talade flytande ryska, vilket blev en betydelsefull kunskap i de ryskockuperade delarna av Europa. Han hade en bilpark stationerad i Hamburg. Med den transporterade han norska lägerfångar ut ur Tyskland, men hans uppdrag var nu i praktiken avslutat. Det var ett lyckosamt möte både för Kerstin Felix och för Wsewolod Bulukin. Snart var norsk uniform, militär rang, det viktiga militärpasset och en "Travelorder" till den militära flygplatsen i Lüneburg ordnat. Det hade tagit 24 timmar. Kerstin, som kom att disponera över den norska bilparken, en rysktalande hög officer med alla militära fullmakter, mässbyggnad i Hamburg och ett antal frigivna tyska krigsfångar som chaufförer, kunde därmed erbjuda allt det, som AJJDC förgäves sökt. Samarbetet mellan denna organisation och Kerstin Felix skulle pågå i över tre år.

Kerstin mötte ett Europa i ruiner, ett värre läge än hon föreställt sig. Himlen var, trots vårsolen, rökig och grå. Ruinhögarna låg tätt.

Utsvultna människor åt löv direkt från buskarna för att stilla hungern. Men värre syner väntade henne i mötet med koncentrationslägrens fasor i Auschwitz, Treblinka, Matthausen och alla de tusen Nacht- und Nebellägren. Hon hade hoppats att återse sina svärföräldrar och sin svåger Willi i lägret i Theresienstadt, men väl där, fick hon veta, att de i krigets slutskede förflyttats till Auschwitz. Bulukin körde henne dit. Några överlevande berättade, att familjen Felix omkommit. I Kerstin Felix' personarkiv finns en brevväxling med familjen Felix och svågern Willi, från 1931 till deportationen till koncentrationsläger 1943. I ett av de sista breven skriver familjen Felix att de skall transporteras till ett koncentrationsläger: "Vi vet inte ännu vart de skall föra oss, till Theresienstadt eller direkt till Polen" (författarens översättning från tyskan). Därefter angavs nummer på vagnar som skulle ta dem till lägret. I breven kan man följa den judiska familjens liv från förspelet till Andra världskriget till gömstället i Prag och den slutliga transporten till koncentrationsläger, deras hopp och tvivel, deras tryckande nedstämdhet och uppflammande lyckorus.

Efter det chockerande meddelandet beslöt Kerstin att sätta upp en egen konvoj och om möjligt förvärva rätten att bli konvojofficer. I denna veva tog hon del av en rapport från Theresienstadt, upprättad våren 1945, som nu finns i hennes arkiv, i vilken antalet döda i detta koncentrationsläger uppskattades till 40 000, varav några "bortförts till gasningsläger på annan plats".

1945 återsåg Herbert Felix och Kerstin varandra i Prag, efter tre års skilsmässa. Han hade överlevt invasionen av Frankrike och den långa vägen genom fiendeland till Prag.

Det visade sig att familjen Felix, just innan de uttagits till deportation, hade satt in en stor summa pengar i Kerstins namn på riksbanken i Prag. Kerstin fann pengarna orörda på ett konto i sitt namn, troligen på grund av hennes svenska medborgarskap. Denna förmögenhet i tjeckisk valuta, jämte ytterligare pengar, som likaledes stod i Kerstins namn i svärfaderns systerföretag Nova i Prag, gjorde det möjligt att förverkliga planen om en egen konvoj. Både tjeckisk och tysk valuta var emellertid så gott som värdelös vid denna tid. I den brittiska militärzonen, kunde man dock med det brittiska högkvarterets godkännande, göra begränsade affärstransaktioner av humanitär art med dessa valutor. Av den brittiska militärregeringen, stationerad i Hamburg, fick hon tillstånd att inköpa 32 lastbilar på den tyska "krigsmaterialkyrkogården", ett antal personbilar och en tankbil. Dessutom ställdes till hennes förfogande en övergiven före detta bleckvarufabrik. Allt detta var en bedrift i en ruinstad.

Konvojkörningarna pågick dag och natt i tre år, 1945–1948. Kerstins konvoj, som fick smeknamnet "The Gypsy Convoy" distribuerade 200–300 ton förnödenheter per månad. Alla transporter och dramatiska upplevelser kan man följa i hennes arkiv, en diger dokumentsamling, som omfattar cirka tre hyllmeter.

Arkivet

De som vill kan dag för dag ta del av alla turer i Kerstin Felix' arbete, flyktinghjälpen före

Bild 81. Kerstin Felix tillsammans med en grupp militära och civila hjälparbetare, däribland (längst till höger) Wsewolod Walentinowich Bulukin, som blev hennes främsta stöd.

Andra världskriget och hennes engagemang i kampen mot nazismen. I arkivet finns brevväxling med flyktingorganisationer och enskilda aktivister, anteckningar och dagböcker. Konvojkörningarna i ett kaotiskt Europa speglas också i en diger korrespondens med alla organisationer och enskilda som deltog i arbetet bland annat med American Jewish Joint Distribution Committee. Här finns alla körjournaler bevarade och visar för varje bil vilka livsmedel och mediciner som transporterades och till vilka koncentrationsläger leveranserna gick. De kartor som användes för att orientera sig finns också bevarade – de visar färdvägarna i detalj. Kartorna var av samma typ som de allierade använde vid invasionen av Tyskland. I arkivet finns fotografier som visualiserar hjälparbetet. Dokumen-

ten beskriver ett av krig sargat Europa, en världsdel drabbad av nöd och lidande – men också ett spirande hopp, en längtan efter fred och en ljusare framtid.

Kerstin Felix' (Cruickshanks) arkiv är ordnat och förtecknat. Det är lätt att hitta bland de många handlingarna, som är ordnade efter verksamhet. Här finns serier rörande hennes flyktingarbete, hennes antinazistiska verksamhet och det mer omfattande konvojarbetet. Körjournalerna ligger under en egen serierubrik. Alla personliga handlingar rörande familjerna Cruickshank och Felix, till exempel brevväxlingen mellan Kerstin och Herbert som påbörjas före giftermålet 1937 och inte avslutas förrän Herberts frånfälle 1973, har separata seriebeteckningar. Arkivet är helt öppet för forskning.

Författare

Helmut Backhaus   Född 1938. Dr.phil., fil.lic. Arkivråd vid Riksarkivet.

Anders Burius   Född 1956. Fil.dr i idé- och lärdomshistoria. Handskriftsföreståndare i Kungl. biblioteket.

Christer Danielson   Född 1935. Fil.lic. Förste arkivarie vid Riksarkivet. Har publicerat artiklar med personhistoriskt och kameralt innehåll.

Lars Ericson   Född 1957. Fil.dr i historia. Förste arkivarie vid Krigsarkivet. Sekreterare i Svenska Militärhistoriska kommissionen. Författare till flera militärhistoriska böcker och artiklar.

Berndt Fredriksson   Född 1946. Docent i historia vid Uppsala universitet. Departementsråd och chef för Utrikesdepartementets arkiv.

Björn Gäfvert   Född 1942. Fil.dr i historia. Förste arkivarie vid Krigsarkivet. Har publicerat skrifter och artiklar i militärhistoria och kartografi.

Lars-Erik Hansen   Född 1962. Doktorand. Arkivarie vid Riksarkivets byrå för tillsyn och rådgivning. Arbetar på en avhandling om svensk invandrarpolitik.

Folke Ludwigs   Född 1931. Fil.lic. i historia. Förste arkivarie vid Riksarkivet till 1997.

Sven Lundkvist   Född 1927. Fil.dr i historia. Professor i Umeå 1976–1979. Riksarkivarie 1979–1991.

Erik Norberg	Född 1942. Fil.dr i historia. Krigsarkivarie 1982-1991. Riksarkivarie sedan 1991.
Marie-Louise Rodén	Född 1953. Fil.dr i historia. Tillförordnad lektor vid Historiska institutionen, Stockholms universitet.
Bengt Rur	Född 1934. Fil.kand. i historia och statskunskap. Arkivarie vid Riksarkivet. Har publicerat artiklar i historia, arkivvetenskap med flera ämnen.
Lars-Olof Skoglund	Född 1942. Fil.lic. i historia. Redaktör vid Svenskt biografiskt lexikon. Har tidigare varit anställd vid bland annat Riksarkivet.
Anderz Unger	Född 1948. Fil.dr. Musikforskare.

Arkivåret 1997

Riksarkivet och Landsarkiven

I förordet till årsberättelsen för 1996 framhölls begreppet samverkan som ett särskilt ledord. Det kan förtjäna att upprepas ännu ett år.

En nära samordning mellan arkivmyndighet och arkivbildande myndigheter är naturlig i traditionell arkivbildning och nödvändig i elektronisk arkivering. Med samlade ansatser från Riksarkiv och landsarkiv blir det möjligt att gripa över större områden. En sektor som har uppmärksammats särskilt är rättsväsendet. Genom nära samarbete med Domstolsverket, Riksåklagaren, Rikspolisstyrelsen och regionala polismyndigheter har en banbrytande insats utförts. Likartade insatser från landsarkivens sida har aktualiserats vid länsombildningarna, först i Skåne, nu i Västsverige.

Arbetsmarknadsinsatserna har utgjort ett viktig del i verksamheten vid Riksarkivet och landsarkiven. SESAM-projekten har bevisat sitt värde. En fortlevnad av SESAM-insatserna i en eller annan form framstår som ett av de mest angelägna önskemålen från arkivmyndigheternas sida. De resurser som i olika former tillförs kulturlivet på detta sätt är aktningsvärda. De ordinarie anslagen till ARKION och SVAR genererar ett mångfalt större belopp. Ett problem med insatserna är, att de med hänsyn till de varierande intressenterna utför sin verksamhet i utkanten av arkivmyndigheternas kärnverksamhet. Det är angeläget, att vi förmår styra insatserna mot högprioriterade områden.

Kontakterna med universitet och högskolor kan förbättras. Värdet för landsarkiven med nära förbindelser till högskoleutbildningen är uppenbart. Att tillgången till arkivens forskningsmaterial är av vikt för universitet och högskolor har inte trängt igenom i tillräcklig utsträckning. SVAR har åtskilliga program för att öka spridningen av material särskilt till de mindre gynnade högskolorna. ARKION har med sina databasar-

beten och särskilt det nyligen inledda samarbetet med Linköpings universitet avseende medicinskt material bidragit till att visa vägen.

Den egna utbildningen berör i högsta grad samverkan med universitet och högskolor. Det kan räcka med att peka på den arkivvetenskapliga utbildning som bedrivs i samarbete mellan Riksarkivet och Stockholms universitet, och mellan särskilt Landsarkivet i Härnösand och Mitthögskolan. Krigsarkivet har tillsammans med försvarets myndigheter inlett en arkivutbildning, som för första gången kommer att förse ett stort antal försvarsmyndigheter med egen utbildad personal.

Sedan några år har det blivit vanligt att peka på kulturarvsområdets gemensamma intressen. Samarbete med biblioteken är självklart när det gäller insatser för bevarande och vård, särskilt av digitalt material. För ett par år sedan inledde vi aktionen Rädda företagsarkiven. Vi håller nu på att länka detta till museernas Industriminnesprojekt. En helhetsbild ökar uppmärksamheten på arbetet och breddar resurserna. Samma fenomen gäller på den internationella arenan. Längst har vi kommit i det nordiska samarbetet, där vart och ett av länderna får ett särskilt ansvar i ett program för de kommande åren.

En årsberättelse av detta slag förmår inte fånga upp hela den ordinarie verksamhet som ständigt är en förutsättning för projekt eller tidsbestämda prioriteringar. I vår kulturtradition förbinds arkivverksamhet med begreppet kontinuitet. Genom en fortlöpande koncentration på kärnverksamheten får avnämaren rätten och möjligheten att i varje givet ögonblick skapa sin bild av skeendet på basis av ett samlat, långsiktigt och balanserat material.

Erik Norberg

Riksarkivet

Styrelse från den 1 juli 1995
Ordförande:
　länsbibliotekschef Margareta Mörck
Ledamöter:
　direktör Kerstin Bonnier
　arkiv- och bibliotekschef
　Margareta Englund
　generallöjtnant Percurt Green
　rektor Lars-Erik Johansson
　riksarkivarie Erik Norberg
　professor Ulf Olsson
　regeringsrådet Elisabeth Palm
　verkställande direktör
　Alexander Rudenstam
Personalföreträdare:
　Kenneth Hänström (TCO/ST)
　Gunilla Nordström (SACO)

Verksledning
Riksarkivarie och chef: Erik Norberg
Överdirektör: Claes Gränström
Besöksadress: Fyrverkarbacken 13–17
Postadress: Box 12541, 102 29 Stockholm
Telefon (växel): 08-737 63 50

Telefax: 08-737 64 74
E-post: riksarkivet@riksarkivet.ra.se

Öppettider för forskare vintertid:
Forskarexpeditionen
månd.–fred.　09.00–16.00

Stora forskarsalen
månd.–onsd.　08.30–19.00
torsd.–fred.　08.30–16.30
lörd.　　　　09.00–13.30

Lilla forskarsalen
månd.　　　　08.30–19.00
tisd.–fred.　08.30–16.30
lörd.　　　　09.00–13.30

1 juni–30 augusti samt kring julhelgerna inget öppethållande under kvällar och lördagar. Sommartid ytterligare avkortad tid på eftermiddagarna.

Riksarkivet räknar 1618 som sitt grundläggningsår. Det var då Axel Oxenstierna föreskrev verkets uppgifter i en ny kansliordning. Den nuvarande instruktionen för Riksarkivet och landsarkiven är från år 1991 (SFS 1991:731, senast ändrad genom 1995:679).

Riksarkivet är central förvaltningsmyndighet för arkivfrågor samt chefsmyndighet för landsarkiven. Dess huvuduppgifter är att främja en god arkivhantering samt att bevara, vårda, tillhandahålla och levandegöra arkivmaterial. Dessutom skall Riksarkivet handha heraldiska frågor och verka för att bestämmelser om Sveriges flagga iakttas.

Verkskansliet

Inom verkskansliet, direkt underställt riksarkivarien, har samlats funktioner som betjänar hela Riksarkivet och delvis även landsarkiven, såsom arkivrätt, normering och allmänna juridiska ärenden, samverkan med andra kulturinstitutioner, allmänna utredningar, internationella kontakter, information och publicering. Till kansliets personal hör en chefssekreterare. Också en del externfinansierad verksamhet är knuten till verkskansliet, som sysselsätter 12 personer, varav 2 huvudsakligen på externa medel.

Inga organisatoriska eller personella förändringar av verkskansliet genomfördes under 1997. Inte heller arbetsuppgifterna genomgick några anmärkningsvärda förändringar.

Bevakningen av det tekniska och legala förändringsarbetet (inte minst rörande IT-frågor) har tagit stora resurser i anspråk. Verkskansliet har sålunda nära följt arbetet med förslag till ny Datalag samt ändringar i Tryckfrihetsförordningen, Sekretesslagen och Arkivlagen. Personal har också deltagit i ett flertal seminarier och referensgrupper rörande bland annat EU-frågor, IT-regler, Intranet, elektronisk handel, Data- och Bokföringslagen. Bland externa projekt märks olika projekt och arbetsgrupper inom Toppledarforum, såsom "Informationskvalitet i offentlig verksamhet", workshop om elektronisk dokumenthantering, "IT Norrbotten", gruppen för Infrastruktur, rättsliga panelen och programrådet. Verkskansliet har också medverkat i rapporten "Post-lexit" samt bidragit med framtagande av texter till Europarådets rekommendation rörande tillgänglighet till arkiv, "Access to Archives". I samarbete med Kungl. biblioteket/BIBSAM och Internationella arkivrådet har Verkskansliet bevakat utvecklingen beträffande upphovsrättens anpassning till IT-miljö.

Bland övriga engagemang kan nämnas "Blankett 2000", som leds av Centrala Studiemedelsnämnden och Riksförsäkringsverket, Post- och Telestyrelsens utredning om digitala signaturer, regeringskansliets expertgrupp rörande standarder för myndigheternas rättsinformationssystem samt Rikspolisstyrelsens och Säkerhetspolisens utvecklingsprojekt för elektronisk ärendehantering.

En viktig del av verksamheten har ägnats utbildnings- och informationsverksamhet internt inom Arkivverket respektive externt i samverkan med olika organisationer. Även vid konferenser utanför Sverige har personal medverkat som föreläsare. Ett led i den interna vidareutbildningen har varit en seminarieserie med anknytning till arkivbestånden och pågående akademisk forskning.

Inom Riksarkivets generella regelverk har tillkommit fem nya föreskrifter (RA-FS 1997:3–7) rörande arkivlokaler, statliga myndigheters arkiv, registrering, gallring av handlingar av tillfällig eller ringa betydelse samt rörande överlämnade av ADB-upptagningar till Riksarkivet och landsarkiven. Under året har vidare utarbetats en organisationsplan för normeringsarbetet och en långsiktig plan för utarbetandet av regelkommentarer respektive handböcker och handledningar.

Riksarkivets engagemang i standardiseringsfrågor har varit omfattande och inkluderat deltagande i flera arbetsgrupper, varav två (terminologi respektive förvaringsmiljö) leds av personal från verkskansliet.

Inom det internationella standardiseringsarbetet deltar Riksarkivet i Tekniska kommittén för information och dokumentation samt i tre underkommittéer som arbetar med terminologi, fysisk förvaring och standarder för arkivhantering. Personal från verkskansliet finns vidare i Internationella arkivrådets (ICA) Kommission för arkivutveckling samt exekutivkommittén. Arbetet har inneburit medverkan vid flera konferenser och möten utomlands, bland annat i Sydafrika, Moskva och Köpenhamn.

En person ur verkskansliet har som representant för Svenska Institutet företagit en studieresa till Colombia för att utröna behovet av stöd ifråga om arkiv- och biblioteksverksamheten och är därtill styrelsemedlem i JICPA, en för ICA och den internationella biblioteksföreningen IFLA gemensam kommission för bevarandefrågor i Afrika. Verkskansliet har ombesörjt mottagandet av ett stort antal internationella gäster samt ansvarat för två baltiska stipendiaters studievistelse under fyra månader.

Vid de Nordiska arkivdagarna i Åbo var flera av verkskansliets medlemmar aktivt medverkande i olika funktioner vid plenum- och gruppmötena.

Den kulturellt inriktade delen av verksamheten har vuxit betydligt under år 1997. Bland annat har ABM-samarbetet (Arkiv, Bibliotek, Museer) intensifierats, varvid två utbildningsdagar ingått i programmet. Verkskansliet har vidare haft en representant i Kulturrådets arbetsgrupp för kulturstatistik och håller överhuvudtaget kontinuerlig kontakt med företrädare för Kulturdepartementet, forsknings- och utvecklingsstiftelser, Riksantikvarieämbetet, museisektorn, kommuner och landsting samt organisationer och utbildningsinstitutioner inom kulturområdet. Dessa kontakter har bland annat inkluderat deltagande i projektet "Kulturnät Sverige", Kulturdepartementets referensgrupp för EU-frågor, konferenserna "Forskning för kultur" respektive "Kulturvetenskaplig forskning: kulturteori och kulturpolitik", "Västsvenska kulturtinget" i Göteborg, Kulturrådets seminarium om Europarådets rapport "In from the Margins", Svenska hi-storiedagarna i Kalmar samt konferenser om "Kulturhistoriskt samarbete över Öresund" i Danmark respektive "Museerna och kulturarvet", den sistnämnda anordnad av Riksbankens Jubileumsfond och Forskningsrådsnämnden. Verkskansliet har också bidragit till en av regeringen initierad handbok rörande EU-stöd till svensk kultur.

Ett annat viktigt område för verksamheten har varit ungdomsskolan. Bland annat har en person till uppgift att bedriva uppsökande verksamhet i grund- och gymnasieskolor. Det är vidare glädjande att de gruppvisningar av Riksarkivet, dess bestånd och verksamhet som ombesörjs av verkskansliet under 1997 i högre utsträckning än tidigare lockat gymnasieklasser. En bakomliggande orsak är de nya läroplanerna, som innehåller en särskild fördjupningskurs i humaniora. Av det totala antalet visningstillfällen gällde hela 20 % gymnasieklasser och 30 % högskoleelever. Släktforsknings- och andra studiecirklar svarade för 15 %, myndighetspersonal för 25 %, föreningar och företag för resterande 10 %. Det totala antalet visningar, runt 270, innebar dessutom en ökning jämfört med föregående år.

Släktforskarna förblir en viktig målgrupp för den utåtriktade verksamheten, som innehöll bland annat deltagande i de olika evenemang som anordnades av släktforskningsorganisationer. Verkskansliet deltog vidare, tillsammans med Krigsarkivet samt lands- och stadsarkiv i Göteborg, i Bok & biblioteksmässan i samma stad, liksom i SACO:s yrkesmässa. Den för visningar och mässor ansvariga personen har vid flera tillfällen hållit föreläsningar om Riksarkivet på olika håll i landet och deltagit i radio- och TV-program.

Verkskansliets publiceringsverksamhet resulterade under 1996 i elva titlar om runt 1100 sidor. Förutom de som omnämns i sammanhang med andra delar av Riksarkivet kan särskilt framhållas *Helgonet i Nidaros : Olavskult och kristnande i Norden*. Boken är en symposierapport, redigerad av Lars Rumar och producerad av Mittnordenkommittén, Riksarkivet och Landsarkivet i Östersund som en jubileumsgåva till Trondheims stad vid dess 1000-årsjubileum. Också årsboken, med titeln *Grannar emellan*, hade 1997 ett nordiskt tema. Därtill utgavs en ny guide för utländska släktforskare i svenska arkiv och en katalog över del Monte-samlingen med dokument rörande drottning Kristinas vistelse i Rom, båda publikationerna på engelska.

Utställningsverksamheten dominerades helt av den utställning om sigill, en samproduktion med Stockholms medeltidsmuseum, som omnämns på annat ställe i denna årsberättelse. Till utställningen författades en katalog på svenska och engelska. Utgivningen på engelska har överhuvudtaget ökat i omfattning. Under året framtogs också en engelsk version av Riksarkivets gallringspolicy.

Byrån för tillsyn och rådgivning (TR-byrån)

Besöksadress: Rålambsvägen 17, DN-huset, våning 19
Postadress och telefon: samma som övriga Riksarkivet
Telefon: 08-737 63 50
Telefax: 08-656 43 37

Arkivråd: Per Jansson

TR-byrån arbetar för en god arkivhantering hos statliga centrala myndigheter genom tillsyn och rådgivning. Byrån utarbetar förslag till myndighetsspecifika föreskrifter om gallring och annan arkivhantering, ansvarar för samordning med den kommunala sektorns arkivväsen samt organiserar utbildning i arkivvård för statliga myndigheter. Vid byrån handläggs även övergripande standardiseringsfrågor.
Antalet tjänster är 18.

Under 1997 har TR-byrån använt stora resurser för att ta fram överenskommelser om leveranser från centrala verk och ramöverenskommelser med regionala och lokala myndigheter. Vidare har arbetet inriktats mot frågor som uppstår i samband med de genomgripande förändringarna av statsförvaltningen, med delbolagiseringar, nedläggningar och omfattande omorganisationer. Under året har uppföljningen av den samordnade tillsynen (SATS) avslutats.

Även information och utbildning i arkivvård för personal från de arkivbildande myndigheterna har tagit stora resurser i anspråk.

Löpande verksamhet

TR-byrån har i enlighet med verksamhetsplanen prioriterat det avslutande arbetet med uppföljningen av den samordnade tillsynen (SATS). Uppföljningen har gjorts för att kontrollera att myndigheterna åtgärdat de anmärkningar TR-byrån riktat mot deras arkivvård. Denna uppföljning sker genom telefonsamtal, skrivelser eller förnyade inspektioner, beroende på dels hur stora bristerna i arkivvården är vid aktuella myndigheter och dels komplexiteten i arkivbildningen hos de aktuella myndigheterna.

Under 1997 genomförde TR-byrån 240 inspektioner som ett led i uppföljningen av SATS. Rapporten angående SATS och dess uppföljning skall tas fram snarast. Det är ännu för tidigt att med säkerhet kunna säga om kvaliteten på myndigheternas arkivvård höjts, men de preliminära sammanställningar som TR-byrån gjort tyder på att flertalet myndigheter ökat sina ansträngningar att åstadkomma god arkivvård. Till följd av SATS har Arkivverket idag en god uppfattning om hur myndigheterna sköter sin arkivvård och planeringen för nya arkivprojekt utgår till stor del från de uppgifter vi den vägen fått fram. Projektet har dessutom haft flera goda bieffekter, exempelvis att de arkivbildande myndigheterna har blivit mer medvetna om sitt ansvar för god arkivhantering. Även det ökade samarbetet mellan Riksarkivet och landsarkiven upplevs som positivt.

Den tekniska utvecklingen och den statliga förvaltningens omvandling, tillsammans med avsikten att ytterligare höja kvaliteten på myndigheternas arkivvård, har gjort det nödvändigt att också förändra tillsynsverksamheten. Under uppföljningen har man inom Riksarkivet och landsarkiven därför diskuterat framtidens tillsynsverksamhet. Dessa diskussioner har resulterat i att TR-byrån under de närmaste åren vid sidan av vanliga besök och inspektioner också kommer att genomföra fördjupade och sektorsvisa inspektioner. Dessa skall innebära en verkligt grundlig genomgång av en eller flera myndigheters arkivvård och dess kopplingar till myndighetens verksamhet.

Vid sektorsvisa inspektioner inspekteras myndigheterna inom en hel sektor, exempelvis rättsvårdande myndigheter eller myndigheter inom miljövården. Fördelen med de sektorsvisa inspektionerna är att de ger en fördjupad insyn i arkivvården hos en hel myndighets- eller samhällssektor. Därmed är det lättare att utfärda föreskrifter som griper över en hel sektor och därmed uppnå en rationell arkivvård. Fördjupade respektive sektorsvisa inspektioner skall ske i samarbete mellan Riksarkivets TR-byrå och landsarkiven.

Under budgetåret har TR-byrån fortsatt att inspektera de bolagiserade verk som förvarar allmänna handlingar i enlighet med Lagen och förordningen om överlämnande av allmänna handlingar till andra organ än statliga myndigheter för förvaring (1994:1383 resp 1994:1495).

TR-byrån anordnade under året ett handläggarmöte för tillsynshandläggare från TR-byrån och landsarkiven. Vid detta möte informerades och diskuterades förslag från olika arkivprojekt och förslag till föreskrifter och allmänna råd inom olika områden.

TR-byrån deltog som utställare i den regelbundet återkommande Arkivmässan, anordnad av Arkivrådet för arkivverksamma inom statliga sektorn (AAS) i World Trade Center. I den monter TR-byrån disponerade visades byråns arbetsuppgifter – särskilt den utbildning byrån kan erbjuda.

I samband med de stora förändringarna av statsförvaltningen, med omorganisationer och nedläggningar av myndigheters verksamhet, uppkommer ofta behov av extra leveranser. TR-byrån förhandlar och sluter överenskommelser om leveranser från centrala myndigheter och bolagiserade verk samt ramöverenskommelser för regionala och lokala myndigheter. Under budgetåret 1997 anmälde ett par av de bolagiserade verken att de ville leverera. Därför slöt TR-byrån en överenskommelse med Posten och Vattenfall om leverans och ekonomisk ersättning för Postens centralförvaltning, liksom en del av Vattenfalls centrala förvaltning. Dessa leveranser har genomförts och omfattade ca 3 500 respektive 700 hyllmeter. Både Posten och Vattenfall är intresserade av ytterligare leveranser.

Projektverksamhet och utbildning

Ett av målen för SATS var att få kunskap om vilka myndigheter som behövde nya myndighetsinriktade föreskrifter. Arbetet med att ta fram sådana föreskrifter kan med fördel göras i projekt där myndigheten med större eller mindre assistans av personal från arkivmyndigheterna kan ta fram förslag till nya föreskrifter. TR-byrån bedriver även vissa av dessa projekt själv.

EU-projektet syftar till att ta fram bland annat gallringsförslag angående EU-handlingar, det vill säga sådana handlingar som direkt uppkommer i det gemensamma arbetet mellan svenska departement och myndigheter visavi EU-organ. Projektet kommer vidare att ta upp handlingar som uppkommer som en följd av beslut i EU-organen, så kallade indirekta EU-handlingar. Projektet kommer att avslutas under 1998.

"Arbetsmarknadsprojektet", som skulle ta fram förslag till förteckningsplan, arkivbildningsplan och gallring för arbetsmarknadsverkets regionala och lokala organisation, har avslutats under 1997. De arkivprojekt som bedrivs vid Riksåklagaren, Domstolsverket och Kriminalvårdsverket kommer att avslutas under 1998.

Regeringen tillsatte under 1997 en kommitté för att skaffa arbetstillfällen till Söderhamns kommun. I kommitténs arbete har framförts förslag till en samlad arkivdepå för arbetsmarknadsverkets regionala och lokala organisation och vissa andra förslag med arkivanknytning. På uppdrag av kommittén har TR-byrån bidragit med vissa utredningsuppdrag.

De arkivbildande myndigheterna skall enligt Arkivlagen ta ansvar för sin egen arkivvård, men för att kunna göra detta måste personalen vid dessa myndigheter ha kunskaper i arkivvård. Under budgetåret genomförde TR-byrån vid två tillfällen dels en tredagars grundkurs i arkivvård och dels en tvådagars fortsättningskurs. Vidare anordnade byrån en informationsdag för IT-chefer och IT-samordnare samt leverantörer av IT-utrustning, kallad "ADB – från system i drift till lagring hos Riksarkivet".

Personal vid TR-byrån genomförde också kurser och informationsdagar ute hos myndigheterna och andra organisationer, bland dem Sveriges lantbruksuniversitet och Apotekarsocieteten. Under året gjordes också utbildningsinsatser i de baltiska staterna och Polen. Sammanlagt genomförde byrån 21 kurser med 524 deltagare.

TR-byrån verkar i en omvärld som ständigt förändras genom ny teknik, nya regler och stora strukturförändringar av statsförvaltningen. Detta kräver oupphörlig kompetensutveckling och diskussioner inom byrån om hur man skall organisera arbetet. Byrån har vid två tillfällen samlats för att under en hel dag planera och diskutera byråns arbetsuppgifter. Personal från byrån har också deltagit i konferenser och utbildningar i kompetenshöjande syfte.

Byrån för enskilda arkiv (E-byrån)

Arkivråd: Lars-Olof Welander

Byrån arbetar för en god arkivhantering hos enskilda arkivbildare med särskild inriktning på konsultinsatser för riksorganisationer. Byrån tar emot, förvarar och tillgängliggör enskilda arkiv av riksintresse. Verksamheten är organiserad på ansvarsområden för folkrörelser, arkivbildare inom pressen, person-, släkt- och godsarkiv, företagsarkiv samt politiska arkiv.

Inom byrån finns också en expertfunktion för filatelifrågor. En av byråns tjänstemän är vårdare av *Bernadotteska familjearkivet*. Byrån har kanslifunktion till *Riksarkivets nämnd för enskilda arkiv*, som fördelar det statliga stödet till enskild arkivverksamhet i landet.

Den totala volymen enskilda arkiv i Riksarkivet uppgår till 19 406,26 hm.

Antalet tjänster är 13,5.

Verksamhetsåret 1997 har inriktats på en fortsatt satsning på att få ner andelen oordnade och oförtecknade arkiv. Dessa ansträngningar har gett goda resultat. I övrigt har arbetet inom byrån präglats av den spännvidd som alltid är närvarande när man arbetar med enskilda arkiv: kontakter och förhandlingar med presumtiva deponenter, hämtningar och genomgång av arkiv på plats, ofta under intressanta omständigheter. Mötena ute på fältet med arkivöverlämnarna eller arkivbildarna skiljer sig på många punkter från motsvarande inom den offentliga sektorn.

Riksarkivets nämnd för enskilda arkiv har under året, liksom under hela 1990-talet, prioriterat arbetet med företagsarkiven och folkrörelsearkivsektorn. Bidrag har också lämnats till en rad andra institutioner och sammanslutningar samt till projekt och investeringar av olika slag. Byrån har under året varit representerad i styrelserna för Pressarkivets vänner, Näringslivsarkivens stödfond samt Tjänstemannarörelsens arkiv och museum.

Arbetet på fältet

Rådgivning har skett mot alla typer av enskilda arkivbildare med tyngdpunkt på insatser för föreningar och organisationer på riksplanet samt person- och släktarkiv. Konsultinsatser har riktats främst mot riksorganisationer. En tredagars grundkurs i arkivvård genomfördes med deltagande av representanter från olika organisationer. Den årliga konferensen med de 20 länsfolkrörelsearkiven var förlagd till Riksarkivet. Programmet upptog bland annat hantering av fanor, minnesinsamlingar, kulturpolitik och folkrörelsearkiv samt exempel på lokalhistorisk forskning.

Arbetet med att stimulera till inrättandet av nya regionala näringslivsarkiv pågick hela året inom ramen för projektet "Rädda företagsarkiven". Arbetet pågick också med sikte på motsvarande i Gävleborgs och Kalmar län. I samarbete med Sveriges släktforskarförbund kontaktades länsstyrelser och landshövdingar i de län som saknar näringslivsarkiv.

Projektet "Invandrarnas kulturarv" fortsatte under året med en andra etapp. Arbetet har bedrivits genom inventeringar, utbildning, rådgivning och insamling med inriktning på att invandrares och deras organisationers del av kulturarvet i olika delar av landet säkras och blir en del av kulturutbudet. En broschyr, "Rädda ditt föreningsarkiv!", har utarbetats och distribueras till aktuella målgrupper. Möjligheterna för invandrare att med hjälp av bland annat mikrofilmade handlingar i Sverige forska om sitt ursprung har undersökts. I förarbetet har ingått en kartläggning av mikrofilmat material i Centraleuropa.

Bevara, vårda och presentera arkiven

Ordnings- och förteckningsarbeten prioriterades under 1997 liksom under hela 1990-talet. Sammanlagt berördes 1430 hyllmeter. Särskilda projekt, extra avställningar och ALU-personal medverkade vid sidan av den egna personalen i detta omfattande arbete. Bland förtecknade arkiv märks Folkpartiets riksorganisation, arbetsgivarorganisationen inom skinn- och läderindustrin, Ekumeniska U-veckan, GCT:S samling av enskilda arkiv, Riksförbundet kristen fostran, Stockholms blåsarsymfoniker, Svenska annonsörers förening, Svenska rashygieniska sällskapet, Hässleholms Dagblad, Tidningarnas Telegrambyrå, Norrbacka-Eugeniastiftelsen och Svenska flaggans dag.

Bland personarkiven kan nämnas arkiven efter Signe och Axel Höjer, Clarence von Rosen, Elow Lindholm, Oscar Arenander, Olle Baertling, Gunnar Bjuggren, Bengt Lind och Erik Petzäll samt Nisserska släktarkivet.

Många intressanta arkiv har tagits emot, som gåva eller deposition. Antalet leveranser uppgår till 134 (nyförvärv och efterleveranser) och omfattar 883 hyllmeter. Bland nyförvärven kan nämnas arkiven efter Gerhard Hafström, Josef Frank, Kerstin Cruickshank, Kjell E. Johansson, Nils Edwall och Sven Thofelt. Bland föreningsarkiven märks Baltiska institutet, Grupp 8 i Stockholm, Internationella arbetslag, Riksföreningen Jordens vänner, Stockholms finska zigenarförening, Studieförbundet Vuxenskolan, Svenska bågskytteförbundet, Ungerska riksförbundet, AB Elsa Gullberg textilier och inredning samt Sveriges allmänna hypoteksbank. Inom pressens område finns arkiven efter Daniel Viklund, Sven Öste, Hässleholms Dagblad, Årets Bild och Skåne-Kuriren.

Tillgängligheten har kraftigt förbättrats genom prioriteringen av ordnings- och förteckningsarbetet. Andra viktiga inslag i arbetet har varit besvarandet av forskarförfrågningar (275) och visningar för olika grupper (56).

Publicering har skett i form av Presshistorisk årsbok (pressarkivarien är redaktör), EB-Nytt, foldern om föreningsarkiv, förteckning över enskilda arkivinstitutioner samt med artiklar och uppsatser i ett flertal publikationer. Arbetet med beståndsöversikten har fortsatt med sikte på publicering 1998.

Projektet auktoritetsregister har fortsatt med de fackliga organisationerna. Handböcker med organisationsstrukturer och benämningar på antidrogorganisationer och fackliga arkivbildare inom LO-kollektivet publiceras under 1998. Byrån har i samarbete med SVAR i Sandslån påbörjat ett brevskrivarprojekt med digitalisering av de brevskrivarregister över enskilda arkiv som förvaras i Riksarkivet. En försöksperiod har avslutats under året med gott resultat.

Depåbyrån (D-byrån)

Arkivråd: Helmut Backhaus

Depåbyrån skall bevara, vårda och tillgäng-
liggöra Riksarkivets bestånd av handlingar
från regering, riksdag och statliga myndig-
heter, från Gustav Vasas tid och framåt, lik-
som de från medeltiden bevarade handling-
arna. Redaktionen för *Svenskt Diplomatari-
um* respektive *Glossarium till medeltidslati-
net* i Sverige tillhör byrån. Andra särskilda
verksamheter är *heraldik* samt *undersök-
ningen av medeltida pergamentsomslag*. Till
byrån hör även *Slottsarkivet*. Under 1997
drevs vid byrån fyra externt finansierade pro-
jekt.

Byrån har 23,5 tjänster. Dessutom har ett
trettiotal extraanställda arbetat med olika
uppgifter.

Projektverksamheten har även under 1997
krävt betydande insatser från linjeorganisa-
tionen vid planering, arbetsledning och kvali-
tetsuppföljning. Fem interna och fyra externt fi-
nansierade projekt har pågått under hela året.
Verksamheten var särskilt inriktad på två sedan
tidigare prioriterade arbetsuppgifter, Riksarki-
vets beståndsöversikt och Arningeprojektet (da-
toriserad depåförvaltning). Trettio personer ar-
betade kortare eller längre tid vid byrån som pro-
jektanställda eller inom ALU- och OTA-pro-
grammen.

Linjeverksamheten har på det hela taget legat
på samma nivå som tidigare. Således fortsätter
balanserna att öka på depåsidan. Resurser saknas
för angelägna ordnings- och förteckningsarbeten
i centrala historiska bestånd, den frekventa fram-
tagningen har i vissa bestånd lett till en markant
ökad förslitning av arkivalier. Byråns medverkan
i Riksarkivets forskarservice ökade något jämfört
med året innan. Pågående registreringsarbeten,
som bedrivs huvudsakligen med extraanställd
personal, kräver numera så stora personalinsatser
för kvalitetsuppföljning och registervård att yt-
terligare aktiviteter inom nuvarande resursramar
inte är aktuella.

Arbetet med Riksarkivets beståndsöversikt
fortsatte under hela året. Del 2 (Riksdagen och
dess verk. Allmänna kyrkomötet) är under tryck-
ning och väntas komma ut våren 1998. Ett råma-
nuskript till del 5 (Centrala myndigheter) väntas
föreligga före sommaren 1998.

Arningeprojektet som startade efter inflytt-
ningen till Arningedepån hösten 1995 syftar
långsiktigt till att bygga upp en datoriserad depå-
förvaltning. Projektet består av tre delar: kompri-
mering av bestånden, digitalisering av arkivför-
teckningar och beståndsinventering. Kompri-
meringen är avslutad och har gett en utrymmes-
vinst på drygt 1 800 hm, sammanlagt 444 arkiv-
förteckningar har hittills digitaliserats och 23 500
hm handlingar har inventerats.

Registreringsarbeten har bedrivits i sju speci-
aldatabaser som täcker material från tidig medel-
tid till modern tid. Konseljregistret omfattar nu
drygt 250 000 poster (Civildepartementet och
Ecklesiastikdepartementet), i kommittéregistret
har 1 840 förteckningar/kommittékort registre-
rats, i sockenregistret till mantalslängder 1918–
1946 återstår ett län att registrera. Även i de med
SESAM-medel finansierade projekten har arbe-
tet fortskridit planenligt. Databasen över kam-

marens arkiv före 1631 omfattar nu 21 600 poster och motsvarande över det regionala räkenskapsmaterialet 52 000 akter. Registret över svenska medeltidsbrev innehåller 28 300 poster. I det av Vitterhetsakademien finansierade MPO-projektet har hittills ca 2 200 pergamentsfragment katalogiserats. Allmänt sett befinner sig databasuppbyggnaden mitt i registreringsfasen och behöver följas upp med framtagning av forskningsanpassade sökinstrument.

Mikrofilmningen av mantalslängder fortsatte under 1997. Resultatet blev något bättre än planerat, 222 mikrofilmer (197 000 exponeringar). Säkerhetsfilmningen har i övrigt varit inställd i brist på resurser. Fysisk arkivvård (etikettering, buntning, kartongläggning) har kunnat bedrivas med hjälp av ALU- och OTA-personal, medan det inom Riksarkivets linjeorganisation saknas både kapacitet och teknisk kompetens för att det ökande behovet av konserveringsåtgärder ska kunna mötas.

Nya arkivförteckningar upprättas numera alltid med datorstöd (ARKIA). Drygt 1 430 hm handlingar blev under året färdigt ordnade och förtecknade, däribland 1969 års Psalmkommitté, Energikommissionen, Sysselsättningsutredningen, Datadelegationen, Kontrollstyrelsen, Centrala sjukvårdsberedningen, ett stort antal konsulatarkiv, Södermanlands landskapshandlingar och en rad klinikarkiv vid Serafimerlasarettet.

1997 års leveranser uppgick till runt 5 500 hm. Större leveranser avsåg Postverkets arkiv, Riksförsäkringsverket med föregångare, Kriminalvårdsstyrelsens föregångare och Statistiska centralbyrån. Dessutom har ca 9 600 hm handlingar från Televerket och Vattenfall tills vidare placerats i Landsarkivet i Uppsala. Den fortsatt starka tillströmningen av arkiv har bundit avsevärda personalresurser för planering, kontroll, databasregistrering och uppföljande arkivvård.

Den medeltidshistoriska specialistkompetens som finns samlad inom depåbyrån utgör en betydande stödresurs för forskningen. Redaktionen för Svenskt Diplomatarium har fortsatt arbetet med häfte IX:3 (1370). Vid medeltidsglossariet är häfte II:6 under arbete. Statsheraldikern har medverkat i en sigillutställning vid Stockholms medeltidsmuseum och tillsammans med sigillvårdsenheten publicerat boken *Medeltida småkonst : Sigill i Riksarkivet*. Byråns personal besvarade ca 1 700 forskarförfrågningar och tjänstgjorde 191 dagar i forskarexpeditionen. Byrån gjorde under året studiebesök vid Stora Kopparbergs centralarkiv i Falun och vid Stockholms medeltidsmuseum.

Byrån för forskarservice (F-byrån)

Arkivråd: Ingrid Eriksson Karth

Byrån har till uppgift att tillhandahålla arkivmaterial för forskare i två forskarsalar, utarbeta sökmedel, besvara forskarförfrågningar, ombesörja fjärrlåneverksamhet samt utveckla Riksarkivets biblioteksservice.

Byrån svarar för *Den nationella arkivdatabasen* (NAD), i vilken Nationalregistret över enskilda arkiv ingår, och samordning av arkivinformationssystemet (ARKIS). Byrån arrangerar också visningar.

Antalet tjänster är 17,5. Dessutom arbetar extraanställda med mikrofilmning och dataregistrering. En kader av timanställda anlitas i forskarsalarna under kvälls- och lördagstid.

Verksamheten i Riksarkivets forskarservice har under 1997 legat på ungefär samma nivå som under föregående år. Omkring 12 000 besök har registrerats i stora forskarsalen och lika många i mikrofilmsalen. Runt 40 000 volymer har tagits fram från magasinen och 190 000 mikrokort använts av forskarna.

Byråns personal besvarar ett stort antal forskarförfrågningar från forskare ute i landet. Andra viktiga arbetsuppgifter är att i samarbete med övriga byråer underhålla och förnya hjälpmedlen i forskarexpeditionen och att bistå vid arbetet med att filma arkivalier. Under hösten hölls också en kurs rörande Riksarkivets arkivbestånd för släktforskare i samarbete med Storstockholms Genealogiska Förening. 25 medlemmar i föreningen deltog.

Planeringen för den nya forskarsalen i Arninge har pågått under året. Forskarsalen där beräknas tas i bruk under hösten 1998. Kyrkobokföringshandlingar från hela landet samt SCB:s underlag till folkräkningarna kommer att finnas tillgängliga på mikrokort. En del av forskarsalen tas i anspråk för läsning av arkivalier på papper. Leveranserna av arkivalier från Arninge till Marieberg kommer i stort sett att upphöra.

Riksarkivets och landsarkivens hemsida lades ut i maj 1998. Redaktör är en medarbetare vid F-byrån. Adressen är *www.ra.se*. Hemsidan innehåller information om forskarservicen, tillsynsverksamheten, Riksarkivets publikationer och utställningar med mera.

17–18 september hölls ett seminarium i Ramsele om "god forskarservice i arkiven" med ett 50-tal deltagare från arkiv, bibliotek och högskolor. Seminariet var ett samarrangemang mellan F-byrån och SVAR:s EU-projekt "Arkiv och kulturism i Ramsele". Seminariet behandlade framför allt de unga högskolornas möjligheter att få tillgång till arkivmaterial.

Under hösten pågick insamlingen av underlaget till den nya CD-skivan innehållande den Nationella Arkivdatabasen (NAD). En stor mängd arkiv och bibliotek och föreningar i landet förser NAD-enheten med uppgifter om de arkivbestånd de förvarar. Den nya NAD-skivan beräknas utkomma under hösten 1998. Avsikten är att lägga ut en version av NAD på nätet.

Arbete pågår med att utveckla en ny version av det interna arkivinformationssystemet ARKIS. Systemet ska kompletteras med moduler för accessioner, beställningar, lånestatistik och annat.

Biblioteket finns tillgängligt för såväl Riksarkivets forskare som dess personal och används flitigt. Arbetet med att föra in den äldre katalogen i LIBRIS har fortgått under året. Arbetet beräknas vara slutfört under våren 1998.

SVAR, Svensk Arkivinformation

Besöksadress: SVAR-huset, Rafnasil Kulturområde
Postadress: Box 160, 880 40 RAMSELE
Telefon: 0623-725 00 växel
Telefax: 0623-725 55
Hemsida: http://www.svar.ra.se

Direktör: Carina Strömberg fr.o.m. 1996-10-01

Landsarkivet i Härnösand startade 1978 en registreringsbas i Ramsele i västra Ångermanland med uppgift att framställa register till arkivhandlingar. Under huvudmannaskap av Umeå universitet och finansierad av arbetsmarknadspolitiska medel bildades 1982 SVAR, Svensk Arkivinformation. SVAR:s uppgifter var att katalogisera, bearbeta och distribuera mikrofilmade kopior av de svenska kyrkböckerna. Efter ett antal riksdagsmotioner slogs de båda arbetsplatserna samman, verksamheten i Ramsele permanentades och SVAR blev en enhet i Riksarkivet.

SVAR kan idag uppvisa en verksamhet som spänner över ett brett fält inom område dena bevarande och tillgängliggörande av arkivmaterial. Verksamheten bedrivs på sju arbetsplatser på sex orter. Produktionsenheterna arbetar med mikrofilmning och konvertering av 35 mm film samt digitalisering genom upprättande av digitala register och scanning. I Ramsele finns Arkiv- och kulturhuset med forskarcentrum samt Depå och distribution. SVAR är även projektansvarig för registreringsprojekt på fyra övriga orter i landet.

SVARs verksamhetsidé är att på moderna medier i en kommersiell verksamhet bevara, bearbeta och sprida arkivinformation.

SVAR:s verksamhet bedrivs på följande orter i Västernorrlands län:
– Fränsta: mikrofilmning, scanning, samordning av mikrofilmning inom folkbokföringsreformen, uppdrag för Lantmäteriverket;
– Junsele: konvertering av film, främst filmade domstolshandlingar i DORA-projektet;

– Näsåker: mikrofilmning, scanning, folkbokföringsprojektet samt högskoleservice;
– Sandslån, Långsele: digitalisering, registreringsarbete för REA-databasen, Konseljakter och brevskrivarregister, försäljning av NAD-skivan.
– Ramsele: Arkiv- och kulturhus med forskarcentrum, depå och distribution av mikrokort, ut-

hyrning och försäljning till bibliotek och privat-personer.

SVAR hade vid årsskiftet 1997/98 totalt 141 personer sysselsatta, varav 19 i pågående EU-projekt. Totalt är 77 tillsvidareanställda, varav 41 är anställda med lönebidrag. I arbetsmarknadsåtgärder sysselsattes 37 personer, varav 10 i EU-projekten. Övriga är projektanställda eller vikarier.

SVAR har under året arbetat aktivt för att stödja kompetensutvecklingen inom organisationen och en intern utbildningsplan har upprättats.

Chefs- och arbetsledarutbildning genomförs för totalt 29 personer. Fyra av SVAR:s tillsvidareanställda deltar i gymnasieutbildning inom Kunskapslyftet. Två personer deltar i Mitthögskolans distanskurser i arkivvetenskap. De anställda i EU-projekten har genomgått projektledarutbildning och inom EU-projektet "Digitalisering" har scanning och bildbehandlingsutbildning genomförts.

Under året har även satsning på arbetsmiljö- och kvalitetsfrågor haft en framträdande roll. I samarbete med Previa har genomförts en tredagarsutbildning för samtliga skyddsombud och platschefer, skyddsronder har företagits på samtliga arbetsplatser och en miljögrupp för farliga kemikalier har inrättats. Vid arbetsplatsen i Fränsta har arbete med kvalitetscertifiering enligt SS-EN-ISO 9002 påbörjats under hösten 1997.

SVAR har under året genomfört tre projekt med stöd från EU:s strukturfonder mål 2 och mål 6. Projekten har givit SVAR ekonomiska möjligheter att tillföra verksamheten ny kompetens, satsa på modern teknik i fråga om scanning och digitalisering av arkivmaterial samt inte minst att marknadsföra och utveckla verksamheten i SVAR-huset och öka intresset för forskning i arkivmaterial. Inom ramen för EU-projekten har SVAR haft möjlighet att arrangera två större konferenser. I samarbete med byrån för forskarservice genomfördes det nordiska seminariet "En god forskarservice i arkiven" och i samarbete med

Glesbygdsverket "Upplevelseturism natur och kultur".

Satsningen på IT har möjliggjort SVAR:s utveckling av ett beställningssystem via Internet. SVAR-katalogen med sina 1,4 miljoner mikrokort finns på SVAR:s hemsidor, och kunderna har möjlighet att snabbt söka det material de önskar beställa. Funktionen har tagits emot mycket positivt, vilket det ständigt ökande antalet beställningar över Internet också visar.

Åtgärder för att öka tillgängligheten

Mikrofilmning, konvertering av film

– Konvertering av filmat arkivmaterial från rullfilm har resulterat i att 7 314 volymer domböcker och 1 013 volymer övrigt material blivit tillgängliga i form av mikrokort i SVAR:s depå;
– Filmning för folkbokföringsprojektet har utförts vid SVAR-enheterna i Fränsta och Näsåker. Totalt har 5 254 517 exponeringar utförts under året. Enheten i Fränsta har samordningsansvaret för all mikrofilmning inom detta projekt;
– Filmning av för forskningen intressant arkivmaterial har utförts, totalt 191 550 exponeringar omfattande 321 volymer;
– Uppdraget för Lantmäteriverket att filma och scanna förrättningsakter har under året resulterat i 1 351 361 exponeringar, varav 1 200 000 har digitaliserats;
– Uppdrag för Utrikesdepartementet att filma och scanna 28 000 sidor ur Raoul Wallenbergs arkiv utfördes under våren 1997. Materialet har bland annat presenterats på 3 CD-skivor.

Utveckling av digitala söksystem

– EU-projekt "Mål 2, förstudie för digitalisering av brevskrivarregister" har pågått hela året och förlängts till och med 1998-04-30. Antalet registrerade poster uppgår till 56 482 samt 4 872 auktoritetsposter. Universitetsbiblioteken har uttryckt önskemålet att registreringen skall utökas till de brevsamlingar som förvaras där;
– I samråd med enskilda byrån har arbetet med

REA-databasen återupptagits under våren 1997. Sammanlagt har 8 959 poster registrerats. Under 1997 har underlaget till största delen bestått av arkivinformation från folkrörelsearkiven i Västerbotten och Norrbotten;
– I samarbete med depåbyrån har Konseljakter från Ecklesiastikdepartementet registrerats. Sökregistret har tillförts 89 993 poster under året.

Digitalisering av arkivmaterial
– EU-projekt "Mål 6, förstudie för digitalisering av arkivmaterial", har genomförts under året. Slutrapport har lämnats på CD-rom och traditionell pappersform. Information om projektet finns på SVAR:s hemsidor, där även rapporten kan beställas. Förstudien har visat på nödvändigheten att gå vidare med problematiken kring lagring, indexering, återsökning och framtida åtkomst av scannat arkivmaterial. Ansökan har inlämnats till EU:s strukturfond Mål 2 för finansiering av en huvudstudie, där tyngdpunkten ligger på start av produktion samt utveckling av metoder för bevakning av kvalitet och kostnadseffektivitet, framtagning av internationella standards och normer m.m. Förstudien har möjliggjort ett flertal internationella kontakter, bland annat samarbete med representanter från Cornell University rörande Digital Benchmarking;
– Mikrofilmscanner har under hösten installerats i Fränsta för scanning av filmade kartor till lantmäteriet samt i Näsåker för utveckling av projektet "Högskoleservice". Genom denna komplettering kan den färdiga filmen scannas och arkivmaterialet levereras såväl på film för framtida bevarande samt på CD-rom för snabb och modern åtkomst.

Åtgärder för att nå fler och nya användare av arkiven

– SVAR har medverkat med utställning vid Vårmässan i Sundsvall, Vänortsmässan på Jamtli i Östersund, Släktforskarförbundets årsstämma i Helsingborg samt på Lokalhistorisk Dag på Kulturhuset i Borås. Öppet hus har arrangerats vid biblioteken i Kramfors, Sollefteå, Strömsund, Örnsköldsvik och Östersund;
– Personliga besök har genomförts hos studieförbund och släktforskarföreningar i syfte att öka intresset och kunskaperna om möjligheterna att söka sina rötter i arkiven, liksom besök hos bussresearrangörer för att dessa skall planera in besök i SVAR-huset;
– Studiecirkelmaterial i släktforskning och hembygdsforskning har utarbetats och utbildning för studiecirkelledare har genomförts som tvådagarskurser i SVAR-huset;
– SVAR har under året antagits som samverkande part i NärU, Närutbildning på distans. Övriga parter är Mitthögskolan, Statens skola för vuxna i Härnösand (SSVH), Statens Institut för handikappfrågor i skolan (SIH), Länsstyrelsen i Västernorrlands län m.fl. SVAR har hos När-U ansökt om medel för att med modern teknik utveckla undervisningsprogram inom arkivområdet;
– Planering pågår för projektet "Nätverk för nordiska rötter", ett nordiskt samarbete med syfte att göra nordiskt genealogiskt material tillgängligt på moderna medier. Kontakter har tagits med de övriga ländernas riksarkiv och projektet har fått ett mycket positivt bemötande;
– Medarbetare för SVAR har sammanträffat med representanter för släktforskningsintressen i USA, dels Swenson Family Research Center som förmedlar SVAR:s mikrokort i USA och där ett samarbete pågått i många år, dels en grupp som aktivt arbetar för etablering av ett svenskt släktforskningscenter i staten New York.

Åtgärder för att möta den utökade digitaliseringen i samhället

– För att möta den ökade efterfrågan på tjänster över Internet har SVAR-katalogen och SVAR:s bokkatalog lagts ut på nätet, sök- och beställningsfunktion har utarbetats och det finns även möjlighet att anmäla sig som ny kund via Internet. Perioden 9 juli–31 december 1997 hade

SVAR 671 859 besök på hemsidorna (*successful requests*) och ett stort antal beställningar av mikrokort inkommer dagligen via Internet;
– Information om och möjlighet att beställa NAD-skivan och Riksarkivets publikationer har lagts ut på SVARs hemsidor.
– Kontakt har tagits med IT-kommissionen. Där finns ett stort intresse i att material kring släktforskning kommer ut på Internet, bland annat för att locka äldre till datorerna. IT-kommissionen har på en mässa i Stockholm distribuerat information om SVAR.

Åtgärder för att öka samarbetet inom kulturarvssektorn

– Anordnande av öppet hus i samarbete med biblioteken har genomförts på fem orter under året;
– SVAR har utarbetat en gemensam hemsida för Arkivlänet Västernorrland, där folkrörelsearkiv, näringslivsarkiv, kommunala arkiv, landsarkiv och privata arkiv presenteras;
– SVAR har på sina hemsidor länkar till övriga arkivinstitutioner i landet och Norden, till Kulturnät Sverige m.fl. organisationer och institutioner;
– Kontakt har tagits med Riksantikvarieämbetet angående samarbete kring forskningsprojektet "Sockenkyrkorna – kulturarv och bebyggelsehistoria";
– Samarbete med Mitthögskolan sker kring projektet "Ramsele gamla kyrka" – en studie av sockenkyrkan som exponent för bygdens kulturhistoria;
– Kontakt har tagits med Textilarkivet i Sollefteå för samarbete kring marknadsföring, utbildning, arrangerande av gruppresor m.m.
– Information till samtliga byalag om SVAR:s utbildningsmaterial om byforskning sker i samarbete med Folkrörelserådet, via deras hemsida och *Hela Sveriges Tidning*.

Arkion

Postadress: Kyrkogatan 14, 803 20 Gävle
Telefon: 026-54 60 10
Telefax: 026-12 10 65

Direktör: Bengt-Erik Näsholm

Den i april 1996 började en ny enhet inom Riksarkivet sin verksamhet. Enheten har som huvudmål att arbeta med tillgängliggörande av arkivinformation, främst genom digitalisering av arkivhandlingar och dataregistrering. Vidare förutsätts att detta skall ske i projektverksamhet med extern finansiering.

Arkions uppgift är att initiera och driva projekt som syftar till att digitalisera arkivinformation. Registreringsprojekten har som övergripande mål att tillgängliggöra sådan arkivinformation som på ett markant sätt beskriver samhällsomvandlingen och har som viktiga målgrupper skolan, studieförbund och grupper som via Internet söker information. Innehållsmässigt har projekten koncentrerats till arkivinformation från 1800-tal och tidigt 1900-tal. Projekten drivs ofta i samarbete med kommuner och arbetsförmedlingar samt universitet eller arkivinstitution. Under året har drivits ett antal större projekt och det har även etablerats nya projekt som kommer att pågå under de närmaste åren.

Av de så kallade SESAM-projekten har under 1997 pågått projektet "Arkivinformation i skolan" som syftar till att datorisera 1890 års folkräkning. Beträffande excerpering och kodning av vissa uppgifter är två tredjedelar av arbetet utfört. Under året påbörjades ett samarbete med Forskningsarkivet vid Umeå universitet för utvecklande av program och metoder för tillhandahållande av information. En modul skall vara tillgänglig på Internet i månadsskiftet februari-mars 1998 och projektet i sin helhet skall vara färdigt år 1999 till 250-årsminnet av den svenska befolkningsstatistiken.

Ett andra SESAM-projekt innebär datorisering av uppgifter ur Sjömanshusens arkiv. Detta projekt har utöver enheten i Härnösand utökats med två enheter i Hudiksvalls kommun: Enånger och Näsviken. Där bearbetas material från Hudiksvalls och Söderhamns sjömanshus. Härutöver finns i Karlskrona en enhet som arbetar med Karlskronas sjömanshus och i Överum bearbetas Västerviks sjömanshusarkiv. Rullor av olika slag från hela svenska kustens sjömanshus skall på sikt finnas digitalt tillgängliga. Det tredje SESAM-projektet avser datorisering av upphörda kommuners arkivförteckningar under perioden 1863–1952. Det datoriserade materialet skall ingå i den Nationella Databasen (NAD). Projektet avslutas i juni 1998.

Av övriga projekt som syftar till att bygga tematiska databaser har den "Lokalhistoriska databasen" påbörjats under 1997. Detta projekt är lokaliserat till Hallands län, där arbetsenheter i varje kommun arbetar med att skriva av de lokala kommunalstämmoprotokollen från åren 1863–1918. Därefter skall även kommunalnämndernas protokoll och sockenstämmornas protokoll skrivas av och registreras i en databas. Under 1998 beräknas kommunalstämmans protokoll för hela Hallands län vara inregistrerat, motsvarande ca 60 000 protokoll.

Vidare har etablerats ett industrihistoriskt projekt i Blekinge etablerats och arbetet har påbörjats med inregistrering av de årliga fabriksberättelserna. Till projektet är två stora registreringsenheter knutna, dels i Karlskrona och dels i Olofströms kommun. Material från perioden 1863–1896 prioriteras, med fabriksberättelser från Blekinges, Hallands, Skånes och Västernorrlands län. Efterhand kommer övriga län att bearbetas. Vid en enhet i Kyrkhult dataregistreras uppgifter om fabriksägarna och entreprenörerna. Som en första provregistrering har alla berättelser för fabriker i svenska städer år 1867 registrerats.

Arkion har under året projekterat och i samarbete med Linköpings universitet påbörjat utbildning för att vid en enhet i Norrköping skriva av årsberättelser från olika myndigheter respektive vård- och omsorgsinrättningar. Syftet är att skapa en textdatabas inom området "vård och omsorg".

Arkion har nu 21 000 datafiler i databasen Arkion Online, vilket motsvarar 542 megabyte. Under 1997 har 2 287 000 nya poster tillförts. Målet är att under 1998 göra registret över de datafiler som ingår i Arkion Online tillgängligt via Internet.

Krigsarkivet (KrA)

Postadress: 115 88 Stockholm
Besöksadress: Banérgatan 64, Stockholm
Telefon: 08-782 41 00
Telefax: 08-782 69 76
E-post: krigsarkivet@krigsarkivet.ra.se

Öppettider för forskare
september–april:
    månd.–fred.   09.00–16.30
    lörd.   09.00–16.00
maj–augusti:
    månd.–fred.   09.00–16.00
    lörd.   09.00–16.00
Under juli månad stängt på lördagar.

Krigsarkivarie: Ulf Söderberg

Krigsarkivet leder sitt ursprung från den 1805 bildade Fältmätningskåren. Vid Generalstabens tillkomst 1873 blev Krigsarkivet en del av dess krigshistoriska avdelning. 1937 kom Krigsarkivet att ingå i den nyinrättade Armératen. År 1943 blev det ett självständigt ämbetsverk under Försvarsdepartementet med uppgift att vara arkivmyndighet för myndigheter under Försvarsdepartementet. Sedan 1 juli 1995 är Krigsarkivet en enhet i Riksarkivet.

Arkivbeståndet omfattar ca 65 000 hm handlingar och 600 000 kartor och ritningar. Biblioteket inrymmer omkring 5 000 hm. Antalet forskarplatser är 31, antalet tjänster 26.

År 1997 måste sägas ha varit ett lyckosamt år för Krigsarkivet. Flera tidigare påbörjade arbeten slutfördes.

Myndighetsservice

Antalet inspektioner har under året var osedvanligt stort, ca 90 stycken. Därtill kommer många rådgivande besök. Den stora frågan var alla de förändringar som 1996 års försvarsbeslut medfört på arkivområdet. En orsak till de många inspektionerna är att förband inför förestående nedläggning eller omorganisation har inspekterats i god tid före förändringen, så att nödvändiga åtgärder skall kunna vidtas i tid. Därutöver har en omfångsrik skrivelse sänts ut till samtliga förband och skolor inom Försvarsmakten, med närmare anvisningar hur de skall handla i en rad konkreta fall vad gäller arkivhanteringen. I stort sett har effekterna av åtgärderna varit de önskade.

Förändringarna har inte enbart berört Försvarsmakten utan även en del av de andra stora myndigheterna tillhörande Försvarsdepartementet. Bland annat har vissa funktioner överflyttats från Försvarsmakten till Fortifikationsverket, vilket medfört överlämnanden av handlingar. Vidare har förberetts en funktions övergående från Försvarets Materielverk till Försvarsmakten. Kontakterna med Försvarets Materielverk har varit livliga.

Antalet utfärdade RA-MS avseende gallring eller annan arkivhantering för Krigsarkivets område har också varit ovanligt stort. Inte mindre än 17 sådana har utfärdats. För Försvarets Materielverk har utfärdats en rad viktiga gallringsföreskrifter avseende marinens ritningar. Inte minst spännande är att en principiellt viktig föreskrift om ett långsiktigt digitalt bevarande av moderna ritningar har utfärdats.

En annan betydelsefull föreskrift avser ett personalredovisningssystem.

Fem arkivkurser och en informationsdag om ADB och Arkiv har anordnats i Krigsarkivet. En i Krigsarkivet tidigare inte förekommande kurs prövades, nämligen en tvådagars fortsättningskurs. Kursen fulltecknades och utfallet blev om inte perfekt så åtminstone helt acceptabelt. Under hösten påbörjade 15 anställda vid Försvarsmakten en universitetsutbildning i arkivkunskap. Formellt ansvarig för arkivkursen är Mitthögskolan i Härnösand, medan administrationen sköts av Försvarshögskolan i Östersund. Utbildningen som bedrivs på halvfart hösten 1997 och våren 1998 skall ge kursdeltagarna 20 poäng i arkivkunskap. Krigsarkivet deltog synnerligen aktivt i förberedelsearbetet och står för ungefär hälften av alla undervisningstimmar.

I början av året trycktes och distribuerades till samtliga myndigheter, förband och skolor Krigsarkivets helt nya häfte *ADB och arkiv* (32 sidor).

Bevara och vårda

Antalet leveranser ökade jämfört med föregående år; detta som en följd av 1996 års försvarsbeslut. Krigsarkivet mottog 26 statliga accessioner om totalt cirka 383 hyllmeter. Det är ändå inte särskilt många hyllmeter. Skälet därtill är att de förband som nu läggs ned vanligtvis inte förvarar några stora arkiv, beroende på att de redan tidigare har levererat sina äldre arkiv till Krigsarkivet eller på att de är relativt nyuppsatta förband. Under 1998 kommer dock några större flygförbands arkiv att levereras.

Från enskilda mottogs 35 accessioner om totalt ca 143 hyllmeter. Det mest glädjande tillskottet på den enskilda sidan var att de centrala arkiven samt vissa regionala och lokala arkiv från de TCO-förbund som organiserat underofficerna/kompaniofficerarna och underbefälet/plutonsofficerarna.

Den avgjort mest spektakulära accessionen var emellertid de mikrofilmsrullar som i november överlämnades av förre överbefälhavaren Stig Synnergren. De 31 filmerna innehåller delar av det så kallade T-kontorets arkiv. T-kontoret var den mycket hemliga militära organisation som sysslade med svensk underrättelseverksamhet mot utlandet åren 1946–1965. Arkivet har länge ansetts vara förstört. Några gallringsföreskrifter har inte funnits. I skrivande stund (januari 1998) är fortfarande mycket oklart om mikrofilmsrullarna, deras innehåll och status. Strax före jul begärde Högkvarteret hos regeringen att få filmerna överlämnade till sig. Detta kommer naturligtvis Krigsarkivet att med kraft avvisa.

Krigsarkivet har vidare mottagit tolv accessioner (köp, gåva eller deposition) av 2 799 tryckta kartor. Biblioteket har genom köp, gåvor och "leveransplikt" utökats med cirka 18 hm. Därav utgörs ca 10 hm av militärt tryck.

Del 8 av Krigsarkivets Beståndsöversikt publicerades. Den innehåller uppgifter om enskilda arkiv. Bokens färdigställande firades med en mottagning i augusti, där historikern Stig Ekman kåserade om glädjen av enskilda arkiv och bokens redaktör Evabritta Wallberg berättade om enskilda arkiv i Krigsarkivet. Manus till del 9 av Beståndsöversikten (kartor, ritningar, fotografier och biblioteket) färdigställdes i det närmaste under året. Den beräknas lämnas till tryckning i februari 1998. Arbetet med den avslutande tionde delen av Beståndsöversikten (supplement och register) påbörjades.

Sju SESAM-anställda har arbetat med Krigsarkivets del av Arkivverkets projekt om kartor och ritningar. Arbetet pågår till och med den 30 juni 1998, varför det är för tidigt att göra en sammanfattning, men redan nu måste sägas att SE-SAM har varit ett ovanligt lyckat projekt.

Tillgängliggöra

Krigsarkivet hade 6005 forskarbesök, vilket är en liten minskning. Som vanligt ägnades mycken tid åt sekretessärenden. Antalet skriftliga förfrågningar från enskilda var 1030 stycken och från myndigheter 907 stycken. Från Statens löne- och pensionsverk (SPV) kom det bara under 1997 inte mindre än bortåt 400 förfrågningar – ett gott exempel på en av de flesta beslutande helt obeaktad konsekvens av förändringar (neddragninger) av Försvarsmakten. Uppskattningsvis åtgick drygt 50–75 % av en heltidstjänst till att besvara dessa SPV-ärenden. En fullständigt glamourfattig verksamhet som aldrig uppmärksammas!

Antalet visningar var 57 stycken, vilket är en minskning från föregående år. De besökande kom från försvarsmyndigheter, universitet och högskolor, släkt- och hembygdsföreningar samt övriga föreningar och sällskap.

En rapport färdigställdes rörande soldatregistreringsprojektet, för vilket Krigsarkivet fått pengar från Stiftelsen Framtidens Kultur. Avsikten var att kartlägga de soldatregistreringsprojekt som finns i landet samt att främja samarbetet mellan projekten och arkivinstitutionerna (Krigsarkivet och landsarkiven framförallt). En annan målsättning var att försöka sammanföra ett antal grundläggande uppgifter om soldaterna i digital form, så att dessa uppgifter skall bli tillgängliga i Krigsarkivet och i en framtid även på landsarkiven. I det digitala registret finns även uppgift om vart den intresserade kan vända sig för att få ytterligare uppgifter. Dessa mål har uppnåtts.

En uställning om djur i försvarets tjänst "Zooldater" producerades. Krigsarkivet deltog under året i Fackbokmässan i Stockholm, Bok- och biblioteksmässan i Göteborg, släktforskardagarna i Helsingborg samt De Svenska Historiedagarna i Kalmar. Krigsarkivet har haft två öppna hus, varav det ena med föredrag och utställningar

hölls den 15 oktober med anledning av att Krigsarkivets ämbetsbyggnad fyllde 50 år.

ALU-registreringen av Krigsarkivets arkivförteckningar har tyvärr inte gått enligt förväntningarna. Fortfarande är en stor del av Krigsarkivets förteckningar inte digitaliserade.

Ledning och administration

Krigsarkivet fick 1 januari en delvis ny organisation. Det viktigaste i denna är att tillsyns- och depåansvaret för Försvarsmakten har koncentrerats till en sektion. Detta är idag nödvändigt, eftersom Försvarsmakten arbetar mot en organisation där de klassiska vapengrenarnas organisatoriska vikt minskar. Det uttalade målet är att de i Försvarsmakten ingående delarna i så hög utsträckning som möjligt skall integreras.

Diskussioner om ämbetsbyggnaden har tillsammans med administrativa byrån förts med Vasakronan och Försvarets Materielverk.

De internationella kontakterna har varit livliga. Krigsarkivet har varit representerat på följande kongresser: historisk kartografikonferens i Lissabon, kartseminarium i Oslo, militärhistorisk konferens i Prag, europeisk arkivkonferens i Barcelona, Nordiska arkivdagarna i Åbo samt konferens om arkivbestånd i central- och östeuropeiska arkiv i Warszawa. Det kommer ständigt förfrågningar från utlandet rörande uppgifter kring Krigsarkivets stora utländska kartbestånd. En tjänsteman vid Krigsarkivet är ADB-säkerhetsansvarig för hela Arkivverket.

En representant för Krigsarkivet ingår enligt stadgarna i styrelsen för föreningen Armé-, marin- och flygfilm (AMF), som vårdar och förvarar Försvarsmaktens filmer enligt ett avtal med Försvarsmakten. Krigsarkivet har också en representant i i Försvarets traditionsnämnd. Krigsarkivarien sitter sedan hösten 1997 i styrelsen för Statens Försvarshistoriska museer.

Krigsarkivet deltar i arbetet inom SKAS (den regionala samarbetskommittén för arkiven i Stockholm).

Tekniska byrån (T-byrån)

Arkivråd: Börje Justrell

Byrån ger stöd i tekniska frågor till övriga verksamheter inom Arkivverket samt vårdar och tillhandahåller arkivhandlingar av speciellt slag, såsom upptagningar för ADB, ljud- och videoupptagningar, spelfilm, kartor och ritningar.

Inom byrån finns särskilda avdelningar för teknikberoende medier, IT-stöd, mikrografi, bokbindning och konservering, sigillvård, ateljefotografering samt kartor och ritningar. Byrån har även expertfunktioner för skrivmateriel/beständighetsfrågor, för frågor om arkivlokaler och förvaring av arkivhandlingar samt för frågor om digital bildbehandling.

I byråns magasinsutrymmen finns i runda tal 600 000 kartor och ritningar, 100 000 mikrofilmer (säkerhets-, mellan och bruksexemplar), 1 600 spelfilmer och bildband, 100 000 blad- och glasnegativ, diabilder och bildkort, 3500 ljud- och videoupptagningar samt 12 000 databand och datakassetter. Ungefär lika många databand och datakassetter (säkerhetsexemplar) förvaras i Landsarkivet i Härnösand. Byrån har dessutom hand om vården av av Riksarkivets pappershistoriska samling (150 hyllmeter) och samlingen av föremål (500 sigillstampar/stämplar och 550 övriga föremål).

Antalet tjänster är 29.

Verksamheten under 1997 präglades i likhet med de närmast föregående åren av den snabba utvecklingen inom IT-området. I fokus stod detta år administration och vidareutveckling av datorsystem som tidigare tagits i drift och annan pågående IT-verksamhet. En IT-plan för Riksarkivet och landsarkiven upprättades i anslutning till verksamhetsplaneringen och den låg sedan till grund för årets beslut om investeringar och prioriteringar i IT-verksamheten.

En ny teknisk plattform för databashantering upphandlades och installerades under 1997 som grund för bland annat ett nytt ekonomisystem vid Riksarkivet och landsarkiven. Detta medförde nya arbetsuppgifter för T-byrån och en tjänst för databasadministration tillfördes därför byrån.

En genomgång av ADB-säkerheten gjordes under året och nya riktlinjer fastställdes för arbetet med ADB-säkerhet vid Riksarkivet och landsarkiven.

Bevara och vårda

Intresset för problem kring bevarande av digital information var stort, vilket avspeglades i massmedia och olika statliga utredningar. Liksom tidigare år hade T-byrån ett erfarenhetsutbyte med andra kulturmyndigheter i dessa frågor. Riksarkivet förde också diskussioner om eventuellt samarbete med kommunernas och landstingens samarbetsorganisationer, vissa större folkrörelsearkiv, Svensk Samhällsvetenskaplig Datatjänst (SSD) samt med några privata företag.

Produktionen av mikrofilm minskade under 1997, då den mikrofilmning i projektform som genomförts under några år avslutades i och med utgången av 1996. Under 1997 utfördes i första hand kompletterande filmning av mantalslängder (60 %) och nyfilmning av vissa enskilda arkiv med mera (19 %). Därutöver producerades mikrofilm inom ramen för filmutbyte med Lettland (14 %) och på beställning åt forskare (7 %).

Samordnat med uppbyggnaden av Riksarkivets och landsarkivens Arkivinformationssystem (ARKIS) började en termordlista för konserveringsverksamheten att ställas samman. Arbetet utfördes tillsammans med Kungl. biblioteket och Krigsarkivet och därmed skapas en grund för framtida utbyte av information.

De särskilda sysselsättningsinsatser inom kulturvårdsområdet (SESAM-projektet) som regeringen initierade under föregående år fortsatte även under 1997. Extra personal som knutits till T-byrån genom SESAM-finansierade projekt genomförde omfattande skadeinventeringar i delar av Riksarkivets bestånd såsom grund för framtida vårdinsatser. Med hjälp av SESAM-finansierad personal hade också vid utgången av 1997 ca 14 000 poster matats in i det interna arkivinformationssystemet ARKIS' kart- och ritningsmodul. Totalt har ca 130 000 poster registrerats, vilket utgör drygt en tredjedel (ca 225 000 dokument) av Riksarkivets kart- och ritningssamling. Intresset för forskning i kart- och ritningsmaterial tilltar, och antalet forskarförfrågningar kring detta material ökade 1997 med 70 % jämfört med föregående år.

Medeltidsmuseet i Stockholm producerade i samverkan med Riksarkivet utställningen "Beseglat och bestyrkt : Klämmor, bullor och andra sigill". Utställningen kommer under 1998 och 1999 att vandra mellan Bryggens museum i Bergen, Lödöse museum utanför Göteborg, Aboa Vetus i Åbo och Roskilde museum. T-byrån medverkade också under 1997 i ett nordiskt samarbetsprojekt för inventering av medeltida sigillstampar.

Utåtriktad verksamhet

Fotoateljén omorganiserades och svarar från och med 1997 för all analog och digital fotografisk produktion i Riksarkivet med undantag av mikrofilmning. En tjänst tillfördes T-byrån genom överföring av personal från F-byrån. I kombination med utökade tekniska produktionsresurser lade omorganisationen grunden för såväl utökad som förbättrad service till forskare och andra vad gäller kopiering och annan fotografisk reproduktion.

Riksarkivet installerade i början av 1997 egna World Wide Web servrar på Internet, och i maj månad startade efter en tids försöksverksamhet Riksarkivets och landsarkivens officiella hemsida. Även ett Intranet som omfattar Arkivverkets samtliga myndigheter byggdes upp och startades på försök under hösten.

Liksom tidigare engagerades T-byråns personal i externa utbildningar. Man bidrog med lärarinsatser i den arkivvetenskapliga utbildningen vid Stockholms universitet och framträdde vid olika kurser och konferenser såväl inom Sverige som utomlands.

Administrativa byrån

Administrativ chef: Olle Forslund

Inom byrån är 15 personer verksamma med administrativt stöd åt verksledning, enhetschefer och personal samt i viss utsträckning även till landsarkiven. I byråns uppgifter ingår också att bedriva administrativt utvecklingsarbete. Arbetsområdena omfattar organisationsfrågor, ekonomi och budget, personal, lokaler, intendentur, registratur, reception, telefonväxel och kontorsservice samt, i samråd med T-byrån, internt ADB-stöd.

Byrån har under verksamhetsåret påbörjat ett omfattande projekt med byte av ekonomisystem för Riksarkivet och landsarkiven. Under våren 1998 beräknas det nya systemet Agresso helt tas i drift. Agresso kommer att ge möjlighet för chefer och andra budgetansvariga att dagligen via den egna datorn få aktuell ekonomisk information. Systembytet förutsätter bland annat stora utbildningsinsatser som påbörjats under hösten 1997.

Löneförhandlingar för Riksarkivet och landsarkiven har fram till och med 1996 hanterats centralt på Riksarkivet. Under 1997 delegerades rätten att genomföra dessa förhandlingar ut till landsarkiven och SVAR i syfte att åstadkomma mer verksamhetsanpassade förhandlingsresultat.

Riksarkivet personalhandbok innehåller en mängd riktlinjer och information för personalen. Ett arbete med att lägga ut personalhandboken på det interna nätet påbörjades under året. Syftet är att samtliga anställda via sin dator snabbt skall kunna får aktuell och korrekt information. Under året har olika typer av administrativa riktlinjer utarbetats. Som exempel kan nämnas riktlinjer för kompetensförsörjning och riktlinjer för representation.

Lagen om offentlig upphandling ställer stora krav på hantering av upphandlingsfrågor. De riktlinjer som tidigare utarbetats till ekonomihandboken om upphandling kompletterades med en chefutbildning i upphandlingsfrågor.

Hyresavtal träffades om utbyggnad av Arningedepån med etapp 2 och 3. Upphandling av inredning till depån genomfördes. Omfattande förbättringsarbeten genomfördes i Riksarkivets huvudbyggnad vad gäller brandskydd, elförsörjning m.m. Receptionen byggdes om och telefonväxelfunktionen återfördes från Högskolan för lärarutbildning som tidigare skött denna funktion.

En översyn av Riksarkivets ämbetsarkiv påbörjades.

Landsarkivet i Uppsala (ULA)

Besöksadress: Dag Hammarskjölds väg 19, Uppsala
Postadress: Box 135, 751 04 Uppsala
Telefon: 018-65 21 00 (växel)
            018-65 21 44, 65 21 43, 65 21 05 (förfrågningar
            om folkbokföringsmaterialet ca 1895–1991)
Telefax: 018-65 21 03
            018-65 21 55 (folkbokföringssektionen)
E-post: landsarkivet@landsarkivet-uppsala.ra.se
            folkbokforingen@landsarkivet-uppsala.ra.se
Hemsida: http://www.ra.se/-la/ula/ula.htm

Öppettider för forskare
september–maj:
    månd.–onsd. kl. 08.30–20.00
    torsd.–fred. kl. 08.30–16.00
juni–augusti:
    månd.–fred. kl. 08.30–15.00

Folkbokföringssektionens öppettider
september–maj:
    månd.–fred. kl. 10.00–12.00, 12.30–14.30
juni–augusti:
    månd.–fred. kl. 10.00–12.00, 12.30–14.00

Om folkbokföringssektionens personal finns på plats tas besökande emot även under andra tider.

Arkivet inledde sin verksamhet år 1903. Landsarkivdistriktet omfattar Uppsala län, Södermanlands län, Örebro län, Västmanlands län och Dalarnas län. Forskarplatserna är 67. Vid slutet av 1997 var det egna beståndets omfattning ca 26 000 hm. Därtill förvarades i Landsarkivet ca 9 000 hm handlingar från f.d. Televerket. Antalet anställda var vid årets utgång 50.

Att så få människor hittar till arkiven har i alla fall en god sak med sig. Du som kommer bland de första kan räkna med att bli väl mottagen. De som arbetar på arkivet är snälla och hjälpsamma. De ser ut som om de skulle vilja bjuda på kaffe om de bara vågade. Var och en som kommer gör ju deras uppgift i livet mera meningsfull. Du kan naturligtvis ha otur och träffa på enstaka människor med en annan inställning. Men jag har inte blivit så hyggligt bemött någonstans som just på arkiv.

Det är Sven Lindqvist, som i sin bok *Gräv där du står; Hur man utforskar ett jobb* (1978), delger läsaren sina erfarenheter av arkivbesök. Att det för forskarna är viktigt att få ett vänligt och kunnigt bemötande kan var och en instämma i. Forskare som har lång väg till arkivet och liten tid att sätta av kan dessutom ha ytterligare önskemål, varom mera nedan.

Forskare på bortaplan?

Den alltid närvarande frågan om Landsarkivets förhållande till den vetenskapliga forskningen aktualiserades under året ännu mera än vanligt. Sålunda hölls den 18 april symposiet "Forskare på bortaplan?" med anledning av landsarkivarie Rolf Hagstedts instundande 60-årsdag. Föreläsningar om aktuell forskning följdes av en paneldebatt, under riksarkivariens ordförandeskap, med företrädare för Uppsala universitet och övriga högskolor i landsarkivdistriktet: Högskolan i Örebro, Mälardalens högskola och Högskolan i Dalarna.

Symposiet klargjorde bland annat att Landsarkivet verkligen utgör en bortaplan för högskolorna utanför Uppsala, såtillvida att det geografiska avståndet är en kännbar olägenhet. Nuförtiden kan avstånd i rummet lättare än förr kompenseras med telekommunikationernas hjälp, men det är långt till den dag då en mera omfattande del av arkivhandlingarna är tillgänglig utanför arkivet på elektronisk väg. Det finns dock andra sätt för oss att underlätta för långväga arkivanvändare, till exempel genom att besöken på Landsarkivet förbereds genom en kontaktperson bland arkivarierna.

Symposiets många vackra ord om utökat samarbete har följts upp genom fortsatta diskussioner, särskilt med Högskolan i Örebro. Därvid har vi bland annat dryftat prioriteringarna vid den systematiska scanning av arkivmaterial som så småningom ska inledas.

Uppföljningar och nedläggningar

Inom verksamhetsområdet Tillsyn och rådgivning har de föregående årens SATS (Samordnad TillSyn) följts upp beträffande samtliga statliga myndigheter i landsarkivdistriktet. Uppföljningen har skett i olika former: genomgång av myndigheternas skriftliga redovisningar, telefonsamtal, skrivelser, besök och inspektioner. Resultatet ger vid handen att SATS var ett lyckat projekt, som väsentligt bidragit till att förbättra myndigheternas arkivvård.

Stora arbetsinsatser har gjorts i samband med nedläggningar och omorganisationer av myndigheter. Det har då gällt att dels ge råd vid arkivbildningens avslutning eller omläggning, dels se till att leveranser av arkivmaterial till Landsarkivet sker i god ordning. Som ett led i strävan att bevaka arkivbildningens intressen har berörda myndigheter – bland andra skogsvårdsstyrelser och kronofogdemyndigheter samt myndigheter inom åklagarväsendet och kriminalvården – kontaktats i ett tidigt skede. Det har främst skett genom besök och konsultinsatser.

Även i övrigt har vår tillsynssektion bemödat sig om att upprätthålla nära och goda förbindelser med distriktets myndigheter. En stor satsning har gjorts på utbildning och information, särskilt gentemot Domstolsverkets myndigheter och myndigheter under Arbetsmarknadsdepartementet. En informationsbroschyr har utarbetats och skickats ut till samtliga myndigheter i distriktet.

I folkbokföringssektionens göromål ingår inte tillsyn i vanlig bemärkelse. Men ett viktigt led i sektionens arbete är att inventera församlingarnas folkbokföringshandlingar och se till att de är i skick att levereras och filmas. Under året har inventeringen främst gällt församlingar i Södermanlands och Örebro län.

Från skilda fält till Blåsenhus

In i Landsarkivets rymliga depå i kvarteret Blåsenhus har under året strömmat handlingar från en mängd olika håll. Ungefär hälften, omkring 2 400 hyllmeter, har flödat från Telia. Arkiven från det forna Televerket tillfaller egentligen

Riksarkivet, men i avvaktan på färdigställandet av Arningedepåns etapp II förvaras och tillhandahålls materialet hos oss. De äldsta handlingarna är från 1790-talet, A. N. Edelcrantz' och optiska telegrafens tid, och de yngsta från 1993, då Televerket blev Telia AB och generaldirektör Tony Hagström blev verkställande direktör.

Landsarkivets magasin har utöver televerkshandlingarna tagit emot drygt 2 500 hyllmeter andra arkivalier. Åklagarväsendets omorganisation 1996 resulterade året därpå i omfattande leveranser av de upphörda myndigheternas handlingar från åren 1965–1996. Årets överlägset största leverans, om 526 hyllmeter, var emellertid arkivet efter Kronofogdemyndigheten i Uppsala 1965–1988. Inte lika stora, men talrika, var leveranserna av folkbokföringshandlingar. Bland övriga leveranser märks tre bestånd med anknytning till ärkestiftets centrala institutioner: stiftsnämndens och stiftsjägmästarens arkiv från åren 1933–1962 samt kompletterande handlingar ur domkapitlets arkiv.

Påfallande är att det fortfarande kommer in ströleveranser av material från statliga arkivbildare som upphört för lång tid sedan. Under året har vi sålunda mottagit en del handlingar från Österrekarne häradsrätt, som upphörde 1880, samt Arboga rådhusrätt och magistrat, vars sista verksamhetsår var 1938. I själva verket finns en mängd arkivalier från de gamla rådhusrätterna och häradsrätterna fortfarande kvar ute hos de efterföljande tingsrätterna. De äldsta levererade handlingarna har inkommit med privatarkiv och vissa kyrkoarkiv. Från Surahammars kommun har överlämnats ett antal kartor ur Ramnäs bruks arkiv, varav den äldsta är från 1679. Ännu äldre handlingar finns i arkiven från Falu Kristine och Stora Kopparbergs församlingar, som nu levererats till Landsarkivet.

Upplänningar och andra

I maj och juni gjordes en enkätundersökning bland våra forskarsalsbesökare. Drygt etthundra besökare lämnade in en självdeklaration med uppgifter om ålder, kön, bostadsort, utbildning, forskningsinriktning och annat. Det visade sig, föga förvånande kanske, att flertalet av dem som fyllt i enkäten sysslade med släktforskning i privat syfte och att de flesta var i femtio- och sextioårsåldern. Andelen uppsatsskrivande studenter hade måhända varit större om undersökningen genomförts vid en annan årstid. En smula överraskande var kanske att en majoritet av forskarna kom från tätorter utanför Uppsala län. Personer bosatta i Uppsala med omnejd kan dock antas göra tätare besök på Landsarkivet än vad mera långväga forskare gör. I så fall kan man förmoda att de skriver färre brev och ringer färre telefonsamtal hit, men det har vi inte undersökt. Någon helhetsbild av länsbefolkningarnas användning av Landsarkivet har vi inte.

En allt större del av Landsarkivets forskarservice ombesörjs av folkbokföringssektionen, som besvarar flertalet frågor rörande kyrkans folkbokföringsmaterial från 1895 till 1991. Detta material är både efterfrågat och statt i tillväxt. Det används framförallt för personutredningar av skilda slag – mest på uppdrag av enskilda personer – men också inom den medicinska forskningen om sjukdomars ärftlighet och spridning. I högre grad än vad som gäller för Landsarkivets bestånd i allmänhet kräver uppgifter ur folkbokföringsmaterialet sekretessprövning. Orsaken är förstås att materialet utgörs av personuppgifter, för vilka sekretesskyddet är jämförelsevis starkt.

Liksom övriga landsarkiv har Landsarkivet i Uppsala i samarbete med Riksarkivet skapat en hemsida på Internet. Den har väl inte ännu funnit sin form, men en första version är nu tillgänglig för alla nätsurfare.

Ett annat nytt grepp är en serie informationsblad, som kallas Landsarkivets vägledningar. Under året har fem sådana informationsblad utarbetats. De handlar om mantalslängder, bouppteckningar, länsstyrelsernas bilregister, landskontorsarkiv samt rådhusrätts- och magistratsarkiv.

Informationsbladen är tillgängliga dels i forskar-expeditionen – i pappersform – dels på Landsarkivets hemsida.

På de inre linjerna

Arkivariernas fronttjänst i form av forskarservice, tillsyn och rådgivning skulle inte fungera utan det arbete som utförs av administrativ personal, systemadministratör, expeditionsvakter och bokbindare. Det ligger i detta arbetes natur att en utförlig redogörelse inte har sin plats i en redovisning som denna. Den ska ju framförallt lyfta fram det som är utmärkande för Landsarkivets verksamhet, inte det som vi har gemensamt med andra myndigheter. Här ska blott understrykas att detta inre arbete är i ständig förändring, framförallt på den datatekniska sidan. I år har det markerats bland annat genom installationen av en ny server till vårt nätverk.

Ganska obemärkt – får man nog säga – sker också det kanske mest grundläggande av allt arbete på Landsarkivet, det som syftar till att vårda, ordna, förteckna och registrera handlingarna på ett sådant sätt att även kommande släktled kan ta del av dem. Det arbetet utförs till största delen inom ramen för arbetsmarknadspolitiska åtgär-der. Bland dem är de olika SESAM-projekten, som sysselsätter yngre akademiker. Ordnings- och förteckningsarbeten utförs också av studenter från den arkivvetenskapliga utbildningen vid Stockholms universitet. Landsarkivet har under året kunnat tillgodogöra sig arbetsinsatser från flera SESAM-anställda yngre akademiker. Vård och registrering av kartor och ritningar har under hela året sysselsatt två personer, medan en tredje ordnat och förtecknat landskontorsarkiv och en fjärde har registrerat uppgifter i landsböcker och landsboksverifikationer. Under årets lopp anställdes ytterligare två personer för att inom SESAM:s ramar ordna och förteckna arkiv. I det ena fallet gäller det ett landskansliarkiv, i det andra fallet bruksarkiv.

Under 1998 upphör SESAM-projekten, vilket för Landsarkivets del innebär en kännbar förlust av välutbildad, engagerad och allt mer rutinerad arbetskraft. För att utåt manifestera det arbete som utförts inom det först inledda SESAM-projektet, det om kartor och ritningar, arrangerade Landsarkivet under hösten en utställning kallad "Till allmänt gagn. Kartor i Landsarkivet". För idéer, urval och presentation av objekten svarade i första hand de SESAM-anställda själva.

Landsarkivet i Vadstena (VaLA)

Besöksadress: Slottet
Postadress: Box 126, 592 23 Vadstena
Telefon: 0143-130 30 (växel)
Telefax: 0143-102 54
E-post:
landsarkivet@landsarkivet-vadstena.ra.se

Öppettider för forskare
september–maj:
   månd.   08.00–15.30
   tisd.   08.00–15.30, 18.00–21.00
   onsd.–fred. 08.00–15.30
   lörd.   08.00–12.00

Juni–augusti något inskränkt öppethållande.

Landsarkivarie: Roland Persson

Landsarkivet grundades 1899. Dess distrikt omfattar Östergötlands, Jönköpings, Kronobergs och Kalmar län. Arkivbeståndet omfattar 33 000 hm. Mikrokort av kyrkböckerna finns även för de församlingar som närmast gränsar till Landsarkivets distrikt.

Antalet forskarplatser är 42. Personalen uppgår till 47 personer (inklusive projektanställda).

Flera byggnads- och lokalfrågor av olika omfattning har varit aktuella under de senaste åren. I början av 1997 avslutades ett mindre men nog så betydelsefullt projekt: utbyggnad av personalens pausrum samt ett nytillskott av 11 tjänsterum i de så kallade Östgötarummen. De nya tjänsterummen åstadkoms genom en entresolvåning ovanpå befintliga tjänsterum. De nya tjänsterummen är nödvändiga i första hand med hänsyn till förestående personalökning som följd av att en "folkbokföringsenhet" för 1900-talets folkbokföringshandlingar snart skall inrättas. Vidare planerar vi för en speciell lokal för expedition och forskarsal för dessa handlingar. Slutligen sammanhänger möjligheten att ta emot och förvara folkbokföringshandlingarna med det största aktuella projektet, den fortsatta vallutbyggnaden.

Fortsatt vallutbyggnad

Den 23 maj togs första spadtaget för en fortsatt vallutbyggnad vid Vadstena slott. Exteriört innebär detta projekt ett fullbordande av det sedan länge planerade återställandet av befästningsvallarna kring slottet, vilka revs vid mitten av 1800-talet. Det är alltså en händelse av stor betydelse även antikvariskt och estetiskt.

Den första delen av vallutbyggnaden, östra vallen med magasinsutrymmen om drygt 23 000 hyllmeter, utfördes åren 1982–84. Denna fortsätts nu av den södra och den västra vallen. I första omgången inreds halva södra vallen som arkivmagasin, med utrymme för omkring 20 000 hyllmeter. Den resterande delen av södra vallen blir tillgänglig för Landsarkivet som kallförråd. Tanken är att även denna del skall kunna iordningställas som arkivmagasin efterhand som Landsarkivets behov ökar. Lokalerna i västra vallen disponeras tills vidare inte av Landsarkivet.

Om tidsplanen hålls, kan Landsarkivet ta i bruk de nya magasinsutrymmena i början av år 1999. Detta innebär – utöver utrymme för nya leveranser – att de nuvarande fyra reservlokalerna kan avvecklas, så att hela arkivbeståndet blir samlat i slottsvallarna.

Folkbokföringshandlingarna
tas snart emot

Enligt gällande planering skall vårt landsarkiv år 1999 börja ta emot 1900-talets (kyrkliga) folkbokföringshandlingar, närmare bestämt från och med omkring 1895 (den nuvarande normala leveransgränsen) till och med den 30 juni 1991, då folkbokföringen övertogs av skattemyndigheterna. Detta innebär att folkbokföringsserierna i omkring 500 kyrkoarkiv skall förberedas för leverans, tas emot och därefter tillhandahållas för allmänheten, forskare och myndigheter. Sistnämnda verksamhet kommer att innebära att åtskilliga tusen förfrågningar per år skall besvaras. I samband med leverans skall det mesta av materialet mikrofilmas vid SVAR:s filmningsenheter i Fränsta (Medelpad) och Näsåker (Ångermanland). Denna nya verksamhet kräver inte bara lokalplanering utan även andra förberedelser, beträffande uppbyggnad av organisationen, personalrekrytering, utbildning med mera. Detta arbete har påbörjats. Landsarkivet får dock inte några speciella resurser för verksamheten förrän år 1998.

Även under byggprojekt och förberedelser för nya verksamheter dominerar dock det reguljära, trägna vardagsarbetet: fältarbete, ordnings- och förteckningsarbete, bokbinderi och konservering, registreringsarbete och forskarservice.

SATS-projektet avslutat

Fältarbetet har dominerats av det under året avslutade SATS-projektet (samordnad tillsyn hos statliga myndigheter). Åren 1992–95 inspekterades alla statliga myndigheters arkiv. 1996–97 har dessa inspektioner följts upp genom nya inspektioner, besök eller kontakter per telefon eller per korrespondens. Sammanlagt har under 1997 omkring 120 inspektioner och besök hos statliga och kyrkliga myndigheter genomförts, inom ramen för SATS eller med annat syfte.

Ett väsentligt praktiskt arkivvårdsarbete i anslutning till tillsynen utförs av de ambulerande arkivassistenterna, framför allt hos kyrkliga myndigheter generellt samt hos statliga myndigheter och bolag med stor eftersläpning i arkivvårdsarbetet. Inom denna verksamhet har under året ett stort, flerårigt projekt avslutats hos Telia AB, ett ordnings-, gallrings- och förteckningsarbete i ett antal televerksarkiv omfattande handlingar (sammanlagt omkring 700 hyllmeter efter gallring) från mitten av 1800-talet till halvårsskiftet 1993, då arkiven avslutades till följd av verksamhetens bolagisering.

Besök hos enskilda arkivbildare eller rådgivning i andra former förekommer normalt mycket sparsamt och huvudsakligen i samband med leveranser. De senaste åren har Landsarkivet dock medverkat med handledning i ett projekt syftande till att ordna äldre, avslutade sparbanksarkiv, först i Jönköpings län, under 1997 i Östergötlands län. Under detta år har projektet, som finansieras av Sparbanksstiftelsen Alfa, även kommit Landsarkivet tillgodo på så sätt att arkivordnaren under andra halvåret arbetat med det i Landsarkivet förvarade beståndet av sparbanksarkiv – som grund för fortsatt arbete med de

Här ses utbyggnaden av den södra vallen vid Vadstena slott. Den kommer att rymma arkivma-gasin med plats för ca 20 000 hyllmeter. I bakgrunden till vänster: "slutet" av den befintliga östra vallen.

271

nyare, hos bankkontoren förvarade delarna av arkiven. På detta sätt har Landsarkivet fått omkring 150 hm sparbanksarkiv ordnade och förtecknade. Redan tidigare hade som en följd av projektet ett trettiotal ordnade och förtecknade sparbanksarkiv levererats.

Leveranser

På grund av det begränsade lediga utrymmet i magasinen måste Landsarkivet för närvarande iaktta återhållsamhet med leveranser. Dock har stora leveranser från Länsstyrelsen i Jönköpings län mottagits, vilket innebär att dessa arkiv nu generellt är levererade fram till 1950-talet. Denna länsstyrelses manuella fordonsregister har liksom Östergötlands och Kronobergs länsstyrelsers nu levererats i sin helhet. Detta har (som väntat) lett till en sådan mängd förfrågningar att man kan tala om en ny typ av standardärenden. Vidare har som följd av omorganisationen av åklargarväsendet omfattande leveranser mottagits av arkiv tillhörande vid halvårsskiftet 1996 upphörda åklagarmyndigheter.

Ordnings- och förteckningsarbete, registrering

Det mest omfattande ordnings- och förteckningsarbetet har i åtskilliga år bedrivits i enskilda arkiv, landsfiskalsarkiv, skolarkiv och kyrkoarkiv. Sedan ett par år tillbaka har också gjorts betydande insatser i sjukvårdsarkiv (sjukvårdsanstalter och provinsialläkare). Under 1997 kunde vi också ta ett stort steg framåt med sparbanksarki-

ven tack vare det speciella projekt som tidigare nämnts.

Arbetet med inskrivningen av arkivförteckningar i förteckningsdatabasen ARKIA har fortsatt, nu i samarbete med SVAR-enheten i Hagfors. Vid årets slut var omkring 1 000 förteckningar inskrivna.

När det gäller registreringsarbetet har tonvikten som vanligt legat vid personregister till bouppteckningar, ort- och yrkesregister och i viss mån även personregister till husförhörslängder samt personregistret NIXON (Nödvändigt IndeX Omfattande Namn), vari inmatas uppgifter ur dels vissa arkivbestånd, dels genealogisk och personhistorisk litteratur. SESAM-projektet för registrering av kartor och ritningar har nu pågått ett par år och kommer att fortsätta även under första halvåret 1998. Hittills har omkring 27 000 poster registrerats.

Antalet forskarplatser otillräckligt

Antalet forskarbesök uppgick till 8 915, vilket – för första gången på länge – innebar en viss minskning från föregående år. Forskarantalet har nu sedan flera år nått en sådan nivå att platserna ibland inte räcker till under besökstopparna i mars och oktober, medan tidigare detta problem i huvudsak var begränsat till sommaren. För att något förbättra läget har antalet platser ökats med fyra (till 42) och kommer inom kort att ökas med ytterligare tre. Detta kan åstadkommas genom en ganska enkel ommöblering. Ytterligare ökning är emellertid inte möjlig utan mera radikala åtgärder.

Landsarkivet i Visby (ViLA)

Besöks- och postadress:
Visborgsgatan 1, 621 57 Visby
Filial: Hästgatan 10
Telefon: 0498-21 05 14
Telefax: 0498-21 29 55
E-post: landsarkivet@landsarkivet-visby.ra.se

Öppettider för forskare
månd.–fred.   10.00–16.00
månd., torsd.   19.00–21.30

Landsarkivarie: Tryggve Siltberg

Arkivet grundades 1905 som arkivdepå, blev 1947 länsarkiv och 1958 landsarkiv. Distriktet omfattar Gotlands län. Bestånden omfattar ca 5 800 hyllmeter.

Kyrkliga arkiv förvaras fram till 1895 och statliga arkiv fram till 1960- och 1970-talen. Vissa kommunala arkiv fram till 1952 finns. Antalet tjänstemän, inklusive de med arbetsmarknadsmedel anställda, ligger kring 18.

Antalet forskarplatser är 23 i huvudavdelningen och omkring 20 i forskarsalen på Hästgatan, som är gemensam med Kommunarkivet.

Gotland är utsett till ett av fyra intensivdataområden i Sverige.

Den siste av Kungl. Maj:t utnämnde landsarkivarien i Sverige, Sten Körner, avgick med pension den 31 maj 1997. Han hade då varit landsarkivarie i Visby sedan 1974. Sten Körner avtackades av riksarkivarien och många andra, däribland landshövding Thorsten Andersson, vid en mottagning i landshövdingeresidenset i Visby den 21 maj. Därvid överlämnades det första exemplaret av boken: *Archiv und Geschichte im Ostseeraum; Festschrift für Sten Körner* (Studia Septemtrionalia, Veröffentlichungen des Zentrums für Nordische Studien, Kiel), utgiven av Robert Bohn, Hain Rebas och Tryggve Siltberg.

Sten Körner efterträddes av Tryggve Siltberg, anställd vid Landsarkivet sedan 1966.

Ombyggnad och historisk återblick

Det kan gå livligt till i entrén till ett landsarkiv på morgonen när många forskare är på väg till forskarsalen. Det senaste året har det emellertid i Visby varit ovanligt livligt, inte bara i entrén. Det beror på ombyggnaden. Hela Landsarkivets huvudbyggnad har undergått ombyggnad och varit en enda stor byggarbetsplats i hela 13 månader, från februari 1997 till februari 1998.

Då man bygger om ett landsarkiv måste entréer, dörrar och passager hållas öppna på ett helt annat sätt än som normalt är fallet. Man måste hela tiden tillse att obehöriga inte kommer in i arkivlokalerna av misstag. Samtidigt måste hantverkarna kunna arbeta. Det har krävts mycket extra lokaltillsyn! Dessbättre har vi därvid haft god hjälp av samarbetsvilliga hantverkare, som aldrig varit svåra att övertyga om "att alla bör hjälpa till" att skydda den bit av det gotländska kulturarvet, som förvaras i Landsarkivet. Men varför flyttade vi inte ut Landsarkivet under ombyggnaden? Svaret är inte bara att det skulle ha blivit dyrt. Svaret är också att vi genom att vara kvar har fått ett mycket bättre resultat. Tack vare att Landsarkivets personal haft ögonen med sig medan bygget pågått har åtskilliga misstag kunnat rättas till tidigt och åtskilliga förbättringar kunnat göras.

Vad har då ombyggnaden 1997–98 inneburit ifråga om förändringar? Den största förändringen är att hela våningen en trappa upp nu har tagits i anspråk för publika utrymmen och kontorsrum. Våningen var tidigare arkivmagasin, dock bara med konventionella hyllor, eftersom bjälklaget med anor från 1773 inte håller för tätpackning. Däremot håller bottenvåningens bjälklag för tätpackning. Genom att använda hela bottenvåningen till arkiv har vi vunnit utrymme motsvarande ett halvt våningsplan. Denna vinst har använts till att skapa bättre utrymmen för Landsarkivets besökare: 23 forskarplatser med utrymme enligt dagens standard, ett seminarierum med ungefär lika många platser, ett utrymme för vakthavande avskilt med glasväggar, ett katalogrum och ett litet uppehållsrum med kaffeautomat och havsutsikt. Allt detta på våningen en trappa upp, där också expedition och tre arbetsrum inrymts.

För övrigt har ombyggnaden inneburit att brandskyddet kring hissen förbättrats samt att det skapats plats för montrar i entrén. Över huvud taget har byggnaden fått en genomgripande invändig renovering. Fasaden får anstå till längre

fram. Men precis när Vasakronan förkunnat att pengarna inte räckte till nytt tegeltak sålde de fastigheten till Stenvalvet. Därigenom blev faktiskt taket utbytt, innan höst- och vintervädret satte stopp för utvändiga arbeten. Det fanns nämligen pengar hos Stenvalvet, som delvis ägs av nordamerikanska intressenter!

Tillsyn och rådgivning

Ombyggnaden drog under året stora resurser från ett flertal av Landsarkivets verksamhetsområden. Det var uppenbart redan tidigt på året att det inte skulle bli tid över till annat tillsynsarbete än det som myndigheterna själva påkallade genom egna initiativ. Arbetet begränsades ofta till telefonsamtal och underhandskontakter. Ett undantag var ARKY-utredningen där Landsarkivet genom besök och enkäter undersökte omfattningen av och förteckningsläget bland kyrkoarkiven inför stat–kyrka reformen som skall genomföras år 2000. I samband därmed besöktes Visby domkyrkoförsamling samt Klinte och Väskinde pastorat. Förutom de besök hos kyrkliga myndigheter som föranleddes av ARKY-utredningen, har även Roma pastorat besökts.

Häktet i Visby har besökts under 1997 och det har även gjorts förberedelser för slutleverans av Kriminalvårdsanstaltens i Visby arkiv med anledning av dess nedläggning. Leverans kommer troligen att ske under februari 1998.

Bevara och vårda

Beståndens placering i arkivmagasinen har förbättrats. Många bestånd har delats upp efter formaten A4 och folio. Det ställer större krav på den volymframtagande personalen, men det sparar dyrbart arkivutrymme. Ett femtiotal enskilda arkiv har emottagits under 1997. De har också ordnats och förtecknats. Vi har för närvarande ont om utrymme i arkivmagasinen. Leveranser av "herrelösa" enskilda arkiv sker likväl fortfarande.

Vården av fotonegativsamlingarna fortsätter, dessa skiljs fysiskt från pappershandlingar. De värdefullaste fotonegativen har samlats i ett särskilt arkivmagasin, som snart är fyllt. Visby torde ha störst bildsamling av samtliga landsarkiv, ca 400 000 bilder. Arbetsresultatets storlek kan inte beräknas för kommande verksamhetsår, eftersom arbetet till nästan 90 % måste utföras av ALU-medarbetare.

Till bildsamlingen hör framlidne intendenten Gunnar Olssons filmarkiv, ett 70-tal 16 mm filmer. Olsson spelade in filmerna på Gotland under 1950- och 1960-talen i syfte att dokumentera hembygdsvård, näringsliv, händelser samt topografi och landskap. Sedan några år tillbaka har Landsarkivet genom FilmTeknik AB i Stockholm låtit överföra de flesta av dessa filmer till video. Av varje film beställs ett masterexemplar och fyra videokassetter, varav två exemplar förvaras av Visby stadsbibliotek för gratis utlåning. Under året har samlingen kompletterats med fyra nya filmer överlämnade av Gotlands fornsal. Projektet finansieras genom bidrag från Gotlands kommuns Kultur- och Fritidsförvaltning.

Tillgängliggöra

Funktionaliteten hos forskarsal och forskarexpedition har kunnat förbättras tack vare ombyggnaden. Självfallet var det oundvikligt att byggnadsarbetena medförde störningar men tillgängligheten av bestånden bibehölls med endast mindre inskränkningar. Antalet extra stängningsdagar för forskarsalen blev inte fler än ett tjugotal.

Landsarkivet ingår tillsammans med Högskolan på Gotland, länsmuseet och länsbiblioteket i projektet "Gotlands Elektroniska Bibliotek" (GEB), som projekterar en gemensam bibliotekskatalog och planerar för långsiktigt bevarande av Gotlandica-litteratur och motsvarande i digital form. Planering finns för visst samgående i biblioteksfrågor. Visionen är ett högskolebibliotek i Visby innerstad med nära samarbete med Landarkivet och länsmuseet, båda belägna inom

gångavstånd. De möjliga samordningsvinsterna här är stora och unika. Landsarkivet har också ett givande samarbete med Gotlands Genealogiska Förening, som håller flertalet av sina föreningssammankomster i Landsarkivets lokaler.

Verksamheten att spåra och kopiera Gotlandsinformation i arkiven runt Östersjön fortsätts. Landsarkiven i Härnösand och Visby samarbetar inom projektet Kommunikations- och förbindelsemönster i Östersjöns värld (Östersjöprojektet). Landsarkivet deltog vidare i det 11:e Stiftshistoriska symposiet som avhölls i Visby den 14–15 maj.

SESAM-projekt har bedrivits med tidvis en och tidvis två anställda. Inom SESAM 2 har hittills landsböcker och verifikationer för åren 1697–1775 registrerats. I slutet av 1997 kom ett välkommet tillskott på 90 000 kr för SESAM-projektet "Kartor och ritningar", som möjliggör en avslutning av registreringen av Landsarkivets separata kartsamling och en välbehövlig genomgång av vissa särskilt "kartintressanta" statliga, kommunala och enskilda arkiv.

Landsarkivet har medverkat i visbyfotografen Bengt-Göran Holmerts fotoutställning "Flykten till Gotland 1944–45". Utställningen blev mycket välbesökt. I slutet av 1997 pågick förberedelser inför en bildarkivutställning ur förste antikvarien Waldemar Falcks stora samling Visby-foton. Temat är "Stad i förändring; Bilden som dokument". Falcks foton, som går från 1860-talet till idag, är av stor betydelse för dokumenterandet av Visby som världsarvsstad.

Teknisk utrustning

En kopierande mikrofiche- och rullfilmsläsare anskaffades till Landsarkivet under året. För Landsarkivet och dess forskare innebär detta en utökad service och ett effektivare förfarande vid framställning av papperskopior från mikrografiskt material.

Ett nytt flexibelt telefonnät har under året installerats i huvudbyggnaden på Visborgsgatan 1.

Nätet används av både datorsystemet med serv-rar och lokala arbetsplatsdatorer och av telefon-systemet och kommer att betyda att vi kan ut-nyttja våra lokaler på ett effektivare sätt. Lands-arkivet har också fått en ny digital telefonväxel med drygt 30 anknytningar, varav en finns på vår filial på Hästgatan 10, som tidigare varit utan egen telefon. Växeln har fyra inkommande linjer. I övrigt finns en faxlinje och en Extranet-/Inter-netanslutning.

En porttelefon har installerats i vindfånget vid entrén. Detta innebär mindre spring i trapporna för forskarsalsvakten, som nu medelst en knapp-tryckning kan släppa in forskare eller hänvisa öv-riga besökare till rätt tjänsteman. Den i skrivande stund ännu inte färdiga ombyggnaden av Lands-arkivet, med bland annat en ny forskarsal en trap-pa upp, motiverar väl denna lösning. Det nya telefonsystemet kommer att göra det lättare för allmänheten att snabbt få tag på rätt befattnings-havare och samtidigt effektivisera det interna ar-betet. Fram till 1997 brukade Landsarkivets be-sökare förvånas av våra uråldriga telefoner med sifferskiva och vår svårmanövrerade snabbtele-fonanläggning, där man inte kunde lyssna och tala på en gång. Nu har vi tagit flera trappsteg i teknikutvecklingen i ett enda kliv!

Avslutningsvis några ord om begreppet "Smi-diga Gotland". Det har under 1990-talet använts av myndigheter och näringsliv på ön som ett sam-lande begrepp för de vinster som möjliggörs ge-nom småskalighet – om man tillvaratar fördelar-na. Just detta har Landsarkivet i Visby av tradi-tion alltid försökt göra. Vi har utnyttjat småska-lighetens fördelar till att skräddarsy ett litet lands-arkiv så att det effektivt anpassas till just de öns-kemål vi möter från forskarsamhället, lokalbe-folkningen och myndigheterna.

Riksarkivets styrelseordförande Margareta Mörck talar till avgående landsarkivarien Sten Kör-ner den 22 maj. I bakgrunden från vänster: Tryggve Siltberg, ViLA, Kenneth Hänström, HLA, professor Ulf Olsson, Göteborg, Bode Janzon, VA, Claes Gränström, RA. Glasen längst till höger hålls av: Anna-Brita Lövgren, GLA, och Roland Persson, VaLA (båda tyvärr utanför bild).

Landsarkivet i Lund (LLA)

Besöksadress: Arkivgatan 1/Dalbyvägen 4, Lund
Postadress: Box 2016, 220 02 Lund
Telefon: 046-19 70 00
Telefax: 222 98 70
E-post: landsarkivet@landsarkivet-lund.ra.se

Öppettider för forskare:
september–maj:
    månd.   09.00–16-30, 18.00–21.00
    tisd.–onsd. 09.00–16.30
    torsd.–fred. 09.00–16.00
    lörd.   09.00–13.00
juni–augusti:
    månd.–fred. 08.30–15.30

Landsarkivarie: Jan Dahlin

Arkivet tillkom som landsarkiv 1903 för Blekinge, Kristianstads, Malmöhus och Hallands län (Skåneland). Bestånden omfattar 26 000 hm. Forskarplatserna är 48 i huvuddepån, vartill kommer 8 platser i depå Gastelyckan.

Antalet ordinarie, inte projektanställda tjänster är 21.

Året dominerades av arbetet med en ny extern depå, länssammanslagningen i Skåne och etableringen av registerprojektet "Demografisk Databas Södra Sverige". Delar av året pågick omfattande renoverings- och ombyggnadsarbeten i Landsarkivets huvuddepå. Trots de påfrestningar dessa innebar i det dagliga arbetet, har personalen hållit engagemanget och humöret högt.

Den första oktober kunde den andra av Landsarkivets depåer på området Gastelyckan invigas av riksarkivarien under icke alltför högtidliga former. Genom en sinnrik hyllkonstruktion med entresolvåning och genom fördelning av bestånden efter volymstorlek kommer depån att rymma 18 000 hm. Beräknat på den disponibla magasinsytan innebär det att varje kvadratmeter har en kapacitet av 25 hm arkivalier. Samtidigt kunde bokbinderi- och konserveringsverksamheten flytta in i nya rationella lokaler i samma byggnad.

Landsarkivets första depå på Gastelyckan togs i bruk så sent som 1993 men var redan vid 1997 års ingång i det närmaste fullt utnyttjad. Omstruktureringen i den regionala statsförvaltningen har medfört önskemål om stora arkivleveranser från myndigheterna. Tillsammans med Landsarkivets avsikt att lämna den undermåliga filialen på Sparta har detta gjort att behovet av en väsentligt utökad förvaringskapacitet blivit akut. Den nyinredda depån tillgodoser behoven i vart fall till millennieskiftet. Omfattande myndighetsleveranser, i synnerhet från länsstyrelserna, och evakuering av Spartadepån inleddes kort efter invigningen.

Bland de statliga omorganisationerna under 1997 i landsarkivdistriktet överskuggade föreningen av de två Skåne-länen alla övriga. Arbetet med arkivfrågorna i samband med sammanslagningen av länsstyrelserna har bedrivits i en gemensam arbetsgrupp. Med kort varsel måste de eftersläpningar som de båda länsstyrelserna haft beträffande arkivredovisningen inhämtas, upphörda länsstyrelsers arkiv avslutas, leveranser till Landsarkivet förberedas och ny arkivbildning påbörjas. Den största och mest koncentrerade fältinsatsen i Landsarkivets historia gick av stapeln i september, då flera arkivarier utlokaliserades på heltid till länsstyrelsen i Malmö. Särskild uppmärksamhet har ägnats länsstyrelsernas ADB-system i utvecklingsprojektet "Arkiv LM – Skånsk länsdata inför framtiden" med stor generell räckvidd.

Våren 1997 startade projektet Demografisk Databas Södra Sverige (DDSS) i samarbete mellan Landsarkivet, kommuner, arbetsmarknadsmyndigheter, Lunds universitet och hembygds- och släktforskarorganisationer. Målsättningen är att uppgifter ur Landsarkivets ministerialböcker skall registreras med höga anspråk på datakvalitet och göras tillgängliga på Internet. Projektresultaten samordnas i Landsarkivet men projektet är i övrigt starkt decentraliserat med flera olika huvudmän och finansiärer. Vid årets slut fanns projektgrupper i sju kommuner i nordöstra Skåne och i Blekinge, vilka upprättat över 6 000 registerposter ur en rad födelse-, vigsel- och dödböcker. En informationsdag om projektet arrangerades den 27 september i Landsarkivet. DDSS har en egen hemsida som vid årsslutet haft 4 000 besök.

Forskarservice och levandegörande

Forskarsalen i huvuddepån på Arkivgatan har under året hållits öppen 2 200 timmar. Tidigt under året kunde öppethållandet utökas med torsdagskvällar och ytterligare två timmar på lördagar. Ett etappmål med tillhandahållandet av handlingar i depåerna på Gastelyckan uppnåddes med öppethållandet vardagar klockan 9–12. Forskarsalen på Gastelyckan har hållits öppen 240 timmar. Hela kart- och ritningssamlingen finns nu på Gastelyckan och dit förs successivt de enskilda och statliga arkiven från Spartadepån och i stort sett alla nyleveranser.

Antalet besök i forskarsalarna har varit 11 450 och de framtagna volymerna totalt 20 700, exklusive ett långt större antal mikrokort som utlånats mot självbetjäning. Antalet forskarbesök sjönk betydligt när temperaturen i forskarsalen under sensommarens extrema värmebölja steg till ca 30 grader. Besöksfrekvensen var något högre i absoluta tal jämfört med 1996 men lägre sett i relation till mängden öppettimmar.

Registreringsarbetena har skett med ADB-stöd och inriktats på bouppteckningar. En stor serie akter i Handelskammarens för Skåne och Södra Halland arkiv har registrerats i ett register som bygger på ärendemeningen på aktomslagen och som nu finns tillgängligt lokalt i Landsarkivet. Akterna ger snabb information om ärenden inom ekonomi och politik under perioden 1925–1977 och ger ofta även sökingångar till centrala myndigheters handlingar i samma ärenden.

I projektet "Sveriges Skeppslistor" har en betydande del av de äldre tryckta skeppslistorna scannats och bearbetats. Projektet fortsätter under 1998 med stöd av Stiftelsen Sveriges Sjömanshus.

Över 60 visningar har ägt rum för grupper av skolungdomar, släkt- och hembygdsforskare, studenter och forskare från Lunds universitet och högskolorna i Kristianstad och Halmstad samt för kulturnämnden i Örkelljunga kommun.

Landsarkivet har delfinansierat en utställning om tryckfrihetens historia i Malmö Stadsarkiv. I anslutning till denna visades samtidigt i Landsarkivets foajé en mindre utställning om ett tryckfrihetsmål, där boktryckare Berling i Lund fick stå till svars för att ha tryckt Bellmans Gubben Noak. Mindre utställningar har också anordnats på såväl huvuddepån som på Gastelyckan. De har gällt Landsarkivets kart- och ritningssamling, Landsarkivets och Skånes arkivförbunds verksamhet liksom en julutställning med material från Kockums Emaljerverk i Kallinge samt personlig korrespondens ur Borgs arkiv och Broméska släktarkivet.

Som medutgivare har Landsarkivet understött tidskriften *Ale – Historisk tidskrift för Skåne, Blekinge och Halland*, som under året utkom med sex nummer om sammanlagt 180 sidor.

Arbetet med vetenskaplig dokumentutgivning har koncentrerats till domböcker. Landsarkivet har samarbetat med Vetenskapssocieteten vid Lunds universitet under slutfasen inför utgivningen av Kristianstads rådhusrätts äldsta dombok från 1616. Publikationen utkommer 1998. Arbete har tillika pågått med utgivning av Norra Åsbo häradsrätts äldsta dombok från 1681–1682. Utgivning har också skett av ett antal viktiga handlingar kring Skånes historia, varav en under året har kunnat ses på Landsarkivets hemsida tillsammans med inscannat original. Samarbete har också bedrivits med ett stiftelsestött läromedelsprojekt i handskriftstolkning som skall resultera i en CD. Landsarkivet utarbetade sin första hemsida som lades ut på Internet via Riksarkivet.

Vid årets Kiviks marknad sålde Landsarkivet publikationer och informerade besökarna om släkt- och hembygdsforskning och Landsarkivets övriga verksamhet. Även vid Sveriges Släktforskarförbunds riksstämma och släktforskardagar i september i Helsingborg medverkade Landsarkivet med försäljning och information. Merparten av föredragshållarna kom från Landsarkivet. Vid båda tillfällena demonstrerades projektet "Demografisk Databas Södra Sverige" på datorer.

Vid Skånes Genealogiska Förbunds släktforskardag och stämma i Lund den 22 mars anordnades studiebesök i Landsarkivet. Flera tjänstemän medverkade som föreläsare. En stor del av årets övriga studiebesök har varit skolklasser. Elever i årskurs 2 i det samhällsvetenskapliga programmet på Spyken har utnyttjat arkivmaterial under lektionstid i ett provisoriskt grupprum i anslutning till forskarsalen.

Landsarkivets tjänstemän har föreläst vid Lunds universitets kurser i kulturadministration och bibliotekarieutbildning, om arkiven som samhällets minne vid Institutet för fortbildning av journalister vid Högskolan i Kalmar och om den judiska befolkningen i Lund inom religionslärareutbildningen vid Högskolan i Växjö. Landsarkivets tjänstemän har därutöver flitigt anlitats som föredragshållare i släkt- och hembygdsforskning.

Landsarkivet har understött projektet "Svensk Lokalhistorisk Databas, Halland" med utbildning i förvaltningshistoria, uppgifter om sockenstämmoprotokoll och förberedelse för scanning samt deltagit i styrgruppen för projektet. En tjänsteman har varit sammankallande i en nationell samarbetsgrupp angående registrering av sjömän i samarbete med Stiftelsen Sveriges Sjömanshus. Två arkivarier har medverkat i projektet "Självbiografier" under ledning av Nordiska Museet. I samverkan med Folklivsarkivet, Kulturen och Skånes Arkivförbund arrangerades ett seminarium på temat på Kulturen den 10 och 11 oktober. I samarbete med Krigsarkivet och Skånes Genealogiska Förbund har Landsarkivet givit en kurs i soldatforskning.

Bevara och vårda

Accessionerna har varit stora – större än något tidigare år – främst till följd av länssammanslagningen och andra statliga omorganisationer. Mer än 3 400 hyllmeter pappershandlingar levererades, varav merparten från de båda upphörda länsstyrelserna i Skåne, från Vägverket, Skogsvårdsstyrelsen i Halland, AMU-Gruppen och från polis- och åklagarväsendet. Arkivförteckningarna över de levererade statliga arkiven har kort efter leverans gjorts tillgängliga i digital form i Landsarkivets förteckningsdatabas. I flera fall har Landsarkivet kunnat vara myndigheterna behjälpliga med inmatning av förteckningarna i samband med ordningsarbeten före leverans.

Bland leveranserna av enskilda arkiv märks Hushållningssällskapets i Kristianstads län arkiv, Blekinge Läns Företagareförenings arkiv och arkitekt Hans Westmans arkiv med ett stort antal ritningar.

Ambitionsnivån för ordnings- och förteckningsarbetet har höjts väsentligt under 1997, nödvändigt inte minst med sikte på flyttningen av sju hyllkilometer från den externa depån på Sparta, där delar av beståndet varit i ett bedrövligt förteckningsskick. Särskilt goda resultat har uppnåtts ifråga om företagsarkiv. Mängden oordnade och oförtecknade arkiv har reducerats avsevärt och en rad viktiga arkiv är nu fullt tillgängliga för forskning. Landsarkivets amanuenskader har här varit av oskattbar betydelse. Av de arkiv som förtecknats på Sparta bör lyftas fram Skånska Hypoteksföreningen och Kristianstads läns Hushållningssällskap. Angelägna kompletteringar har gjorts i förteckningarna över arkiv från Scancem-koncernen (tidigare Euroc) och från Håkan Olsson-koncernen (grafisk industri). Av de arkiv som 1993 flyttades från depå Parentesen till Gastelyckan har förtecknats ett flertal arkiv från Kockumskoncernen, bland annat Kockums respektive Jernverk, GjuteriAktiebolag och StålAktiebolag.

Bland enskilda arkiv i övrigt som förtecknats kan nämnas Lunds Kolonisters Centralförenings arkiv, Fritz Wihlborgs avskriftssamling angående Löderup samt Familjen Hallströms arkiv, som innehåller värdefull musikhistorisk dokumentation.

Arkivförteckningarna över Hovrättens över Skåne och Blekinge arkiv och Advokatfiskalens arkiv har fördjupats i ett projekt som delvis finansierats med fondmedel. Talrika juridiska termer – som numera är helt ur bruk – har försetts med förklaringar och sambanden mellan serierna har klargjorts.

Verksamheten inom Sesam-projekten har varit framgångsrik. Inom projektet "Kart- och ritningsmaterial", som avslutades vid halvårsskiftet, har ytterligare 15 000 objekt registrerats. I projektet "Det regionala skattematerialet, länsräkenskaperna 1630–1820", har verksamheten i Landsarkivet koncentrerats till Hallands-räkenskaperna från åren 1694–1791. En inventering av volymernas fysiska kondition har samtidigt genomförts och ett antal volymer åtgärdats.

Arbeta för en god arkivhantering

Antalet inspektioner har sjunkit markant jämfört med föregående år. I gengäld har tillsynsbesöken hos myndigheterna ökat, framför allt inför leveranser. Rådgivningen i samband med omorganisationer och olika utredningar har varit betydande. Stora konsultinsatser har under året gjorts, förutom i länsstyrelsen i Skåne, hos Skogsvårdsstyrelsen i Halland samt hos myndigheter och enheter inom arbetsmarknadssektorn. Därigenom har stora balanser i myndigheternas arkivverksamhet kunnat åtgärdas.

Utbildningsverksamheten under 1997 var omfattande. Myndighetsinriktade kurser har genomförts för tingsrätter, länsrätter, arbetsförmedlingar, arbetsmarknadsinstitut och länsstyrelsen i Skåne. En 20-poängskurs i arkivkunskap gavs läsåret 96/97 i samverkan med Historiska institutionen vid Lunds universitet. Vid 1997 års utgång hade hälften av de elever som sedan starten 1992 genomgått kursen längre eller kortare anställning inom arkivverksamheten, arbetsmarknadspolitiska åtgärder inte medräknade.

Landsarkivets personal har medverkat i projektet Infotek-Red angående den framtida arkivredovisningen hos myndigheter och enskilda arkivbildare, i Samrådsgruppen för rättsväsendets arkivfrågor, i utredningen angående ekonomiska konsekvenser av myndigheters föreskrifter samt i en arbetsgrupp som utarbetat svensk standard för arkivkartonger och aktomslag. En av Landsarkivets arkivarier har utrett arkivfrågor hos Riksåklagaren och avfattat en arkivhandbok för åklagarväsendet.

Den årliga kommunala arkivkonferensen anordnades tillsammans med Nybro kommun 3–4 september. Den ansvarige från Landsarkivets sida kunde åse en välbesökt och välgenomförd konferens – detta år för första gången utanför landsarkivdistriktet.

Landsarkivet i Göteborg (GLA)

Postadress: Box 19035, 400 12 Göteborg
Besöksadress: Geijersgatan 1, Göteborg
Telefon: 031-778 68 00 (växel)
Telefax: 031-778 68 25
E-post: landsarkivet@landsarkivet-goteborg.ra.se

Öppettider för forskare
september–maj:
    månd.–onsd. kl. 08.30–21.00
    torsd.–fred.   kl. 08.30–16.00
    lörd.   kl. 09.00–15.00
juni–augusti:
    månd.–fred.   kl. 08.30–16.00

Landsarkivarie: Anna-Brita Lövgren

Landsarkivet började sin verksamhet 1911 och distriktet har hela tiden därefter omfattat Göteborgs och Bohus län, Älvsborgs län, Skaraborgs län samt Värmlands län. Den 1 mars 1995 övergick tillsynen för Värmlands län till Värmlandsarkiv. Länets arkivbestånd kommer att överflyttas till Värmlandsarkiv under våren 1998.

Bestånden omfattar ca 65 000 hm. Forskarplatserna är 52. Antalet tjänstemän är 70, varav 35 lönebidragsanställda.

I april gick Göteborgs första internationella vetenskapsfestival av stapeln med ett omfattande program. Vid sidan av jättarna Chalmers och Göteborgs universitet deltog bland annat Landsarkivet med öppet hus-arrangemang samt mycket välbesökta lunchföreläsningar. I månadsskiftet oktober–november hade så Landsarkivet traditionsenligt tillsammans med Riksarkivet, Krigsarkivet och Göteborgs stadsarkiv en monter på Bok & biblioteksmässan. Mässans teman var Nederländerna samt Folkbildning. Landsarkivets tolagsräkenskaper visade bland annat holländska fartygs besök i Göteborg under 1700-talet med angivande av hemmahamn, skeppare, last och destination. Nationella Arkivdatabasen och databasen Emigranten demonstrerades och utnyttjades av ett stort antal besökare. Ett annat tillfälle att lyfta fram Landsarkivets skatter var en stor konferens för skattefolk, där äldre tiders folkbokföringshandlingar visades och förklarades.

Forskarsalen hade uppåt 18 000 antecknade besökare vartill kom ca 400 på Polstjärnedepån. Som tidigare har kvällstiderna och lördagarna utnyttjats väl och släkt- och hembygdsforskare blandats med studenter och avancerade forskare från universitet och högskolor. Historiker och ekonomhistoriker förlade precis som tidigare år viss undervisning till Landsarkivets föreläsningssal, och den bebyggelseantikvariska linjen på institutionen för kulturvård undervisades om intressant arkivmaterial och arbetade med det i uppsatsskrivande. Enstaka föreläsningar hölls för elever i museivetenskap och blivande bibliotekarier. Hembygds- och släktforskargrupper har fortsatt samlats i särskild lokal i Landsarkivet för att arbeta utifrån mikrokort.

Skriftliga förfrågningar om uppgifter ur arkiven tog stor arbetskraft i anspråk. Inkomstärendena som redan tidigare var betungande ökade i antal med anledning av nya leveranser. Det gjorde också förfrågningar om fastighetstaxeringsvärden: fem–sex per arbetsdag under året som helhet.

Digitaliseringen av Landsarkivets manuella arkivförteckningar fortsattes genom ytterligare inregistreringar och framför allt genom justering, komplettering och avstämning mot bestånden. Fördjupningen av informationen i ARKIS inleddes. Under året registrerades ytterligare ca 1 300 poster (omfattande ca 15 500 ritningar) jämte ett litet antal kartor i KARTIA, företrädesvis på aggregerad nivå. Absoluta merparten av arbetet skedde inom SESAM-projektet "Kartor och ritningar". Tre volymer släktnamnsregister samt fem volymer Göteborgs stads mantalsregister 1884 färdigställdes. Det senare är ett mycket viktigt hjälpmedel på grund av ändringar i den territoriella indelningen. Fortsatt registrering med ca 5 000 poster skedde i den under 1996 påbörjade databasen över Kungliga förordningar 1522–1833, varför ca 12 000 poster nu står till forskarnas förfogande. I Landsarkivets biblioteksdatabas infördes nya delar av bibliotekets äldre bestånd med hjälp av en ALU-bibliotekarie.

Projektet "Göteborgs-Emigranten" fortsatte registrera emigranter och återvändare, och en rapport från 1996 års emigrantforskarsymposium "Amerika tur och retur" utgavs som *Göteborgs-Emigranten* nr 6.

Att vårda och bevara

Landsarkivet tog under året emot leveranser om ca 1 800 hm statliga arkiv och ca 200 hm enskilda. Bland de senare märks tilläggsleveranser från Nordbanken och Sveriges Ångfartygs Assurans

förening samt fyra hyllmeter vattenprover från ARLA. Ordnings- och förteckningsarbetet i de enskilda arkiven förstärktes tillfälligt med en extra arkivarietjänst om nio månader heltid, finansierad genom betalning från företag samt bidrag utifrån. Härigenom kunde Vargön AB:s arkiv om ca 560 hm analyseras och ordnas (delvis på serienivå), förpackningsbolaget Christian Berner AB:s arkiv om ca 450 hm och finansbolaget Gamlestadens arkiv från 1980-talet om ca 450 hm slutförtecknas och dessutom handelshuset och firman Ekman & Co:s arkiv t.o.m. 1975 om över 1 200 hm i stort sett slutordnas. Därutöver färdigförtecknades fyra medelstora företagsarkiv och fyra små enskilda arkiv medan ordningsarbeten pågick i ytterligare arkivbestånd. Omfattande ordningsarbete mot ersättning utfördes i det deponerade Nordbankens arkiv.

Under 1997 har Föreningen Industrihistoria i Väst sett dagens ljus. Föreningen, som är medlem i det centrala Industrihistoriskt Forum, är ett kontakt- och informationsorgan för industrihistoriska föreningar och hembygdsföreningar, universitet, museer, arkiv m.fl. institutioner, företag, fackföreningar och enskilda och skall initiera och samordna inventeringar, dokumentation, forskning och bevarande av det industrihistoriska arvet i Västsverige. Kansliet ligger tills vidare på Landsarkivet. Intresset har varit påfallande från många olika håll (ca 40 personer på konstituerande mötet).

På statliga sidan har ordningsarbetet koncentrerats till omförteckningar av länsstyrelsearkiv med historiska arkivbeskrivningar (ca 1 arkivarietjänst). Göteborgs och Bohus läns landskontors arkiv avdelningarna A–D har färdigställts och stor insats också lagts på Skaraborgs landskanslis arkiv. Inventering och dataregistrering av vårdbehovet i bestånden med hjälp av ALU-medarbetare har fortgått under året.

Bokbinderiets verksamhet inriktades främst på restaurering och konservering av kyrkoböcker från församlingarna, där behovet är mycket stort. Fotofirman Deux Soeurs negativarkiv som uppvisat begynnande skador kontrollerades och placerades i ändamålsenliga kuvert samt vakuumförpackades därefter och frystes ner. 20 volymer foton av göteborgare, förevigade av en av landets ledande porträttstudios, räddades på detta sätt för vidare åtgärder. Ett uppskattat inslag blev en kurs i sigillvård med lärare från Riksarkivet.

Århundradets skyfall i Göteborg i slutet av augusti medförde vattenskador på arkivmaterial i Polstjärnedepån. Eftersom det samtidigt var mycket hög temperatur var risken för mögelskador överhängande. En intensiv insats gjordes av personalen. Lättare material torkades på plats med hjälp av byggtork. Närmare 70 mycket stora och kompakta volymer var i behov av nerfrysning fortast möjligt. Detta kunde lyckligtvis ske genom att kontakter redan upprättats med leverantör av vacuumpåsar, förpackningsfirma där påsarna kunde förslutas maskinellt samt firma som ställde upp med frysutrymme. Nu återstår att finna bästa metod för att få volymerna torra och hanterbara igen. Den exceptionellt långvariga höga temperaturen under sommaren parad med dito luftfuktighet resulterade i vissa mögelangrepp på annat material. Sådana händelser accentuerar behovet av både bokbindare och konservator. Ett avbräck har varit att tjänsten som konservator, som blev ledig i början av året, inte kunnat återbesättas. Det är angeläget att detta kan ske så fort som möjligt.

Filmning av kyrkoböcker 1860–1895 och mantalsuppgifter för Göteborgs stad har fortsatt, dessutom av flyttningsattester så länge kamera för detta fanns tillgänglig.

Att arbeta för en god arkivhantering

Bildandet av Västra Götalands län vid ingången av 1998 styrde en betydande del av den verksamhet som riktas mot myndigheterna. Tre länsstyrelser skulle förberedas på att bli en enda och en viktig del däri var att avsluta de upphörande länsstyrelsernas arkiv, att klargöra vilka handlingar som måste införlivas med den nya länsstyrelsens

(som t.ex. personaldossiéer) och inte minst att se till att hittills använda sökvägar – manuella och digitala – inte läggs samman på ett sådant sätt att de blir oanvändbara för sökning i de nu upphörande länsstyrelsernas bestånd. En inledande sammankomst hölls i Landsarkivet i februari och därefter har kontakter tagits kontinuerligt under året med uppföljande besök och telefonsamtal. Även övriga myndigheter vars distrikt omfattar länet följer förändringen i den mån det inte redan funnits beslut om att de skulle uppgå i regionmyndighet. Inspektionerna har till övervägande delen gällt de kyrkliga myndigheterna. Ett 80-tal pastorat har granskats och därmed har samtliga distriktets kyrkliga myndigheter inspekterats, med något enstaka undantag. Under våren hölls tvådagarsutbildningar för länsrätter och kammarrätter respektive för tingsrätter och hovrätter, med sammanlagt närmre 50 deltagare, och under hösten en tredagars generell utbildning i arkivvård och dokumenthantering med 20-talet elever.

En arkivarie fortsatte på halvtid sitt utredningsarbete rörande kriminalvårdens arkivfrågor. Även om sådana uppdrag innebär ett avbräck personellt för Landsarkivet är erfarenheter av kvalificerat utredningsarbete i samarbete med Riksarkivet och centrala myndigheter av sådan vikt att man gärna prioriterar dem.

Mot framtiden

Arkiven har alltid lokalfrågor på gång! Under året utfördes omfattande förbättringar i Polstjärnedepån för att magasinen där skall uppfylla föreskrivna krav. Det ovan nämnda skyfallet resulterade i ytterligare åtgärder. En lokal ställdes i ordning för att forskare som behöver studera omfattande material i denna depå skall kunna göra detta utan att vistas i magasinen. Däremot hämtas enstaka volymer in till Landsarkivets ordinarie forskarsal där öppethållande och service kan hållas på högre nivå. Landsarkivets införskaffade sin första bil för bland annat dessa transporter. Depån utrustades med ytterligare 6 500 hm kompakthyllor, varav en mindre del datastyrda och låsbara. Vad gäller magasinen i huvuddepån projekterades och kostnadsberäknades de förbättringar som måste göras på grund av arkivlokalföreskrifterna. Dock kvarstår behovet av bättre lokaler för besökande forskare med tillhörande faciliteter.

Mikrofilmningscentralen Västmapp fortsatte filma för externa beställare, bundna volymer folkbokföringshandlingar, lantmäteriakter och sjömanshushandlingar och mindre enstaka arbeten. Värt att nämna är Hemsjö-manualet nertecknat 1375–1425 och tillhörigt Lands- och stiftsbiblioteket i Skara, som färgfilmades och därefter scannades i färg och lades in på CD-Rom. Ny uppgift är färgmikrofilmning av kartor för norska Jordskiftesverket. Tyvärr ser dock osäkerheten i ekonomin ut att sätta punkt för Västmapp.

Arkivfolk behöver träffas, lyssna, diskutera och se nytt, inte minst nu när omvärldsförändringarna ställer allt större krav. De nordiska arkivdagarna i Åbo var ett tillfälle för sådana aktiviteter och åtta arkivarier passade på. Landsarkivet var också representerat i en nordisk workshop i april utanför Stavanger, där den framtida arkivverksamheten diskuterades under rubriken Arkiv 2000. Årets personalutflykt gick till Landsarkivet i Köpenhamn och gav rika tillfällen att se och höra hur man där löste samma frågor som vi brottas med. Köpenhamn i övrigt bjöd också på sin bästa sida, så besöket blev mycket uppskattat.

Det nya Västra Götalands läns vapen är en kombination av de fyra sammanslagna länens olika vapen. Överst från vänster Göteborg, därefter Bohuslän, Dalsland (tjuren) och Västergötland.

Landsarkivet i Härnösand (HLA)

Besöks- och postadress: Jonas Bures plats,
Box 161, 871 24 Härnösand
Telefon: 0611-835 00 (växel)
Telefax: 0611-835 28
Telefax: 0611-835 35 (avd 3, folkbokför.)
E-post: landsarkivet@landsarkivet-harnosand.ra.se

Öppettider för forskare
september–maj:
    tisd.   08.30–21.00
    onsd.–fred. 08.30–16.00
    lörd.*   09.00–13.00

* endast oktober–november och februari–mars

juni–augusti:
    månd.–fred. 08.30–15.00

Landsarkivarie: Carl-Edvard Edvardsson

Landsarkivet började sin verksamhet den 1 juli 1935. Upptagningsområdet omfattar Gävleborgs, Västernorrlands, Västerbottens och Norrbottens län. Arkivets äldsta handling är ett kvittobrev från den 7 april 1374 utfärdat av ärkebiskop Birger i Uppsala. Landsarkivet förvarar också många enskilda och några kommunala arkiv från distriktet samt visst material rörande Jämtland, trots att detta landskap tillhör ett annat landsarkivdistrikt.

Landsarkivet har 43 forskarplatser. Antalet tjänster är 36, vartill kommer 15 lönebidragsanställda.

Det finns två grundläggande förutsättningar för en framgångsrik verksamhet vid en arkivinstitution, en skicklig och välutbildad personal samt goda och ändamålsenliga lokaler. Under 1997 har Landsarkivet fortsatt arbetet med kompetenshöjande åtgärder. Vi måste säkra kunskapen och kännedomen om de gamla bestånden samtidigt som steget in i IT-åldern nödvändiggör en stor kompetenshöjning både på tillsynssidan och inom övriga verksamhetsområden. Det är glädjande att en god förutsättning föreligger, nämligen personalens stora vilja att vidareutveckla sig, att lära mer och att lära nytt.

Den andra viktiga förutsättningen för myndighetens verksamhet, lokalfrågan, har aktualiserats under 1997. Den stora utbyggnaden av Landsarkivet i Härnösand invigdes i november 1994, men redan under våren och hösten 1997 stod det klart att de omfattande mängderna levererade handlingar (ca 3 000 hm/år under 1990-talet) krävde en långsiktig plan för lokalförsörjningen. Landsarkivet har därför väckt frågan hos

Riksarkivet om nästa utbyggnadsetapp. Med nuvarande leveransomfattning bör den, om leveransstopp skall undvikas, kunna tas i anspråk år 2001. Landsarkivet har även haft överläggningar i frågan med Länsstyrelsen i Västernorrland, Länsarbetsnämnden i Västernorrland och Härnösands kommun. Den föreslagna lösningen på utbyggnadsfrågan, nämligen underjordiska magasin om ca 30 000 hm, är avsedda att täcka Landsarkivets behov åtminstone fram till år 2005. På grund av den snabba samhällsomdaningen blir prognosen givetvis osäker. Utrymmesbehovet kan också komma att täckas ända fram till år 2010 med den föreslagna utbyggnaden.

Verksamheten vid Landsarkivet, liksom i övriga arkivinstitutioner i Norden, har präglats av medverkan och engagemang för nordiska frågor. Landsarkivet deltog som institution aktivt inför firandet av Trondheims 1000-årsjubileum. Genom 1000-årsjubileet i Trondheim och det täta samarbetet i Mittnorden var det naturligt att personalresan i år ställdes till Trondheim. Det var en enastående upplevelse att få vara i Trondheim den 17 maj när 1000-årsfirandet i staden på många sätt nådde en höjdpunkt. Senare under sommaren var åtta tjänstemän från Landsarkivet i Åbo på de Nordiska arkivdagarna. Många värdefulla kontakter knöts, kanske särskilt viktiga för Niklas Ljungholm, som under hösten 1997 tjänstgjorde tre månader i form av Nordisk utbytestjänstgöring vid Landsarkivet i Åbo. Även den stora konferensen i Trondheim i slutet av augusti på temat Moderna medier m.m. uppmärksammades och landsarkivarien deltog tillsammans med representanter för SVAR.

Ett viktigt steg togs under våren 1997, då den sista leveransen av folkbokföringshandlingar fram till och med den 30 juni 1991 mottogs i Landsarkivet. Vi kan nu konstatera att folkbokföringsreformen genomförts framgångsrikt för Landsarkivet i Härnösand. Projektet går nu in i en ren linjeverksamhet, där det gäller att på ett bra sätt tillhandahålla information och att ordna och förteckna folkbokföringens arkiv. Efterfrågan på information ur folkbokföringsmaterialet har visat en fortsatt stegring under året.

Fyra ALU-enheter i Härnösands kommun i ARKION:s regi liksom från och med hösten två enheter i Hudiksvalls kommun har arbetat med Landsarkivets material vid uppbyggnaden av stora databaser. Flera av enheterna har arbetat med den viktiga digitaliseringen av det manuella bilregistret, medan övriga enheter har digitaliserat uppgifterna i sjömanshusarkiven om sjömän och handelsfartyg 1750–1940. Arbetet har som långsiktigt mål att bygga upp en databas över Sveriges sjömän och handelsfartyg 1750–1940. För närvarande föreligger material från Härnösands och Örnsköldsviks sjömanshus och pågår arbete med Gamlakarleby sjömanshus arkiv. Den sistnämnda verksamheten ingår som en konkret arbetsuppgift för det planerade stora Östersjöprojektet med digitalisering av uppgifter om sjömän och handelsfartyg 1750–1940 från åtminstone sex Östersjöstater, nämligen Sverige, Finland, Estland, Lettland, Litauen och Ryssland.

Arbeta för god arkivhantering

Tillsynsverksamheten har under året i betydande omfattning inriktats mot att följa upp den stora satsningen på samordnad tillsyn och rådgivning (SATS). Inom denna verksamhet har 29 myndighetsbesök företagits. Vid sidan av SATS-verksamheten har 78 besök och inspektioner företagits från Landsarkivets sida.

För Landsarkivet innebar det en kraftansträngning att under senvåren 1997 inventera och kartlägga tillståndet hos kyrkoarkiven i distriktet. Det magiska år 2000 med förändring av de gamla banden mellan kyrka och stat närmar sig allt mer. Målet är att arkivfrågorna skall kunna lösas på ett bra sätt i samband med förändringen. Inventeringarna var ett viktigt led inför en framställning till regeringen från Riksarkivet om ett omfattande projekt för att klara kyrkoarkivens vård och leveransverksamheten under början av 2000-talet.

Sesamprojektet "Kartor och ritningar" presenterar sin verksamhet genom utställningen Historien om kartan. Camilla Norrbin och Ola Normark med lantmätarcykeln framför en av montrarna. Foto: Per-Åke Könberg.

Landsarkivet arbetar kontinuerligt med kunskapsspridning till landstings- och kommunanställda. I april 1997 ordnades en omfattande konferens i arkivfrågor för landstingsanställda från hela Norrland. Ca 100 personer hade hörsammat kallelsen och mycket handlade om arkivverksamhetens anpassning till IT-revolutionen. Utbildningen i arkivkunskap blir över huvud taget ett allt viktigare moment. 1997 utbildades 110 tjäns-

temän vid statliga myndigheter under sammanlagt 63 timmar.

Bevara och vårda

Leveranserna av arkivmaterial, på årsbasis ca 3 000 hm, har fortsatt att ställa extrema krav på Landsarkivets organisation för ordnande och förtecknande. För att möta kraven har särskilda förteckningsgrupper bildats, där också personer anvisade i arbetsmarknadsåtgärder har ingått. Verksamheten har ställt mycket höga krav på arkivtjänstemännens förmåga till handledning och uppföljning.

Inom SESAM-projekten nådde verksamheten sin höjdpunkt under 1997 med som mest åtta anställda. Det stora "Kopparforsprojektet" har drivits vidare, likaså projekten "Länsräkenskaper" och "Kartor och ritningar". I början av året inleddes projektet "Ådalens industrihistoria" samt "Flottningsleder och flottningsvägar". Det har betytt enormt mycket för tillgängligheten till stora och viktiga arkivbestånd att Landsarkivet fått möjlighet att anställa yngre akademiker under relativt långa projekttider. Dessa högskoleutbildade medarbetare är en viktig rekryteringsresurs och det blir en viktig uppgift att försöka hålla kvar denna kompetens på olika sätt inom arkivverksamheten. Självfallet vore det allra bästa om SESAM-projekten kunde få fortsätta i skilda former även efter sista juni 1998.

Tillgängliggöra

Besöken i forskarsalarna och den interurbana låneverksamheten låg på en fortsatt hög nivå. Antalet diarieförda ärenden uppgick till omkring 7 200, varav folkbokföringsärenden ca 4 200 och övriga forskarförfrågningar ca 2 000. Landsarkivet hade ökat öppethållandet jämfört med tidigare år under 1990-talet.

Bland utåtriktade aktiviteter kan nämnas att 75 visningar genomfördes vid 56 undervisnings-tillfällen. Landsarkivet arrangerade vidare sex stycken utställningar. De största utställningsarrangemangen var "Kopparforsprojektet" under våren och den stora utställningen om kommunikationer och vägar i slutet av hösten, "Vägar – en utställning om norrländsk kommunikation under 7000 år". Kopparforsutställningen anknöt nära till SESAM-projektet och var en medveten satsning för att föra ut projektets resultat till en vidare krets. Utställningen om kommunikationer och vägar var anpassad till öppnandet av Högakustenbron den 1 december 1997.

Liksom tidigare år har utställningsverksamheten i Landsarkivet haft stor betydelse för marknadsföringen, för tillgängliggörandet av samlingarna för en större allmänhet och levandegörande av annars svåråtkomligt arkivmaterial. Som ytterligare ett led i marknadsföringen av SESAM-projekten har Landsarkivet ordnat en betydande utställning om "Kartor och ritningar". Denna utställning väckte stort intresse på många håll och utgjorde en viktig redovisning av detta projekt. En framgångsrik marknadsföring ägde även rum genom Landsarkivets medverkan i Härnösands Skeppsfestival i juli 1997, där många företag i Härnösand samverkade, samt genom öppet hus den 23 augusti 1997, när Stadens Dag anordnades i Härnösand.

I april ordnade Landsarkivet i samverkan med Stiftshistoriska sällskapet i Härnösands stift ett symposium med anledning av Härnösands stifts 350-årsjubileum. Det nära samarbetet sedan lång tid mellan Landsarkivet i Härnösand och skilda organ inom Svenska kyrkan består.

Landsarkivet i Östersund (ÖLA)

Besöks- och postadress: Arkivvägen 1,
831 31 Östersund
Telefon: 063-10 84 85 (växel)
Telefax: 063-12 18 24
Folkbokföringsavdelningen:
Telefon: 063-12 01 33
Telefax: 063-13 13 09
E-post: landsarkivet@landsarkivet-ostersund.ra.se

Öppettider för forskare
september–maj:

månd.	09.00–16.00
tisd.	09.00–20.30
onsd.–fred.	09.00–16.00

juni–augusti:

månd.–fred.	09.00–16.00

Folkbokföringsavdelningen:

månd.–fred.	13.00–16.00

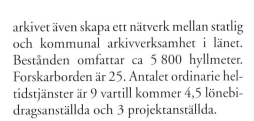

Landsarkivarie: Kjell Hoffman

Arkivet började sin verksamhet 1929 och flyttade 1930 in i sin nuvarande huvudbyggnad. Distriktet omfattar Jämtlands län. I arkivbyggnaden inryms sedan år 1983 även Föreningsarkivet för Jämtlands län. Genom en arkivkonsult som är finansierad av landsting och kommun försöker Lands-arkivet även skapa ett nätverk mellan statlig och kommunal arkivverksamhet i länet. Bestånden omfattar ca 5 800 hyllmeter. Forskarborden är 25. Antalet ordinarie heltidstjänster är 9 vartill kommer 4,5 lönebidragsanställda och 3 projektanställda.

Den helt överskuggande frågeställningen under det gångna året har varit hur mycket de ekonomiska nedskärningarna skulle komma att påverka verksamheten. Även om anställningsstopp och indragningar av reserverade medel inte är unikt för arkivstaten måste det framhållas att det kraftigt stört planeringen av arbetet under året. Landsarkivet har exempelvis tvingats säga upp tre extra anställda som ägnat sig åt registrering och ordningsarbeten i depån. Årets nedskärningar och aviserad ytterligare anslagsminskning medför att medel måste sökas utanför ordinarie stat och för projekt som inte alltid ligger helt i linje med verksamheten utan präglas av vad som för tillfället ligger i tiden. Även de projekt som är relevanta medför ökade arbetsinsatser av ordinarie personal i form av handledning och undervisning, resultatgranskning med mera.

Allt detta tenderar till att klassiskt basarbete blir eftersatt och risken är uppenbar att sektorn bygger upp en ohälsa som på sikt kan leda till arkivinfarkt.

Landsarkivet har under året arbetat med att söka hitta en lösning på det alltmer brännande lokalproblemet. En utbyggnad är projekterad men trots kraftfulla ansträngningar har det visat sig svårt att finna villiga finansiärer. En positiv poäng i sammanhanget har dock varit de många sektorsöverskridande kontakter som knutits under arbetets gång.

Arbetet vid folkbokföringsavdelningen fungerar mycket väl men även här visar anställningsstoppet på de svårigheter som kan drabba inte minst en liten myndighet. Den pågående datoriseringen har påvisat behovet av kunniga datatekniker. Problemet har fått lösas internt, vilket inneburit att en av de anställda vid folkbokföringsavdelningen fått tas från sina ordinarie arbetsuppgifter för att i stället ägna mer än halva sin tjänstetid åt att lösa de problem som datoriseringen medfört. Landsarkivet har under året installerat e-post liksom en egen hemsida på Internet.

Landsarkivet har under året fortsatt det goda samarbetet med Föreningsarkivet och Mitthögskolan samt inlett ett brett samarbete med Jämtlands läns museum, bland annat rörande foto, bibliotek, utställningar och viss utbytestjänstgöring. I samarbete med Jämtlands läns Släktforskareförening har en fortsättning av personregistreringen ur ministerialböckerna för tiden efter 1860 satts igång.

Tre projektanställda personer har under föregående år ägnat sig åt ordningsarbeten och kompletteringar i ARKIS. Inom SESAM-projektet har delar av de äldre kamerala räkenskaperna registrerats.

Landsarkivet har delvis med medel från Framtidens Kultur arbetat fram ett över hela landet uppmärksammat forskningspaket för grundskolan. Den färdiga produkten, som går under namnet ”Arkivens Forskningsresor” har lätt tillrättalagda och elegant förpackade forskningsuppgifter som entusiasmerat både lärare och elever i länet. De sju färdiga väskorna har sedan de färdigställdes varit på ständig cirkulation både inom och utom länet.

Ett annat projekt som delvis finansierats med stöd av EU, syftar till att inventera arkiven hos de vinterturismanläggningar som funnits i Jämtlands län i snart hundra år. Förhoppningsvis skall det påträffade materialet kunna ge intressant information inte bara om tidig turism utan även om tidiga hälsoresor och vintersport.

Året avslutades med ett sensationellt arkivfynd. Vid vindsröjning i Härjedalen påträffades ett tidigare okänt pergamentbrev undertecknat i Sveg den 8 juli 1401. Sådana julklappar väcker vällustrysningar även hos gamla luttrade landsarkivarier. En stort uppslagen artikel om fyndet har införts i lokalpressen och brevet utgör huvudnummer i januari månads utställning i Landsarkivet.

Arbeta för en god arkivhantering

Den så kallade SATS-rundan har planenligt avslutats under året, varvid särskild tonvikt lades vid länsarbetsnämndens olika arkivbildare. Förste arkivarien har utarbetat utbildningsplaner för dessa myndigheter och även hållit kurser för dem både inom och utom distriktet. Landsarkivet har i samband med detta arbete även inskolat en arkivvårdare hos länsarbetsnämnden i Östersund.

Den kommunala arkivkonsulten har under året fortsatt sitt arbete enligt upplagda planer. En stor del av insatserna har ägnats åt hanteringen av moderna media. En inventering av Landstingets behov av arkivlokaler har påbörjats, något som på sikt möjligen kan leda till en lösning på Landsarkivets utbyggnadsbehov. De förhandlingar som pågått under året om leverans av Östersunds kommuns äldsta handlingar har medfört att omkring 300 hm överförs till Landsarkivet under det kommande året. De ansträngningar som gjorts för att fylla upp de sista 15 % av tjänsten till att bli helt externt finansierad har inte lyckats. Arbetet hos Vattenregleringsföretagen har avslutats och det ekonomiska läget inom offentlig sektor gör att det blivit allt svårare att få konsultuppdrag.

Bevara och vårda

Landsarkivet har under de senaste åren inte haft resurser att ordna och förteckna levererade arkiv i önskvärd omfattning. Det har följaktligen uppstått en för Landsarkivet ovanlig balans. Under det gångna året kunde emellertid en person projektanställas varvid ett fyrtiotal arkiv ordnades. Bland större ordningsarbeten kan nämnas Länshäktets, Jämtlands läns Sparbanks och Utvecklingsfondens arkiv. Ordningsarbeten har påbörjats med Frösö sjukhus arkiv och med den relativt stora diplomsamlingen. Under arbetet med diplomen har försök gjorts att återfinna handlingar som i original förvarades ute i bygderna under inventeringsarbeten på 1930-talet. Resultatet har efter visst detektivarbete lett fram till att Landsarkivet från barn, barnbarn, kusiner och andra släktingar fått in ett tiotal diplom. Vissa handlingar återgår till nuvarande ägare efter fotografering medan andra förblir i Landsarkivet som gåvor eller depositioner.

Landsarkivet har det gångna året ökat arkivbeståndet med nästan tio procent eller ca 450 hm. De största leverantörerna har varit Skogsvårdsstyrelsen i Jämtlands län, Kronofogdemyndigheten i Jämtlands län och arkiven efter föregångarna till Mitthögskolan i Östersund.

Bokbinderiet har under året avslutat arbetet med ombindning och renovering av det kyrkobokföringsmaterial som inkom i samband med leveranserna till folkbokföringsavdelningen och därefter övergått till att åtgärda det stora domstolsarkiven.

Levandegöra och tillgängliggöra

Landsarkivdistriktet hyser en befolkning om runt 130 000 personer. Med detta lilla befolkningsunderlag är det förvånande att forskarbesö-ken år efter år är så höga. Under 1997 har mer än 5 000 personer besökt Landsarkivets forskarsalar. För att utröna något mer om besökarna genomfördes under året en enkät. Resultatet var på flera punkter överraskande. Nästan 30% av besökarna var under 30 år, 30% var förstagångsbesökare, nästan hälften ägnade sig åt annat än släktforskning och en fjärdedel var tillresande från orter utanför distriktet.

Antalet grupper som besöker Landsarkivet är stort och inte minst kan man notera en ökning från skolan. Antalet högskolebesökande har även det ökat. Ett trettiotal C-studenter i historia studerar vid Mitthögskolan i Östersund och många av dem skriver uppsatser utifrån källor i Landsarkivet. En glädjande nyhet är att även några studerande i Nordiska språk hittat passande ämnen i Landsarkivet. Tillsammans med Mitthögskolan och med historiker från hela Norden arrangerades ett symposium under rubriken "Mellan två statssystem". Syftet var att belysa vad som hände när Jämtland övergick från Danmark/Norge till Sverige efter Brömsebrofreden 1645.

Landsarkivet har börjat datorisera de manuella kortregistren samtidigt som informationen om arkivbeståndet kompletterats i ARKIS. Ett förnämligt orts- och sockenregister har upprättats och register över konkurser och arvskiften är på god väg att avslutas. Diskussioner om etablerande av en registreringscentral har förts med Östersunds kommun och Arbetsförmedlingen och förväntas kunna starta i början av kommande år.

Landsarkivet fortsätter att i samarbete med Föreningsarkivet ordna en miniutställning varje månad. Temat varierar alltifrån sådant som har anknytning till aktualiteter i länet till mindre kända slag av arkivalier som kan leda forskarna in på nya upptäcktsfärder i bestånden. Landsarkivet ordnade under året även en utställning om Härnösands stift med anledning av dess 350-årsjubileum.

Stockholms stadsarkiv (SSA)

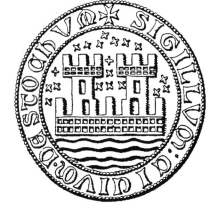

Besöksadress: Kungsklippan 6
Postadress: Box 22063, 104 22 Stockholm
Telefon: 08-508 28 300 (växel)
Telefax: 08-508 28 301
E-post: stadsarkivet@ssa.stockholm.se

Öppettider för forskare
september–maj:

månd.	09.00–19.00
tisd.–onsd.	09.00–16.00
torsd.	09.00–19.00
fred.	09.00–15.30
lörd.	09.00–13.00

Juni–augusti samt kring jul- och nyårshelgerna inskränkt öppethållande kvällstid.

Stadsarkivarie: Britt Hedberg

Stadsarkivet bildades 1930 genom sammanslagning av rådhusarkivet och det kommunala Stockholms stads arkiv och bibliotek. Landsarkivdistriktet omfattade från början Stockholms stad. I december 1993 utvidgades distriktet till Stockholms län. Stadsarkivet har utöver huvudbyggnaden på Kungsklippan också lokaler i fastigheten S:t Eriksgatan 121 som disponeras av *Stockholms historiska databas*, en avdelning inom Stadsarkivet som började sin verksamhet 1977. Telefon 08-728 34 40, telefax 08-

736 08 22. Öppettider: månd–fred 9–12, 13–16. Stadsarkivet har dessutom en bemannad depålokal i Magasin 3 i Frihamnen, telefon 08-670 29 70, telefax 08-670 29 78. Öppettider: 9–12, 13–16 (fred. till 15.30). I Frihamnen förvaras huvudsakligen sociala och medicinska arkiv.

Stadsarkivets bestånd uppgår till ca 65 000 hm. Forskarsalen har 40 platser samt 24 platser för läsning av mikrokort och mikrofilm. I Frihamnen finns 6 forskarplatser. Antalet tjänster är ca 90.

Stadsarkivets verksamhet under 1997 påverkades starkt av den stora omorganisation som Stockholms stad genomgick den 1 januari, då bland annat 24 stadsdelsnämnder infördes och ett stort antal myndigheter lades ned. Detta har påverkat alla verksamhetsgrenar. Den nya bemannade depån i Frihamnen har inneburit stora förändringar i arbetet. Stadsarkivet har nu tre

arbetsplatser och två forskarexpeditioner. Depån i Frihamnen invigdes den 16 oktober av Kommunfullmäktiges ordförande Ingemar Ingevik.

Forskarservice

De senaste årens stigande trend när det gäller antalet besökare och antalet framtagna volymer bröts under 1997. I stället minskade antalet i båda fallen med ca 25 %. Det är svårt att uttala sig om orsakerna till denna minskning. En anledning kan dock vara den ökade tillgången till mikrokort för släktforskare samt en minskning av antalet uppsatsskrivande studenter. Antalet skriftliga förfrågningar har däremot ökat markant, med ca 25 %. Ökningen gäller både släktforskningsförfrågningar och administrativa förfrågningar. Ökningen inom den senare gruppen beror i stor utsträckning på att Stadsarkivet tagit emot ungt arkivmaterial med anledning av stadsdelsnämndsreformen.

Bevara och vårda

Stadsarkivet har under året tagit emot drygt 17 hyllkilometer pappershandlingar, i huvudsak från kommunala myndigheter. Den största delen av leveranserna beror på stadsdelsnämndsreformen. I samband därmed har stora bestånd flyttats från Kungsklippan till Frihamnen. I Frihamnen har i första hand placerats medicinska och sociala arkiv. Under året har samtliga magasin inventerats.

Bland statliga leveranser kan särskilt nämnas Vägverket samt Åklagarmyndigheten i Stockholm (upphörda distrikt).

Stadsarkivet har deltagit i Arkivverkets SE-SAM-projekt, dels avseende konservering och registrering av kartor och ritningar, dels registrering av äldre kameralt material. Det senare delprojektet avslutades under året.

Stadsarkivets beståndsregister har uppdaterats. En sökapplikation har tillkommit.

Tillsyn

Stadsarkivets kommunala tillsynsverksamhet har bland annat inriktats på de nya myndigheter som tillkom genom stadsdelsnämndsreformen. Myndigheterna har besökts för rådgivning och information. De arkiv som bildats av föregångarna har inlevererats. Det särskilda projekt som har arbe-

tat med reformens arkivkonsekvenser har fortsatt under 1997, bland annat med dokumenthanteringsplaner och gallringsbeslut för de nya myndigheterna. Stadsarkivet har anordnat två informationstillfällen för arkivansvariga vid stadsdelsförvaltningarna.

Stadsarkivets kommunala inspektionsverksamhet har i första hand gällt bolagen samt skolenheterna. 13 kommunala bolag har inspekterats. Resultatet har visat att många av de bolag som från och med 1995 lyder under Arkivlagen har förbättrat sin arkivvård väsentligt.

Stadsarkivet har drivit två projekt inom staden gällande allmänna handlingar inom ekonomi- och personaladministrationsområdet (EA och PA). EA-projektet har utarbetat ett bevarande- och gallringsförslag som bland annat innebär digitalt bevarande av räkenskapsmaterial.

Vad beträffar statlig tillsyn så har SATS-uppföljningen avslutats. En följd av SATS är att Stadsarkivet har handlagt förhållandevis många arkivlokalärenden under 1997. Åklagarväsendets omorganisation har medfört arbete gällande avslutande av arkiv, införlivande med de nya myndigheternas arkiv samt leveranser till Stadsarkivet.

Diskussioner har förts med länsarbetsnämnden om utbildningsinsatser och andra åtgärder för att förbättra arkivvården vid arbetsförmedlingarna och arbetsmarknadsinstituten.

Stadsarkivet har genomfört en endagskonferens med företrädare för arkivverksamheten i länets kommuner samt en sammankomst med arkivarier vid statliga myndigheter i länet.

Utåtriktad verksamhet

Ett antal mini-utställningar har visats i forskarexpeditionen. "Söderprojektet", ett omfattande multimediaprojekt som leds av Stadsarkivet, har fortsatt under året. I projektet ingår även Arbetarrörelsens arkiv och bibliotek, Stockholms företagsminnen, Landstingsarkivet samt Stockholms stadsmuseum. Projektet har fortsatt arbetet med framställning av en CD-ROM-skiva som skall innehålla uppgifter om befolkningen på Södermalm under rotemansperioden 1878–1926, samt uppgifter om skola, arbetsliv, politiska och religiösa organisationer med mera. Ett stort antal bilder och arkivhandlingar har scannats för att läggas in på skivan. Projektet har bland annat fått bidrag från Stockholm Europas kulturhuvudstad 1998 och från Stiftelsen Framtidens kultur. Projektet kommer från och med den 1 april att presenteras inom ramen för kulturhuvudstadsårets ankartema Tidens rum.

"Dådok", som är ett samarbetsprojekt mellan Stadsarkivet, Riksarkivet, Krigsarkivet, Vasamuseet med flera institutioner, fortsatte under året. Projektet skall åstadkomma en multimediaprodukt som beskriver det tidiga 1600-talets Stockholm. Projektet har ansökt om medel från Stiftelsen för kunskaps- och kompetensutveckling (KK-stiftelsen) för att utveckla en nätversion.

Stockholms historiska databas

Under året påbörjades excerperingen av Kungsholmen (rote 04). Samtidigt fortsatte rättningen av Klararotarna (rotarna 02 och 03). Ett större redigeringsarbete har gjorts av Söderrotarnas 1,7 miljoner individuppgifter (poster) för att iordningställa materialet till Söder-CD:n.

Under året har också dödsbevis ur Hälsovårdsnämndens arkiv registrerats för Klara församling samt påbörjats för Kungsholmens församling.

Stadsarkivet i Malmö

Besöks- och postadress: Stora Varvsg. 11 N:4,
211 19 Malmö
Telefon: 040-10 53 00 (växel)
               040-10 53 30 (exp.)
               040-10 53 01 (folkbokför.)
Telefax: 040-97 51 05
E-post: inof@stadsarkivet.malmo.se
Hemsida: www.malmo.se/kommuninfo/stadsarkiv

Öppettider för forskare
September–maj:
    månd.   08.30–15.30
    tisd.   09.00–19.00
    onsd.-fred. 08.30–15.30
    lörd.   09.00–13.00
juni–augusti samt kring julhelgen:
    månd.-fred. 08.30–15.30

Stadsarkivarie: Birgit Arfwidsson Bäck

Arkivet grundandes 1903 som depå för lokala statliga myndigheter och blev 1949 landsarkiv för lokala statliga myndigheter vilkas verksamhet i huvudsak avsåg Malmö. Sedan 1959 är det kommunalt och landstingskommunalt arkiv. 1993 överfördes ansvaret för statliga myndigheter till Landsarkivet i Lund, men tills vidare fortsätter Stadsarkivet enligt avtal att utöva tillsyn hos vissa statliga myndigheter och fungera som depå för dess äldre arkivbestånd.

Bestånden omfattar 8 646 hyllmeter. Forskarplatserna är 20. Antalet ordinarie tjänster är 9, tills vidare-anställda utan befattningsnummer 5,75 och projektanställda 7.

Under 1997 igångsattes brobygget i Öresund. Stadsarkivets verksamhet under året har hög grad präglats av ett mentalt brobygge med många kontakter med kulturinstitutioner på andra sidan Sundet och med universitets-, skol- och museivärlden.

Med anledning av "Nordiskt år" på lokala museer och arkiv hölls i april på Stadsarkivet ett första kontaktskapande möte mellan museer och arkiv kring Öresund, med ett 30-tal deltagare. En arbetsgrupp bildades med representanter för Skånes arkivförbund, Malmö Stadsarkiv och Farums arkiver og museer för att dra upp riktlinjer för fortsatt samarbete. I november ägde en uppföljande konferens rum med Farumsarkiver og museer som värd. Inbjudna forskare höll föredrag om svenska arbetsvandringar till Nordsjälland och svensk amerikautvandring via Danmark, nationell och regional identitet i Öresundsregionen och dansksvenskt släktforskningssamarbete. Det framgick bland annat att det i Danmark finns källmaterial rörande migrationen i Öresundsregionen av stort intresse för migrations och släktforskare i Sverige. Under våren 1998 kommer en konferens att äga rum med Helsingborgs museum som värd.

I oktober hölls ett seminarium i Kulturen i Lund med nationell och regional identitet i ett Öresundsperspektiv som huvudtema. Arkeologer, historiker, etnologer och litteraturvetare medverkade från båda sidor av Sundet i ett givande idé och kunskapsutbyte. Seminariet arrangerades av stads och landsarkiven i Köpenhamn, Stadsarkivet i Malmö och Landsarkivet i Lund.

Utställningar

Under perioden 12 december–31 augusti visades en utställning om "världens största och elegantaste motoryacht", Stella Polaris, skiftande öden under norsk, svensk och japansk flagg. Fartyget byggdes 1926 på Götaverken i Göteborg och kom 1951 i den malmöitiska bokförläggaren och skeppsredaren Einar Hansens ägo.

Stadsarkivet medverkade i juni vid Sjöfartens dag som arrangerades av Teknik och sjöfartsmuseet i Malmö. Arrangemanget handlade om skånsk kustkultur och skånskt båtbyggeri och Stadsarkivet visade en utställning med tema om att forska i Stadsarkivet.

Stadsarkivet bidrog med två utställningar vid årets Malmöfestival, som hade "ordet" som festivaltema. Dagen efter att festivalen invigdes (15 augusti) visades på Stadsarkivet Riksarkivets och Kungliga bibliotekets utställning om tryckfriheten under 230 år. Utställningen arrangerades av Stadsarkivet och Landsarkivet i Lund och pågick till och med november. I anslutning till utställningen arrangerades i samarbete med Publicistklubben ett seminarium om tryckfriheten och EU den 11 november. Journalisterna Alf Lindberg och Björn Kumm medverkade med föredrag.

På Form/Design Center i Malmö visades under festivalveckan en utställning om brevskrivande under stålpennans guldålder. Fyra exempel gavs på brevskrivande från olika sociala miljöer under 1800talet. Förutom brev från bland annat enskilda samlingar i Stadsarkivet, visades tidstypiska skrivdon från Malmö museum och Kulturen i Lund samt handböcker i brevskrivande från Lunds universitetsbibliotek. Utställningen besågs av ca 5 000 personer.

I december öppnades en utställning om Malmös spårvägars utveckling 1887–1973. Utställningen innehåller förutom arkivmaterial till exempel personalhandlingar och hästrullor, uniformer, spårvagns och bussmodeller samt skyltar. Stadsarkivet arrangerade en föredragsserie om framväxten av det moderna Malmö med start i november. Föredrag hölls av Lars Berggren, Paul Jackson, PerMarkku Ristilammi och Peter Billing, som även ansvarade för arrangemanget. Peter Billing har under året varit anställd vid Stadsarkivet som projektsekreterare.

Stadsarkivets skolprojekt

Stadsarkivet har under det gångna verksamhetsåret satsat betydande resurser för att utveckla en fungerande arkivpedagogik för elever vid högstadiet och gymnasiet. I samarbete med två gymnasielärare genomfördes under våren en försöksverksamhet med en klass på gymnasiets samhällsvetenskapliga program. Eleverna har tilldelats forskningsuppgifter som syftat till att ge eleverna erfarenhet av att använda och källkritiskt bedöma primärt källmaterial. Fem besök à två timmar avsattes för forskningen. Arbetsuppgifterna redovisades muntligt och därefter utvärderades projektet av samtliga inblandade. Sammanfattningsvis kunde konstateras att försöksverksamheten varit framgångsrik. En viss finslipning av anvisningarna till eleverna har skett och ett nytt moment med information om hur originalhandlingar ska hanteras har tillkommit för att minimera risken för förslitning av materialet. Antalet studiebesök från skolor var 31.

Under året öppnades efter förtidsleverans en folkbokföringsenhet med fyra församlingar om-

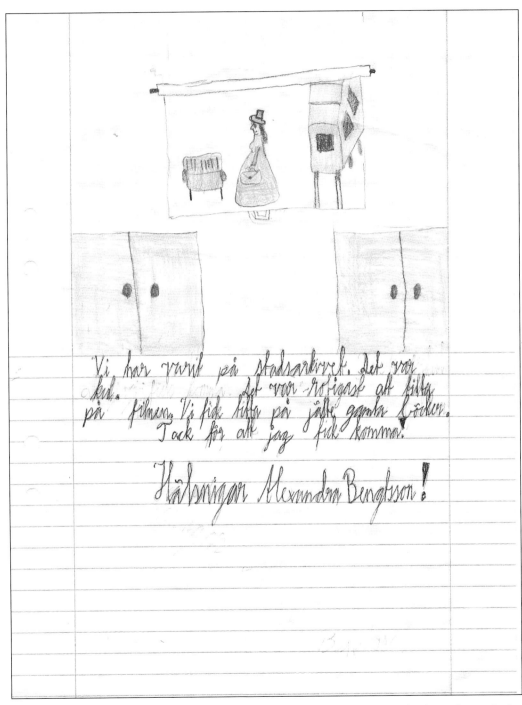

Teckning från en av eleverna i klass 3d i Mölletoftsskolan som besökte Stadsarkivet den 2 oktober 1997.

fattande 69 000 invånare. Till enheten tillsattes 1,25 tjänster och expeditionen inrättades i bottenvåningen intill kyrkoarkivet. Antalet besökare i forskarsalen var 4 591 inklusive folkbokföringsenhetens 369, varav 369 begagnade sig av öppethållandet på tisdags- och lördagskvällar, vilket för den ordinarie expeditionen innebar en viss minskning särskilt på kvällar och lördagar. Antalet framtagna volymer var 2 546. Antalet forskarärenden som inte tillhörde folkbokföringen var 174. Folkbokföringsenheten hade 1 021 ärenden. 48 grupper med 778 personer besökte Stadsarkivet i samband med visningar och studiebesök.

Tillsyn och rådgivning

Under 1997 företogs i Malmö kommun en betydande organisationsförändring, som kan sättas i samband med beslutet om regional försöksverksamhet i Skåne. Från och med 1999 övergår sjukvårdsverksamheten inom Malmö kommun till det nybildade landstinget i Skåne. Kommunen har bedrivit egen sjukvårdsverksamhet sedan 1870, då man utträdde ur Malmöhus läns landsting. Med anledning av den förestående förändringen är arkivfrågorna föremål för utredning. En arkivarie vid Stadsarkivet deltar i detta arbete som representant för Malmö stad.

1994–1995 genomfördes en kommunal inspektionsrunda med anledning av den nya Arkivlagen. I november skickades en skrivelse ut till samtliga kommunala nämnder och bolag med begäran att få in samtliga befintliga arkivbeskrivningar, arkivförteckningar och förteckningar över ADBregister enligt Datalagen. Skrivelsen kommer att följas upp under 1998 med inspektioner hos de myndigheter som i betydande ut-

sträckning visat sig ha svårigheter att leva upp till gällande författningar på arkivområdet.

I samarbete med juridiska avdelningen vid stadskontoret har generellt utformade föreskrifter om diarieföring tagits fram. Föreskrifterna kommer att ingå i kommunens regelsamling Arkivförfattningar för Malmö stad. Biträdande stadsarkivarien har ingått i en utredningsgrupp vid stadskontoret med uppgift att utarbeta en policy för ärendehantering med ADBstöd inom kommunen. Avsikten är att ta fram anvisningar för vilka mjukvaror och standarder som ska användas inom kommunen, bland annat som en förberedelse för övergång till digital arkivering.

Bevara och vårda arkivhandlingar

Under våren startades ett projekt som dels syftar till att ge ut en bok om gatunamnen i Malmö som även omfattar yngre stadsdelar, dels skapa en relationsdatabas med information bland annat om gator, tomtnummer, stadsägor/kvarter, stadsdelar och kartor. Projektet bedrivs i samarbete med stadsbyggnadskontoret. Ett omfattande registreringsarbete av grunduppgifter har utförts med utgångspunkt från Leif Ljungbergs *Gatunamnen i Malmö* – som endast omfattar gamla staden – och Claes von Otters manuskript.

Omkring 1 900 hm handlingar från 36 arkivbildare levererades under året och 24 förteckningar färdigställdes. I januari levererades till exempel folkbokföringsmaterial från fyra av Malmös församlingar.

Kontakt har tagits med Malmö stadsbibliotek för att överföra Stadsarkivets bibliotekskatalog till biblioteksdatabasen MALIN. Under året pågick ett projekt för att skapa en hemsida på Internet.

Värmlandsarkiv (VA)
Landsarkiv för Värmlands län

Besöks- och postadress: Gamla Badhuset,
Norra Strandgatan 4, från juni/juli 1998:
Arkivcentrum, Hööksgatan 2
Box 475, 651 11 Karlstad
Telefon: 054-15 22 80
Telefax: 054-18 90 77 (Gamla Badhuset)

Öppettider för forskare
september–april:
    månd.   08.00–19.00
    tisd.–fred.   08.00–16.30
maj–augusti:
    månd.–fred. 08.00–16.00

Arkivchef: Bode Janzon

Värmlandarkiv började sin verksamhet år 1970. Distriktet omfattar Värmlands län. Från den 1 mars 1995 är Värmlandsarkiv landsarkiv. Landstinget i Värmland är huvudman.

Arkivbeståndet uppgår till ca 15 000 hm handlingar, dels från fem av länets kommuner och landstinget, dels från näringslivet i Värmland. Värmlandsarkivs speciella profil är stora och välbevarade bestånd från den värmländska järn- och skogshanteringen. I Forshaga finns en bemannad arkivdepå, i Kristinehamn bokbinderi, mikrofilmning och fotografi.

Forskarsalen har 15 platser. Antalet anställda är 18.

Under hösten genomfördes en efterlängtad renovering och ombyggnad av personal- och arbetsrum i depån i Forshaga. Dessa togs i bruk under senhösten. Samtidigt inreddes ett nytt arkivmagasin på plan 4 i byggnaden. Hyllkapaciteten utökas härigenom med ca 2 000 hyllmeter.

Nyrekrytering av personal för den utökade och kompletta landsarkivfunktionen utfördes. Kansli- och vaktmästeri förstärktes med 1,5 tjänst och ytterligare en arkivarie med inriktning på forskarservice och information knöts till organisationen.

Den stora ombyggnaden av före detta seminariet/vårdskolan till Arkivcentrum försenades något under det avslutande anbudsförfarandet. Den 7 november hölls så det första byggmötet mellan beställare och entreprenörer. En mycket omfattande ombyggnad till en kostnad av 25 miljoner kronor drogs äntligen igång. Vår del omfattar förutom kansli även magasin för landsarkivbeståndet samt i sambruk med Folkrörelsearkivet och Emigrantregistret större forskarsal, samlings- och föreläsningssalar, sammanträdes- och grupprum. Forskarsalen planeras för 40 platser och viss referenslitteratur. Lokalytan uppgår till ca 2 700 kvadratmeter. Häri ingår framtida lokaler för folkbokföringsenheten. Ny samarbetspart i huset blir landstingsarkivet som inreder arkivmagasin och ett mindre kansli. Inflyttning sker under det andra kvartalet 1998.

Bevara och vårda

Flera extraanställda har verksamt bidragit till ordnings- och förteckningsarbete. Bland annat har viktiga enskilda arkiv som vissa flottningsföreningar, bruks- respektive lanthandelsarkiv förtecknats med projektmedel. Delvis har detta skett med SESAM-medel där dock registrering av kartor och ritningar varit vår huvudinriktning. Nordbanken bekostar ett särskilt projekt med mål att ordna och förteckna Wermlandsbankens arkiv om ca 300 hm. Banken bildades redan 1832 och har (hade) ett stort nät av lokalkontor (arkiv); ett mycket värdefullt komplement till vårt tidigare bestånd av bank, hypoteks- och försäkringsarkiv.

Det löpande ordnings- och förteckningsarbetet, utfört av ordinarie personal, konkurrerar om tiden med framtagning och eftersökning till forskare och framför allt deponenter. Flera revirarkiv inom Uddeholms skogsförvaltning förtecknades under året. Balanserna av oförtecknade enskilda arkiv är dock otillfredsställande stora. Leveranserna (68 st) omfattade cirka 400 hm under året, varav en inte oväsentlig del statligt (265 hm) respektive kommunalt material: kriminalvården, åklagare, vårdcentraler, sjukhusjournaler m.m.

Tillgängliggörande

Antalet besök i den med Emigrantregistret och Folkrörelsernas arkiv gemensamma forskarsalen ökade ånyo och uppgick till 4 800. Det är släktforskningen i våra mikrokort (kyrkoböckerna för landskapet) som drar, men också utlån av pappershandlingar ökar. Det känns tryggt att den nya forskarsalen i Arkivcentrum har kapacitet att ta emot en förväntad ökning i besöksantal och volymhantering. 1997 utlånades 12 800 mikrokort.

Värmlandsarkiv deltog på sedvanligt sätt tillsammans med systerinstitutionerna i släktforskardagarna i Helsingborg 13–14 september. Vi medverkade också i Värmlandsmontern under Bok- och biblioteksmässan i Göteborg. Vid Populärvetenskapens dag den 29 november i Karlstad medverkade Värmlandsarkiv med bokförsäljning. En annan av de regionala högskolorna, nämligen Dalarnas i Falun, stod som värd för ett välbesökt gruvhistoriskt seminarium (18 september). Detta arrangerades av Ekomuseum Bergslagen och Föreningen Bergslagsarkiv i samverkan. Seminariet markerade ett viktigt steg i bergslagsarkivens kontakter och samverkan med museer, högskolor och allmänhet i regionen.

Den första etappen av projektet "Arkiv och skolungdom" genomfördes och avslutades under året. Den resulterade i en tryckt 130-sidig pedagogisk dossié med titeln *Med segel och ånga genom Värmland; Kommunikationer i Fryksdalen, Bergslagen och på Vänern under 1800-talet och början av 1900-talet.* Projektet drevs i nära samverkan med skolan/skolungdom och en modell för detta samarbete utvecklades. Medel till etappen kom från Stiftelsen Framtidens kultur, som även beviljat medel för fortsatt projektarbete. Ansvar för projektet delas med Folkrörelsernas arkiv.

En ny upplaga av vår tryckta beståndsöversikt i behändigt fickformat lämnade tryckeriet under september. *Arkivatlas Värmland 2* innehåller, kommun för kommun, en kortfattad presentation av Värmlandsarkivs enskilda och kommunala arkivbestånd. Den har ett omfång på 145 sidor. Föreningen Bergslagsarkiv utkom i december (som vanligt) med sin nionde årsbok med sju artiklar till bergslagens historia.

Arbeta för en god arkivhantering

Värmlandsarkiv inspekterade 27 statliga myndigheter under året och besökte 18. På den kommunala sidan arrangerade Värmlandsarkiv en länskommunal arkivdag med medverkande från Riksarkivet. Dagen ägnades en genomgång av gällande/nya författningar. Endast ett fåtal av länets kommuner var inte representerade. Ett utredningsuppdrag åt Eda kommun utfördes, vilket leder till kommande insatser. Samverkan med Kristinehamns kommun är under diskussion. Ett viktigt initiativ togs under hösten då ett nätverk för länets kommunarkivarier bildades.

Vad beträffar den enskilda sektorn genomförde Värmlandsarkiv en tvådagars grundkurs i arkiv- och dokumenthantering på Dömle stiftsgård (4–5 december). En konferens om hantering av bankarkiv anordnades av Näringslivsarkivens förening (NAF) den 18 september i Karlstad. Med deltagande från såväl bank- som arkivsektorn skall konferensen ses som upptakt till samarbete/erfarenhetsutbyte kring bankarkiv.

Kontakter och utbyte

I praktfull junigrönska besöktes Värmlandsarkiv av Per Öivind Sandberg och Cecilie Stang från Statsarkivet i Hamar. I sträv vinterkyla företog arkivchefen och arkivarierna vid Värmlandsarkiv ett återbesök tidigt i november. Vi har kunnat konstatera likheter och olikheter i verksamheten, men har hittills endast tangerat idéer för samverkansprojekt.

Nyttiga och berikande erfarenheter fick Ivan Bratt, Alain Droguet och Jan Kindeberg med sig hem från veckolånga studiebesök hos landsarkiven i Uppsala, Lund och Vadstena. Inför övertagandet av värmlandsmaterial från Landsarkivet i Göteborg har en utbildningsomgång med arkivarier därifrån som lärare planerats. Den genomförs under början av 1998 då också studiebesöksaktiviteter fullbordas genom ett veckolångt besök i Göteborg för ytterligare två anställda vid Värmlandsarkiv. Så står Värmlandsarkiv bättre rustat att ta emot det statliga värmlandsmaterialet och tillhandahålla det för en ivrigt väntande krets av släkt-, hembygds- och akademiska forskare.

PRO MEMORIA
Föreningen Riksarkivets Vänner

Pro Memoria, vänförening till Riksarkivet och Krigsarkivet, inrättades i samband med Riksarkivets 375-årsjubileum 1993. Den har nu avslutat sitt tredje ordinarie verksamhetsår. Styrelsen bestod vid årets ingång av följande personer:

ordförande
    f. talmannen Ingegerd Troedsson
vice ordförande
    ambassadör Leif Leifland
sekreterare
    riksarkivarie Erik Norberg

skattmästare
    förste arkivarie Björn Gäfvert
ledamöter
    tf. museichef Solbritt Benneth
    landsantikvarie Anders Broberg
    professor Göran Dahlbäck
    generalmajor Krister Lagersvärd
    kulturchef Margareta Mörck.

Arkivredaktör Kerstin Abukhanfusa och byråsekreterare Lilian Mirell-Starrin har som adjungerade medlemmar deltagit i styrelsens arbete. Föreningen har drygt 500 medlemmar.

Vid föreningsmötet den 19 april i Stockholms Medeltidsmuseum omvaldes för en period av två år styrelseledamöterna Göran Dahlbäck, Björn Gäfvert, Leif Leifland och Margareta Mörck. Till revisorer på ett år valdes Håkan Fjellner och Britta Ulander samt till revisorssuppleant Siv Sandberg. Till ledamöter av valberedningen omvaldes Ulla Ehrensvärd, Lars Gustafsson och Herman Schück med Lars Gustafsson som sammankallande. Det beslöts att årsavgiften för 1997 skulle uppgå till 200 kronor. Efter förhandlingar samt sedvanlig information och frågestund höll statsheraldiker Clara Nevéus ett anförande om sigill i Riksarkivet. Därefter visades under ledning av museichefen Solbritt Benneth utställningen "Beseglat och bestyrkt – Klämmor, bullor och andra sigill". Det hela avslutades med en supé.

Höstmötet ägde rum i Riksarkivet den 3 november. Ordföranden informerade om föreningens verksamhet, sekreteraren om aktuella händelser inom arkivområdet och Kerstin Abukhanfusa om 1997 års årsbok *Grannar emellan*. Mötets huvudpunkt var en orientering om verksamheten vid Arkion och SVAR, lämnad av Bengt Erik Näsholm och Carina Strömberg. På detta följde enklare förtäring.

Styrelsen har hållit fyra protokollförda sammanträden under året. Till frågor som diskuterats hör årsboken, annonsering i tidskrifterna *Populär historia* och *Släkthistoriskt forum*, uppläggning av hemsida på Internet samt ett föreningsemblem, som skulle kunna användas för en medlemsnål. Riksarkivets heraldiske medarbetare Vladimir Sagerlund har skapat ett sådant emblem, som bemötts med föreningens stora gillande.

Björn Gäfvert representerade föreningen vid Svenska Historiedagarna i Lund i oktober 1997, och informationsbroschyren över Pro Memoria har aktualiserats och distribuerats.

För Pro Memorias medlemmar arrangerades i mars ett särskilt program föranlett av tryckfrihetsförordningens 230-årsjubileum med föredrag av Thomas von Vegesack, visning av utställning och förfriskningar. Vid mötet distribuerades den nyligen utkomna skriften *Rötter i Sverige – En vägledning för släktforskning i svenska arkiv.*

Styrelsen har undersökt om det skulle vara möjligt att ordna besök i Riksarkivet och Krigsarkivet för medlemmar bosatta på längre avstånd, men publikunderlaget räcker ännu inte till för gemensamma researrangemang. Föreningens medlemmar har i regel bjudits in till arrangemang i samband med publicering av nya verk eller öppnande av utställningar. Pro Memoria har i allt väsentligt funnit sina former, och ansträngningarna kan nu inriktas på att bredda verksamheten och öka medlemsantalet.

Årsbok för Riksarkivet och Landsarkiven
(ISSN 1103-8233)

1993 *Källor till den svenska historien* (Stockholm, 1993).
ISBN 91-88366-08-1

1994 *Riksens arkiv – det gamla som det nya* (Stockholm, 1994).
ISBN 91-88366-10-3

1995 *Arkiv hemma och ute* (Stockholm, 1995).
ISBN 91-88366-15-4

1996 *Arv och anor* (Stockholm, 1996).
ISBN 91-88366-23-5

1997 *Grannar emellan* (Stockholm, 1997).
ISBN 91-88366-32-4

1998 *Krig och fred i källorna* (Stockholm, 1998).
ISBN 91-88366-37-5